SAMMLUNG GÖSCHEN BAND 747/747a

ALLGEMEINE METHODENLEHRE DER STATISTIK

von

DR. PHIL. JOHANN PFANZAGL
a.o. Prof. an der Universität Köln

II

HÖHERE METHODEN UNTER BESONDERER BERÜCKSICHTIGUNG DER ANWENDUNGEN IN NATURWISSENSCHAFT, MEDIZIN UND TECHNIK

Mit 39 Abbildungen

WALTER DE GRUYTER & CO.
vormals G. J. Göschen'sche Verlagshandlung · J. Guttentag, Verlagsbuchhandlung · Georg Reimer · Karl J. Trübner · Veit & Comp.
BERLIN 1962

 — Archiv-Nr. 11 07 47. — Satz und Druck: Deutsche Zentraldruckerei AG., Berlin SW 61, Dessauer Str. 6/7. — Printed in Germany.

Inhaltsverzeichnis

Einleitung

Band II bringt vorwiegend solche Methoden, die an die mathematische Vorbildung des Lesers höhere Anforderungen stellen, als dies im Band I der Fall war. Da die hier behandelten Methoden vor allem in den Naturwissenschaften (inkl. Technik, Medizin, Psychologie) ihre fruchtbarsten Anwendungsgebiete finden, wurden auch die Beispiele überwiegend aus diesen Gebieten gewählt.

Das Buch ist für den Praktiker geschrieben. Das Hauptgewicht wurde daher darauf gelegt, den Sinn und die logischen Grundlagen der einzelnen Methoden klar herauszuarbeiten und ihre Anwendung durch Beispiele zu illustrieren. Mathematische Ableitungen werden im allgemeinen *nicht* gegeben. Bewußt wurde mehr Gewicht auf verschiedene in den üblichen Lehrbüchern vernachlässigte Methoden gelegt und die Hypertrophie der Theorie kleiner Stichproben aus Normalverteilungen auf das der Praxis angemessene Ausmaß eingeschränkt.

Der Stoff aus gewissen Kapiteln von Band I wird als bekannt vorausgesetzt. Es sind dies insbesondere:

Kapitel 2: Häufigkeitsverteilungen

Kapitel 3: Parameter

Kapitel 4: Statistische Fehler (insbesondere Abschnitte 4.1, 4.2 und 4.6)

Kapitel 12: Die rechnerische Behandlung des Zahlenmaterials.

Jene Leser, die über gewisse Grundkenntnisse verfügen, werden Band II auch ohne Studium der angegebenen Kapitel aus Band I verarbeiten können.

Nachstehende Übersicht zeigt die Abhängigkeit zwischen den einzelnen Kapiteln auf und kann als „Wegweiser" für die Lektüre dienen:

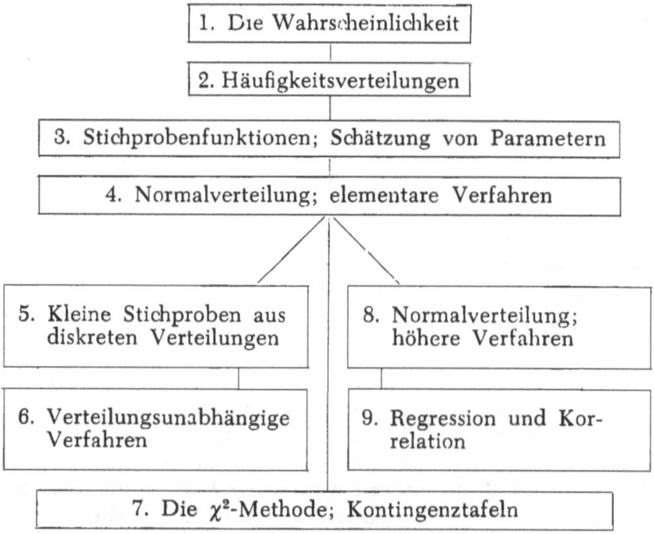

Die Zitierung von Formeln des laufenden Abschnittes erfolgt durch Angabe der Nummer. Wird eine Formel aus einem anderen Abschnitt zitiert, so wird der Formelnummer die Nummer des betreffenden Abschnittes vorangestellt. [So ist z. B. mit Formel (3) die Formel des laufenden Abschnittes, mit Formel (4.1.3) die Formel (3) des Abschnittes 4.1 gemeint.]

1 Die Wahrscheinlichkeit

1.1 Der Begriff der Wahrscheinlichkeit

Die Wahrscheinlichkeitsrechnung bildet die Grundlage für viele Methoden der mathematischen Statistik. Wir wollen uns hier mit dem Begriff der Wahrscheinlichkeit und der Wahrscheinlichkeitsrechnung nur insoweit auseinandersetzen, als dies für das Verständnis der grundlegenden Methoden der mathematischen Statistik notwendig ist. Der an der Wahrscheinlichkeitsrechnung als solcher interessierte Leser wird auf die Werke von *Richter* oder *Gnedenko* oder auf die einschlägigen Kapitel bei *Fisz* verwiesen. Aus der fremdsprachigen Literatur wäre vor allem das — mathematisch sehr anspruchsvolle — Buch von *Loève* zu nennen.

Grundlegend für das Folgende ist der Begriff des *Zufallsexperimentes*, d. h. eines Experimentes, dessen Ergebnis vom Zufall abhängt. Mit der Formulierung, daß das Ergebnis eines Experimentes vom Zufall abhängt, soll natürlich nicht gesagt werden, daß der Ablauf des Experiments nicht kausal bestimmt wäre. Diese Formulierung soll nur besagen, daß das Experiment so geartet ist, daß es unmöglich ist, das Ergebnis einer konkreten Realisation im voraus zu bestimmen. Zum Wesen des Zufallsexperimentes gehört auch, daß es beliebig oft wiederholbar ist, und zwar so, daß das Ergebnis einer Realisation des Experimentes von den Ergebnissen anderer Realisationen unabhängig ist.

Dieses Modell des Zufallsexperimentes paßt nicht nur auf so einfache Situationen wie z. B. das Würfelspiel, sondern auch auf sehr komplexe Experimente in wissenschaftlichem Sinne: Es wird ein Versuchstier mit einem bestimmten Erreger infiziert und sodann nach einer ganz bestimmten Heilmethode behandelt. Die verschiedenen Realisationen des Experimentes bestehen darin, daß man verschiedene Versuchstiere (der gleichen Art) mit dem gleichen Erreger infiziert und nach der gleichen Heilmethode behandelt. Das Modell des Zufallsexperimentes ist aber auch auf Situationen anwendbar, auf die das Wort „Experiment" selbst nicht paßt: Mit einer Bohrmaschine werden Löcher gebohrt. Die verschiedenen Realisationen des „Experimentes" bestehen darin, daß vom selben Arbeiter mit der gleichen Maschine Löcher in gleichartiges Material gebohrt werden.

Die Beobachtung des Zufallsexperimentes bezieht sich auf ein ganz bestimmtes Merkmal: bei dem Tierversuch

z. B. darauf, ob die Krankheit tödlich verläuft oder nicht, beim Bohren auf den Durchmesser des gebohrten Loches. Wir greifen nun eine ganz bestimmte Menge A von Ausprägungen dieses Merkmals heraus und stellen bei jeder Wiederholung des Zufallsexperimentes fest, ob eine der herausgegriffenen Ausprägungen eingetreten ist oder nicht; wir stellen also beispielsweise fest, ob die Krankheit tödlich verlaufen ist. Bei stetigen Merkmalen müssen wir ein ganzes Intervall herausgreifen; wir beobachten also z. B., ob der Durchmesser des gebohrten Loches zwischen 3,00 und 3,01 mm liegt.

Angenommen, es wäre unter n Wiederholungen $n(A)$-mal eine Ausprägung der Menge A aufgetreten (z. B. von n gebohrten Löchern haben $n(3{,}00—3{,}01)$ einen Durchmesser zwischen 3,00 und 3,01 mm). $n(A)$ heißt die *Häufigkeit* des Auftretens von A, $n(A)/n$ die *relative Häufigkeit*.

Man wird eine Serie von Zufallsexperimenten nur dann als Wiederholung ein und desselben Zufallsexperimentes ansehen können, wenn sich die relative Häufigkeit mit wachsender Zahl der Realisationen immer mehr einem bestimmten Wert nähert. Dieser Wert heißt Wahrscheinlichkeit von A und wird mit dem Symbol $P(A)$ bezeichnet.

In vielen Fällen kann man den Wert einer Wahrscheinlichkeit bereits vor Ausführung des Experimentes auf Grund allgemeiner Erfahrungen angeben. Dies ist insbesondere dann der Fall, wenn sich aus der Natur eines Zufallsexperimentes ergibt, daß die verschiedenen Ausprägungen gleichwahrscheinlich sind, wie dies beispielsweise beim Würfeln mit einem aus homogenem Material gefertigten Würfel oder beim Ziehen gleicher Kugeln aus einer Urne der Fall ist.

Wir wollen uns im folgenden nur mit Wahrscheinlichkeiten der oben definierten Art befassen, d. h. mit Wahrscheinlichkeiten, die sich als relative Häufigkeiten in einer langen Serie von Realisationen interpretieren lassen. Versuche, auch Wahrscheinlichkeiten anderer Art zu quantifizieren, haben bisher zu keinem überzeugenden Erfolg geführt.

1.2 Das Additionstheorem

Wir betrachten nun neben der Menge A von Ausprägungen noch eine dazu elementfremde Menge B von Ausprägungen (z. B. neben A: Durchmesser zwischen 3,00 und 3,01 mm noch B: Durchmesser zwischen 2,99 und 3,00 mm). Bei einer einzelnen Realisation des Zufallsexperimentes kann dann höchstens A oder B, nicht aber beides gleichzeitig, eintreten. Unter „$A + B$" wollen wir die Vereinigungsmenge von A und B verstehen (im obigen Beispiel also: Durchmesser zwischen 2,99 und 3,01 mm). Das Ergebnis eines Zufallsexperimentes liegt in $(A + B)$, wenn es in A oder B liegt. Es sei $n(A)$ die Häufigkeit von A in einer Serie von n Realisationen, $n(B)$ die von B. Dann ist die Häufigkeit von $(A + B)$, $n(A + B)$, gleich $n(A) + n(B)$. Daraus folgt für die relativen Häufigkeiten:

$$\frac{n(A+B)}{n} = \frac{n(A)}{n} + \frac{n(B)}{n} . \tag{1}$$

Lassen wir n, die Zahl der Realisationen, unbeschränkt wachsen, so wird die linke Seite gleich $P(A + B)$, die rechte Seite aber gleich $P(A) + P(B)$, und wir erhalten das *Additionstheorem der Wahrscheinlichkeitsrechnung:*

$$P(A + B) = P(A) + P(B) . \tag{2}$$

Dies ist natürlich nicht als mathematischer „Beweis" des Additionstheorems aufzufassen. Logisch gesehen ist Eigenschaft (2) ein Axiom. Die obigen Überlegungen zeigen lediglich, daß die Interpretation der Wahrscheinlichkeit als relative Häufigkeit ein solches Axiom nahelegt.

Dieses Additionstheorem gilt natürlich nicht nur für zwei, sondern für beliebig (auch abzählbar unendlich) viele Summanden. Betrachten wir als Beispiel den idealen Würfel. A_i sei das Auftreten der Augenzahl i. Dann ist das Auftreten einer ungeraden Augenzahl gleichbedeutend mit $A_1 + A_3 + A_5$. Nach dem Additionstheorem gilt: $P(A_1 + A_3 + A_5) = P(A_1) + P(A_3) + P(A_5)$. Da die $P(A_i) = 1/6$

für alle $i = 1, 2, \ldots 6$, folgt aus dem Additionstheorem: $P(A_1 + A_3 + A_5) = 3 \cdot 1/6 = 1/2$, d. h. die Wahrscheinlichkeit für das Auftreten einer ungeraden Augenzahl ist 1/2.

Wir bezeichnen zwei Ausprägungen A und $\bar{A}$ als komplementär, wenn sie einander ausschließen und zusammen alle möglichen Ausprägungen umfassen. Dann muß eine bestimmte Realisation entweder A oder $\bar{A}$ angehören, so daß $n(A) + n(\bar{A}) = n$, also

$$\frac{n(A)}{n} + \frac{n(\bar{A})}{n} = 1\,. \tag{3}$$

Daher gilt:

$$P(A) + P(\bar{A}) = 1\,, \tag{4}$$

d. h. die Summe der Wahrscheinlichkeiten komplementärer Ausprägungen ist 1.

1.3 Die bedingte Wahrscheinlichkeit

Wir betrachten nun zwei Ausprägungen A und B, die einander nicht notwendigerweise ausschließen. Es sei z. B. beim Würfel A die Ausprägung „gerade Zahl" und B die Ausprägung „Primzahl", dann ist $A = A_2 + A_4 + A_6$, $B = A_2 + A_3 + A_5$. Wird eine 2 gewürfelt, dann ist sowohl A als auch B realisiert.

Unter „AB" wollen wir den Durchschnitt der beiden Ausprägungen verstehen, also jene Menge von Ausprägungen, welche sowohl zu A als auch zu B gehören. (Im obigen Beispiel die Ausprägung A_2.) AB ist dann realisiert, wenn sowohl A als auch B realisiert sind.

Wir betrachten nun eine Serie von n Realisationen. $n(A)$ sei die Anzahl der Realisationen, bei denen A eingetreten ist (gleichgültig, ob dabei außerdem auch B eintrat oder nicht); $n(AB)$ sei die Anzahl jener Realisationen, bei denen sowohl A als auch B eintrat. Dann gilt:

$$\frac{n(AB)}{n} = \frac{n(A)}{n} \cdot \frac{n(AB)}{n(A)} \tag{1}$$

Lassen wir n unbeschränkt wachsen, so strebt $\frac{n(AB)}{n}$ gegen $P(AB)$, die Wahrscheinlichkeit von AB, und $\frac{n(A)}{n}$ gegen $P(A)$. Daher wird $\frac{n(AB)}{n(A)}$ ebenfalls gegen einen Grenzwert streben. Auch diesen Grenzwert können wir als Wahrscheinlichkeit interpretieren. Es ist die Wahrscheinlichkeit dafür, daß bei dem Zufallsexperiment auch B eintritt, vorausgesetzt, daß A eingetreten ist. Eine solche Wahrscheinlichkeit heißt *bedingte* Wahrscheinlichkeit und wird mit dem Symbol $P(B|A)$ bezeichnet. Auf Grund der obigen Überlegungen gilt also:

$$P(AB) = P(A)\,P(B|A)\,. \tag{2}$$

Logisch gesehen ist dies nicht ein mathematisches Theorem, sondern eine Definition der bedingten Wahrscheinlichkeit. Die obigen Überlegungen zeigen nur, wie diese Definition durch die Häufigkeitsinterpretation nahegelegt wird.

Beispiel: Gegeben sei eine Urne mit 5 Kugeln, 2 weißen und 3 roten. Aus dieser Urne werden 2 Kugeln gezogen. A sei „1. Kugel ist weiß", B sei „2. Kugel ist weiß", AB ist dann: „Beide Kugeln sind weiß". Offenbar ist $P(A) = \frac{2}{5}$. Ferner gilt $P(B|A) = \frac{1}{4}$, denn wenn die erste Kugel weiß war, dann besteht die Urne vor dem zweiten Zug aus 4 Kugeln, 1 weißen und 3 roten. Daher ist

$$P(AB) = \frac{2}{5} \cdot \frac{1}{4} = \frac{1}{10}\,.$$

Selbstverständlich kann man diese Wahrscheinlichkeit auch direkt errechnen. Es gibt $\binom{5}{2} = \frac{5 \cdot 4}{1 \cdot 2} = 10$ Möglichkeiten, aus den 5 Kugeln 2 herauszugreifen. Eine einzige dieser 10 Möglichkeiten führt zu AB (eben das Herausgreifen der beiden weißen Kugeln). Daher ist die Wahrscheinlichkeit, daß man bei zufälligem Herausgreifen von zwei Kugeln gerade die beiden weißen erwischt, gleich $\frac{1}{10}$.

1.4 Stochastische Unabhängigkeit; das Multiplikationstheorem

Wenn wir eine Serie von Realisationen in zwei Teilserien zerlegen, je nachdem, ob A eintrat oder nicht eintrat ($\bar{A}$), dann muß im Falle der Unabhängigkeit von A und B die relative Häufigkeit von B in beiden Teilserien die gleiche sein — vorausgesetzt, daß die Anzahl der Realisationen hinreichend groß ist. Man wird also zwei Ausprägungen A und B dann als *stochastisch unabhängig* ansehen, wenn $P(B|A) = P(B|\bar{A})$. Wie man leicht zeigen kann — und wie auch anschaulich unmittelbar einleuchtet —, ist dann dieser gemeinsame Wert von $P(B|A)$ und $P(B|\bar{A})$ mit $P(B)$ schlechthin identisch. Es gilt also für stochastisch unabhängige Ereignisse das *Multiplikationstheorem* der Wahrscheinlichkeitsrechnung:

$$P(A\,B) = P(A)\,P(B)\,. \tag{1}$$

Selbstverständlich gilt das Multiplikationstheorem nicht nur für zwei, sondern für jede beliebige (endliche oder abzählbar unendliche) Anzahl von Faktoren.

Beispiel: Wir würfeln mit 3 Würfeln gleichzeitig. Das Auftreten der Augenzahl i beim 1. Würfel wollen wir mit A_i', beim 2. Würfel mit A_i'', beim 3. Würfel A_i''' bezeichnen. Dann ist z. B. das dreifache Auftreten der Augenzahl 6 charakterisiert durch $A_6'\,A_6''\,A_6'''$. Da es vernünftig erscheint, anzunehmen, daß die Augenzahlen der drei Würfel voneinander unabhängig sind, gilt das Multiplikationstheorem:

$$P(A_6'\,A_6''\,A_6''') = P(A_6')\,P(A_6'')\,P(A_6''') = \frac{1}{6}\cdot\frac{1}{6}\cdot\frac{1}{6} = \frac{1}{216}\,.$$

Es werden also in einer langen Versuchsserie im Durchschnitt nur einmal unter 216 Würfen alle drei Würfel gleichzeitig eine 6 zeigen.

1.5 Zufällige Variable

Bisher haben wir nur ganz allgemein von Merkmalen und deren Ausprägungen gesprochen. Für die Anwendung der mathematischen Methoden ist es vielfach zweckmäßig, die verschiedenen Ausprägungen auf die Menge der reellen Zahlen abzubilden. Dies geschieht bei stetigen Merkmalen meistens dadurch, daß man jeder Ausprägung einen „Meßwert“ zuordnet. Dann kann man das Ergebnis eines Zufallsexperimentes einfach durch Angabe einer bestimmten Zahl charakterisieren (wie es oben bereits für den Durchmesser der Bohrlöcher vorweggenommen wurde). Eine solche Zahl heißt *zufällige Variable**).

Eine bestimmte Menge von Ausprägungen, A, kann dann einfach durch eine Menge reeller Zahlen charakterisiert werden. Daß die tatsächlich aufgetretene Ausprägung unter A fällt, ist dann gleichbedeutend mit $x \varepsilon A$. Die Wahrscheinlichkeit dieses Ereignisses wird mit $P(x \varepsilon A)$ bezeichnet.

2 Häufigkeitsverteilungen

2.1 Einleitung

Das allgemeine Konzept der Häufigkeitsverteilung wurde in Band I, Kapitel 2, eingehend erörtert. Im vorliegenden Kapitel wollen wir einige konkrete, praktisch bedeutsame Verteilungstypen besprechen.

Wichtig ist für uns dabei die Unterscheidung zwischen *diskreten* und *stetigen* Verteilungen. Bei diskreten Verteilungen gibt es eine endliche (oder abzählbar unendliche) Menge von Werten $x^{(1)}, x^{(2)}, \ldots x^{(i)}, \ldots$, die von Null verschiedene Wahrscheinlichkeiten $f(x^{(1)}), f(x^{(2)}), \ldots f(x^{(i)}), \ldots$ besitzen, und es gilt: $\sum_i f(x^{(i)}) = 1$. Bei stetigen Verteilungen kann die Variable — zumindest innerhalb eines bestimmten Intervalles — beliebige Werte annehmen. Stetige Verteilungen werden durch Angabe der Dichtefunktion $f(x)$ charakterisiert. Es gilt: $\int_{-\infty}^{+\infty} f(x)\,dx = 1$. Die *Summenfunktion* $F(x)$ gibt die Wahrscheinlichkeit an, daß die zufällige Variable einen Wert kleiner oder gleich x annimmt. Es gilt also für die

*) Zufällige Variable werden im allgemeinen mit großen lateinischen Buchstaben (X, Y, . . .), die zugehörigen Realisationen mit kleinen lateinischen Buchstaben (x, y, . . .) bezeichnet. Für unsere Zwecke ist diese Unterscheidung jedoch irrelevant. Wir werden daher einheitlich kleine lateinische Buchstaben verwenden.

diskrete Verteilung: $F(x) = \sum_{x^{(i)} \leqq x} f(x^{(i)})$, für die stetige Verteilung: $F(x) = \int_{-\infty}^{x} f(x)\,dx$.

Oft erweist es sich als zweckmäßig, für die Häufigkeitsverteilung bestimmte charakteristische Größen zu berechnen. Verschiedene damit zusammenhängende Fragen wurden in Band I, Kapitel 3, besprochen. Wir wollen hier als für das Folgende besonders bedeutsam den *Erwartungswert* herausheben: Es sei $m(x)$ eine beliebige Funktion der zufälligen Variablen x. Dann gilt:

Erwartungswert:

$$E[m(x)] = \begin{cases} \sum_i m(x^{(i)})\, f(x^{(i)}) & \text{für diskrete Verteilungen,} \quad (1) \\ \int_{-\infty}^{+\infty} m(x)\, f(x)\,dx & \text{für stetige Verteilungen.} \quad (2) \end{cases}$$

Insbesondere ist:

$$\textit{Mittelwert} \quad \mu = E(x)\,, \tag{3}$$

$$\textit{Varianz} \quad \sigma^2 = E(x - \mu)^2\,. \tag{4}$$

Für die Varianz verwenden wir im folgenden auch das Symbol $V(x)$.

2.2 Die Binomialverteilung

Wir betrachten ein (artmäßiges oder zahlenmäßiges) Merkmal, das zwei Ausprägungen besitzt. Diese wollen wir mit A bzw. $\bar{A}$ (Komplement von A) bezeichnen. Gegeben sei eine zufällige Variable, welche die Ausprägung A mit der Wahrscheinlichkeit p, die Ausprägung $\bar{A}$ mit der Gegenwahrscheinlichkeit $1 - p$ annimmt.

B e i s p i e l : a) Bei der Kontrolle eines Produktionsprozesses werden die einzelnen Stücke klassifiziert: A = defekt, $\bar{A}$ = nicht defekt. p ist die Wahrscheinlichkeit, daß ein produziertes Stück defekt ist.

b) Wir betrachten eine Aufgliederung der Geborenen nach dem Geschlecht: A = männlich, $\bar{A}$ = weiblich. p ist die Wahrscheinlichkeit, daß ein Geborenes männlichen Geschlechtes ist.

Betrachten wir *zwei* Realisationen dieser zufälligen Variablen, so sind offenbar 4 Ergebnisse möglich: AA, $A\bar{A}$, $\bar{A}A$, $\bar{A}\bar{A}$. Sind die beiden Realisationen voneinander unabhängig, dann haben diese 4 möglichen Ergebnisse folgende Wahrscheinlichkeiten:

Ergebnis:	Wahrscheinlichkeit:
AA	$p\,p$
$A\bar{A}$	$p\,(1-p)$
$\bar{A}A$	$(1-p)\,p$
$\bar{A}\bar{A}$	$(1-p)\,(1-p)$

Sehen wir von der Reihenfolge der beiden Realisationen ab, so gibt es nur 3 mögliche Ergebnisse: *beide* Realisationen haben zu dem Ergebnis A geführt (AA), nur *eine* Realisation hat zu dem Ergebnis A geführt ($A\bar{A}$ oder $\bar{A}A$), *keine* Realisation hat zu dem Ergebnis A geführt ($\bar{A}\bar{A}$). Bei Vernachlässigung der Reihenfolge können wir die möglichen Ausprägungen einfach dadurch charakterisieren, daß wir angeben, wie oft A innerhalb einer vorgegebenen Zahl von Realisationen auftritt:

Häufigkeit von A	Ergebnisse mit dieser Häufigkeit	Wahrscheinlichkeit
2	AA	$p\,p = p^2$
1	$A\bar{A}$, $\bar{A}A$	$p(1-p) + (1-p)p = 2\,p(1-p)$
0	$\bar{A}\bar{A}$	$(1-p)(1-p) = (1-p)^2$

Die Überlegungen, die wir hier für den Fall von zwei Realisationen angestellt haben, lassen sich auf eine beliebige Zahl n von Realisationen übertragen. Jede Kombination von n Realisationen, die genau k-mal das Ergebnis A und $(n-k)$-mal das Ergebnis $\bar{A}$ enthält, hat die Wahrscheinlichkeit $p^k(1-p)^{n-k}$. Wie die elementare Kombinatorik lehrt, ist die Anzahl dieser Kombinationen

$$\binom{n}{k} = \frac{n!}{k!(n-k)!}.$$

(Es gibt $\binom{n}{k}$ Möglichkeiten, die k A-Ergebnisse auf die n Realisationen aufzuteilen.) Daher ist die Wahrscheinlichkeit $P(k)$, daß unter den n Realisationen k-mal das Ergebnis A eintritt, gegeben durch

$$P(k) = \binom{n}{k} p^k (1-p)^{n-k} . \tag{1}$$

Insbesondere ist $\binom{n}{n} = \binom{n}{0} = 1$, also die Wahrscheinlichkeit, daß n-mal A eintritt, gleich p^n, die Wahrscheinlichkeit, daß n-mal $\bar{A}$ eintritt, gleich $(1-p)^n$.

Die so gewonnene Verteilung wird *Binomialverteilung* genannt und mit dem Symbol $B_n(p)$ bezeichnet.

Wir überzeugen uns leicht, daß die Summe über die Wahrscheinlichkeiten $P(k)$ von $k = 0,1, \ldots n$ tatsächlich 1 ergibt. Nach dem binomischen Lehrsatz gilt nämlich:

$$\sum_{k=0}^{n} \binom{n}{k} p^k (1-p)^{n-k} = [p + (1-p)]^n = 1^n = 1 .$$

Bild 1.
Die Verteilung $B_{20}(0{,}03)$.

1. Beispiel: Eine Maschine produziert mit einem durchschnittlichen Ausschußanteil von 0,03 (3 %). Besteht zwischen den einzelnen Stücken Unabhängigkeit, d. h. ist die Wahrscheinlichkeit, daß ein bestimmtes Stück Ausschuß wird, unabhängig davon, ob die vorhergehenden Stücke Ausschuß waren oder nicht, so wird die Anzahl der Ausschußstücke in einer Serie der Länge n einer Binomialverteilung gehorchen: $\binom{n}{k} 0{,}03^k \, 0{,}97^{n-k}$. Bild 1 zeigt die Verteilung für $n = 20$. Die Wahrscheinlichkeit, daß unter den 20 zufällig herausgegriffenen Stücken kein Ausschuß ist, ist 0,544, d. h. rund 54 %.

2. Beispiel: Bei einer Kreuzung $Aa \times Aa$ haben wir folgende Nachkommen zu erwarten: AA mit Wahrscheinlichkeit $\frac{1}{4}$, Aa mit Wahrscheinlichkeit $\frac{1}{2}$, aa mit Wahrscheinlichkeit $\frac{1}{4}$. Ist A dominant, so können wir nur zwischen zwei Phänotypen unterscheiden: Phänotypus A, der den Genotypen AA und Aa entspricht und daher mit der Wahrscheinlichkeit $\frac{3}{4}$ auftritt, und Phänotypus a, der dem Genotypus aa entspricht und mit der Wahrscheinlichkeit $\frac{1}{4}$ auftritt. Die Wahrscheinlichkeit $P(k)$, daß unter n Nachkommen genau k vom Phänotypus A sind, ist dann $\binom{n}{k}\left(\frac{3}{4}\right)^k\left(\frac{1}{4}\right)^{n-k}$. Bild 2 zeigt diese Verteilung für $n = 8$. Es ist zu beachten, daß die Wahrscheinlichkeiten $P(k)$ nur dann einer Binomialverteilung gehorchen werden, wenn die Genotypen der einzelnen Nachkommen voneinander unabhängig sind, also nicht etwa eineiige Mehrlinge vorkommen.

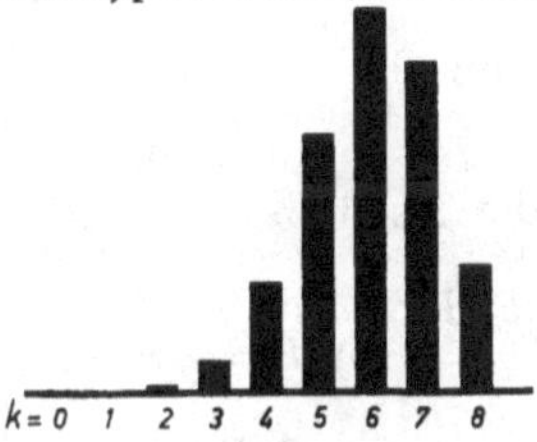

Bild 2.
Die Verteilung $B_8(3/4)$.

Nun berechnen wir Mittelwert und Varianz der Binomialverteilung:

Mittelwert: $E(k) = np$ (2)

Nach Definition ist

$$E(k) = \sum_{k=0}^{n} k\binom{n}{k} p^k (1-p)^{n-k}.$$

Nun ist aber

$$k\binom{n}{k} = n\binom{n-1}{k-1}, \text{ also } E(k) = \sum_{k=1}^{n} n\binom{n-1}{k-1} p^k (1-p)^{n-k} =$$

$$= n\,p \sum_{k=1}^{n} \binom{n-1}{k-1} p^{k-1}(1-p)^{(n-1)-(k-1)} = n\,p\,.$$

Varianz: $V(k) = np\,(1-p)$ (3)

Nach Definition ist

$$V(k) = E[k - E(k)]^2 .$$

Ganz allgemein gilt:

$$E[k - E(k)]^2 = E(k^2) - E(k)^2 .$$

Dies ist der sogenannte *Verschiebungssatz.*

Ferner ist

$$E(k^2) = E[k(k-1)] + E(k)\,, \text{ also}$$
$$V(k) = E[k(k-1)] + E(k) - E(k)^2 . \tag{4}$$

Nun gilt aber wegen

$$k(k-1)\binom{n}{k} = n(n-1)\binom{n-2}{k-2}$$

die Relation:

$$E[k(k-1)] = n(n-1)\,p^2 ,$$

so daß

$$V(k) = n(n-1)\,p^2 + n\,p - n^2\,p^2 = n\,p(1-p) .$$

Da die numerische Berechnung der Wahrscheinlichkeiten (1) der Binomialverteilung langwierig ist (ausgenommen für sehr kleine n), wurden Tabellen ausgearbeitet, in denen diese Wahrscheinlichkeiten und die zugehörigen Summenfunktionen

$$1 - F(r-1) = \sum_{k=r}^{n} \binom{n}{k} p^k\,(1-p)^{n-k}$$

für verschiedene Werte von n, r und p tabelliert sind. (Vgl. die Tabellenwerke des *National Bureau of Standards* und des *Office of the Chief of Ordnance.*)

Sind solche Tabellen nicht verfügbar, erweist sich oftmals eine Relation als nützlich, welche die Summenfunktion der Binomialverteilung mit der F-Verteilung verknüpft. Wir kommen darauf in Abschnitt 5.1, S. 102, näher zu sprechen.

2.3 Die Hypergeometrische Verteilung

Bei der Ableitung der Binomialverteilung gingen wir von einer zufälligen Variablen aus, die zwei Ausprägungen, A und A, annehmen kann. Die Wahrscheinlichkeit, mit der die Ausprägung A angenommen wird, haben wir mit p bezeichnet. Die Wahrscheinlichkeit, daß unter n voneinander unabhängigen Realisationen dieser Variablen genau k mal die Ausprägung A auftritt, ist dann durch (2.2.1) gegeben.

Die bei der Ableitung der Binomialverteilung zugrunde gelegte Modellvorstellung ist beispielsweise dann adäquat, wenn wir einen Produktionsprozeß betrachten, der mit einer gewissen Wahrscheinlichkeit p defekte Stücke produziert. Die Wahrscheinlichkeit, daß unter n zufällig herausgegriffenen Stücken genau k defekt sind, ist dann durch (2.2.1) gegeben, vorausgesetzt, daß das Auftreten defekter Stücke im Produktionsprozeß zufallsartig erfolgt, und nicht etwa serienweise!

Entnehmen wir jedoch aus einem ganz bestimmten Los eine Stichprobe vom Umfang n, mit dem Ziele, Aussagen über den Anteil der defekten Stücke in diesem Los zu machen (und nicht etwa Aussagen über den Prozeß, aus dem dieses Los hervorgegangen ist), so haben wir nicht mehr n voneinander unabhängige Realisationen ein und derselben zufälligen Variablen vor uns: Nehmen wir an, das Los bestehe aus N Stücken, von denen K defekt sind. Dann ist die Wahrscheinlichkeit, daß ein zufällig herausgegriffenes Stück defekt ist, gleich $\frac{K}{N}$. Greifen wir nacheinander *zwei* Stücke heraus, so ist die Wahrscheinlichkeit, daß das zweite Stück defekt ist, nicht mehr die gleiche wie beim ersten Stück und hängt außerdem davon ab, ob das erste Stück defekt war oder nicht. War das erste Stück defekt, so wird das zweite Stück aus einem Los vom Umfang $N-1$ mit $K-1$ defekten Stücken herausgegriffen. Die Wahrscheinlichkeit, als zweites ein defektes Stück herauszugreifen, wenn auch das erste Stück defekt war, ist daher $\frac{K-1}{N-1}$. War das erste Stück *nicht* defekt, so ist die Wahrscheinlichkeit, als zweites ein defektes Stück herauszugreifen, gleich $\frac{K}{N-1}$.

Wir ersehen daraus, daß wir im Falle eines endlichen Loses die Überlegungen, die uns zu der Binomialverteilung geführt haben, *nicht* anwenden können (sofern sich die Untersuchung tatsächlich auf das konkret vorliegende Los und nicht auf den dahinter stehenden Produktionsprozeß beziehen. Vgl. zu der hier angeschnittenen Frage der endlichen versus unendlichen Gesamtheit auch Bd. I, S. 21 bis 24).

Um die Wahrscheinlichkeit zu ermitteln, daß in einer Stichprobe vom Umfange n genau k defekte Stücke auftreten, wenn das Los aus N Stücken besteht, von denen K defekt sind, haben wir folgende Überlegung anzustellen: Es gibt insgesamt $\binom{K}{k}$ Möglichkeiten, aus den K defekten Stücken k herauszugreifen, und $\binom{N-K}{n-k}$ Möglichkeiten, aus den $(N-K)$ nicht defekten Stücken $(n-k)$ herauszugreifen. Aus der Kombination dieser Möglichkeiten ergeben sich insgesamt $\binom{K}{k}\binom{N-K}{n-k}$ Möglichkeiten, aus einem Los mit K defekten und $(N-k)$ nicht defekten Stücken eine Stichprobe mit k defekten und $(n-k)$ nicht defekten Stücken zu entnehmen. Die Gesamtzahl der Möglichkeiten, auf die man eine Stichprobe vom Umfange n aus einem Los vom Umfang N ziehen kann, ist $\binom{N}{n}$. Jede dieser Möglichkeiten ist bei Zufallsauswahl gleich wahrscheinlich, hat also die Wahrscheinlichkeit $\frac{1}{\binom{N}{n}}$. Daher ist die Wahrscheinlichkeit einer Stichprobe mit genau k defekten Stücken gleich

$$P(k) = \frac{\binom{K}{k}\binom{N-K}{n-k}}{\binom{N}{n}}. \tag{1}$$

B e i s p i e l : Ein Los von 500 Stück soll laut Liefervertrag höchstens 4 % Ausschuß enthalten. Um dies zu überprüfen, wird eine Stichprobe von 25 Stück entnommen und das Los abgelehnt, wenn unter den 25 Stücken 1 oder mehr defekte sind.

Daß dieses Prüfverfahren unzulänglich ist, ergibt sich aus folgender Überlegung: Enthält das Los genau 4 % Ausschuß, d. h. 20 defekte Stücke, so ist die Wahrscheinlichkeit, daß in einer Stichprobe vom Umfange $n = 25$ genau k defekte Stücke auftreten, gleich:

$$P(k) = \frac{\binom{20}{k}\binom{480}{25-k}}{\binom{500}{25}}. \tag{2}$$

Insbesondere ist die Wahrscheinlichkeit für die Annahme des Loses (d. h. die Wahrscheinlichkeit für $k = 0$):

$$\frac{\binom{480}{25}}{\binom{500}{25}} = \frac{480 \cdot 479 \ldots 456}{500 \cdot 499 \ldots 476} = 0{,}351 .$$

Ein Los, das noch dem Liefervertrag entspricht, sollte jedoch mit einer möglichst großen Wahrscheinlichkeit (z. B. 90 %) angenommen werden. (Vgl. hierzu auch das Beispiel auf S. 110.)

Für die durch (1) definierte Hypergeometrische Verteilung gilt:

Mittelwert:

$$E(k) = n\,\frac{K}{N}; \tag{3}$$

Varianz:

$$V(k) = \frac{n(N-n)}{N-1} \cdot \frac{K}{N}\left(1 - \frac{K}{N}\right). \tag{4}$$

Führen wir die Abkürzung $p = \frac{K}{N}$ ein, so ist:

$$E(k) = n\,p\,, \quad V(k) = n\,\frac{N-n}{N-1}\,p(1-p)\,.$$

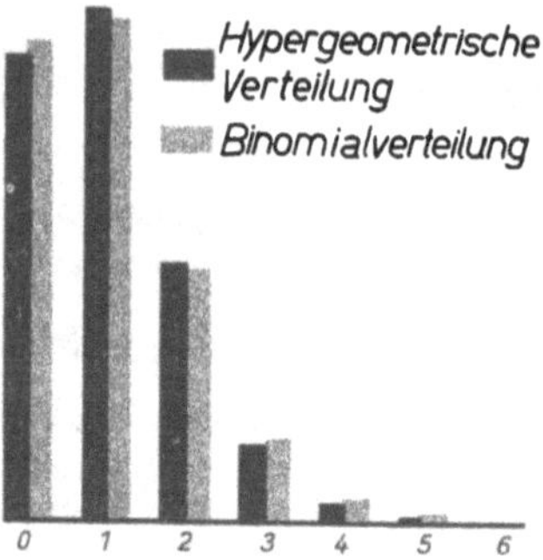

Bild 3. Vergleich von Hypergeometrischer Verteilung und Binomalverteilung mit gleicher Wahrscheinlichkeit.

Ist N sehr groß, so wird die Hypergeometrische Verteilung praktisch mit der Binomialverteilung identisch. Dementsprechend strebt auch die Varianz der Hypergeometrischen Verteilung gegen die Varianz der Binomialverteilung (2.2.3).

Bild 3 zeigt die im Beispiel auf S. 21 verwendete Hypergeometrische Verteilung (2), verglichen mit der Binomialverteilung $B_{25}(0,04)$.

2.4 Die Poissonverteilung

Wir betrachten isolierte Drahtstücke einer bestimmten Länge und zählen ab, wie viele Fehler die Isolierschicht aufweist. Im Durchschnitt mögen auf einem Drahtstück der gegebenen Länge a Fehler auftreten. Wir fragen nun, ob man irgendwelche Aussagen über die Verteilung der Anzahl der Fehler machen kann (d. h. angeben kann, wie groß die Wahrscheinlichkeit für 0, 1, 2, ... Fehler pro Drahtstück ist). Eine solche Aussage über die Verteilung ist leicht zu gewinnen, wenn man annimmt, daß die Fehler voneinander unabhängig sind, d. h., daß sie nicht etwa stets gehäuft oder aber in periodischen Abständen auftreten (was z. B. auf einen Fehler bei einem rotierenden Maschinenteil zurückzuführen sein könnte). Außerdem müssen wir annehmen, daß die Fehler sehr klein (im Idealfall: punktförmig) sind, so daß nicht ein Fehler infolge seiner Ausdehnung das Auftreten anderer Fehler in seiner unmittelbaren Nachbarschaft ausschließt.

Wir denken uns nun das Drahtstück in n Teilstücke unterteilt. Dabei sei n so groß gewählt, daß kein Teilstück mehr als einen Fehler enthält. Der Anteil der mit einem Fehler behafteten Teilstücke wird dann im Durchschnitt $\frac{a}{n}$ sein. Da nach Voraussetzung die Fehlerhaftigkeit eines bestimmten Teilstückes unabhängig von der Fehlerhaftigkeit der benachbarten Teilstücke ist, ist die Wahrscheinlichkeit, daß von den n Teilstücken (die zusammengenommen das ursprüngliche Stück bilden) genau k fehlerhaft sind, gegeben durch die Binomialverteilung:

$$P(k) = \binom{n}{k} \left(\frac{a}{n}\right)^k \left(1 - \frac{a}{n}\right)^{n-k}. \tag{1}$$

Nun wird die oben gemachte Annahme, daß jedes Teilstück höchstens einen Fehler besitzt (und die Anzahl der fehlerhaften Teilstücke daher mit der Anzahl der Fehler identisch ist), nur dann für *alle* Drahtstücke gelten, wenn man n beliebig groß macht. Für $n \to \infty$ strebt jedoch der Ausdruck (1) gegen

$$P(k) = \frac{a^k}{k!} e^{-a}. \tag{2}$$

$$\left(\text{Es strebt } \left(1 - \frac{a}{n}\right)^{n-k} \text{ gegen } e^{-a} \text{ und}\right.$$

$$\left.\binom{n}{k} \frac{1}{n^k} = \frac{1}{k!} \cdot \frac{n(n-1) \cdots (n-k+1)}{n \cdot n \cdots n} \text{ gegen } \frac{1}{k!}\right).$$

Dies ist die Wahrscheinlichkeit dafür, daß auf dem Drahtstück genau k Fehler auftreten, wenn die Anzahl der Fehler im Durchschnitt a beträgt. Wir überprüfen noch, ob die Summe aller Wahrscheinlichkeiten gleich 1 ist:

$$\sum_{k=0}^{\infty} \frac{a^k}{k!} e^{-a} = 1, \quad \text{da} \quad \sum_{k=0}^{\infty} \frac{a^k}{k!} = e^a.$$

Die durch (2) definierte Verteilung heißt Poissonverteilung.

Ferner zeigen wir noch, daß die durchschnittliche Zahl der Fehler tatsächlich gleich a ist. Es gilt:

Mittelwert: $E(k) = a$. (3)

Nach Definition ist

$$E(k) = \sum_{k=0}^{\infty} k \frac{a^k}{k!} e^{-a} = \sum_{k=1}^{\infty} k \frac{a^k}{k!} e^{-a} =$$

$$= a \sum_{k=1}^{\infty} \frac{a^{k-1}}{(k-1)!} e^{-a} = a \sum_{i=0}^{\infty} \frac{a^i}{i!} e^{-a} = a\,.$$

Varianz: $V(k) = a$.

Es gilt: $E[k(k-1)] = a^2$. Wegen (2.2.4) folgt daraus: $V(k) = a^2 + a - a^2 = a$.

Poissonverteilte Größen werden wir überall dort beobachten, wo die bei der Ableitung der Poissonverteilung gemachten Voraussetzungen wenigstens annähernd erfüllt sind.

B e i s p i e l : Wir betrachten die Verteilung von Hefezellen in einer Suspension. Tabelle 1 bringt für 400 Volumseinheiten die Aufgliederung nach der Anzahl der Hefezellen.

Die Gesamtzahl der Hefezellen beträgt 1872, im Durchschnitt pro Volumseinheit also $\frac{1872}{400} = 4{,}68$. Die beiden letzten Spalten von Tabelle 1 zeigen die empirische Häufigkeitsverteilung und die Poissonverteilung mit $a = 4{,}68$, die miteinander gut übereinstimmen. (Ein exakter Test für die Übereinstimmung wird auf S. 164, 165 durchgeführt.)

Weitere Beispiele für das Auftreten der Poissonverteilung sind: Die Anzahl der innerhalb einer bestimmten Zeitspanne zerfallenden Atome; die Anzahl der innerhalb einer bestimmten Zeitspanne eintreffenden Telephonanrufe; die Anzahl der Unfälle pro Arbeiter innerhalb einer bestimmten Zeitspanne; in der Spinnerei die Anzahl der Fadenbrüche innerhalb einer bestimmten Zeitspanne, die Anzahl der Noppen auf einem Kammzugstück bestimmter Größe usw.

Tabelle 1

Aufgliederung von 400 Volumseinheiten nach der Anzahl der Hefezellen

Anzahl der Hefezellen: k	Anzahl der Volumseinheiten mit k Hefezellen: n_k	$k\,n_k$	$\frac{n_k}{400}$	$\frac{4{,}68^k}{k!}\,e^{-4{,}68}$
0	0	0	0,000	0,009
1	20	20	0,050	0,043
2	43	86	0,108	0,102
3	53	159	0,132	0,159
4	86	344	0,215	0,185
5	70	350	0,175	0,174
6	54	324	0,135	0,135
7	37	259	0,092	0,091
8	18	144	0,045	0,053
9	10	90	0,025	0,028
10	5	50	0,013	0,013
11	2	22	0,005	0,005
12	2	24	0,005	0,002
mehr als 12	0	0	0,000	0,001
Σ	400	1872	1,000	1,000

Quelle: „Student": On the error of counting with a haemacytometer, Biometrika Bd. 5, 1907, S. 351—360.

Vielfach wird auch dort mit der Poissonverteilung gearbeitet, wo eigentlich eine Binomialverteilung vorliegt. Ist nämlich in einer Binomialverteilung die Wahrscheinlichkeit p klein, so stimmt die Wahrscheinlichkeit der Bino-

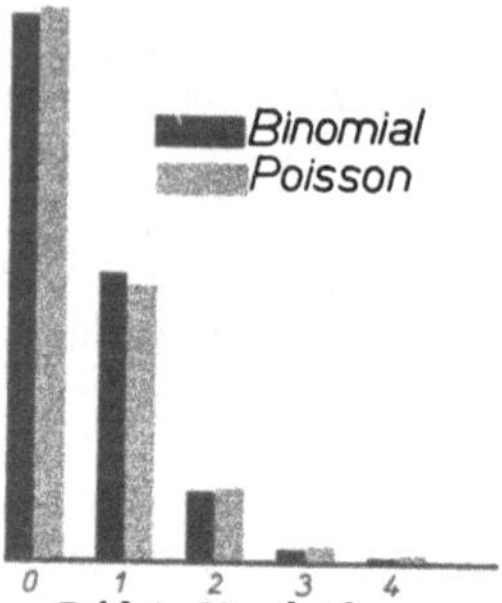

Bild 4. Vergleich von Binomialverteilung und Poissonverteilung.

mialverteilung (2.2.1) annähernd überein mit der Wahrscheinlichkeit, die sich aus einer Poissonverteilung mit dem Mittelwert np ergeben würde:

$$\frac{(np)^k}{k!} e^{-np}.$$

Auf diese Weise kann man verschiedene Berechnungen vereinfachen (vgl. das Beispiel S. 115, 116).

Tabelle 2

Vergleich von Binomial- und Poissonverteilung mit gleichem Mittelwert

k	Binomialverteilung $p = 0{,}05$, $n = 10$	Poissonverteilung $a = 0{,}5$
0	0,599	0,607
1	0,315	0,303
2	0,075	0,076
3	0,010	0,012
4	0,001	0,002
mehr als 4	0,000	0,000
Σ	1,000	1,000

2.5 Die Normalverteilung

Die bisher betrachteten Verteilungen waren diskret: Es handelte sich beispielsweise um die Anzahl defekter Stücke (Binomialverteilung, Hypergeometrische Verteilung) oder um die Anzahl von Fehlern pro Stück (Poissonverteilung), also Größen, die ihrer Natur nach nur ganzzahlige Werte annehmen können.

Im folgenden wollen wir stetige zahlenmäßige Merkmale betrachten, also solche, bei denen — zumindest innerhalb eines gewissen Intervalles — jeder beliebige Wert angenommen werden kann. Beispiele für solche Merkmale sind: Länge, Gewicht, Zeit usw. (Wegen des Unterschiedes von diskreten und stetigen Merkmalen vergleiche Band I, S. 15.)

Bildet man für ein stetiges Merkmal auf Grund beobachteter Werte eine Häufigkeitsverteilung, so weist diese oftmals eine charakteristische glockenförmige Gestalt auf, die durch folgende Dichtefunktion beschrieben werden kann:

$$\varphi(x; \mu, \sigma) = \frac{1}{\sqrt{2\pi}\,\sigma}\, e^{-\frac{(x-\mu)^2}{2\sigma^2}} . \tag{1}$$

Eine Verteilung mit dieser Dichte heißt *Normalverteilung* und wird mit dem Symbol $N(\mu, \sigma^2)$ bezeichnet. (Auf die Gründe, warum viele der empirisch beobachteten Verteilungen annähernd einer Normalverteilung entsprechen, kommen wir in Abschnitt 3.5, S. 63 noch näher zu sprechen.)

Der Nachweis, daß (1) tatsächlich eine Dichtefunktion ist, p. h. daß $\int\limits_{-\infty}^{+\infty} \varphi(x; \mu, \sigma)\, \mathrm{d}x = 1$ für alle μ und σ, ist etwas komplizierter, wird aber in fast allen Lehrbüchern der Mathematischen Statistik gegeben. (Vgl. z. B. *Schmetterer*, S. 68 ff.)

Die Dichtefunktion der Normalverteilung weist 2 Parameter auf: μ und σ. Es gilt:

Mittelwert: $$E(x) = \int\limits_{-\infty}^{+\infty} x\, \varphi(x; \mu, \sigma)\, \mathrm{d}x = \mu , \tag{2}$$

Varianz: $$V(x) = \int\limits_{-\infty}^{+\infty} (x-\mu)^2\, \varphi(x; \mu, \sigma)\, \mathrm{d}x = \sigma^2 . \tag{3}$$

μ ist also der Mittelwert, σ^2 die Varianz (σ die Standardabweichung) der Normalverteilung. Die Normalverteilung ist symmetrisch um μ: Die Werte

$$x' = \mu - \Delta \text{ und } x'' = \mu + \Delta$$

haben die gleiche Dichte. Während μ die Lage der Verteilung charakterisiert, charakterisiert σ ihre Streuung. Wie Bild 5 zeigt, weist die Dichtefunktion für $x' = \mu - \sigma$ und $x'' = \mu + \sigma$ je einen Wendepunkt*) auf. Je größer σ ist, um so weiter sind diese beiden Wendepunkte von μ entfernt.

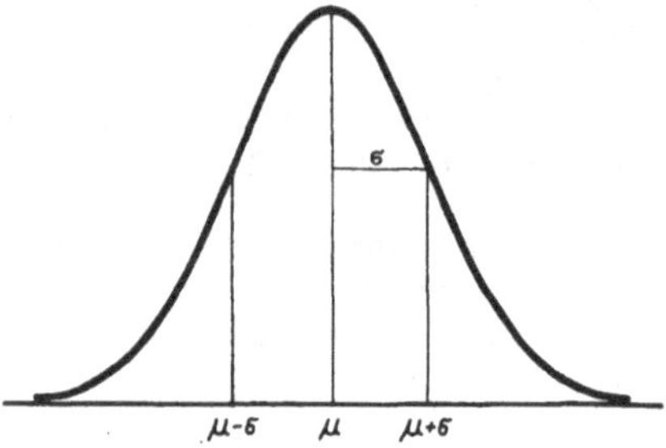

Bild 5. Die Bedeutung von μ und σ bei der Normalverteilung.

Die Wahrscheinlichkeit, daß eine Realisation der zufälligen Variablen kleiner als ein bestimmter Wert x ausfällt, ist:

$$\Phi(x; \mu, \sigma) = \int_{-\infty}^{x} \varphi(u; \mu, \sigma)\, du \,. \tag{4}$$

Da dieses Integral nicht elementar auswertbar ist, ist es notwendig, die Funktion $\Phi(x; \mu, \sigma)$ zu tabellieren. $\Phi(x; \mu, \sigma)$ hängt selbstverständlich von den beiden Parametern μ und σ ab. Trotzdem genügt es, die Funktion Φ für $\mu = 0$ und $\sigma = 1$ zu tabellieren. Wir bezeichnen $\Phi(x; 0, 1) = \Phi(x)$. Dann gilt:

$$\Phi(x; \mu, \sigma) = \int_{-\infty}^{x} \frac{1}{\sqrt{2\pi}\,\sigma}\, e^{-\frac{(u-\mu)^2}{2\sigma^2}}\, du = \int_{-\infty}^{(x-\mu)/\sigma} \frac{1}{\sqrt{2\pi}}\, e^{-t^2/2}\, dt \,, \tag{5}$$

wenn wir $t = \dfrac{u-\mu}{\sigma}$ als neue Integrationsvariable einführen. Das letzte Integral ist aber nichts anderes als $\Phi\left(\dfrac{x-\mu}{\sigma}\right)$. Somit gilt:

$$\Phi(x; \mu, \sigma) = \Phi\left(\frac{x-\mu}{\sigma}\right). \tag{6}$$

*) Ein Wendepunkt ist ein Punkt, an dem die Krümmung von konkav zu konvex übergeht. Der Wendepunkt ist also durch das Verschwinden der zweiten Ableitung charakterisiert.

$\frac{x-\mu}{\sigma}$ bezeichnen wir als standardisierte Variable, weil durch diese Transformation eine beliebige Normalverteilung mit den Parametern μ und σ auf die Standard-Normalverteilung mit $\mu = 0$ und $\sigma = 1$ zurückgeführt wird.

Es genügt also, die Funktion $\Phi(x)$ zu tabellieren. Da $\varphi(x;\, 0, 1)$ um den Wert 0 symmetrisch ist, gilt:

$$\int_{-\infty}^{-x} \varphi(u;\, 0, 1)\, \mathrm{d}u = \int_{+x}^{+\infty} \varphi(u;\, 0, 1)\, \mathrm{d}u = 1 - \int_{-\infty}^{+x} \varphi(u;\, 0, 1)\, \mathrm{d}u\,, \text{ also}$$

$$\Phi(-x) = 1 - \Phi(x)\,, \tag{7}$$

eine Relation, die auch anschaulich klar ist (vgl. Bild 6). Es genügt daher, $\Phi(x)$ für positive x zu tabellieren. Die Werte von $\Phi(x)$ für negative x kann man mit Hilfe von (7) daraus ohne weiteres errechnen. Noch etwas handlicher wird die Tabelle, wenn man nicht $\Phi(x)$, sondern

$$\Phi^*(x) = \Phi(x) - \frac{1}{2}$$

tabelliert. $\Phi^*(x)$ gibt die Wahrscheinlichkeit, die dem Intervall zwischen 0 und x zukommt. Wie unmittelbar einleuchtet, ist $\Phi^*(-x) = \Phi^*(x)$. Eine Tabelle der Funktion $\Phi^*(x)$ befindet sich auf S. 268. Neben Tabellen für $\Phi(x)$ und $\Phi^*(x)$ findet man fallweise auch Tabellen, in denen

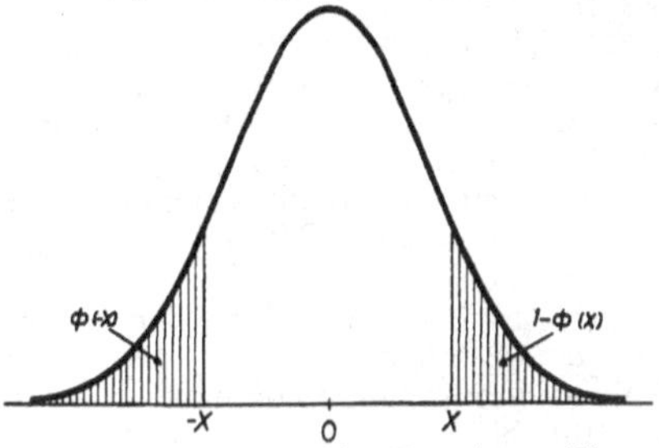

Bild 6. Illustration der Beziehung (7).

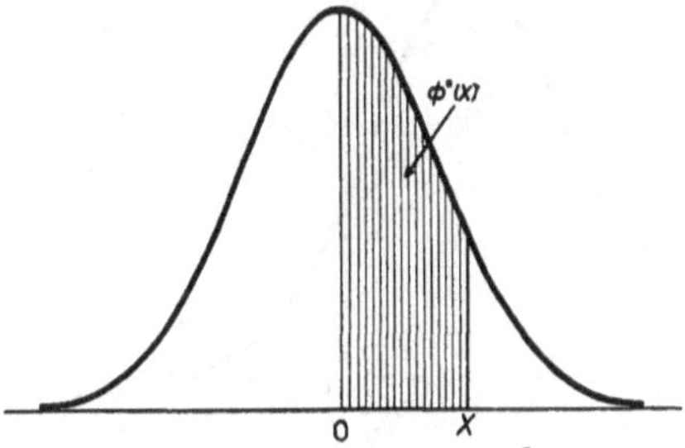

Bild 7. Die Bedeutung von $\Phi^*(x)$.

$\int_{-x}^{+x} \varphi(x; 0, 1)\, dx = 2\, \Phi^*(x)$ angegeben ist. Man muß also vor Gebrauch einer Tabelle der Normalverteilung nachprüfen, welche der hier besprochenen Funktionen sie enthält.

Beispiel: Für elektrische Widerstände war ein Sollwert von 150 Ω und Toleranzen von ± 5 Ω vorgeschrieben. Aus einer Stichprobe von 200 Stück wurde ein Mittelwert $\bar{x} = 152{,}9$ Ω und eine Standardabweichung $s = 1{,}7$ Ω berechnet. Da die Stichprobe sehr groß ist, können wir die Schätzwerte $\bar{x}$ und s mit den echten Parametern μ und σ identifizieren. Es ist festzustellen, wie hoch der Ausschußanteil (Ausschuß = Widerstände außerhalb der Toleranzgrenzen) sein wird.

Um zu bestimmen, welcher Anteil die obere Toleranzgrenze überschreiten wird, bilden wir den standardisierten Wert $\frac{155 - \mu}{\sigma} = \frac{155 - 152{,}9}{1{,}7} = 1{,}2$. Laut Tabelle der Normalverteilung (S. 268) gilt: $\Phi^*(1{,}2) = 0{,}385$, d. h. ca. 38 % aller Werte liegen zwischen μ und der oberen Toleranzgrenze und somit ca. 12 % oberhalb der oberen Toleranzgrenze (da infolge der Symmetrie der Verteilung 50 % aller Werte rechts von μ liegen).

Um zu berechnen, welcher Anteil die untere Toleranzgrenze unterschreitet, bilden wir $\frac{145 - \mu}{\sigma} = \frac{145 - 152{,}9}{1{,}7} = -4{,}6$. Es gilt $\Phi^*(-4{,}6) = \Phi^*(4{,}6) = 0{,}50$. Also liegen fast 50 % aller Werte zwischen μ und der unteren Toleranzgrenze; der Anteil der Werte, die die untere Toleranzgrenze unterschreiten, ist demnach vernachlässigbar klein (Bild 8).

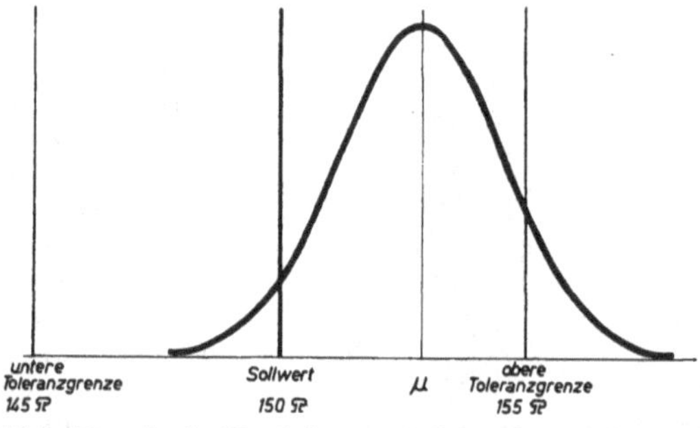

Bild 8. Die ideale Häufigkeitsverteilung der Widerstände.

Somit können wir zusammenfassend sagen, daß Ausschuß nur infolge Überschreitung der oberen Toleranzgrenze auftreten wird, und zwar etwa 12 %. Dieser Ausschuß ist dadurch bedingt, daß der Mittelwert der Verteilung, μ, nicht beim Sollwert 150 liegt, sondern nach rechts verschoben ist. Man wird daher die Frage aufwerfen, mit welchem Ausschußanteil zu rechnen wäre, wenn es durch eine geeignete Regulierung des Produktionsprozesses tatsächlich gelänge, μ mit dem Sollwert zur Deckung zu bringen. Wir können annehmen, daß durch eine solche Regulierung die Streuung des Prozesses nicht geändert wird.

Ist $\mu = 150$, so gilt:

$$\frac{155 - \mu}{\sigma} = \frac{155 - 150}{1{,}7} = 2{,}9 .$$

Aus der Tabelle der Normalverteilung entnehmen wir, daß $\Phi^*(2{,}9) = 0{,}498$ oder fast 50 % ist. Gelänge es, μ mit dem Sollwert zur Deckung zu bringen, so würde sich der Ausschußanteil demnach praktisch auf Null reduzieren.

Die Kenntnis von σ kann man auch benützen, um die natürlichen Toleranzen eines Prozesses zu bestimmen, d. h. einen Bereich abzugrenzen, der fast die gesamte Verteilung (z. B. 99 %) enthält. Soll der Bereich symmetrisch sein, so müssen zwischen μ und der oberen Toleranzgrenze T 49,5 % aller Werte liegen, d. h. es muß

$$\Phi^*\left(\frac{T - \mu}{\sigma}\right) = 0{,}495$$

sein. Nun gilt aber: $\Phi^*(2{,}58) = 0{,}495$, also muß

$$\frac{T - \mu}{\sigma} = 2{,}58$$

und somit

$$T = \mu + 2{,}58\,\sigma$$

sein. Die untere Toleranzgrenze T' wäre hierzu symmetrisch, also

$$T' = \mu - 2{,}58\,\sigma .$$

Der Bereich zwischen $\mu - 2{,}58\,\sigma$ und $\mu + 2{,}58\,\sigma$ heißt 99 % – Toleranzbereich.

Da im allgemeinen nicht genau bekannt ist, wie gut die Verteilung mit einer Normalverteilung übereinstimmt und eine Abweichung von der Normalverteilung sich gerade an den beiden Ausläufern besonders stark auswirken könnte, nimmt man in der Praxis zur Vorsicht oft auch $\mu \pm 3\,\sigma$ als natürliche Toleranzgrenzen.

2.6 Das Wahrscheinlichkeitsnetz

Bild 9 zeigt die Summenfunktion der Normalverteilung, wobei auf der Ordinate die Wahrscheinlichkeit aufgetragen ist. Es ist zweckmäßig, den Maßstab auf der Ordinate so zu verzerren, daß die Summenkurve der Verteilung eine Gerade wird. Dies geschieht durch die Transformation

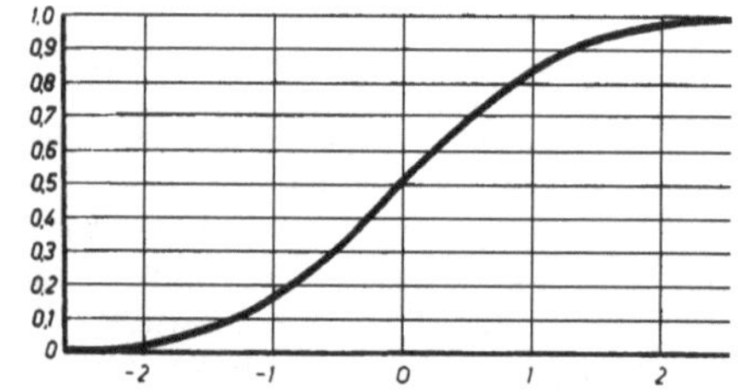

Bild 9. Die Summenkurve der Normalverteilung.

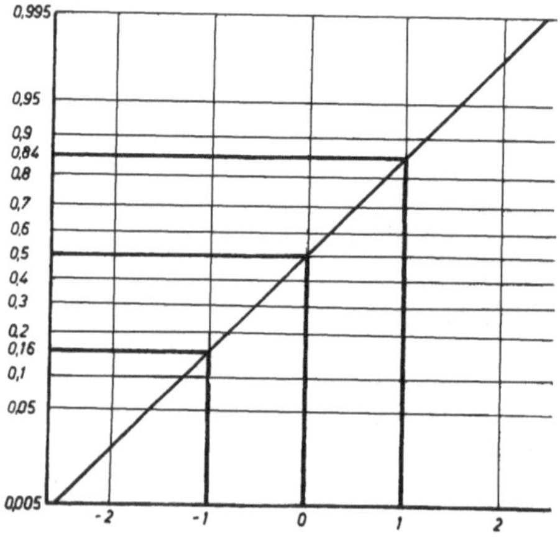

Bild 10. Die Summenkurve der Normalverteilung im Wahrscheinlichkeitsnetz.

$y \to \Phi^{-1}(y)$. Bei dieser Transformation werden die Summenfunktionen a l l e r Verteilungen $N(\mu, \sigma^2)$ (für beliebige μ und σ) in Gerade übergeführt.

Wir können das Wahrscheinlichkeitsnetz auch als ein Nomogramm deuten, das uns erlaubt, bei bekanntem μ und σ sofort für jeden Wert x den Wert des Integrals

$$\int_{-\infty}^{x} \frac{1}{\sqrt{2\pi}\,\sigma} e^{-\frac{(u-\mu)^2}{2\sigma^2}} du$$

anzugeben: Wir zeichnen zunächst in ein gewöhnliches Koordinatensystem die Gerade $y = \frac{x-\mu}{\sigma}$. Diese erlaubt uns, zu jedem Wert x sofort den zugehörigen standardisierten Wert abzulesen. Nun ist aber das von uns benötigte Integral, wie aus den Überlegungen auf S. 28 hervorgeht, gleich $\Phi(y)$. Schreibt man daher auf der y-Achse statt des Wertes y den Wert $\Phi(y)$ an, so kann man zu jedem Wert x sofort den zugehörigen Wert des Integrals ablesen. Das Wahrscheinlichkeitsnetz ist aber nichts anderes als ein solches Koordinatennetz, bei dem auf der y-Achse die Werte $\Phi(y)$ angeschrieben sind [d. h. bei dem die y-Achse der Transformation $y \to \Phi^{-1}(y)$ unterworfen wird]. Um in einem Wahrscheinlichkeitsnetz die Gerade $y = \frac{x-\mu}{\sigma}$ leicht einzeichnen zu können, bedient man sich am besten der folgenden charakteristischen Werte:

Für $x = \mu$ ist $y = 0$, also $\Phi(y) = 0{,}500$
Für $x = \mu + \sigma$ ist $y = 1$, also $\Phi(y) = 0{,}841$
Für $x = \mu - \sigma$ ist $y = 1$, also $\Phi(y) = 0{,}159$.

Um die Gerade zu zeichnen, wird man zweckmäßig von den Punkten $(\mu - \sigma, 0{,}16)$ und $(\mu + \sigma, 0{,}84)$ ausgehen, wie dies in Bild 10 durch die starken Linien angedeutet ist.

Meist ist die Summengerade jedoch nicht auf Grund von Schätzwerten für μ und σ, sondern auf Grund einer empirisch gegebenen Summenverteilung zu bestimmen. Da man weiß, daß die Summenkurve einer Normalverteilung im Wahrscheinlichkeitsnetz als Gerade erscheinen muß, ist es leicht, eine empirisch gegebene Summenkurve „auszugleichen“. Man teilt zu diesem Zwecke das Material in eine angemessene Zahl von Gruppen (etwa zwischen 6 und 20, je nach der Zahl der verfügbaren Einzelwerte) und addiert dann die Besetzungszahlen der einzelnen Gruppen sukzessive auf und drückt die Partialsummen in Prozenten der Gesamtzahl aus, wie dies in Tabelle 3 (S. 35) durchgeführt ist, m. a. W. man bestimmt die empirische Summenfunktion. Die Werte der empirischen Summenfunktion trägt man nun in das Wahrscheinlichkeitsnetz ein, und zwar jeweils an der o b e r e n Gruppengrenze. Dann legt man durch diese Punkte nach Augenmaß die beste Gerade.

Diese Gerade liefert wesentliche Informationen über die Verteilung: Zunächst ersehen wir, ob überhaupt eine Normalverteilung vorliegt oder nicht. Vielfach zeigt sich nämlich, daß die Punkte gar nicht auf einer Geraden liegen, sondern sich entlang einer deutlich gekrümmten Kurve anordnen, wie dies Bild 13 (S. 39) und 18 (S. 43) zeigen. Dies ist ein Anzeichen dafür, daß gar keine Normalverteilung vorliegt.

Streuen die eingezeichneten Punkte jedoch um eine Gerade, so können wir annehmen, daß tatsächlich eine Normalverteilung vorliegt. In diesem Falle kann man die Summengerade dazu verwenden, um verschiedene Aussagen über die Verteilung zu machen. So kann man beispielsweise ablesen, ob gewisse Toleranzgrenzen von der Verteilung eingehalten werden.

Man kann im Wahrscheinlichkeitsnetz auch zwei Verteilungen miteinander vergleichen. Die Verteilung mit der *größeren* Standardabweichung hat die *flachere* Summengerade; die Verteilung mit dem größeren Mittelwert hat eine Summengerade, die die 50 %-Linie bei einem größeren x-Wert schneidet.

Benötigt man für weitere Berechnungen zahlenmäßige Angaben über Mittelwert und Standardabweichung, so kann man diese leicht aus dem Wahrscheinlichkeitsnetz ablesen: Den Mittelwert erhält man, indem man die Summengerade mit der 50 %-Linie schneidet und den Abszissenwert des Schnittpunktes bestimmt. (Dies wäre eigentlich der Median, der jedoch infolge der Symmetrie der Normalverteilung mit dem Mittelwert identisch ist.)

Eine Schätzung für die Standardabweichung erhält man, indem man die Abszissenwerte der Schnittpunkte der Summengeraden mit den 16 %- und 84 %-Linien bestimmt und die Differenz zwischen diesen Abszissenwerten halbiert. Dies ist gerade der umgekehrte Vorgang, wie wir ihn auf S. 33 beschrieben haben. Selbstverständlich könnte man auch einfach die Differenz zwischen dem größeren dieser beiden Abszissenwerte ($\mu + \sigma$) und dem Abszissenwert des Schnittpunktes mit der 50 %-Linie (μ) als Schätzung für σ wählen, doch ist dieser Wert wegen der Ablese-ungenauigkeit im allgemeinen etwas weniger genau.

B e i s p i e l : Nachstehende Tabelle gibt die Verteilung von 200 Meßwerten der auf S. 30 behandelten Widerstände:

Tabelle 3
Verteilung von 200 Widerständen

Widerstand in Ω	Besetzungszahl	aufaddierte Besetzungszahlen	
		absolut	relativ
148—149	1	1	0,005
149—150	5	6	0,030
150—151	22	28	0,140
151—152	39	67	0,335
152—153	38	105	0,525
153—154	49	154	0,770
154—155	21	175	0,875
155—156	17	192	0,960
156—157	7	199	0,995
157—158	—	199	0,995
158—159	1	200	1,000

Wie Bild 11 zeigt, liegen die dieser Summenverteilung entsprechenden Punkte annähernd auf einer Geraden. Es ist daher leicht, durch diesen Punkteschwarm einfach nach Augenmaß eine Gerade zu legen. Mit Hilfe dieser Geraden schätzen wir Mittelwert und Standardabweichung: Es ist

$$\hat{\mu} = 153{,}0\,,$$

$$\hat{\sigma} = \frac{1}{2}\,(154{,}65 - 151{,}35) = 1{,}65\,.$$

Diese Werte stimmen mit den auf rechnerischem Wege gewonnenen Werten $\bar{x} = 152{,}9$ und $s = 1{,}71$ gut überein.

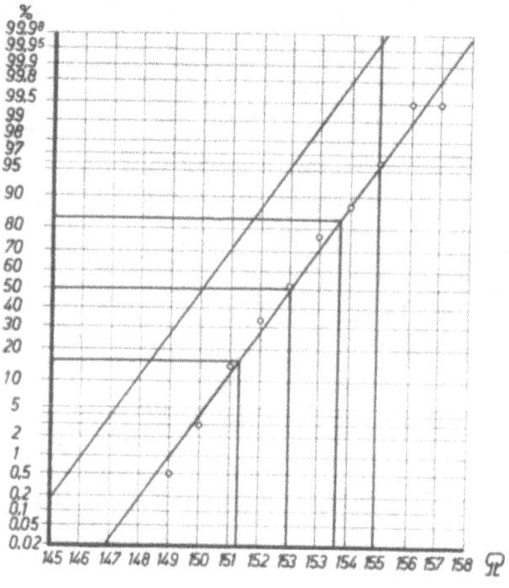

Bild 11. Die Summenverteilung der Widerstände im Wahrscheinlichkeitsnetz.

Aus Bild 11 können wir auch ablesen, daß die obere Toleranzgrenze (155 Ω) in ca. 11 % aller Fälle überschritten wird. (Die Berechnung auf S. 30 ergab hierfür 12 %.) Wird die Verteilung bei unveränderter Varianz so verschoben, daß der Mittelwert mit dem Sollwert (150 Ω) zusammenfällt, so entspricht ihr eine parallele Gerade, die die 50 %-Linie beim Wert 150 schneidet. Das Wahrscheinlichkeitsnetz zeigt, daß der Ausschußanteil bei dieser Lage der Verteilung verschwindend klein ist.

2.7 Die Zerlegung von Mischverteilungen

Bei manchen empirisch gewonnenen Verteilungen besteht der Verdacht, daß eigentlich ein Gemisch von zwei oder mehr Verteilungen vorliegt (insbesondere dann, wenn die Verteilung zwei- bzw. mehrgipfelig ist.) In solchen Fällen ist es unbedingt ratsam, das Urmaterial nach zusätzlichen Merkmalen aufzugliedern, um eine homogene

(d. h. einem einheitlichen Ursachenkomplex entspringende) Verteilung zu erhalten. Man wird also beispielsweise bei der Qualitätskontrolle nicht für die gesamte Produktion eine gemeinsame Häufigkeitsverteilung ermitteln, sondern für jede Maschine eine eigene.

Nur dann, wenn eine solche Aufgliederung der Mischverteilung vom Sachlichen her nicht möglich ist und man trotzdem Grund zu der Annahme besitzt, daß eine Mischverteilung vorliegt, wird man ein formales Zerlegungs-Verfahren anwenden. Für die Praxis empfehlenswert erscheint dabei das von *Daeves* und *Beckel* entwickelte graphische Verfahren, das sich des Wahrscheinlichkeitsnetzes bedient.

Trägt man in ein Wahrscheinlichkeitsnetz nicht die Summenhäufigkeit, sondern die relative Häufigkeit jeder Gruppe ein (man beachte, daß nunmehr die Eintragung nicht an der *oberen* Gruppengrenze, sondern in der Gruppen*mitte* erfolgt), so erhält man eine hyperbelähnliche symmetrische Kurve, deren Äste fast geradlinig sind, sofern eine Normalverteilung vorliegt. Bild 12 zeigt dies für die in Tabelle 3 angegebenen Zahlen.

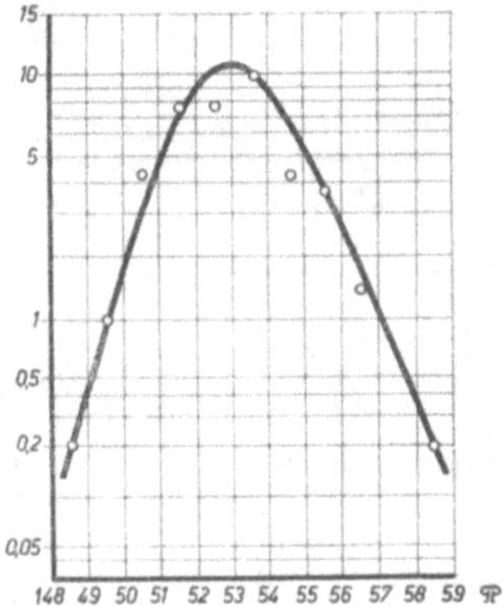

Bild 12. Die Häufigkeitsverteilung der Widerstände im Wahrscheinlichkeitsnetz.

Im Falle einer Mischverteilung kann man — von diesen geradlinig auslaufenden Ästen ausgehend — versuchen, zwei (oder mehrere) hyperbelähnliche symmetrische Kurven zu bestimmen, die so beschaffen sind, daß die relativen Häufigkeiten — innerhalb jeder einzelnen Gruppe aufaddiert — die relative Häufigkeit der ursprünglichen Verteilung ergeben. Dieses Verfahren wird durch nachstehendes Beispiel illustriert.

Für Analysen dieser Art wird praktisch natürlich nur die untere Hälfte des Wahrscheinlichkeitsnetzes (Wahrscheinlichkeiten kleiner als 50 %) benötigt. Ein solches „halbiertes“ Wahrscheinlichkeitsnetz (das außerdem auf der rechten Seite noch eine Skala für absolute Häufigkeiten besitzt), ist unter dem Namen „Häufigkeitspapier“ im Handel.

Die Werte für die Häufigkeiten der beiden Verteilungen werden aus der Abbildung abgelesen. Sodann wird mit Hilfe des Wahrscheinlichkeitsnetzes überprüft, ob die beiden herausanalysierten Verteilungen tatsächlich Normalverteilungen sind. Bei dieser Gelegenheit kann auch gleich der Mittelwert für jede dieser Verteilungen bestimmt werden.

B e i s p i e l *): Bei der Bruchdehnungsmessung an Kupferdrähten (Einspannlänge 300 mm) ergaben sich folgende Werte:

Tabelle 4

Ergebnisse von Bruchdehnungsmessungen und deren Analyse

Dehnung in mm	Zahl der Fälle	Verteilung I	Verteilung II
10—15	1	1	—
15—20	4	4	—
20—25	12	12	—
25—40	28	28	—
30—35	48	48	—
35—40	68	63	5
40—45	84	62	22
45—50	117	47	70
50—55	171	27	144
55—60	215	13	202
60—65	185	4	181
65—70	112	1	111
70—75	43	—	43
75—80	12	—	12
80—85	2	—	2
Σ	1102	310	792

*) Dieses Beispiel wurde mir von Herrn Obering. Kurt Rempel mit Genehmigung des AWF freundlicherweise zur Verfügung gestellt. Es wird auch in einer Beispielsammlung des AWF erscheinen.

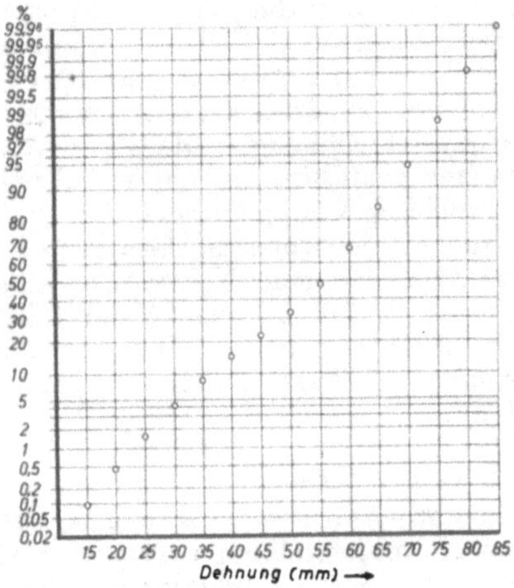

Bild 13. Die Summenverteilung der Bruchdehnungswerte im Wahrscheinlichkeitsnetz.

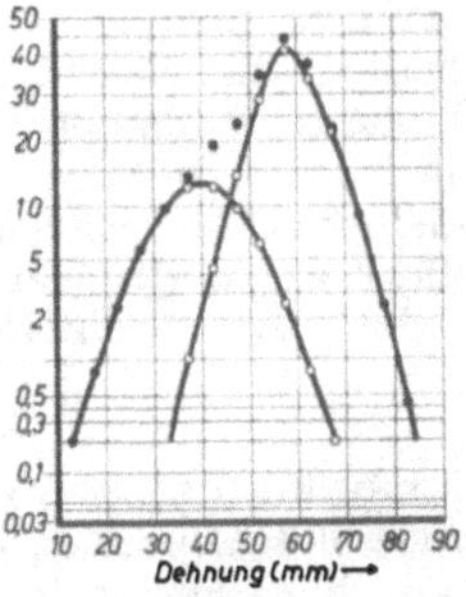

Bild 14. Die Häufigkeitsverteilung der Bruchdehnungswerte im Wahrscheinlichkeitsnetz.

Bild 13 und 14 zeigen die Summenverteilung und die Häufigkeitsverteilung im Wahrscheinlichkeitsnetz. Es handelt sich also um eine typische Mischverteilung, die man zwanglos in zwei Verteilungen aufspalten kann. Aus Bild 14 liest man die in Tabelle 4 in den beiden letzten Spalten angegebenen Werte ab. Im Wahrscheinlichkeitsnetz erscheinen die beiden Teilkollektive tatsächlich als Gerade. Im vorliegenden Falle konnten aus dem Mischungsverhältnis (ca. 1 : 3) wichtige Hinweise auf die Ursache der Inhomogenität gewonnen werden.

Trägt man die Besetzungszahlen oder die relativen Häufigkeiten statt in einem Häufigkeitspapier in einem Logarithmenpapier auf, so muß sich für jede Normalverteilung eine Parabel ergeben. Auch dies kann man im obigen Sinne verwenden (*Hald*, S. 155—158). Die Darstellungen im Logarithmenpapier und im Häufigkeitspapier sind wesentlich empfindlicher bezüglich der Zufallsstreuung als die Eintragung der Summenkurve im Wahrscheinlichkeitsnetz. Das vorliegende Beispiel bringt dies nicht richtig zum Ausdruck, da beide Einzel-Verteilungen abnorm geringe Zufallsschwankungen im Sinne einer Abweichung von der theoretischen Normalverteilung aufweisen. Noch empfindlicher gegenüber den Zufallsschwankungen, daher nur bei großen Stichprobenumfängen brauchbar, ist ein Verfahren, bei dem man im Falle gleicher Gruppenbreite die Quotienten der Besetzungszahlen benachbarter Gruppen im Logarithmenpapier aufträgt, wobei eine Normalverteilung als Gerade erscheint. Dieses Verfahren erlaubt selbst bei kleinen Unterschieden zwischen den beiden Komponenten diese einwandfrei zu trennen. Näheres findet sich in der Arbeit von *Weichselberger*.

2.8 Transformationen

Obwohl es gewisse theoretische Gründe dafür gibt, daß viele Erscheinungen eine Normalverteilung aufweisen und tatsächlich sehr viele der beobachteten Häufigkeitsverteilungen annähernd normal sind, treten doch immer wieder Verteilungen auf, die *nicht* normal sind. Wir reden hier nicht von den sogenannten Mischverteilungen, die durch Zusammenmischen mehrerer Gesamtheiten entstanden sind, sondern von Verteilungen, die aus einem in sich homogenen Zufallsprozeß entstanden sind und dennoch von der Normalverteilung abweichen.

Die Vorraussetzung einer Normalverteilung wird oft ohne Nachprüfung gemacht. Wer z. B. bei der Prüfung von Garnen die Nummer (Nm) bestimmt, wird annehmen, daß eine Normalverteilung vorliegt. Wer das Metergewicht von Garn bestimmt, wird ebenfalls eine Normalverteilung annehmen. Beide Annahmen stehen jedoch genaugenommen zueinander im Widerspruch, denn die eine Größe ist der Kehrwert der anderen, und wenn eine der beiden normalverteilt ist, kann es die andere theoretisch nicht sein. *Praktisch* muß jedoch nicht notwendigerweise eine der beiden Annahmen falsch sein: Ist nämlich der Variationskoeffizient klein, so kann die Transformation in dem gesamten für die Verteilung relevanten Bereich durch eine lineare Transformation approximiert werden. Lineare Transformationen führen aber bekanntlich eine Normalverteilung wieder in eine Normalverteilung über. Im konkreten Falle kann die Transformation $x' = 1/x$ in der Nähe von μ durch

$$x' = \frac{2}{\mu} - \frac{x}{\mu^2}$$

approximiert werden.

Bild 15 zeigt die Summenverteilung von 100 Garnnummern (Sollwert Nm 40, Weiflänge 100 m), Bild 16 die Summenverteilung der zugehörigen Metergewichte (g/m). Nummer und Metergewicht sind zueinander reziprok. Trotzdem zeigen beide Summenverteilungen im Wahrscheinlichkeitsnetz einen geradlinigen Verlauf.

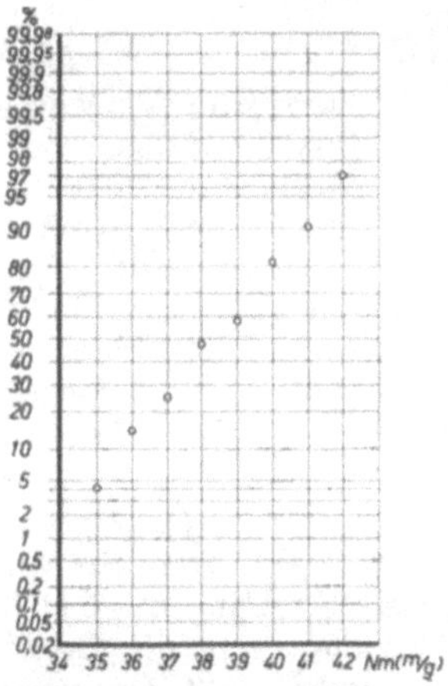

Bild 15. Summenverteilung der Garnnummern.

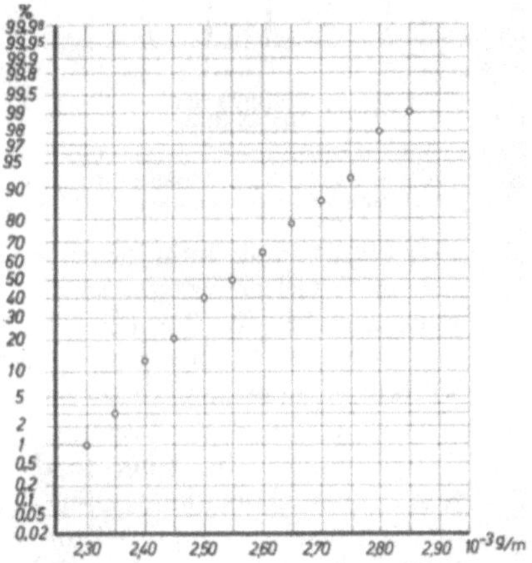

Bild 16. Summenverteilung der Metergewichte.

Praktisch relevante Abweichungen von der Normalverteilung erhält man vor allem dann, wenn die Variable links durch den Wert 0 begrenzt ist und einen großen Variationskoeffizienten aufweist. Dies gilt z. B. für Festigkeitswerte oder für Zeiten (Verrichtungszeit, Reaktionszeit, usw.). Auch auf dem Gebiete der Biologie und Medizin hat man oft mit schiefen Verteilungen zu tun.

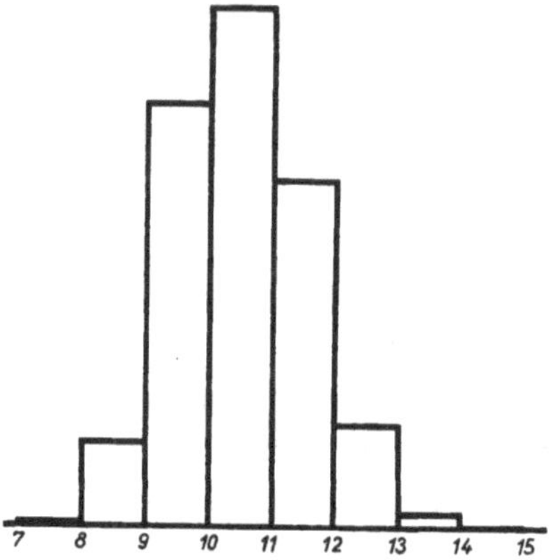

Bild 17. Häufigkeitsverteilung von Blutkalkwerten.

Quelle: *Proppe, A.*: Blutkalkbestimmungen zur Überwachung der Vigantolbehandlung des lupus vulgaris. Der Hautarzt, I (1950), S. 114.

Da viele statistische Methoden von der Voraussetzung einer Normalverteilung ausgehen, erscheint es praktisch bedeutungsvoll, Transformationen zu finden, die nichtnormale Verteilungen in Normalverteilungen überführen.

Speziell dann, wenn die Verteilung links durch den Wert 0 begrenzt ist und nach rechts flach ausläuft, zeigt sich häufig, daß man durch Logarithmieren zu annähernd normalverteilten Werten kommt. Durch das Logarithmieren wird nämlich der Bereich zwischen 0 und 1 in den Bereich von $-\infty$ bis 0 übergeführt und daher der linke Teil der Verteilung stark gestreckt.

Von praktischer Bedeutung wird die logarithmische Transformation bei einer durch den Wert 0 begrenzten Verteilung vor allem dann sein, wenn die Streuung nicht klein im Vergleich mit dem Mittelwert ist und somit der Grenzwert 0 in den „natürlichen Toleranzbereich“ fällt, also wenn $\mu - 3\sigma < 0$, d.h. $\frac{\sigma}{\mu} > \frac{1}{3}$. Man wird daher vor allem dann eine logarithmische Transformation anwenden, wenn der Variationskoeffizient größer als $^1/_3$ ist.

Da logarithmische Transformationen häufig angewandt werden, gibt es auch ein sogenanntes „logarithmisches“

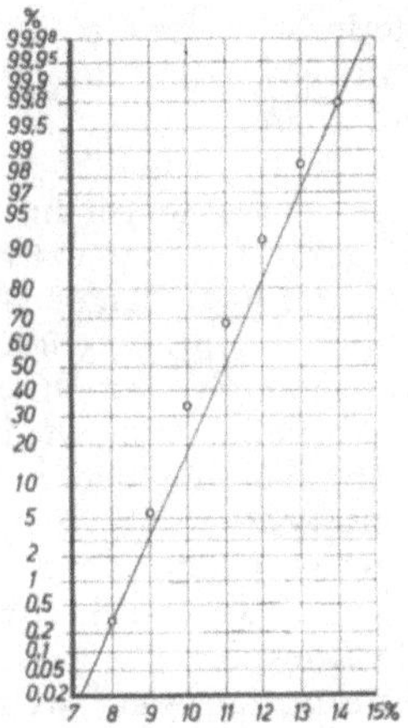

Bild 18. Summenverteilung der Blutkalkwerte im Wahrscheinlichkeitsnetz. (Die Gerade wurde nur eingezeichnet, um die Krümmung der Summenkurve deutlich zu machen.)

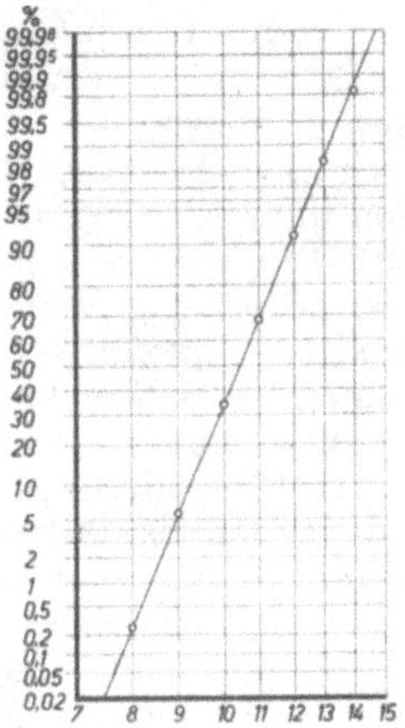

Bild 19. Summenverteilung der Blutkalkwerte im logarithmischen Wahrscheinlichkeitsnetz.

Wahrscheinlichkeitsnetz, bei dem die Teilung der Abszissenachse logarithmisch ist, so daß man es sich erspart, die Werte vor der Eintragung in das Wahrscheinlichkeitsnetz zu logarithmieren. Bild 18 zeigt die Summenfunktion der in Bild 17 dargestellten Häufigkeitsverteilung im gewöhnlichen, Bild 19 im logarithmischen Wahrscheinlichkeitsnetz. Während die Summenkurve im gewöhnlichen Wahrscheinlichkeitsnetz deutlich gekrümmt ist, verläuft sie im logarithmischen Wahrscheinlichkeitsnetz praktisch geradlinig, so daß man annehmen kann, daß diese Verteilung durch das Logarithmieren tatsächlich annähernd in eine Normalverteilung übergeführt wird.

Der an der logarithmisch-normalen Verteilung besonders interessierte Leser wird auf das Buch von *Aitchison* und *Brown* sowie auf die Arbeiten von *Gebelein* und *Wartmann* hingewiesen. Anwendungen auf technische Probleme finden sich bei *Daeves* und *Beckel*, Anwendungen auf medizinische Probleme bei *Gebelein* und *Heite*.

Auch bei diskreten Verteilungen kann eine Transformation unter Umständen von Nutzen sein. Wie wir in Abschnitt 3.5, S. 64, sehen werden, strebt die Binomialverteilung gegen eine Normalverteilung. Es liegt daher nahe, verschiedene speziell für die Normalverteilung entwickelte Verfahren (wie Streuungszerlegung und Regressionsanalyse) auch auf binomialverteilte Variable anzuwenden. Dies scheitert jedoch zunächst daran, daß die genannten Verfahren von der Voraussetzung ausgehen, daß die Varianz für alle Stichproben die gleiche ist, während sich die Varianz der Binomialverteilung mit dem Mittelwert zwangsläufig ändert. Man kann die Konstanz der Varianz jedoch durch eine geeignete Transformation stets wenigstens annähernd erreichen. Im Falle der Binomialverteilung geschieht das durch die Transformation

$$x = 2 \operatorname{arc\,sin} \sqrt{\frac{k}{n}} \,. \qquad (1)$$

Ist k verteilt nach $B_n(p)$, dann ist x annähernd verteilt nach $N(2 \operatorname{arc\,sin} \sqrt{p},\, 1/n)$.

Diese Transformation erlaubt auch die Anwendung des der Streuungszerlegung zugrunde liegenden sogenannten additiven Modells. Der an der Anwendung dieser Transformation im Rahmen der Streuungszerlegung interessierte Leser wird auf die Ausführungen bei *Linder* „Statistische Methoden" S. 301 ff. und *Grimm* hingewiesen. Eine weitere und für die Praxis sehr zweckmäßige Anwendung dieser Transformation ist das *Binomialpapier*. Der Leser wird diesbezüglich auf die Arbeiten von *Mosteller* und *Tukey* sowie *Gebelein* hingewiesen.

Eine Transformation, die für die Poissonverteilung das gleiche leistet, wie die oben besprochene arc sin-Transformation für die Binomialverteilung, ist:

$$x = 2 \sqrt{k} \,. \qquad (2)$$

Ist k poissonverteilt mit dem Parameter a, dann ist x annähernd verteilt nach $N(2\sqrt{a}, 1)$.

2.9 Einige Anwendungen in der technischen Statistik

In Abschnitt 2.5 haben wir bereits eine sehr wichtige Anwendung des Konzeptes der Häufigkeitsverteilung gebracht: die Bestimmung der natürlichen Toleranzgrenzen eines Produktionsprozesses (S. 31). Ein weiteres Beispiel betreffend die Überlagerung von Toleranzen wird in Abschnitt 3.2, S. 54, besprochen. Im folgenden wollen wir uns mit zwei weiteren Anwendungen des Konzeptes der Häufigkeitsverteilung auseinandersetzen.

1. Beispiel: Es werden Plättchen mit einer Schutzschicht überzogen. Plättchen, bei denen die Schutzschicht eine gewisse Mindeststärke d_0 unterschreitet, gelten als Ausschuß. Der Ausschußanteil soll natürlich möglichst klein sein. Dies kann man sicherlich dadurch erreichen, daß man die mittlere Dicke der Schutzschicht hinreichend groß wählt. (Die Streuung der Wanddicke wird man im allgemeinen bei gegebener maschineller Ausstattung als konstant annehmen müssen.) Eine große durchschnittliche Dicke erhöht jedoch den Materialverbrauch. Die beiden Forderungen nach Minimisierung des Ausschußanteiles und Minimisierung des Materialverbrauches sind daher antagonistisch. Ein adäquates Optimisierungskriterium haben wir jedoch in den Kosten vor uns. Es seien A die Kosten des Materialverbrauches pro Plättchen bei einer Schutzschicht von der Stärke 1, B die Kosten, die entstehen, wenn ein Plättchen Ausschuß ist. Bezeichnen wir die Verteilung der Dicke der Schutzschicht mit $\varphi(x, \mu)$, dann sind die für unser Modell relevanten Kosten pro einwandfreies Plättchen:

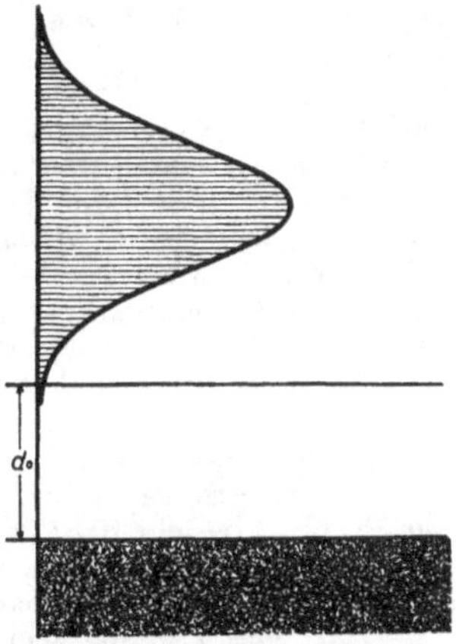

Bild 20. Die Häufigkeitsverteilung der Schutzschicht-Dicken.

$$K(\mu) = \frac{A \int\limits_0^\infty x\,\varphi(x,\mu)\,\mathrm{d}x + B \int\limits_0^{d_0} \varphi(x,\mu)\,\mathrm{d}x}{1 - \int\limits_0^{d_0} \varphi(x,\mu)\,\mathrm{d}x}\,.$$

Dabei ist μ ein Parameter, der die mittlere Stärke der Schutzschicht charakterisiert, z. B.

$$\varphi(x,\mu) = \frac{1}{\sqrt{2\pi}}\, e^{-\frac{(x-\mu)^2}{2}}\,,$$

wenn wir Normalverteilung annehmen und die Standardabweichung σ als Längeneinheit wählen.

Bei Annahme einer Normalverteilung gilt obige Formel für $K(\mu)$ natürlich nur insoweit, als μ so groß ist, daß man

$$\int\limits_{-\infty}^{0} x\,\varphi(x,\mu)\,\mathrm{d}x \quad \text{und} \quad \int\limits_{-\infty}^{0} \varphi(x,\mu)\,\mathrm{d}x$$

vernachlässigen kann.

Den optimalen Wert von μ erhalten wir aus der Relation

$$\frac{\mathrm{d}K(\mu)}{\mathrm{d}\mu} = 0\,.$$

Dies ist eine transzendente Gleichung, aus der man μ mit einer Näherungsmethode bestimmen kann. Im allgemeinen hat diese Gleichung zwei Lösungen für μ: Eine davon ist größer als d_0, die andere kleiner als d_0. Die erste ergibt minimale, die zweite maximale Kosten. (Die Anwendung dieser Überlegung zur Bestimmung der Stärke einer Isolierschicht auf Draht wird in einer Arbeit von *Heumann* und *Nobis* in allerdings nicht ganz einwandfreier Form behandelt.)

2. Beispiel: Wir betrachten die Aufgabe, aus einem stabförmigen Stahlstück der Länge L ein Teilstück vorgegebener Länge l herauszuschneiden (vgl. z. B. die Arbeit von *v. Bogdandy*).

Das Problem besteht dabei darin, daß das Stahlstück an beiden Enden eine Ausschußzone (z. B. Lunker) aufweist und daß vor dem Schnitt *nicht* erkennbar ist, wie weit die Ausschußzone reicht. Man muß also das Teilstück herausschneiden, ohne zu wissen, wie weit die Ausschußzone jeweils reicht. Es wird angestrebt, die Schnittstellen so zu wählen, daß der Ausschußanteil (d. h. der Anteil jener Teilstücke, die mit mindestens einem Ende in die Ausschußzone reichen) im Durchschnitt möglichst klein ist. Dabei gehen wir von der Voraussetzung aus, daß die Verteilung der Längen der Ausschußzonen für beide

Enden bekannt sei. Wir bezeichnen die Dichten dieser Verteilungen mit $\varphi_0(x)$ bzw. $\varphi_1(x)$.

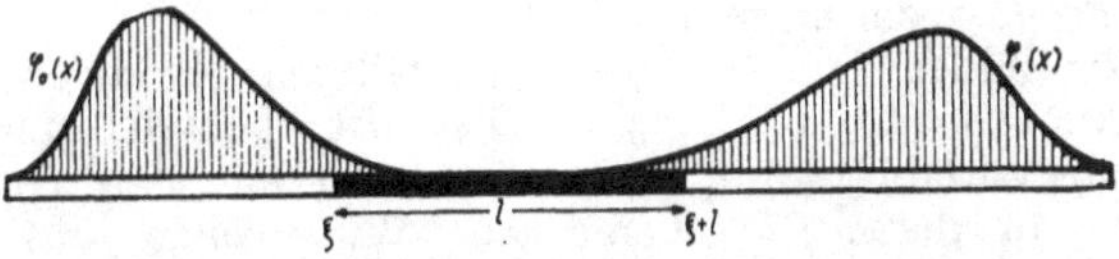

Bild 21. Die Häufigkeitsverteilung der Ausschußzonen.

Legen wir die Schnittstellen bei ξ und $\xi + l$, so ist die Wahrscheinlichkeit, daß das herausgeschnittene Stück mit keinem Ende in die Ausschußzone ragt — die Unabhängigkeit beider Ausschußzonen vorausgesetzt — gleich:

$$\left(\int_0^{\xi} \varphi_0(x)\, dx\right) \cdot \left(\int_{\xi+l}^{L} \varphi_1(x)\, dx\right).$$

ξ ist so zu wählen, daß diese Wahrscheinlichkeit ein Maximum wird. Jener Wert ξ_0, für den das Maximum angenommen wird, muß daher folgende Relation erfüllen, die wir durch Nullsetzen der Ableitung nach ξ erhalten:

$$\varphi_0(\xi_0) \int_{\xi_0+l}^{L} \varphi_1(x)\, dx = \varphi_1(\xi_0 + l) \cdot \int_0^{\xi_0} \varphi_0(x)\, dx\,.$$

Sind insbesondere die Verteilungen $\varphi_0(x)$ und $\varphi_1(x)$ spiegelbildlich, d. h. gilt $\varphi_0(\xi) = \varphi_1(L - \xi)$, so ist diese Relation erfüllt für $\xi = \frac{L-l}{2}$. Die Lösung ist in diesem Falle trivial: Das Stück aus der Mitte herauszuschneiden. Sind jedoch beide Verteilungen wesentlich voneinander verschieden, so kann die optimale Lösung von der symmetrischen stark abweichen.

3 Stichprobenfunktionen; Schätzung von Parametern

3.1 Funktionen zufälliger Variabler

Gegeben seien n zufällige Variable: $x_1, x_2, \ldots x_n$. Die Dichte (bei diskreten Verteilungen: die Wahrscheinlichkeit) der i. Variablen sei $f_i(x)$. Dabei lassen wir auch zu, daß die Verteilungen $f_1(x), f_2(x), \ldots f_n(x)$ voneinander verschieden sind. Auf jeden Fall wollen wir aber annehmen, daß die Variablen $x_1, x_2, \ldots x_n$ voneinander stochastisch unabhängig sind. In diesem Falle ist die verbundene Dichte der (n-dimensionalen) zufälligen Variablen $(x_1, x_2, \ldots x_n)$ das *Produkt* der einzelnen Dichten.

Wir bilden nun aus den n zufälligen Variablen eine Funktion $m(x_1, x_2, \ldots x_n)$. Diese ist ebenfalls eine zufällige Variable. Ihre Dichte läßt sich aus den Dichten $f_1(x)$, $f_2(x), \ldots f_n(x)$ berechnen. Wir wollen uns hier mit dieser überaus wichtigen Feststellung begnügen und nicht weiter untersuchen, *wie* diese Berechnung im einzelnen durchgeführt werden kann. Lediglich an einem sehr einfachen Beispiel wollen wir uns das Prinzip klarmachen. Es sei x_1 eine zufällige Variable, welche den Wert 1 mit der Wahrscheinlichkeit 1/2 und den Wert 2 ebenfalls mit der Wahrscheinlichkeit 1/2 annimmt: $f_1(1) = 1/2$, $f_1(2) = 1/2$. x_2 möge die Werte 0 und 1 mit der Wahrscheinlichkeit 1/4, den Wert 2 mit der Wahrscheinlichkeit 1/2 annehmen: $f_2(0) = 1/4$, $f_2(1) = 1/4$, $f_2(2) = 1/2$. Die Funktion sei $m(x_1, x_2) = x_1 x_2$. Der Wertevorrat von $x_1 x_2$ umfaßt die Zahlen 0, 1, 2, 4.

Wert von $m = x_1 x_2$	Paare (x_1, x_2), die zu diesem Wert $x_1 x_2$ führen	Wahrscheinlichkeiten	$f_0(m)$
0	(1,0)	$\frac{1}{2} \cdot \frac{1}{4} = \frac{1}{8}$	$\frac{2}{8}$
	(2,0)	$\frac{1}{2} \cdot \frac{1}{4} = \frac{1}{8}$	
1	(1,1)	$\frac{1}{2} \cdot \frac{1}{4} = \frac{1}{8}$	$\frac{1}{8}$
2	(1,2)	$\frac{1}{2} \cdot \frac{1}{2} = \frac{1}{4}$	$\frac{3}{8}$
	(2,1)	$\frac{1}{2} \cdot \frac{1}{4} = \frac{1}{8}$	
4	(2,2)	$\frac{1}{2} \cdot \frac{1}{2} = \frac{1}{4}$	$\frac{2}{8}$

Für die Verteilung von $m = x_1 x_2$, $f_0(m)$, gilt also: $f_0(0) = 2/8$, $f_0(1) = 1/8$, $f_0(2) = 3/8$, $f_0(4) = 2/8$.

Ein anderes Beispiel liefert die Binomialverteilung: Haben alle x_i dieselbe Verteilung $B_1(p)$, d. h. $f_i(1) = p$, $f_i(0) = 1 - p$, so ist die Variable $z = x_1 + x_2 + \ldots + x_n$ verteilt nach $B_n(p)$. Diese Beispiele bezogen sich auf Funktionen diskreter Verteilungen. Bei stetigen Verteilungen tritt an die Stelle der Summation eine Integration über die Dichten.

Die Verteilung einer Funktion zufälliger Variabler hat eine sehr konkrete Bedeutung, die wir uns durch folgendes Experiment veranschaulichen können: Wir bestimmen von jeder der n Variablen eine Realisation $x_1, x_2, \ldots x_n$ und berechnen daraus den Wert $m(x_1, x_2, \ldots x_n)$. Dieses Experiment wird oftmals wiederholt, so daß man über eine sehr große Zahl von Werten $m(x_1, x_2, \ldots x_n)$ verfügt. Bildet man aus diesen Werten eine Häufigkeitsverteilung, so muß diese empirische Häufigkeitsverteilung mit der auf mathematischem Wege bestimmten Verteilung von $m(x_1, x_2, \ldots x_n)$ annähernd übereinstimmen.

In der Statistik besonders wichtig sind *lineare* Funktionen unabhängiger zufälliger Variabler $z = a_0 + a_1 x_1 + a_2 x_2 + \ldots + a_n x_n$. Über die Verteilung von z läßt sich zwar im allgemeinen nichts aussagen, doch gibt es eine sehr einfache und wichtige Relation für Mittelwert und Varianz (vgl. z. B. *Schmetterer*, S. 62).

Es sei:
$$E(x_i) = \mu_i\,, \quad V(x_i) = \sigma_i^2.$$

Dann gilt:
$$E(z) = a_0 + a_1 \mu_1 + a_2 \mu_2 + \ldots + a_n \mu_n\,, \tag{1}$$
$$V(z) = a_1^2 \sigma_1^2 + a_2^2 \sigma_2^2 + \ldots + a_n^2 \sigma_n^2\,. \tag{2}$$

Aus (1) und (2) folgt für das arithmetische Mittel $x = (x_1 + x_2 + \ldots + x_n)/n$:
$$E(\bar{x}) = \frac{1}{n}\left(\mu_1 + \mu_2 + \ldots + \mu_n\right), \tag{3}$$
$$V(\bar{x}) = \frac{1}{n^2}\left(\sigma_1^2 + \sigma_2^2 + \ldots + \sigma_n^2\right). \tag{4}$$

Sind die Verteilungen identisch oder haben sie zumindest gleichen Mittelwert und gleiche Varianz, so gilt:

$$E(\bar{x}) = \mu\,, \qquad V(\bar{x}) = \frac{\sigma^2}{n}\,. \tag{5, 6}$$

Neben dem Mittelwert $\bar{x} = (x_1 + x_2 + \ldots + x_n)/n$ ist vielfach auch die Summe $z = x_1 + x_2 + \ldots + x_n$ von Interesse. Für diese gilt:

$$E(z) = \mu_1 + \mu_2 + \ldots + \mu_n\,, \tag{7}$$

$$V(z) = \sigma_1^2 + \sigma_2^2 + \ldots + \sigma_n^2\,. \tag{8}$$

Im Falle identischer Verteilungen ist:

$$E(z) = n\,\mu\,, \quad V(z) = n\,\sigma^2\,. \tag{9, 10}$$

Bei manchen Verteilungstypen gehört die Verteilung der Summenvariablen z wieder demselben Verteilungstyp an. Solche Verteilungstypen werden *reproduktiv* genannt. Dies gilt z. B. für die Poissonverteilung: Hat x_i eine Poissonverteilung mit dem Parameter a_i, so hat z eine Poissonverteilung mit dem Parameter $(a_1 + a_2 + \ldots + a_n)$. Dies ist übrigens im speziellen Falle der Poissonverteilung sehr anschaulich, wenn wir uns vor Augen halten, wie wir zur Poissonverteilung gekommen sind: Wir betrachteten ein Drahtstück vorgegebener Länge, auf dem die durchschnittliche Zahl der Fehler a betrug. Bilden wir die Verteilung der Summe zweier Variabler, so heißt dies, daß wir die beiden Drahtstücke in eines zusammenfassen und uns nur für die Anzahl der Fehler auf beiden Drahtstücken zusammen interessieren. Diese wird poissonverteilt sein und im Durchschnitt $(a_1 + a_2)$ betragen.

Im Falle $n = 2$ ist der exakte Beweis für die Reproduktivität der Poissonverteilung übrigens sehr leicht zu führen: Es sei die Wahrscheinlichkeit, daß x_j den Wert k annimmt, gleich

$$\frac{a_j^k}{k!}\,e^{-a_j} \quad (j = 1,\ 2)\,.$$

Die Variable $x_1 + x_2$ nimmt den Wert k für folgende Paare (x_1, x_2) an: $(0, k), (1, k-1), \ldots (i, k-i), \ldots (k, 0)$.
Die Wahrscheinlichkeit des Paares $(i, k-i)$ ist

$$\frac{a_1^i}{i!} e^{-a_1} \frac{a_2^{k-i}}{(k-i)!} e^{-a_2}.$$

Um die Wahrscheinlichkeit zu bestimmen, daß $x_1 + x_2$ den Wert k annimmt, haben wir über die Wahrscheinlichkeiten aller Paare von $i = 0, 1, \ldots k$ zu summieren:

$$P(k) = \sum_{i=0}^{k} \frac{a_1^i}{i!} e^{-a_1} \frac{a_2^{k-i}}{(k-i)!} e^{-a_2}.$$

Nun ist aber:

$$\sum_{i=0}^{k} \frac{a_1^i}{i!} e^{-a_1} \frac{a_2^{k-i}}{(k-i)!} e^{-a_2} =$$

$$= e^{-(a_1+a_2)} \frac{1}{k!} \cdot \sum_{i=0}^{k} \frac{k!}{i!\,(k-i)!} a_1^i a_2^{k-i}.$$

Die letzte Summe ist aber nichts anderes als die Entwicklung von $(a_1 + a_2)^k$ nach dem Binomischen Lehrsatz, so daß gilt:

$$P(k) = \frac{(a_1 + a_2)^k}{k!} e^{-(a_1+a_2)}.$$

Dies ist aber die Poissonverteilung mit dem Parameter $(a_1 + a_2)$. Vom Falle $n = 2$ ausgehend ist die behauptete Reproduktivität durch vollständige Induktion sofort für beliebiges n beweisbar.

Auch die Binomialverteilung ist reproduktiv. Ist x_i verteilt nach $B_{n_i}(p)$, so ist $x_1 + x_2 + \ldots + x_k$ verteilt nach $B_{(n_1 + n_2 + \ldots + n_k)}(p)$. (Man beachte, daß der Parameter p bei allen Variablen der gleiche sein muß! Nimmt p bei den einzelnen Verteilungen verschiedene Werte an, so ist die Summenvariable nicht mehr binomialverteilt!) Auch die

Reproduktivität der Binomialverteilung ist vom Anschaulichen her klar. Wir kommen zur Binomialverteilung, indem wir beispielsweise aus einem Produktionsprozeß eine Stichprobe von Umfang n entnehmen und die Anzahl der defekten Stücke abzählen. Bilden wir die Verteilung der Summe zweier Variabler, so heißt das, daß wir zwei Stichproben vom Umfange n_1 bzw. n_2 entnehmen und die Anzahl der defekten Stücke in beiden Stichproben zusammen bestimmen. Dies ist aber nichts anderes, als eine Stichprobe vom Umfang $(n_1 + n_2)$ zu nehmen und die Anzahl der defekten Stücke in dieser Stichprobe abzuzählen.

Auch die Normalverteilung ist reproduktiv. Wir wollen hier aber darauf nicht näher eingehen, da wir uns im nächsten Abschnitt mit einer noch allgemeineren Eigenschaft der Normalverteilung eingehend auseinandersetzen werden.

3.2 Funktionen normalverteilter Variabler I

In Abschnitt 3.1 haben wir uns mit Funktionen unabhängiger zufälliger Variabler im allgemeinen befaßt. Nun betrachten wir *lineare* Funktionen *normalverteilter* unabhängiger zufälliger Variabler. Man kann zeigen (vgl. z. B. *Schmetterer*, S. 76), daß solche Funktionen wieder normalverteilt sind. Es sei x_i verteilt nach $N(\mu_i, \sigma_i^2)$ für $i = 1, 2, \ldots n$. Dann ist $z = a_0 + a_1 x_1 + a_2 x_2 + \ldots + a_n x_n$ verteilt nach

$$N\left(a_0 + a_1 \mu_1 + a_2 \mu_2 + \ldots + a_n \mu_n;\quad a_1^2 \sigma_1^2 + a_2^2 \sigma_2^2 + \ldots + a_n^2 \sigma_n^2\right). \tag{1}$$

Nehmen wir an, daß alle x_i dieselbe Verteilung $N(\mu, \sigma^2)$ haben, so ist das arithmetische Mittel $\bar{x} = (x_1 + x_2 + \ldots + x_n)/n$ verteilt nach

$$N\left(\mu, \frac{\sigma^2}{n}\right). \tag{2}$$

Dies folgt einfach aus (1), indem wir dort $a_0 = 0$ und $a_i = 1/n$ (für $i = 1, 2, \ldots n$) setzen. Das arithmetische Mittel aus normalverteilten zufälligen Variablen ist also wieder normalverteilt, und zwar mit demselben Mittelwert μ, aber der Varianz σ^2/n. Die Durchschnitte gruppieren sich enger um den Mittelwert μ als die Einzelwerte und sind für hinreichend großes n praktisch mit μ identisch.

Beispiel*): Für Metallfolien, die bei der Magnetophonerzeugung Verwendung finden, war eine Stärke von $6 \cdot 10^{-3}$ mm**) mit einer Toleranz von $\pm 0{,}2 \cdot 10^{-3}$ mm vorgeschrieben. Nachdem eine größere Lieferung dieser Metallfolien übernommen worden war, kam es bei der Montage zu Schwierigkeiten. Wie eine Rückfrage ergab, stand für die Prüfung dieser Folien kein Meßgerät zur Verfügung, das die notwendige Genauigkeit von $0{,}1 \cdot 10^{-3}$ mm aufwies. Der Meister verwendete daher ein Gerät mit einer Anzeige von 10^{-3} mm, indem er je 10 Folien zusammenlegte und die Anforderung von $(6 \pm 0{,}2) \cdot 10^{-3}$ mm auf $(60 \pm 2) \cdot 10^{-3}$ mm abänderte.

Dieses Vorgehen ist unzulässig. Wenn die 10-fach zusammengelegten Folien eine Toleranz von $\pm 2 \cdot 10^{-3}$ mm einhalten, ist damit noch nicht gesagt, daß die einzelnen Folien die Toleranz von $\pm 0{,}2 \cdot 10^{-3}$ mm einhalten. Ist die Stärke der einzelnen Folien verteilt nach $N(\mu, \sigma^2)$, so ist die Stärke des Päckchens von 10 Folien auf Grund von Formel (1) verteilt nach $N(10\,\mu, 10\,\sigma^2)$. Es verzehnfacht sich zwar die Varianz, nicht jedoch die für die Breite des Streubereiches maßgebende Standardabweichung: Diese beträgt $\sqrt{10}\,\sigma$.

Liegen alle Folien innerhalb des Toleranzbereiches $\pm 0{,}2 \cdot 10^{-3}$ mm, so werden die Päckchen innerhalb des Bereiches $\pm\sqrt{10} \cdot 0{,}2 \cdot 10^{-3}$ mm $= \pm 0{,}63 \cdot 10^{-3}$ mm liegen. Der Toleranzbereich $\pm 2 \cdot 10^{-3}$ mm wird von den Päckchen selbst dann noch eingehalten, wenn die einzelnen Folien im Bereich $\pm 0{,}6 \cdot 10^{-3}$ mm um den Sollwert streuen, also einen 3 mal so großen Streubereich aufweisen, als zulässig wäre.

Auch die Verteilung der *Differenz* $z = x_1 - x_2$ können wir aus Formel (1) ableiten, indem wir $a_0 = 0$, $a_1 = 1$, $a_2 = -1$ und $n = 2$ setzen: $z = x_1 - x_2$ ist verteilt nach $N\left(\mu_1 - \mu_2, \sigma_1^2 + \sigma_2^2\right)$. Man beachte, daß wir die Mittelwerte μ_1 und μ_2 zu subtrahieren, die Varianzen σ_1^2 und σ_2^2 aber zu *addieren* haben.

---

*) Dieses Beispiel wurde entnommen aus: Industrielle Qualitätskontrolle von *Lustig* und *Pfanzagl*, S. 47 ff.

**) Um einer Verwechslung mit dem Mittelwert vorzubeugen, wird hier statt der üblichen Abkürzung μ das Symbol 10^{-3} mm verwendet.

Beispiel*): In einem Betrieb der feinmechanischen Industrie war für einen bestimmten Satz (Welle und Bohrung) ein Mindestspielraum von 0 und ein Höchstspielraum von $12 \cdot 10^{-3}$ mm vorgeschrieben. Es wurden daher folgende Passungen festgelegt:

$$\text{Welle } 3^{\Phi} \text{ h } 5, \text{ d. h. } 3 \text{ mm} \begin{smallmatrix}+0\\-5\end{smallmatrix} \cdot 10^{-3} \text{ mm}$$

$$\text{Bohrung } 3^{\Phi} \text{ H } 7, \text{ d. h. } 3 \text{ mm} \begin{smallmatrix}+7\\-0\end{smallmatrix} \cdot 10^{-3} \text{ mm}$$

Tatsächlich kann man die Toleranzen für Welle und Bohrung jedoch wesentlich erweitern. Ist der Durchmesser x_1 der Bohrungen verteilt nach $N(\mu_1, \sigma_1^2)$, der Durchmesser der Wellen verteilt nach $N(\mu_2, \sigma_2^2)$, so ist der Spielraum $z = x_1 - x_2$ verteilt nach $N(\mu_1 - \mu_2, \sigma_1^2 + \sigma_2^2)$.

Wird bei der Bohrung die Passung $3 \text{ mm} \begin{smallmatrix}+8\\-1\end{smallmatrix} \cdot 10^{-3}$ mm tatsächlich eingehalten, so ist der „natürliche Toleranzbereich**)" $6\,\sigma_1 < 9 \cdot 10^{-3}$ mm, also $\sigma_1 < 9/6 \cdot 10^{-3}$ mm. Wird bei der Welle die Passung $3 \text{ mm} \begin{smallmatrix}+1\\-6\end{smallmatrix} \cdot 10^{-3}$ mm tatsächlich eingehalten, so ist der natürliche Toleranzbereich $6\,\sigma_2 < 7 \cdot 10^{-3}$ mm, also $\sigma_2 < 7/6 \cdot 10^{-3}$ mm. Dann gilt $3 \cdot \sqrt{\sigma_1^2 + \sigma_2^2} < 5{,}7 \cdot 10^{-3}$ mm. Da der Abstand der beiden Mittelwerte $6 \cdot 10^{-3}$ mm ist, kann man die

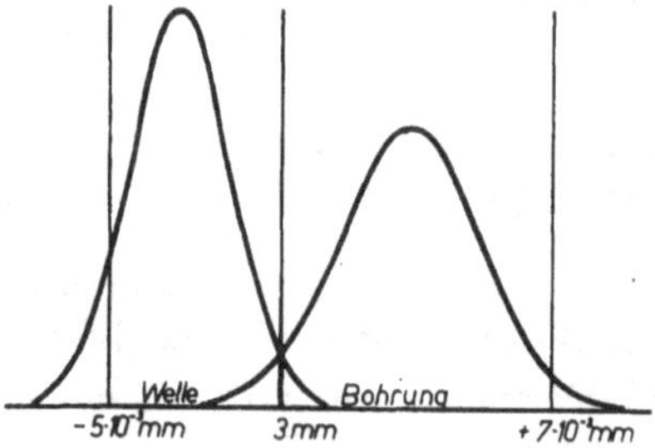

Bild 22.
Die Häufigkeitsverteilung der Bohrlöcher und der Wellen.

*) Dieses Beispiel wurde entnommen aus: Industrielle Qualitätskontrolle von *Lustig* und *Pfanzagl*, S. 48 ff.

**) Wegen des Begriffes des natürlichen Toleranzbereiches vgl. Abschnitt 2.5, S. 31.

Passungen ohne weiteres auf die zuletzt angegebenen Werte erweitern; es kann dann zwar theoretisch vorkommen, daß eine größere Welle mit einer kleineren Bohrung zusammentrifft oder der Spielraum zu groß wird, doch wird dies überaus selten sein. Praktisch wird die Vorschrift, daß der Spielraum zwischen 0 und $12 \cdot 10^{-3}$ mm liegen soll, auch mit den erweiterten Toleranzen eingehalten, obwohl die Passung für die Bohrung um 30 %, für die Welle um 40 % gegenüber den ursprünglichen Werten erweitert wurde.

Es ist zu beachten, daß die obigen Überlegungen nur dann gelten, wenn Bohrungen und Wellen tatsächlich normalverteilt sind und nicht etwa die Einhaltung der Toleranzen durch Aussortieren erreicht wurde. In diesem Falle bildet der durch Aussortierung entstandene „einwandfreie" Teil des Loses keine Normalverteilung und die obigen Überlegungen gelten nicht mehr.

3.3 Funktionen normalverteilter Variabler II*)

Wir haben bereits im vorigen Abschnitt gewisse, sehr einfache Funktionen normalverteilter zufälliger Variabler betrachtet, nämlich die linearen Funktionen. Für gewisse Fragen (vgl. insbesondere Kapitel 8 und 9) ist jedoch auch das Studium komplizierterer Funktionen normalverteilter zufälliger Variabler notwendig. In diesem Abschnitt wollen wir die wichtigsten diesbezüglichen Ergebnisse anführen, ohne allerdings auf die mathematischen Ableitungen einzugehen. Diese findet der Leser in jedem Lehrbuch der mathematischen Statistik.

a) *Die χ^2-Verteilung:* Es seien $x_1, x_2, \ldots x_n$ voneinander unabhängige, nach $N(0, 1)$ verteilte zufällige Variable. Dann hat die Variable

$$V_n = x_1^2 + x_2^2 + \ldots + x_n^2 \tag{1}$$

eine Verteilung mit folgender Dichte:

$$\frac{1}{2^{n/2}\,\Gamma\left(\frac{n}{2}\right)}\, V_n^{n/2-1}\, e^{-V_n/2} \quad \text{für } 0 \leqq V_n\,. \tag{2}$$

*) Der Inhalt dieses Abschnittes ist nur für die Kapitel 8 und 9 erforderlich, die Ausführungen über die χ^2-Verteilung außerdem für Kapitel 7 und Abschnitt 6.8.

(Für $V_n < 0$ ist die Dichte offenbar 0, da V_n als Summe von Quadraten keine negativen Werte annehmen kann.) Diese Verteilung heißt „χ^2-Verteilung mit n Freiheitsgraden". Sie geht auf *Helmert* zurück. Die Bezeichnung „χ^2-Verteilung" wurde von *K. Pearson* eingeführt.

Bild 23 zeigt die Dichte der χ^2-Verteilung für verschiedene Freiheitsgrade.

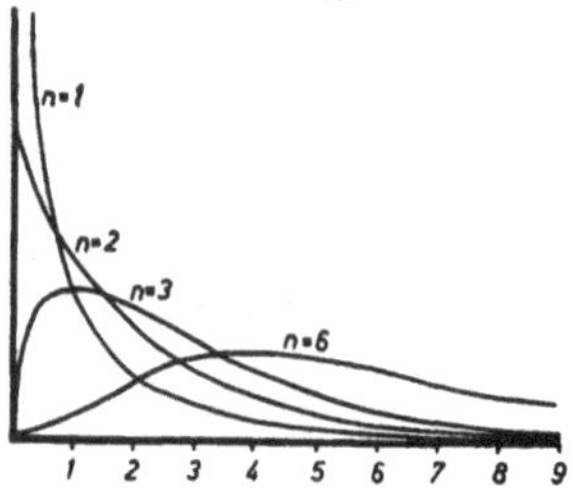

Bild 23. Die Dichte der χ^2-Verteilung für verschiedene Freiheitsgrade.

Da V_n die Summe von n unabhängigen zufälligen Variablen ist, strebt die Verteilung von V_n mit $n \to \infty$ gegen eine Normalverteilung. (Vgl. hierzu S. 62.) Aus Bild 23 ist deutlich zu ersehen, wie sich die Form der Verteilung mit steigendem n immer mehr einer Normalverteilung nähert.

Es gilt:

$$E(V_n) = n\,, \quad V(V_n) = 2\,n\,,$$

Werden zwei voneinander unabhängige χ^2-verteilte zufällige Variable mit n bzw. m Freiheitsgraden addiert, so erhält man wieder eine χ^2-verteilte Variable, und zwar mit $(n + m)$ Freiheitsgraden. (Dies ist anschaulich klar: man addiert die Summe von n und die Summe von m Quadraten nach $N(0, 1)$ verteilter zufälliger Variabler und erhält die Summe von $(n + m)$ Quadraten nach $N(0, 1)$ verteilter zufälliger Variabler.)

Eine Tabelle mit Sicherheitsgrenzen der χ^2-Verteilung befindet sich auf S. 273.

b) *Die F-Verteilung:* Es seien V_m und V_n zwei voneinander unabhängige χ^2-verteilte zufällige Variable mit n bzw. m Freiheitsgraden. Dann hat die Variable

$$F_{m,n} = \frac{\dfrac{V_m}{m}}{\dfrac{V_n}{n}} \tag{3}$$

eine Verteilung mit folgender Dichte:

$$\frac{\Gamma\left(\frac{m+n}{2}\right)}{\Gamma\left(\frac{m}{2}\right)\Gamma\left(\frac{n}{2}\right)} m^{m/2} n^{n/2} \frac{F^{m/2-1}}{(n+m\cdot F)^{(m+n)/2}} \quad \text{für } 0 \leqq F. \tag{4}$$

(Für $F < 0$ ist die Dichte offenbar 0, da F als Quotient nicht negativer Variabler selbst keine negativen Werte annehmen kann.) Diese Verteilung heißt „F-Verteilung mit (m, n) Freiheitsgraden“. Sie geht auf *R. A. Fisher* zurück.

Bild 24 zeigt die Dichte der F-Verteilung für verschiedene Freiheitsgrade.

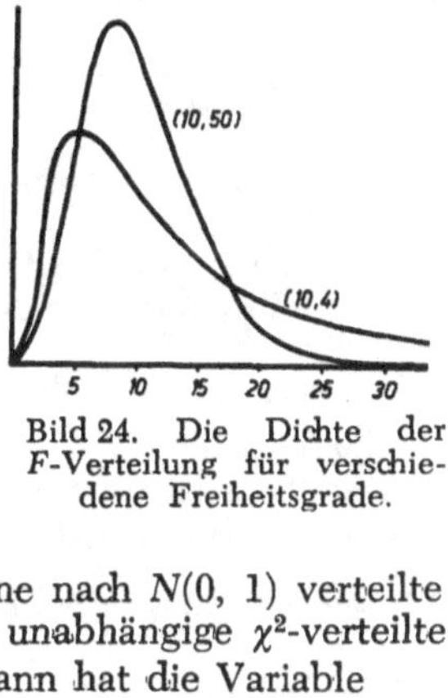

Bild 24. Die Dichte der F-Verteilung für verschiedene Freiheitsgrade.

Wie sich aus der Definition der zufälligen Variablen F unmittelbar ergibt, erhalten wir die Dichte von $1/F$, indem wir in Formel (4) m und n vertauschen.

Eine Tabelle mit Sicherheitsgrenzen der F-Verteilung befindet sich auf S. 274—277.

c) *Die t-Verteilung:* Es sei x eine nach $N(0, 1)$ verteilte zufällige Variable, V_n eine von x unabhängige χ^2-verteilte Variable mit n Freiheitsgraden. Dann hat die Variable

$$t_n = \frac{x}{\sqrt{\frac{V_n}{n}}} \tag{5}$$

eine Verteilung mit folgender Dichte:

$$\frac{1}{\sqrt{\pi n}} \cdot \frac{\Gamma\left(\frac{n+1}{2}\right)}{\Gamma\left(\frac{n}{2}\right)} \left(1+\frac{t^2}{n}\right)^{-(n+1)/2}. \tag{6}$$

Diese Dichte ist symmetrisch um den Wert $t = 0$. Die Verteilung heißt „t-Verteilung mit n Freiheitsgraden". Sie geht auf *W. S. Gosset* („Student") zurück.

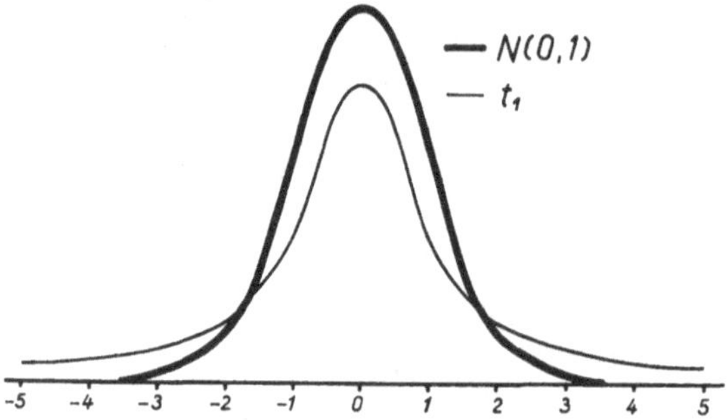

Bild 25. Die Dichten der Verteilung t_1 und $N(0, 1)$.

Für $n \to \infty$ strebt die t-Verteilung gegen die Verteilung $N(0, 1)$. Bild 25 zeigt die t-Verteilung mit 1 Freiheitsgrad und die $N(0, 1)$.

Wie sich aus den obigen Definitionen unmittelbar ergibt, ist die Variable t_n^2 F-verteilt mit $(1, n)$ Freiheitsgraden.

Eine Tabelle mit Sicherheitsgrenzen der t-Verteilung befindet sich auf S. 273.

3.4 Die Schätzung von Funktional-Parametern; das Gesetz der großen Zahlen

Wir haben bereits in Band I, Kapitel 3 sowie in Abschnitt 2.1 von Band II verschiedene, für eine Verteilungsfunktion charakteristische Größen kennengelernt, darunter *Erwartungswerte* (Mittelwert, Varianz usw.) und *Quantile* (Median, Quartile usw.). Wir wollen solche Größen als *Funktional*-Parameter bezeichnen. Durch einen bestimmten Funktional-Parameter, z. B. den Median, wird jeder Verteilung eine ganz bestimmte Zahl — eben der Wert des Parameters — zugeordnet (abgesehen von jenen Ausnahmen, wo für eine Verteilung ein bestimmtes Funktional nicht existiert, wie z. B. der Mittelwert bei der Cauchyverteilung).

Der Ausdruck Funktional-Parameter wurde deshalb gewählt, um diese Art von Parametern begrifflich klar zu unterscheiden von solchen Parametern, die in der Formel für die Dichte einer Verteilung explizit aufscheinen. Selbstverständlich besteht zwischen diesen beiden Arten von Parametern eine enge Beziehung: Die Funktional-Parameter lassen sich als Funktion der expliziten Parameter darstellen. So hat z. B. die Binomialverteilung zwei explizite Parameter: n und p. Mittelwert und Varianz, zwei Funktional-Parameter, lassen sich durch n und p darstellen: $\mu = np$, $\sigma^2 = np(1-p)$. Auch die Dichtefunktion der Normalverteilung enthält zwei explizite Parameter: μ und σ^2. Dabei ist μ mit dem Mittelwert und σ^2 mit der Varianz der Normalverteilung identisch, was durch die Bezeichnung sozusagen schon vorweggenommen wird.

Für die Schätzung von Funktional-Parametern gibt es eine sehr einfache Faustregel: Wir ordnen der Stichprobe $x_1, x_2, \ldots x_n$ eine Verteilung zu, bei der jedem der Werte x_i die Wahrscheinlichkeit $1/n$ zukommt. Das Funktional dieser Verteilung ist eine Schätzfunktion für das Funktional der Verteilung, aus welcher die Stichprobe stammt. Unter einer *Schätzfunktion* versteht man eine Funktion der Stichprobenwerte, die sich zur Schätzung von Parametern eignet.

Beispiel: 1. Das zu schätzende Funktional sei $E(x)$. Das Funktional der Stichprobe ist

$$\frac{1}{n} x_1 + \frac{1}{n} x_2 + \ldots + \frac{1}{n} x_n = \bar{x}\,.$$

2. Das zu schätzende Funktional sei $V(x) = E(x - E(x))^2$. Das Funktional der Stichprobe ist:

$$\frac{1}{n} \sum_{1}^{n} (x_i - \bar{x})^2\,.$$

3. Das zu schätzende Funktional sei der Median, d. h. jener Wert $\tilde{x}$, unterhalb dessen genau die Hälfte der Verteilung liegt: $F(\tilde{x}) = 1/2$. Der Median der Stichprobe ist bei ungeradem Stichprobenumfang $n = 2k + 1$ der $(k + 1)$. Wert, wenn wir die Stichprobe der Größe nach ordnen.

Das Funktional der Stichprobe ist im allgemeinen eine *konsistente* Schätzfunktion für das Funktional der Verteilung, d. h. die Wahrscheinlichkeit, daß es um mehr als einen vorgegebenen Betrag vom Funktional der Verteilung abweicht, wird verschwindend klein, wenn der Stichprobenumfang unendlich groß wird. Das Funktional der Stichprobe ist jedoch nicht immer eine *erwartungstreue* Schätzfunktion. (Eine Schätzfunktion heißt erwartungstreu, wenn ihr Erwartungswert gleich dem zu schätzenden Parameter ist.) Es erscheint allerdings fraglich, ob dies wirklich ein relevanter Nachteil ist.

Speziell für den Mittelwert $E(x) = \mu$ läßt sich die Konsistenz unter sehr allgemeinen Bedingungen beweisen. Man braucht lediglich vorauszusetzen, daß μ für eine Verteilung tatsächlich existiert, und kann sicher sein, daß das zugehörige Funktional der Stichprobenverteilung, x, für $n \to \infty$ gegen μ strebt. Dieser Satz wird als „Gesetz der großen Zahlen" bezeichnet. Er wurde in der oben formulierten Fassung von *Khintchine* bewiesen.

Aus dem Gesetz der großen Zahlen folgt sofort:

$$\frac{1}{n}\sum_{1}^{n} (x_i - \mu)^2 \to E(x - \mu)^2 .$$

Der exakte Beweis für

$$\frac{1}{n}\sum_{1}^{n} (x_i - x)^2 \to E(x - \mu)^2$$

ist jedoch komplizierter. Die Schätzfunktion

$$\frac{1}{n}\sum_{1}^{n} (x_i - \bar{x})^2$$

ist nicht erwartungstreu. Es gilt:

$$E\left(\frac{1}{n}\sum_{1}^{n} (x_i - x)^2\right) = \frac{n-1}{n}\,\sigma^2 .$$

Daher wird meist die erwartungstreue Schätzfunktion

$$s^2 = \frac{1}{n-1} \sum_{1}^{n} (x_i - \bar{x})^2$$

verwendet.

Die Anwendung des Gesetzes der großen Zahlen auf die Binomialverteilung $B_1(p)$ ergibt: Die relative Häufigkeit in der Stichprobe, k/n, strebt gegen die Wahrscheinlichkeit p, denn die $B_1(p)$ hat den Erwartungswert p und k/n ist nichts anderes als der Mittelwert $\bar{x}$ aus einer Stichprobe vom Umfange n (vgl. hierzu auch die Ausführungen in Band I, Abschnitt 3.5).

Das Gesetz der großen Zahlen ist eine Aussage über das Verhalten von $\bar{x}$ für $n \to \infty$. Es besteht jedoch auch ein praktisches Bedürfnis, Aussagen über das Verhalten von $\bar{x}$ bei endlichem n zu machen. Eine solche Aussage liefert die Ungleichung von *Bienaymé-Tschebyscheff* (vgl. z. B. *Schmetterer*, S. 56):

$$P\left(|\bar{x} - \mu| \geqq t \frac{\sigma}{\sqrt{n}}\right) \leqq \frac{1}{t^2}. \qquad (1)$$

Wählt man z. B. $t = 10$, so erhält man die Aussage: Die Wahrscheinlichkeit, daß $\bar{x}$ von μ um mehr als $10\,\sigma/\sqrt{n}$ abweicht, ist höchstens 1 %. Die Ungleichung von *Bienaymé-Tschebyscheff* gilt für beliebige Verteilungen (sowohl diskrete als auch stetige). Es ist daher nicht sehr erstaunlich, daß ihre Aussagen bei gewissen Verteilungstypen nicht sehr scharf sind. Ihre praktische Bedeutung ist daher beschränkt, zumal man auf Grund des im nächsten Abschnitt besprochenen sogenannten „Zentralen Grenzwertsatzes" für nicht allzu kleine n wesentlich schärfere Aussagen über die Verteilung von $\bar{x}$ machen kann.

Aus der obigen Form der Ungleichung von *Bienaymé-Tschebyscheff* folgt übrigens sofort das Gesetz der großen Zahlen: Für $n \to \infty$ wird die Wahrscheinlichkeit, daß $\bar{x}$ von μ um mehr als ε abweicht, beliebig klein. Dies sehen wir ein, indem wir $t = \varepsilon\sqrt{n}/\sigma$ setzen. *Khintchine* hat das Gesetz der großen Zahlen jedoch bewiesen, ohne die Existenz der Varianz σ^2 vorauszusetzen.

3.5 Der Zentrale Grenzwertsatz

Wir betrachten eine Folge von unabhängigen zufälligen Variablen $x_1, x_2, \ldots x_n, \ldots$ und die zugehörige Folge der Summenvariablen $z_1 = x_1,\ z_2 = x_1 + x_2, \ldots\ z_n = x_1 + x_2 + \ldots + x_n, \ldots$

Zentraler Grenzwertsatz: Für $n \rightarrow \infty$ strebt die Verteilung von z_n gegen eine Normalverteilung.

Von Abschnitt 3.1 wissen wir, daß z_n den Mittelwert $\sum_1^n \mu_i$ und die Varianz $\sum_1^n \sigma_i^2$ besitzt, so daß die Verteilung von z_n für $n \rightarrow \infty$ eindeutig bestimmt ist. Das Wesentliche am Zentralen Grenzwertsatz ist, daß die Verteilung von z_n *stets* gegen eine Normalverteilung strebt, gleichgültig, wie die Verteilung von x beschaffen ist. Man muß beim Beweis des Zentralen Grenzwertsatzes allerdings sicherstellen, daß nicht eine einzelne unter den Variablen x_i dominiert und der Verteilung von z_n den Charakter ihrer eigenen Verteilung aufprägt. Dies kann z. B. durch Voraussetzungen über die Varianzen und die dritten Momente der Verteilungen geschehen. Sicherlich gilt der zentrale Grenzwertsatz dann, wenn alle Verteilungen identisch sind und Mittelwert und Varianz besitzen. Der an der mathematischen Seite dieses Problems interessierte Leser wird auf das Buch von *P. Lévy* verwiesen.

Praktisch ist n natürlich stets endlich groß, und die Verteilung von z_n wird um so besser mit der Normalverteilung übereinstimmen, je ähnlicher die Verteilung von x selbst einer Normalverteilung ist. So kann beispielsweise die Verteilung von z_n bereits für sehr kleine n gut mit einer Normalverteilung übereinstimmen, wenn die Verteilung von x eingipfelig und nicht allzu schief ist.

Um zu demonstrieren, daß auch für Variable x, deren Verteilung von der Normalverteilung wesentlich abweicht, die Summenvariable z_n für nicht allzu große n bereits gut mit der Normalverteilung übereinstimmt, wurde die Häu-

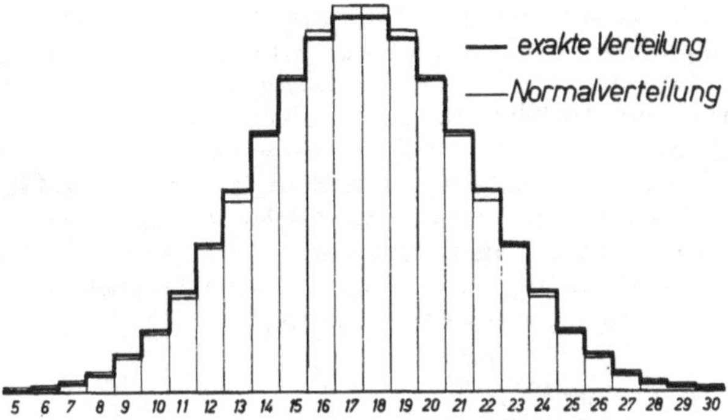

Bild 26. Die Verteilung der Augen-Summe von 10 Würfeln und deren Approximation durch die Normalverteilung.

figkeitsverteilung der Summe der Augenzahlen berechnet, die man beim Werfen von 10 Würfeln erhält. Wie aus Bild 26 zu ersehen ist, zeigt diese bereits die typische Glockenform der Normalverteilung, obwohl die Verteilung von x in diesem Falle wesentlich von der Normalverteilung abweicht. (Die Verteilung von x ist eine Gleichverteilung, die jedem der Werte 1, 2, ... 6 die Wahrscheinlichkeit 1/6 zuordnet.)

Der Zentrale Grenzwertsatz erklärt auch, warum so viele empirische Häufigkeitsverteilungen annähernd einer Normalverteilung entsprechen. Wenn ein Merkmal durch Zusammenwirken sehr vieler voneinander unabhängiger Einflußfaktoren bestimmt wird und nicht einer der Einflußfaktoren dominiert, wird die Verteilung annähernd normal sein, wenn die Wirkungen der einzelnen Einflußfaktoren additiv sind. Nimmt man an, daß die Wirkung jedes Einflußfaktors proportional zu dem bereits erreichten Wert des Merkmals ist, erhält man eine logarithmisch-normale Verteilung (vgl. *Cramér*, S. 219, 220).

Der Zentrale Grenzwertsatz liefert natürlich nicht nur eine Aussage über die Summen von zufälligen Variablen, sondern auch über die Mittelwerte. Ist $z_n = x_1 + x_2 + \ldots + x_n$ asymptotisch normalverteilt mit Mittelwert $n\mu$ und Varianz $n\sigma^2$, so ist $x = (x_1 + x_2 + \ldots + x_n)/n$, asymptotisch normalverteilt mit Mittelwert μ und Varianz σ^2/n.

Anwendung des Zentralen Grenzwertsatzes auf die *Binomialverteilung:* Da wir eine nach $B_n(p)$ verteilte zufällige Variable als Summe von n zufälligen Variablen auffassen können, folgt aus dem zentralen Grenzwertsatz, daß die Binomialverteilung für $n \to \infty$ gegen eine Normalverteilung strebt. Wegen $\mu = np$ und $\sigma^2 = np(1-p)$ gilt für $n \to \infty$:

$$\binom{n}{k} p^k (1-p)^{n-k} \to \int\limits_{k-1/2}^{k+1/2} \frac{1}{\sqrt{2\pi}\,\sqrt{np(1-p)}}\, e^{-\frac{(x-np)^2}{2np(1-p)}}\, dx\,,$$

oder, mit Hilfe der Standard-Normalverteilung ausgedrückt:

$$\binom{n}{k} p^k (1-p)^{n-k} \to \Phi\left(\frac{k+1/2-np}{\sqrt{np(1-p)}}\right) - \Phi\left(\frac{k-1/2-np}{\sqrt{np(1-p)}}\right). \quad (1)$$

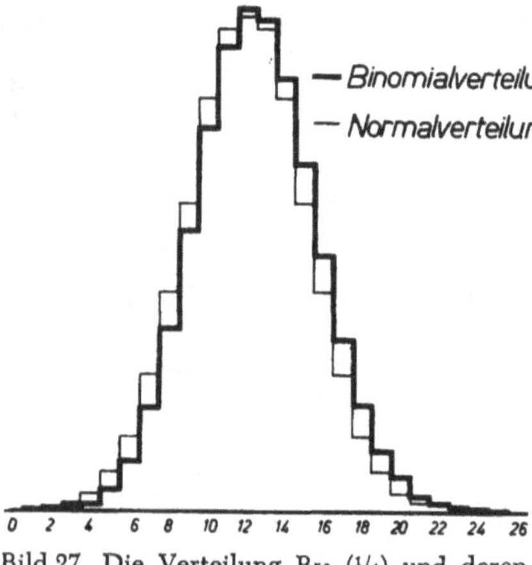

Bild 27. Die Verteilung B_{50} (1/4) und deren Approximation durch die Normalverteilung N (12,5, 9,375).

Wie gut die Binomialverteilung mit der Normalverteilung übereinstimmt, hängt wesentlich von p ab, denn je stärker p vom Werte 1/2 abweicht, um so größer ist die Asymmetrie der Binomialverteilung, und um so größer muß n sein, um eine befriedigende Übereinstimmung mit der Normalverteilung zu erreichen.

Als praktische Faustregel gilt, daß man die Binomialverteilung dann mit hinreichender Genauigkeit durch eine Normalverteilung approximieren kann, wenn

$$n > \frac{9}{p(1-p)} \; .$$

B e i s p i e l : Bei genetischen Anwendungen hat man oft mit der Verteilung $B_n(1/4)$ zu tun. Für $n = 50$ können wir diese Verteilung bereits durch eine Normalverteilung mit Mittelwert $\mu = 50 \cdot 1/4 = 12{,}5$ und Varianz $\sigma^2 = 50 \cdot 1/4 \cdot 3/4 = 9{,}375$ approximieren. Bild 27 zeigt die auf Grund der Binomialverteilung berechneten exakten Wahrscheinlichkeiten und deren Approximation durch die Normalverteilung.

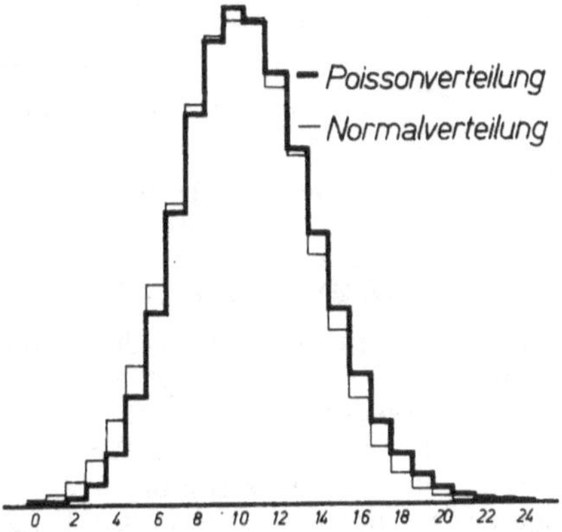

Bild 28. Die Poissonverteilung mit dem Mittelwert 10,7 und deren Approximation durch die Normalverteilung $N(10{,}7,\ 10{,}7)$.

Anwendung des Zentralen Grenzwertsatzes auf die *Poissonverteilung:* Da die Summation zweier poissonverteilter Variabler mit den Parametern a_1 und a_2 wieder zu einer Poissonverteilung mit dem Parameter $(a_1 + a_2)$ führt, hat die Summe z_n von n poissonverteilten Variablen mit dem Parameter a wieder eine Poissonverteilung, und zwar mit dem Parameter na. Nach dem zentralen Grenzwertsatz strebt die Verteilung von z_n für $n \to \infty$ gegen eine Normalverteilung. Also strebt auch die Poissonverteilung gegen eine Normalverteilung, wenn ihr Parameter gegen unendlich strebt. Da für die Poissonverteilung $\mu = a$ und $\sigma^2 = a$, gilt für $a \to \infty$:

$$\frac{a^k}{k!} e^{-a} \to \Phi\left(\frac{k+1/2-a}{\sqrt{a}}\right) - \Phi\left(\frac{k-1/2-a}{\sqrt{a}}\right). \tag{2}$$

Praktisch kann man die Poissonverteilung durch eine Normalverteilung approximieren, sobald $a > 9$.

Beispiel: Aus einer großen Zahl von Messungen ergab sich die Anzahl der Fadenbrüche pro 200 Spindelstunden mit 10,7. Es ist zu bestimmen, in welchem Bereich die Werte für die einzelnen Spindeln pro 200 Spindelstunden streuen werden. Einen Bereich, der 99 % aller Einzelwerte umfaßt, erhalten wir aus:

$$\frac{k_1+1/2-a}{\sqrt{a}} = 2{,}58, \quad \text{also} \quad k_1 = -1/2 + 10{,}7 + 2{,}58\sqrt{10{,}7} \doteq 19\,,$$

$$\frac{k_0-1/2-a}{\sqrt{a}} = -2{,}58, \quad \text{also} \quad k_0 = 1/2 + 10{,}7 - 2{,}58\sqrt{10{,}7} \doteq 3\,.$$

Die Anzahl der Fadenbrüche pro 200 Spindelstunden wird also fast immer zwischen 3 und 19 liegen.

3.6 Die maximum likelihood-Methode

Wir haben in Abschnitt 4 die Unterscheidung von Funktional-Parametern und expliziten Parametern eingeführt. Die dort besprochenen Methoden bezogen sich auf die Schätzung von Funktional-Parametern. Für Binomial-, Poisson- und Normalverteilung kann das Problem der Parameter-Schätzung mit diesen Methoden gelöst werden, da die expliziten Parameter dieser Verteilungen mit Funktional-Parametern (Mittelwert bzw. Varianz) identisch sind. Im folgenden wollen wir uns jedoch mit dem Problem der Schätzung expliziter Parameter im allgemeinen beschäftigen. Eine allgemeine Methode zur Schätzung expliziter Parameter ist die sogenannte *maximum likelihood*-Methode*).

---

*) Im folgenden wollen mir „maximum likelihood" mit m.l. abkürzen. Eine geeignete Übersetzung dieses Ausdruckes liegt noch nicht vor.

Wir betrachten eine Dichtefunktion $f(x, \vartheta)$, die von einem Parameter ϑ abhängt. (Bei diskreten Verteilungen tritt wieder an die Stelle der Dichte die Wahrscheinlichkeit.) Liegen n voneinander unabhängige Realisationen $(x_1, x_2, \ldots x_n)$ der zufälligen Variablen x vor, so ist die Dichte dieser Realisationen gleich:

$$L(x_1, x_2, \ldots x_n; \vartheta) = f(x_1, \vartheta)\, f(x_2, \vartheta) \ldots f(x_n, \vartheta)\,.$$

$L(x_1, x_2, \ldots x_n; \vartheta)$ heißt likelihood-Funktion. Unter gewissen Regularitätsvoraussetzungen hat die likelihood-Funktion — bei festgehaltenen $(x_1, x_2, \ldots x_n)$ als Funktion von ϑ betrachtet — genau ein Maximum.

Jenes ϑ, für welches dieses Maximum angenommen wird, wollen wir mit $\hat{\vartheta}(x_1, \ldots x_n)$ oder kurz mit $\hat{\vartheta}$ bezeichnen. Die zufällige Variable $\hat{\vartheta}(x_1, \ldots x_n)$ ist im allgemeinen für alle n definiert. Für $n \to \infty$ ist $\hat{\vartheta}$ verteilt nach $N[\vartheta, 1/n j(\vartheta)]$, wobei $j(\vartheta) = E\left(\frac{\partial \log f(x, \vartheta)}{\partial \vartheta}\right)^2$. Man kann daher mit den in 4.2 entwickelten Verfahren für nicht allzu kleine n leicht angeben, wie groß die Abweichung der Schätzung $\hat{\vartheta}$ von dem zu schätzenden Parameter ϑ im Rahmen einer vorgeschriebenen Sicherheitswahrscheinlichkeit maximal sein kann.

Das Prinzip der m. l.-Methode, als Schätzwert unter allen ϑ jenes auszuwählen, bei welchem der tatsächlich beobachteten Stichprobe die größte Wahrscheinlichkeit zukommt, ist sehr anschaulich. Die eigentliche Rechtfertigung für die m. l.-Methode ergibt sich jedoch daraus, daß die mit Hilfe dieser Methode gewonnenen Schätzfunktionen eine Reihe wünschenswerter Eigenschaften aufweisen. So kann man beispielsweise zeigen, daß es unter gewissen Regularitätsvoraussetzungen keine Schätzfunktionen geben kann, die eine kleinere als die oben angegebene Varianz $1/n j(\vartheta)$ besitzen. Für $n \to \infty$ haben also die m. l.-Schätzungen sicher die kleinstmögliche Varianz. Außerdem kann man zeigen, daß die m. l.-Schätzungen auch für endliche n die kleinstmögliche Varianz besitzen, falls es überhaupt solche

Schätzfunktionen gibt. m. l.-Schätzungen sind jedoch im allgemeinen nicht erwartungstreu.

Der an der Theorie der m. l.-Schätzung interessierte Leser wird auf *Kendall*, Kapitel „Estimation : Likelihood“, sowie *Schmetterer*, S. 221 ff. verwiesen.

Die m. l.-Methode führt zu der Methode der *kleinsten Quadrate*, wenn normalverteilte Variable vorliegen und nur der Mittelwert von dem Parameter ϑ abhängt. In diesem Falle gilt nämlich:

$$L(x_1, \dots x_n; \vartheta) = \frac{1}{(\sqrt{2\pi}\,\sigma)^n}\, e^{-\frac{\sum_{i=1}^{n}(x_i-\mu(\vartheta))^2}{2\sigma^2}}.$$

Die Maximisierung von $L(x_1, \dots x_n; \vartheta)$ ist aber gleichbedeutend mit der Minimisierung von $\sum_{i=1}^{n}(x_i - \mu(\vartheta))^2$. Anwendungen der Methode der kleinsten Quadrate werden u. a. in Abschnitt 9.1 (S. 239, 240) gegeben.

3.7 Die praktische Berechnung der m. l.-Schätzung

Um die Berechnung von $\hat{\vartheta}$ zu erleichtern, betrachtet man statt der likelihood-Funktion $L(x_1, \dots x_n; \vartheta)$ deren Logarithmus, beispielsweise mit der Basis *e:*

$$\log L(x_1, \dots x_n; \vartheta) = \sum_{i=1}^{n} \log f(x_i, \vartheta).$$

Da der Logarithmus eine positiv monotone Funktion ist, hat $\log L(x_1, \dots x_n; \vartheta)$ genau für den gleichen Wert ϑ das Maximum wie $L(x_1, \dots x_n; \vartheta)$ selbst. Wir finden dieses Maximum, indem wir $\log L(x_1, \dots x_n; \vartheta)$ nach ϑ differenzieren und die Ableitung Null setzen. So erhalten wir die *m. l.-Gleichung:*

$$\sum_{i=1}^{n} \frac{\partial}{\partial \vartheta} \log f(x_i, \vartheta) = 0.$$

Dies ist eine Gleichung, die es uns erlaubt, jenes ϑ, für welches die likelihood-Funktion ihr Maximum annimmt, als Funktion von $x_1, \dots x_n$ darzustellen. Im allgemeinen hat diese Gleichung nur eine Lösung, und diese liefert tatsächlich das Maximum. Es gibt jedoch Ausnahmefälle, in denen diese Gleichung mehrere oder keine Lösungen hat. (Ein Beispiel für den erstgenannten Fall gibt *v. d. Waerden*, S. 155, Beispiel 24.)

1. Beispiel:

$$f(x, \mu) = \frac{1}{\sqrt{2\pi}} e^{-\frac{(x-\mu)^2}{2}}.$$

Gegeben sei eine Stichprobe $x_1, \dots x_n$. Zu schätzen ist der Parameter μ.

$$\log f(x, \mu) = -\frac{(x-\mu)^2}{2} - \log \sqrt{2\pi}, \text{ also: } \frac{\partial}{\partial \mu} \log f(x, \mu) = x - \mu .$$

m. l.-Gleichung: $$\sum_{i=1}^{n} (x_i - \mu) = 0 .$$

Lösung: $\hat{\mu} = \frac{1}{n} \sum_{1}^{n} x_i$. Es gilt: $j(\mu) = E(x-\mu)^2 = 1$,

also ist $\hat{\mu}$ für $n \to \infty$ verteilt nach $N(\mu, 1/n)$.

Anmerkung: Wir könnten in diesem Falle auch die „Methode der kleinsten Quadrate" anwenden, also jenes μ suchen, für welches $\sum_{i=1}^{n} (x_i - \mu)^2 = \text{Min}$. Die Differentiation nach μ liefert die Bestimmungsgleichung $-2 \cdot \sum_{i=1}^{n} (x_i - \mu) = 0$, mit der Lösung $\hat{\mu} = \frac{1}{n} \sum_{1}^{n} x_i$.

2. Beispiel: $f(x, \mu, \sigma^2) = \frac{1}{\sqrt{2\pi} \cdot \sigma} e^{-\frac{(x-\mu)^2}{2\sigma^2}}$ Gegeben sei eine Stichprobe $x_1, \dots x_n$. Zu schätzen sind die Parameter μ und σ^2.

Oben wurde die m. l.-Methode nur für den Fall eines einzelnen Parameters besprochen. Es liegt jedoch auf der Hand, welche Modifikationen vorzunehmen sind, wenn zwei Parameter zu schätzen sind: Man differenziert die likelihood-Funktion (bzw. deren Logarithmus) das eine Mal nach dem einen, das andere Mal nach dem anderen Parameter und erhält auf diese Art zwei m. l.-Gleichungen. Aus diesen kann man dann die beiden Schätzfunktionen berechnen. Es gilt:

$$\log f(x, \mu, \sigma) = -\frac{(x-\mu)^2}{2\sigma^2} - \log\sqrt{2\pi} - \log\sigma,$$

$$\frac{\partial}{\partial\mu}\log f(x, \mu, \sigma) = \frac{x-\mu}{\sigma^2}; \qquad \frac{\partial}{\partial\sigma}\log f(x, \mu, \sigma) = \frac{(x-\mu)^2}{\sigma^3} - \frac{1}{\sigma},$$

1. m. l.-Gl.: 2. m. l.-Gl.:

$$\sum_{i=1}^{n}\frac{x_i-\mu}{\sigma^2} = 0, \qquad \sum_{i=1}^{n}\left[\frac{(x_i-\mu)^2}{\sigma^3} - \frac{1}{\sigma}\right] = 0.$$

Aus der 1. m. l.-Gleichung erhalten wir sofort: $\hat{\mu} = \frac{1}{n}\sum_{1}^{n} x_i = \bar{x}$. Aus der 2. m. l.-Gleichung erhalten wir nach Multiplikation beider Seiten mit σ^2 die Gleichung $\sigma^2 = \frac{1}{n}\sum_{i=1}^{n}(x_i-\mu)^2$. Indem wir die aus der 1. m. l.-Gleichung gewonnene Schätzung für μ hier einsetzen, erhalten wir $\hat{\sigma}^2 = \frac{1}{n}\sum_{i=1}^{n}(x_i-\bar{x})^2$.

Abschließend wollen wir noch die Varianzen von $\bar{x}$ und $\hat{\sigma}^2$ für $n \to \infty$ berechnen. Es gilt:

$$j(\mu) = E\left(\frac{x-\mu}{\sigma^2}\right)^2 = \frac{E(x-\mu)^2}{\sigma^4} = \frac{1}{\sigma^2},$$

$$j(\sigma^2) = E\left(\frac{(x-\mu)^2}{\sigma^3} - \frac{1}{\sigma}\right)^2 = \frac{E(x-\mu)^4}{\sigma^6} - \frac{1}{\sigma^2} = \frac{2}{\sigma^2},$$

da für die Normalverteilung $E(x-\mu)^4 = 3\sigma^4$. Daher ist für $n \to \infty$ $\bar{x}$ verteilt nach $N(\mu, \sigma^2/n)$, $\hat{\sigma}^2$ verteilt nach $N(\sigma^2, \sigma^2/2n)$.

Es ist zu beachten, daß dann, wenn aus ein und derselben Stichprobe Schätzfunktionen für mehrere Parameter berechnet werden, diese im allgemeinen nicht stochastisch unabhängig sind. Im Falle der Normalverteilung sind x und $\hat{\sigma}^2$ jedoch unabhängig.

Die gleichen Schätzfunktionen haben wir übrigens schon in Abschnitt 3.4 (S. 59) erhalten: Denn μ und σ^2 sind nicht nur explizite Parameter, sondern auch Funktionale: μ ist der Erwartungswert, σ^2 die Varianz der Normalverteilung. Verschiedene Wege müssen aber nicht immer zu derselben Schätzfunktion führen: μ ist nicht nur Erwartungswert, sondern auch Median der Normalverteilung, und in dieser Eigenschaft erhalten wir eine ganz andere Schätzfunktion für μ, nämlich den Median der Stichprobe.

3. Beispiel: Gegeben sei eine nach $B_n(p)$ verteilte Variable k. Dann gilt:

$$\log f(k, p) = k \log p + (n-k) \log (1-p) + \log \binom{n}{k},$$

also $$\frac{\partial}{\partial p} \log f(k, p) = \frac{k}{p} - \frac{n-k}{1-p} = \frac{k-np}{p(1-p)};$$

m. l.-Gleichung: $$\frac{k-np}{p(1-p)} = 0, \text{ also: } \hat{p} = \frac{k}{n},$$

Es gilt:

$$i(p) = E\left(\frac{k-np}{p(1-p)}\right)^2 = \frac{E(k-np)^2}{p^2(1-p)^2} = \frac{np(1-p)}{p^2(1-p)^2} = \frac{n}{p(1-p)}.$$

Hierbei wurde k als Realisation einer nach $B_n(p)$ verteilten Variablen aufgefaßt. Auch wenn man von den Realisationen einer nach $B_1(p)$ verteilten Variablen (und nicht von deren nach $B_n(p)$ verteilten Summe) ausgeht, kommt man zum gleichen Ergebnis: Die likelihood-Funktion wäre dann: $f(k_1, p)\, f(k_2, p) \ldots f(k_n, p)$, wobei die Größen k_i den Wert 0 oder 1 annehmen: $f(1, p) = p$, $f(0, p) = 1-p$. Bezeichnen wir die Anzahl jener k_i, die den Wert 1 annehmen, mit k, so erhalten wir für p ebenfalls die oben angegebene Schätzfunktion $\hat{p} = k/n$. Daraus folgt auch, daß $\hat{p} = k/n$ für $n \to \infty$ verteilt ist nach $N[p, p(1-p)/n]$. (Ein äquivalentes Ergebnis hatten wir bereits in Abschnitt 3.5 gewonnen.)

4. Beispiel*): Wir betrachten zwei Erbmerkmale von Mais: Das erste Merkmal ist die Stärke- bzw. Zuckerhaltigkeit: dabei ist stärkehaltig (A) dominant über zuckerhaltig (a); das

*) Nach R. A. Fisher: "Statistical Methods for Research Workers", S. 238.

zweite Merkmal ist die Farbe: dabei ist grün (B) dominant über weiß (b). Die Selbstbefruchtung von Hybrid-Mais ($A\,a$, $B\,b$) führte zu folgendem Ergebnis:

	grün	weiß
stärkehaltig	1997	906
zuckerhaltig	904	32

Nach den *Mendel*schen Regeln sollten sich diese Zahlen wie 9 : 3 : 3 : 1 verhalten. Dies ist offenbar nicht der Fall. Die Ursache für eine Abweichung von den *Mendel*schen Regeln könnte z. B. darin bestehen, daß die Allele A und b bzw. a und B miteinander gekoppelt sind. Wäre die Kopplung streng, so würde unter den von Hybriden produzierten Gameten die Hälfte von Typ Ab, die andere Hälfte von Typ aB sein. Besteht eine gewisse Wahrscheinlichkeit p, daß diese Kopplung durchbrochen wird, so treten folgende Gameten auf:

Gameten:	AB	Ab	aB	ab
männlich:	$\frac{1}{2}p$	$\frac{1}{2}(1-p)$	$\frac{1}{2}(1-p)$	$\frac{1}{2}p$
weiblich:	$\frac{1}{2}p'$	$\frac{1}{2}(1-p')$	$\frac{1}{2}(1-p')$	$\frac{1}{2}p'$

Dabei wurde die Möglichkeit offengelassen, daß die Wahrscheinlichkeit für eine Auflösung der Kopplung bei männlichen Gameten (p) von der bei weiblichen Gameten (p') verschieden ist. Nehmen wir nun an, daß die Vereinigung von männlichen und weiblichen Gameten rein zufällig, d. h. unabhängig von den Genen, erfolgt, so treten die nachfolgenden Genotypen mit folgenden Wahrscheinlichkeiten auf:

m \ w	$A\,B$	$A\,b$	$a\,B$	$a\,b$
$A\,B$	$\frac{1}{4}p\,p'$	$\frac{1}{4}p\,(1-p')$	$\frac{1}{4}p\,(1-p')$	$\frac{1}{4}p\,p'$
$A\,b$	$\frac{1}{4}(1-p)\,p'$	$\frac{1}{4}(1-p)\,(1-p')$	$\frac{1}{4}(1-p)\,(1-p')$	$\frac{1}{4}(1-p)\,p'$
$a\,B$	$\frac{1}{4}(1-p)\,p'$	$\frac{1}{4}(1-p)\,(1-p')$	$\frac{1}{4}(1-p)\,(1-p')$	$\frac{1}{4}(1-p)\,p'$
$a\,b$	$\frac{1}{4}p\,p'$	$\frac{1}{4}p\,(1-p')$	$\frac{1}{4}p\,(1-p')$	$\frac{1}{4}p\,p'$

Es sind vier Phänotypen unterscheidbar. Diese Phänotypen sind zusammen mit den Genotypen und den zugehörigen Wahrscheinlichkeiten in nachstehender Tabelle zusammengefaßt:

Nr.	Phänotypus	Genotypen	Wahrscheinlichkeit
1	Stärkehaltig, grün	*AB,AB; AB,Ab; AB,aB AB,ab; Ab,AB; Ab,AB aB,AB; aB,AB; ab,AB*	$\frac{1}{4}(2+p\,p')$
2	Stärkehaltig, weiß	*Ab,Ab; Ab,ab; ab,Ab*	$\frac{1}{4}(1-p\,p')$
3	Zuckerhaltig, grün	*aB,aB; aB,ab; ab,aB*	$\frac{1}{4}(1-p\,p')$
4	Zuckerhaltig, weiß	*ab,ab*	$\frac{1}{4}p\,p'$

Die Wahrscheinlichkeiten dieser 4 Phänotypen hängen nur von dem Produkt $p\,p'$, nicht aber von p und p' separat ab. Es ist klar, daß man aus diesem Grunde nur den Wert $p\,p'$, nicht aber p und p' selbst schätzen kann. Wir führen zur Abkürzung den Parameter $\vartheta = p\,p'/4$ ein. Dann lauten die 4 Wahrscheinlichkeiten:

$$p_1 = \frac{1}{2} + \vartheta, \quad p_2 = \frac{1}{4} - \vartheta, \quad p_3 = \frac{1}{4} - \vartheta, \quad p_4 = \vartheta\,.$$

Bestünde keine Kopplung, so wäre $p = p' = 1/2$, also $\vartheta = 1/16$, und somit

$$p_1 = \frac{9}{16}, \quad p_2 = \frac{3}{16}, \quad p_3 = \frac{3}{16}, \quad p_4 = \frac{1}{16}\,.$$

Um ϑ zu schätzen, bezeichnen wir die Besetzungszahlen des i. Phänotypus mit n_i. (In unserem konkreten Beispiel gilt: $n_1 = 1997$, $n_2 = 906$, $n_3 = 904$, $n_4 = 32$). Dann ist die likelihood-Funktion:

$$L = \left(\frac{1}{2} + \vartheta\right)^{n_1} \left(\frac{1}{4} - \vartheta\right)^{n_2} \left(\frac{1}{4} - \vartheta\right)^{n_3} \vartheta^{n_4}\,.$$

$$\log L = n_1 \log\left(\frac{1}{2} + \vartheta\right) + (n_2 + n_3) \log\left(\frac{1}{4} - \vartheta\right) + n_4 \log \vartheta\,.$$

m. l.-Gleichung: $$\frac{n_1}{1/2+\vartheta} - \frac{n_2+n_3}{1/4-\vartheta} + \frac{n_4}{\vartheta} = 0\,,$$

oder: $$(n_1+n_2+n_3+n_4)\,\vartheta^2 - (n_1-2\,n_2-2\,n_3-n_4)\,\frac{\vartheta}{4} - \frac{n_4}{8} = 0\,.$$

In unserem konkreten Beispiel lautet diese Gleichung:

$$3839\,\vartheta^2 + 413{,}75\,\vartheta - 4 = 0\,.$$

Eine sinnvolle Lösung ist natürlich nur die positive Wurzel dieser Gleichung. Diese lautet: $\hat{\vartheta} = 0{,}00893$. Nimmt man an, daß $p = p'$, so erhält man daraus die Schätzung $\hat{p} = 2\sqrt{\hat{\vartheta}} = 0{,}189$.

Wegen weiterer Anwendungen der m. l.-Methode vergleiche u. a. Abschnitt 7.2 (S. 159).

Nicht immer ist es möglich, die m. l.-Gleichung aufzulösen, d. h. die Schätzfunktion $\hat{\vartheta}$ explizit als Funktion von $x_1, \ldots x_n$ darzustellen. In diesem Falle ist man gezwungen, die m. l.-Gleichung bei jeder einzelnen Anwendung mit einem numerischen Näherungsverfahren aufzulösen. Ein solches Näherungsverfahren gibt *v. d. Waerden*, S. 152 ff.

Außerdem gibt es Fälle, in denen die m. l.-Methode überhaupt versagt, weil die Regularitätsvoraussetzungen nicht erfüllt sind. Dies ist beispielsweise dann der Fall, wenn die Anzahl der Parameter mit dem Stichprobenumfang ständig ansteigt. Beispiele dieser Art finden sich bei *v. d. Waerden*, S. 151, ferner *Neyman* und *Scott* sowie *Basu*.

4 Normalverteilung; elementare Verfahren

4.1 Einleitung

Gegeben sei eine Stichprobe $x_1, x_2, \ldots x_n$, aus der eine Funktion $m\,(x_1, x_2, \ldots x_n)$ gebildet wird. m sei — als zufällige Variable aufgefaßt — normalverteilt mit unbekanntem Mittelwert μ und bekannter Varianz σ^2/n. Das Ziel der in diesem Kapitel entwickelten Verfahren besteht darin, Aussagen über den Mittelwert μ (oder — bei Vorliegen von zwei Stichproben — über die Differenz der beiden Mittelwerte) zu machen. Gleichzeitig werden auch die für die folgenden Kapitel bedeutungsvollen Begriffe des

Mutungsintervalles (Vertrauensintervalles, Konfidenzintervalles) und des Signifikanz-Tests entwickelt.

Die in diesem Kapitel besprochenen Verfahren sind auf verschiedene Situationen anwendbar:

a) Auf Grund einer Stichprobe beliebigen (auch kleinen) Umfangs aus einer Normalverteilung mit bekannter Varianz ist eine Aussage über den unbekannten Mittelwert der Verteilung zu machen.

b) Es liegt eine große Zahl von Stichproben beliebigen (auch kleinen) Umfanges aus Normalverteilungen mit identischer — aber unbekannter — Varianz und unbekannten Mittelwerten vor. Es ist zu prüfen, ob die Mittelwerte aller Verteilungen identisch sind (Kontrollkarten-Problem). Da die Zahl der Stichproben groß ist, kann die unbekannte Varianz mit der aus den Stichproben gewonnenen Schätzung identifiziert werden.

c) Es liegt eine große Stichprobe vor, und die daraus gebildete Funktion m ist asymptotisch normalverteilt. Es ist eine Aussage über den Mittelwert zu machen. Da die Stichprobe groß ist, kann die unbekannte Varianz mit der aus der Stichprobe gewonnenen Schätzung identifiziert werden.

Im wesentlichen sind die hier besprochenen Verfahren also dann anwendbar, wenn entweder die Varianz bekannt ist oder eine große Zahl von Werten (sei es in Form einer großen Stichprobe oder einer großen Zahl kleiner Stichproben) vorliegt, so daß die Varianz mit hinreichender Genauigkeit geschätzt werden kann. Stehen für die Schätzung der Varianz nur wenige Werte zur Verfügung, so daß man den Schätzwert nicht einfach mit dem Parameter identifizieren kann, dann müssen feinere Verfahren angewendet werden, wie sie in Kapitel 8 besprochen werden.

4.2 Das Mutungsintervall für den Mittelwert

Ist m verteilt nach $N(\mu, \sigma^2/n)$, so ist die standardisierte Größe $\frac{m-\mu}{\sigma}\sqrt{n}$ verteilt nach $N(0, 1)$. Daher gilt mit der

Wahrscheinlichkeit 0,99:

$$-2{,}58 < \frac{m-\mu}{\sigma}\sqrt{n} < +2{,}58\,. \tag{1}$$

Hier und im folgenden wollen wir unseren Überlegungen immer eine Wahrscheinlichkeit von 0,99 oder 99 % zugrunde legen. Wird eine andere Wahrscheinlichkeit gewünscht, so ist lediglich die Sicherheitsgrenze 2,58 durch eine andere Zahl zu ersetzen. Der Inhalt der Überlegungen wird dadurch natürlich nicht berührt. Gebräuchlich sind folgende Werte:

Wahrscheinlichkeit	Sicherheitsgrenze
0,95	1,96
0,99	2,58
0,999	3,29

Die Relation (1) können wir verwenden, um ein Mutungsintervall für μ zu berechnen. Es folgt daraus nämlich:

$$-2{,}58\frac{\sigma}{\sqrt{n}} < m-\mu < +2{,}58\frac{\sigma}{\sqrt{n}}\,, \tag{2}$$

oder

$$m-2{,}58\frac{\sigma}{\sqrt{n}} < \mu < m+2{,}58\frac{\sigma}{\sqrt{u}}\,, \tag{3}$$

beides mit der Wahrscheinlichkeit 0,99.

Das Intervall mit den Grenzen $m-2{,}58\,\sigma/\sqrt{n}$ und $m+2{,}58\,\sigma/\sqrt{n}$ hängt vom jeweiligen Ergebnis der Stichprobe ab, ist also eine zufällige Variable. Es enthält den (unbekannten) Parameter μ mit einer Wahrscheinlichkeit von 0,99. Anders ausgedrückt: Wenn wir auf Grund einer Stichprobe das Intervall $(m-2{,}58\,\sigma/\sqrt{n},\ m+2{,}58\,\sigma/\sqrt{n})$ berechnen und behaupten: „Der Parameter μ liegt in diesem Intervall", so wird diese Behauptung in 99 von 100 Fällen richtig sein. Ein solches Intervall wird als *Mutungsintervall* (Vertrauensintervall, englisch: confidence interval) bezeichnet.

Das Mutungsintervall gibt Aufschluß über die Größe des Fehlers, mit dem die Schätzung m maximal behaftet ist: Der Fehler wird in 99 von 100 Fällen kleiner als 2,58 $\sigma/\sqrt{n}$ sein.

Im konkreten Falle hängt nur die Lage des Mutungsintervalls von der Stichprobe ab, seine Breite $(2 \cdot 2{,}58\, \sigma/\sqrt{n})$ ist konstant. Bei anderen Problemen treten jedoch Mutungsintervalle auf, bei denen die Länge des Intervalles ebenfalls von der Stichprobe abhängt (vgl. S. 193). Bild 29 zeigt die Lage des unbekannten Mittelwertes μ und dreier Mutungsintervalle.

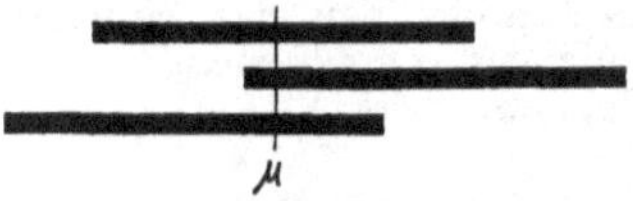

Bild 29. Die Lage des Mittelwertes μ und dreier Mutungsintervalle.

1. Beispiel: Bei der Prüfung der Zugfestigkeit von Draht ergab sich aus 80 Meßwerten ein Mittelwert $x = 415{,}3$ g und eine Standardabweichung $s = 5{,}7$ g. Es ist die Genauigkeit des Wertes 415,3 g abzuschätzen. Erfahrungsgemäß sind Festigkeitswerte eher logarithmisch-normalverteilt als normalverteilt. Da wir es jedoch mit einem Mittelwert aus einer sehr großen Stichprobe (80) zu tun haben, können wir für *diesen* ohne weiteres eine Normalverteilung annehmen.

Aus den obigen Überlegungen, insbesondere Formel (2), folgt, daß die Abweichung des Mittelwertes der Stichprobe x vom echten Mittelwert μ mit 99 % Wahrscheinlichkeit kleiner als 2,58 $\sigma/\sqrt{n}$ ist. Da eine große Stichprobe vorliegt, können wir den unbekannten Wert σ mit dem aus der Stichprobe geschätzten Wert $s = 5{,}7$ g identifizieren und erhalten für den Fehlerbereich

$$2{,}58 \frac{\sigma}{\sqrt{n}} = 2{,}58 \frac{5{,}7}{\sqrt{80}}\,\text{g} = 1{,}6\,\text{g}\,.$$

Der echte Mittelwert μ wird also vom Schätzwert $x = 415{,}3$ g höchstens um 1,6 g abweichen, d. h. er wird fast sicher (99 %) zwischen 415,3 g − 1,6 g = 413,7 g und 415,3 g + 1,6 g = 416,9 g liegen.

2. Beispiel: Eine Rundfrage über den Bekanntheitsgrad einer bestimmten Marke ergab, daß von 200 befragten Hausfrauen 63, das sind 31,5 %, diese Marke kannten. Wie groß ist der Fehler, mit dem dieser Prozentsatz möglicherweise behaftet ist? Wenn wir die Approximation durch die Normalverteilung anwenden, erhalten wir den 99 %-Fehlerbereich aus der Formel $2{,}58\sqrt{\frac{p(1-p)}{n}}$. Da eine große Stichprobe vorliegt, können wir einfach p durch $k/n = 0{,}315$ ersetzen und erhalten: $2{,}58\sqrt{\frac{0{,}315 \cdot 0{,}685}{200}}$ 0,085. Der Fehler ist also mit 99 % Sicherheit kleiner als 8,5 %. Anders ausgedrückt: Der Anteil der Hausfrauen, denen die Marke bekannt ist, liegt fast sicher (99 %) zwischen 23 % und 40 %. (Man beachte, daß das Mutungsintervall trotz eines Stichprobenumfanges von 200 ziemlich groß ist.) (Vgl. auch das Beispiel in Bd. I, S. 40.)

4.3 Der Signifikanz-Test für den Mittelwert

In manchen Fällen liegt von vornherein eine ganz bestimmte Hypothese über die Größe des unbekannten Parameters μ vor. Diesen hypothetischen Wert wollen wir mit μ_0 bezeichnen. Eine solche Hypothese kann sich z. B. auf frühere Erfahrungswerte stützen (vgl. Beispiele 1 und 4), ein vorgeschriebener Sollwert (Beispiel 2) oder das Ergebnis einer zu verifizierenden Theorie (Beispiel 3) sein.

Der Signifikanz-Test hat zum Ziele, festzustellen, ob der auf Grund der Stichprobe ermittelte Wert m mit dem hypothetischen Wert μ_0 verträglich ist oder nicht, m. a. W., ob der Unterschied zwischen m und μ_0 signifikant ist oder nicht.

Dies kann entweder dadurch geschehen, daß man ein Mutungsintervall für μ berechnet (Formel 4.2.3) und feststellt, ob der hypothetische Wert μ_0 in diesem Mutungsintervall liegt oder — was vollkommen äquivalent ist — dadurch, daß man die Testgröße $(m-\mu_0)\sqrt{n}/\sigma$ berechnet und feststellt, ob sie innerhalb der Grenzen $\pm$ 2,58 liegt (Formel 4.2.1).

Eine dritte Möglichkeit, den Test vorzunehmen, besteht darin, (4.2.2) umzuformen zu

$$\mu_0 - 2{,}58 \frac{\sigma}{\sqrt{n}} < m < \mu_0 + 2{,}58 \frac{\sigma}{\sqrt{n}} . \qquad (1)$$

Der Bereich zwischen $\mu_0 - 2{,}58\ \sigma/\sqrt{n}$ und $\mu_0 + 2{,}58\ \sigma/\sqrt{n}$ ist der sogenannte *Annahmebereich:* Liegt m in diesem Bereich, wird die Hypothese angenommen. Der Bereich unterhalb $\mu_0 - 2{,}58\ \sigma/\sqrt{n}$ und oberhalb $\mu_0 + 2{,}58\ \sigma/\sqrt{n}$ heißt *Ablehnbereich* oder *kritische Region.* Fällt m in diesen Bereich, wird die Hypothese verworfen.

Alle drei Versionen des Testverfahrens sind natürlich vollkommen identisch: Die Relationen (4.2.1), (4.2.3) und (4.3.1) gehen ja auseinander durch algebraische Umformung hervor und sind daher entweder alle erfüllt oder alle nicht erfüllt. Diese Relationen werden in 99 % jener Fälle erfüllt sein, in denen die Hypothese zutrifft. Man wird daher aus der Nichterfüllung dieser Relationen schließen, daß die Hypothese nicht zutrifft, d. h. der echte Mittelwert nicht mit dem hypothetischen Wert μ_0 identisch ist. Man sagt in diesem Falle, der Unterschied zwischen μ und μ_0 sei „statistisch gesichert" oder — in Anlehnung an den englischen Sprachgebrauch — „signifikant".

1. Beispiel: Im 1. Beispiel des Abschnittes 4.2 (S. 77) wurde die mittlere Zugfestigkeit einer bestimmten Drahtsorte mit 415,3 g geschätzt. Nehmen wir nun an, diese Drahtsorte wäre unter Verwendung eines neuen Zusatzstoffes hergestellt worden. Die bisherige mittlere Zugfestigkeit lag auf Grund langjähriger Erfahrungen bei 412,5 g. Kann man auf Grund des nunmehr vorliegenden Ergebnisses $x = 415{,}3$ g schließen, daß sich die Zugfestigkeit durch den neuen Zusatzstoff tatsächlich erhöht hat? Wir können diese Frage sofort bejahen, denn das auf S. 77 berechnete Mutungsintervall reicht von 413,7 g bis 416,9 g und schließt den bisherigen Wert 412,5 g nicht ein. Dementsprechend ist die Testgröße

$$\frac{\bar{x} - \mu_0}{\sigma} \sqrt{n} = \frac{415{,}3 - 412{,}5}{5{,}7} \sqrt{80} = 4{,}4 ,$$

liegt also weit außerhalb der 99 %-Grenzen ± 2,58 (und sogar außerhalb der 99,9 %-Grenzen).

2. Beispiel: Für den Durchmesser von Wellen ist ein Sollwert von 3,2 mm vorgeschrieben. Um die Einstellung der Maschine auf den Sollwert zu kontrollieren, wurde vor Beginn der Produktion eine Probeserie von 15 Stück gefertigt. Der Mittelwert aus diesen 15 Stück ergab eine Abweichung vom Sollwert um $1{,}2 \cdot 10^{-3}$ mm.

Aus anderen statistischen Untersuchungen war bekannt, daß diese Maschine mit einer Standardabweichung von $\sigma = 2{,}7 \cdot 10^{-3}$ mm arbeitet. Um zu überprüfen, ob ein Unterschied zwischen $\bar{x}$ und dem Sollwert von $1{,}2 \cdot 10^{-3}$ mm signifikant ist, haben wir die Testgröße

$$\frac{\bar{x}-\mu_0}{\sigma}\sqrt{n} = \frac{1{,}2}{2{,}7}\sqrt{15} = 1{,}7$$

zu berechnen. Der Wert 1,7 bietet keinen Anhaltspunkt dafür, daß die Einstellung der Maschine nicht mit dem Sollwert übereinstimmt.

3. Beispiel: In Beispiel 2, Abschnitt 2.2 (S. 17) wurde die Kreuzung zweier heterozygoter Individuen $Aa \times Aa$ besprochen. Bei dominantem Erbgang wäre nach den *Mendel*schen Regeln 3/4 der Individuen mit dem Phänotypus A und 1/4 mit dem Phänotypus a zu erwarten. Tatsächlich wiesen unter 243 Nachkommen 71 den Phänotypus a auf. Steht dieses Versuchsergebnis mit den *Mendel*schen Regeln im Einklang? Da die Zahl der Versuche sehr groß ist, können wir die Binomialverteilung durch eine Normalverteilung approximieren und folgende Testgröße berechnen:

$$\frac{k - n p}{\sqrt{n p (1-p)}} = \frac{71 - 243 \cdot \frac{1}{4}}{\sqrt{243 \cdot \frac{1}{4} \cdot \frac{3}{4}}} = 1{,}5\,.$$

Da dieser Wert zwischen ± 2,58 liegt, steht das Versuchsergebnis mit den *Mendel*schen Regeln im Einklang.

4. Beispiel: Nach einer bekannten Faustregel sind unter 86 Kindern 2 Zwillinge. In einem geographisch begrenzten Gebiet wurden unter 208 Kindern 10 Zwillinge beobachtet. Ist dies

eine signifikante Abweichung von der Wahrscheinlichkeit 2/86? Die Berechnung der Testgröße ergibt:

$$\frac{k - n\,p}{\sqrt{n\,p\,(1-p)}} = \frac{10 - 208 \cdot \frac{2}{86}}{\sqrt{208 \cdot \frac{2}{86}\left(1 - \frac{2}{86}\right)}} = 2{,}38\,.$$

Demnach wäre die Abweichung fast signifikant.

Tatsächlich ist jedoch die ganze Anlage der Berechnung falsch. „Zwillinge" sind keine unabhängigen Ereignisse, denn sie treten immer paarweise auf. Daher ist die Anzahl der Zwillinge nicht binomialverteilt. Um die Binomialverteilung anwenden zu können, müssen wir vielmehr auf die Geburten zurückgehen, und diese klassifizieren in „Normalgeburten" und „Zwillingsgeburten". (Der Anteil der Drillingsgeburten usw. ist vernachlässigbar klein.) Hier ist das Modell der unabhängigen Ereignisse sinnvoll. Auf Geburten abgestellt, lautet die Faustregel: Unter 85 Geburten ist 1 Zwillingsgeburt. Und das Beobachtungsergebnis: Unter 203 Geburten waren 5 Zwillingsgeburten. Nun erhalten wir folgende Testgröße:

$$\frac{k - n\,p}{\sqrt{n\,p\,(1-p)}} = \frac{5 - 203 \cdot \frac{1}{85}}{\sqrt{203 \cdot \frac{1}{85} \cdot \left(1 - \frac{1}{85}\right)}} = 1{,}70\,.$$

Dieser Wert der Testgröße entspricht einer Wahrscheinlichkeit von 91 % und kann nicht mehr als signifikant bezeichnet werden. Wir bemerken noch, daß bei methodisch richtiger Behandlung dieses Problemes trotz des großen Stichprobenumfanges ($n = 203$) die Approximation durch die Normalverteilung wegen der geringen Wahrscheinlichkeit einer Zwillingsgeburt (1/85 = 1,2 %) genau genommen nicht zulässig wäre. Es ist nämlich

$$\frac{9}{p\,(1-p)} = \frac{9}{\frac{1}{85} \cdot \left(1 - \frac{1}{85}\right)} = 775$$

und daher die Faustregel (S. 65) nicht erfüllt. Wir werden aus diesem Grunde auf S. 114 das Beispiel noch einmal mit einer exakten Methode durchrechnen.

Schließlich wäre bei der Interpretation noch zu berücksichtigen, wie das Gebiet mit den 208 Kindern ausgewählt wurde. Wurde aus mehreren Gebieten das mit dem größten Anteil an Zwillingsgeburten herausgesucht, so gelten die theoretischen Sicherheitswahrscheinlichkeiten nicht mehr. Diese gelten vielmehr nur dann, wenn der Gesichtspunkt, nach dem dieses Gebiet herausgegriffen wurde, vom Anteil der Zwillinge unter den 208 Kindern *unabhängig* ist. Ein solcher Gesichtspunkt könnte z. B. die ethnologische Zusammensetzung der Bevölkerung oder besondere geographische Merkmale sein. Es könnte sich aber auch darum handeln, daß das betreffende Gebiet bereits früher durch einen großen Anteil von Zwillingsgeburten aufgefallen ist und die obenerwähnten 5 Zwillingsgeburten unter 203 Geburten anläßlich einer neuen, von den früheren Beobachtungen unabhängigen Erhebung gezählt wurden.

4.4 Allgemeine Bemerkungen über das Testen von Hypothesen

Die Redewendung, daß ein Signifikanz-Test mit einer Sicherheitswahrscheinlichkeit von 99 % (oder einer Irrtumswahrscheinlichkeit von 1 %) arbeite, wird oft dahingehend interpretiert, daß 99 % der Urteile, die auf Grund des Tests gefällt werden, richtig seien. Diese Interpretation ist jedoch falsch. Wie aus Formel (4.2.1) hervorgeht, wird die Testgröße dann, wenn die Hypothese richtig ist, in 99 % aller Fälle zwischen den Grenzen ± 2,58 liegen. Also wird die Hypothese, *wenn sie richtig ist*, tatsächlich nur in 1 % aller Fälle fälschlicherweise verworfen, der Anteil der falschen Urteile ist 1 %. Wie groß der Anteil der falschen Urteile ist, wenn die Hypothese *nicht* zutrifft, hängt jedoch davon ab, welchen Wert der Parameter μ tatsächlich annimmt.

Wenn auf Grund eines Tests festgestellt wird, daß der Unterschied zwischen μ und μ_0 signifikant und die Hypothese μ_0 daher „wahrscheinlich" falsch ist, so handelt es sich dabei um eine „Wahrscheinlichkeit", die nicht als relative Häufigkeit interpretierbar ist und daher auch keine zahlenmäßig angebbare Größe besitzt. Dies wird vielfach als störend empfunden, kann aber den praktischen Wert von Signifikanz-Tests keineswegs beeinträchtigen, denn die induktive Forschung arbeitet mit sehr viel „Wahrscheinlichkeiten“, die sich *nicht* als relative Häufigkeiten interpretieren und zahlenmäßig fixieren lassen.

Erweist sich ein Unterschied als nicht signifikant, so sagt das natürlich noch nicht, daß damit die Hypothese als richtig erwiesen sei. Es sagt bloß: Die Hypothese steht zum Ergebnis der Stichprobe *nicht im Widerspruch.* Ist die Abweichung des richtigen Parameters μ vom hypothetischen Wert μ_0 nur klein, wird das Ergebnis einer kleinen Stichprobe nur selten im Widerspruch zu der Hypothese μ_0 stehen. Erst eine große Stichprobe wird in diesem Falle wahrscheinlich ein Ergebnis liefern, das der Hypothese μ_0 widerspricht. Ob eine bestehende Abweichung von der Hypothese erkannt wird oder nicht, hängt also sehr von der Größe der Stichprobe ab. Wollte man das Ergebnis „nicht signifikant“ ohne weiteres als *Bestätigung* der Hypothese auffassen, so brauchte man bloß eine hinreichend kleine Stichprobe zu wählen und könnte damit fast alle Hypothesen bestätigen.

In dem hier besprochenen einfachen Fall, wo man sowohl die Möglichkeit hat, einen Signifikanz-Test vorzunehmen als auch ein Mutungsintervall zu berechnen, wird man sich in der Regel für die Berechnung eines Mutungsintervalles entscheiden: Es gibt mehr Informationen über die Lage des Parameters und ist auch anschaulicher. Während der Signifikanz-Test nur sagt, ob der hypothetische Wert μ_0 als richtiger Parameterwert in Frage kommt oder nicht, gibt das Mutungsintervall eine Information über die Gesamtheit aller μ, die als richtige Parameterwerte in Frage kommen. Wir werden jedoch später (u. a. in Kap. 7) Probleme kennenlernen, wo man zwar eine Hypothese testen, aber kein Mutungsintervall berechnen kann.

Eine weitere im Zusammenhang mit dem Testen von Hypothesen wesentliche Frage ist die nach der zweckmäßigen Wahl der Sicherheitswahrscheinlichkeit. Üblicherweise werden hierfür Werte zwischen 90 % und 99,9 % verwendet, und es scheint dem Unerfahrenen zunächst völlig willkürlich, für welchen dieser Werte man sich entscheidet. Tatsächlich gibt es jedoch gewisse allgemeine Gesichtspunkte, die man heranziehen kann, um die Sicherheitswahrscheinlichkeit in einer der jeweiligen Sachlage angemessenen Höhe festzulegen. Wir wollen uns dies an einem Beispiel klarmachen: Es wird eine Versuchsreihe unternommen, um ein Produkt B zu entwickeln, das besser ist als das bisher erzeugte Produkt A. Angenommen, der letzte Test würde eine Ablehnung der Hypothese „B gleichwertig A" zugunsten der Hypothese „B besser als A" mit einer Sicherheitswahrscheinlichkeit von ca. 90 % erlauben. Soll eine Entscheidung darüber gefällt werden, ob die Versuchsreihe in der bisherigen Richtung weitergeführt oder abgebrochen werden soll, so wird man eine Sicherheitswahrscheinlichkeit von 90 % sicherlich als ausreichend ansehen und die Versuchsserie weiterführen. Denn es wäre ein großer Nachteil, einen erfolgversprechenden Weg vorzeitig abzubrechen. Man wird eine Sicherheit von 90 % jedoch nicht als ausreichend ansehen, um die Produktion von A einzustellen, den Betrieb mit neuen Maschinen auszustatten und die Produktion von B aufzunehmen.

Allgemein gesprochen, werden wir also bei der Wahl der Sicherheitswahrscheinlichkeit im Auge behalten müssen, welche Verluste damit verbunden sind, wenn wir einen tatsächlich vorhandenen Unterschied nicht erkennen, bzw. dort, wo kein Unterschied vorhanden ist, fälschlicherweise das Vorhandensein eines solchen behaupten. Je größer wir die Sicherheitswahrscheinlichkeit wählen, desto größer wird auch die Wahrscheinlichkeit, daß ein bestehender Unterschied *nicht* als signifikant nachgewiesen werden kann. Es gilt daher die Faustregel: Ist der Verlust hoch, wenn ein tatsächlich bestehender Unterschied nicht erkannt wird, dann wird man eine *kleine* Sicherheitswahrscheinlichkeit wählen. Ist der Verlust hoch, wenn das Vorhandensein eines Unterschiedes irrtümlich angenommen wird, dann wird man eine *große* Sicherheitswahrscheinlichkeit wählen.

4.5 Einseitige und zweiseitige Problemstellung

Ein weiterer Punkt, der hier nicht unerwähnt bleiben darf, ist die Unterscheidung zwischen einseitigen und zweiseitigen Tests. Bei Beispiel 3 (S. 80) kommt es darauf an, *jede* Abweichung von der auf Grund der *Mendel*schen Regeln zu erwartenden hypothetischen Wahrscheinlichkeit 1/4 festzustellen. Abweichungen nach unten sind genauso interessant wie Abweichungen noch oben. Bei Beispiel 1 (S. 79) lautet jedoch die Fragestellung genau genommen: Hat sich die Zugfestigkeit gegenüber dem bisherigen Wert *erhöht?* Hier ergibt sich aus der sachlichen Seite des Problems, daß nicht alle Abweichungen vom bisherigen Wert interessant sind, sondern nur Abweichungen nach oben (Vergrößerung der Zugfestigkeit). Man arbeitet daher bei solchen einseitigen Fragestellungen in der Regel mit einseitigen Grenzen. Die kritische Region (jener Bereich, für den die Hypothese verworfen wird) besteht dann nicht mehr aus den Werten unterhalb – 2,58 und oberhalb + 2,58, sondern nur mehr aus Werten oberhalb + 2,58. Das Weglassen der unteren Hälfte der kritischen Region verändert allerdings die Irrtumswahrscheinlichkeit:

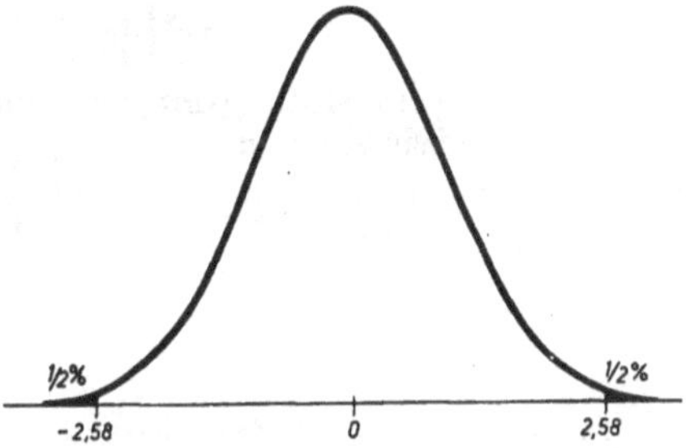

Bild 30a. Zweiseitige kritische Region zur Sicherheitswahrscheinlichkeit 99 %.

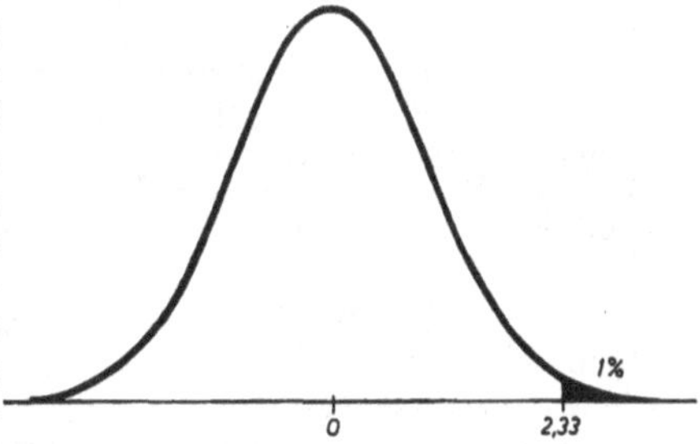

Bild 30b. Einseitige kritische Region zur Sicherheitswahrscheinlichkeit 99 %.

Sie beträgt nicht mehr 1 %, sondern nur mehr ½ %. Will man auch bei der einseitigen Version des Tests eine Irrtumswahrscheinlichkeit von 1 % zulassen, so muß man statt des Wertes + 2,58 den Wert + 2,33 verwenden.

So wie wir durch zweiseitige Begrenzung der Testgröße (Formel 4.2.1, S. 76) ein zweiseitig begrenztes Mutungsintervall (Formel 4.2.3) erhielten, ergibt sich durch einseitige Begrenzung ein einseitiges Mutungsintervall: Mit der Wahrscheinlichkeit 0,99 gilt:

$$\frac{m-\mu}{\sigma}\sqrt{n} < 2{,}33 \tag{1}$$

und

$$m - 2{,}33\frac{\sigma}{\sqrt{n}} < \mu \tag{2}$$

Wollen wir ein Mutungsintervall, das nach oben begrenzt ist, so gehen wir aus von

$$-2{,}33 < \frac{m-\mu}{\sigma}\sqrt{n} \tag{3}$$

und erhalten

$$\mu < m + 2{,}33\frac{\sigma}{\sqrt{n}} \tag{4}$$

(beides mit der Wahrscheinlichkeit 0,99).

Beispiel: Wir knüpfen an das auf S. 77 u. 79 behandelte Beispiel der Zugfestigkeit an. Wollen wir die Zugfestigkeit nach unten abschätzen, d. h. angeben, daß die mittlere Zugfestigkeit fast sicher (99 %) größer als ein bestimmter Wert sei, so gehen wir von Formel (2) aus. Mit den auf S. 77 verwendeten Zahlen erhalten wir: $m - 2{,}33 \cdot \sigma/\sqrt{n} = 415{,}3 - 2{,}33 \cdot 5{,}7/\sqrt{80} = 413{,}8$. Die mittlere Zugfestigkeit ist also fast sicher (99 %) größer als 413,8. Auf S. 77 erhielten wir das zur selben Sicherheitswahrscheinlichkeit 99 % gehörige zweiseitige Mutungsintervall mit 413,7 bis 416,9 g.

4.6 Die Gütefunktion eines Tests

Wie wir uns überlegt haben, bedeutet die Wahl einer Sicherheitswahrscheinlichkeit von 99 %, daß eine *richtige* Hypothese in 1 % aller Fälle verworfen wird. Die Wahrscheinlichkeit, daß eine falsche Hypothese verworfen wird, hängt von dem jeweiligen Wert des Parameters μ ab. Diese Wahrscheinlichkeit, ausgedrückt als Funktion von μ, wird *Gütefunktion* des Tests genannt. Ist μ nahe bei μ_0, wird der Wert der Gütefunktion sehr klein sein und um so größer werden, je weiter μ von μ_0 entfernt ist. In unserem Falle ist die Gütefunktion sehr leicht zu berechnen: Sie ist gleich der Wahrscheinlichkeit, daß $(m - \mu_0)\sqrt{n}/\sigma$ nicht zwischen $\pm$ 2,58 liegt (oder gleichbedeutend, daß m nicht zwischen $\mu_0 \pm 2{,}58\sigma/\sqrt{n}$ liegt), wenn m nach $N(\mu, \sigma^2/n)$ verteilt ist.

Die Wahrscheinlichkeit für $m < \mu_0 - 2{,}58\sigma/\sqrt{n}$ ist

$$\Phi\left[\left(\left(\mu_0 - 2{,}58\,\sigma/\sqrt{n}\right) - \mu\right)\sqrt{n}/\sigma\right] = \Phi\left[(\mu_0 - \mu)\sqrt{n}/\sigma - 2{,}58\right];$$

die Wahrscheinlichkeit für $m > \mu_0 + 2{,}58\,\sigma/\sqrt{n}$ ist

$$1 - \Phi\left[\left(\left(\mu_0 + 2{,}58\,\sigma/\sqrt{n}\right) - \mu\right)\sqrt{n}/\sigma\right] = 1 - \Phi\left((\mu_0 - \mu)\sqrt{n}/\sigma + 2{,}58\right).$$

Daher ist die Gütefunktion:

$$1 - \Phi\left[(\mu_0 - \mu)\sqrt{n}/\sigma + 2{,}58\right] + \Phi\left[(\mu_0 - \mu)\sqrt{n}/\sigma - 2{,}58\right].$$

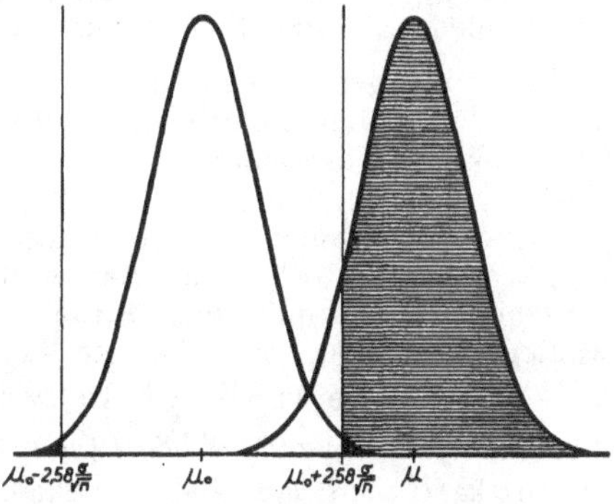

Bild 31. Die Verteilung von m für die Mittelwerte μ_0 und μ. Der schraffierte Teil der Verteilung gibt die Wahrscheinlichkeit an, daß m in der kritischen Region liegt, entspricht also dem Wert der Gütefunktion.

Je größer die Stichprobe ist, um so steiler verläuft die Gütefunktion, d. h. um so besser vermag der Test zwischen μ_0 und μ zu unterscheiden. Die erfolgreiche praktische

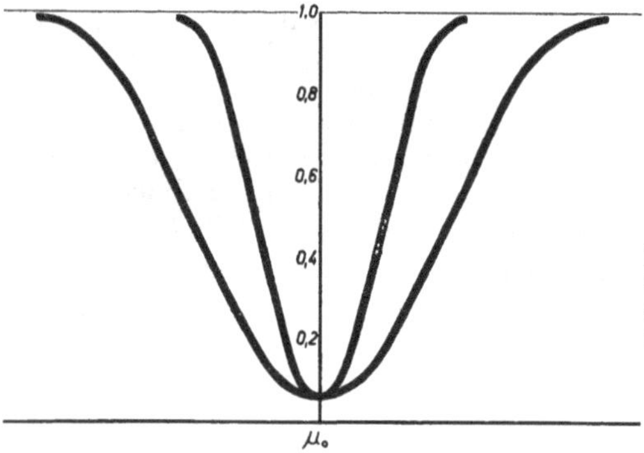

Bild 32. Die Gütefunktion des Tests der Hypothese $\mu = \mu_0$ für zwei verschiedene Stichprobenumfänge.

Anwendung von Signifikanz-Tests hängt daher maßgeblich von der richtigen Wahl des Stichprobenumfanges ab. Der Stichprobenumfang ist so zu wählen, daß alle *praktisch relevanten* Abweichungen zwischen μ und μ_0 auch tatsächlich erkannt werden. Die Stichprobe darf also nicht zu klein sein. Sie größer als notwendig zu wählen, wäre Verschwendung, denn es ist sinnlos, praktisch irrelevante Unterschiede als statistisch signifikant nachzuweisen.

Um den angemessenen Stichprobenumfang überschlagsmäßig abzuschätzen, muß man natürlich nicht die ganze Gütefunktion bestimmen. Hat man beispielsweise den Wunsch, den Test für die Hypothese μ_0 so zu gestalten, daß eine Abweichung des echten Wertes μ von μ_0 um den Betrag $\pm \Delta$ fast sicher entdeckt wird, wird man etwa so vorgehen: Man muß den Stichprobenumfang so groß wählen, daß die obere Grenze des Annahmebereiches, $\mu_0 + 2{,}58\, \sigma/\sqrt{n}$, etwa in der Mitte zwischen μ_0 und $\mu_0 + \Delta$ liegt, d. h. es muß gelten: $2{,}58\, \sigma/\sqrt{n} = \Delta/2$, also $n \doteq 27\, \sigma^2/\Delta^2$. Daraus kann man dann — bei bekanntem σ — leicht den angemessenen Stichprobenumfang n errechnen.

B e i s p i e l : Im Beispiel 2, S. 80 wurde die Einstellung einer Maschine durch eine Stichprobe vom Umfang 15 getestet.

Angenommen, es bestünde der Wunsch, eine Abweichung des Mittelwertes der Einstellung vom Sollwert um $3 \cdot 10^{-3}$ mm noch fast sicher zu erkennen. Wegen $\sigma = 2{,}7 \cdot 10^{-3}$ mm erhalten wir:

$$n = \frac{27 \cdot 2{,}7^2}{3^2} \doteq 22\,.$$

4.7 Der Vergleich zweier Mittelwerte

Gegeben seien zwei voneinander stochastisch unabhängige Funktionen: m_1, verteilt nach $N(\mu_1, \sigma_1^2/n_1)$, und m_2, verteilt nach $N(\mu_2, \sigma_2^2/n_2)$. Wir nehmen an, daß σ_1^2 und σ_2^2 bekannt sind und daß Aussagen über den Unterschied der beiden Mittelwerte μ_1 und μ_2 zu machen sind. Nach den Ausführungen in Abschnitt 3.2, S. 53, ist $m_1 - m_2$ verteilt nach

$$N\left(\mu_1 - \mu_2, \frac{\sigma_1^2}{n_1} + \frac{\sigma_2^2}{n_2}\right),$$

also

$$\frac{(m_1 - m_2) - (\mu_1 - \mu_2)}{\sqrt{\frac{\sigma_1^2}{n_1} + \frac{\sigma_2^2}{n_2}}}$$

verteilt nach $N(0, 1)$.

Diese Tatsache können wir wie in dem oben behandelten Fall einer einzelnen Stichprobe für die Berechnung eines Mutungsintervalles oder für einen Signifikanz-Test verwenden, und zwar ein Mutungsintervall bzw. einen Signifikanz-Test für die Größe $(\mu_1 - \mu_2)$. Es gilt mit 99 % Wahrscheinlichkeit:

$$-2{,}58 < \frac{(m_1 - m_2) - (\mu_1 - \mu_2)}{\sqrt{\frac{\sigma_1^2}{n_1} + \frac{\sigma_2^2}{n_2}}} < +2{,}58\,, \tag{1}$$

Daraus erhalten wir sofort ein Mutungsintervall, das den echten Wert $(\mu_1 - \mu_2)$ mit einer Wahrscheinlichkeit von 99 % einschließt:

$$(m_1 - m_2) - 2{,}58\sqrt{\frac{\sigma_1^2}{n_1} + \frac{\sigma_2^2}{n_2}} < (\mu_1 - \mu_2) <$$

$$< (m_1 - m_2) + 2{,}58\sqrt{\frac{\sigma_1^2}{n_1} + \frac{\sigma_2^2}{n_2}}\,. \tag{2}$$

Um eine Hypothese über die Größe der Differenz $\mu_1 - \mu_2 = \Delta_0$ zu testen (praktisch meist die Hypothese $\Delta_0 = 0$, d. h. $\mu_1 = \mu_2$), können wir entweder das Mutungsintervall berechnen und nachprüfen, ob es den hypothetischen Wert Δ_0 einschließt, oder die Größe

$$\frac{(m_1 - m_2) - \Delta_0}{\sqrt{\frac{\sigma_1^2}{n_1} + \frac{\sigma_2^2}{n_2}}}$$

berechnen und prüfen, ob sie zwischen $\pm\,2{,}58$ liegt.

1. Beispiel: Wir haben auf S. 79 in Beispiel 1 die aus einer Stichprobe von 80 Werten berechnete mittlere Zugfestigkeit $\bar{x} = 415{,}3$ g mit einem früheren Erfahrungswert 412,5 g verglichen und auf Signifikanz des Unterschiedes untersucht. Nehmen wir nun an, der frühere Erfahrungswert wäre bloß auf Grund einer Stichprobe vom Umfang 50 zustande gekommen, also selbst mit einem zufälligen Fehler behaftet. Dann müssen wir diesen Fehler bei dem Vergleich der beiden Werte auch berücksichtigen. Um die Hypothese $\mu_1 = \mu_2$, d. h. $\Delta_0 = 0$, zu testen, bilden wir:

$$\frac{m_1 - m_2}{\sqrt{\frac{\sigma_1^2}{n_1} + \frac{\sigma_2^2}{n_2}}} = \frac{415{,}3 - 412{,}5}{\sqrt{\frac{32{,}5}{80} + \frac{27{,}8}{50}}} = 2{,}9\,.$$

Der Unterschied zwischen μ_1 und μ_2 ist also auch in diesem Falle noch signifikant. (Dabei wurde die Varianz der früheren Stichprobe mit 27,8 als bekannt vorausgesetzt. Angenommen, es wäre von dieser Stichprobe nur mehr der Mittelwert verfügbar, so würde man überschlagsmäßig einfach annehmen, daß die Varianz bei beiden Stichproben die gleiche ist, da sich erfahrungsgemäß Varianzen weniger stark verändern als Mittelwerte.)

Durch Einsetzen in Formel 5 erhalten wir ein Mutungsintervall:

$$(m_1 - m_2) \pm 2{,}58 \sqrt{\frac{\sigma_1^2}{n_1} + \frac{\sigma_2^2}{n_2}} =$$

$$= (415{,}3 - 412{,}5) \pm 2{,}58 \cdot \sqrt{\frac{32{,}5}{80} + \frac{27{,}8}{50}} = 0{,}3 \ldots 5{,}3\,.$$

Der Unterschied in der Zugfestigkeit liegt also zwischen 0,3 und 5,3 g.

Kann man die Stichprobenumfänge beliebig festsetzen, so wird man sich zunächst, wie wir dies in Abschnitt 4.6 besprochen haben, überlegen, welche Unterschiede $\mu_1 - \mu_2$ noch praktisch relevant sind, und sodann die Stichprobe so wählen, daß praktisch revelante Unterschiede fast sicher als signifikant nachgewiesen werden können. Nehmen wir an, es wäre die Hypothese $\Delta_0 = 0$ zu testen und es soll ein Unterschied der Größe Δ noch fast sicher nachgewiesen werden, so erhalten wir durch eine Überlegung wie oben als Faustregel:

$$2{,}58 \sqrt{\frac{\sigma_1^2}{n_1} + \frac{\sigma_2^2}{n_2}} = \frac{\Delta}{2}\,.$$

Man hat also n_1 und n_2 so zu bestimmen, daß

$$\frac{\sigma_1^2}{n_1} + \frac{\sigma_2^2}{n_2} = \frac{\Delta^2}{27}\,. \tag{3}$$

Nehmen wir an, die Kosten pro Meßwert wären bei der 1. Stichprobe C_1, bei der 2. Stichprobe C_2, dann wird man n_1 und n_2 so wählen, daß die Relation (3) bei minimalen Kosten erfüllt ist:

Die Aufgabe, n_1 und n_2 so zu wählen, daß

$$\frac{\sigma_1^2}{n_1} + \frac{\sigma_2^2}{n_2} = \frac{\Delta^2}{27} \text{ und } C_1 n_1 + C_2 n_2 = \text{Min}\,,$$

hat die Lösung:

$$n_1 = \frac{\sigma_1}{\sqrt{C_1}} \frac{27\left(\sigma_1 \sqrt{C_1} + \sigma_2 \sqrt{C_2}\right)}{\Delta^2},$$

$$n_2 = \frac{\sigma_2}{\sqrt{C_2}} \frac{27\left(\sigma_1 \sqrt{C_1} + \sigma_2 \sqrt{C_2}\right)}{\Delta^2}.$$

Der praktisch häufigste Fall ist der, daß $\sigma_1 = \sigma_2$ und $C_1 = C_2$. Dann gilt: $n_1 = n_2 = 54\, \sigma^2/\Delta^2$.

Es ist zu beachten, daß es im allgemeinen Fall verschiedener Kosten nicht auf die absoluten Werte C_1 und C_2 ankommt, sondern nur auf das Verhältnis $C_1 : C_2$, das vielfach auch in solchen Fällen realistisch geschätzt werden kann, in denen C_1 und C_2 selbst nicht angebbar sind. Selbstverständlich muß es sich bei C_1 und C_2 nicht unbedingt um Kosten im wörtlichen Sinne handeln. Es kann beispielsweise auch die aufgewendete Zeit als Maßstab für die optimale Planung der Erhebung gewählt werden.

4.8 Die Kontrollkarte

Eine der wirksamsten Anwendungen statistischer Verfahren in der Industrie ist die sogenannte *Kontrollkarte*. Um die Fertigung laufend zu überwachen, werden in regelmäßigen Abständen kleine Stichproben (meist mit einem Umfang zwischen 5 und 10) entnommen, daraus der Mittelwert berechnet und überprüft, ob dieser innerhalb der vorgeschriebenen *Kontrollgrenzen* liegt. Diese Kontrollgrenzen werden so gewählt, daß sie den aus der Stichprobe berechneten Mittelwert mit einer vorgegebenen Wahrscheinlichkeit (meist 99 %) einschließen, sofern die bisherigen Verhältnisse unverändert fortbestehen.

Aus 4.3.1 ergibt sich:

Obere Kontrollgrenze: $\mu_0 + 2{,}58\ \sigma/\sqrt{n}$.

Untere Kontrollgrenze: $\mu_0 - 2{,}58\ \sigma/\sqrt{n}$.

M. a. W.: Es wird in regelmäßigen Abständen getestet, ob der Mittelwert der Verteilung mit dem Sollwert μ_0 übereinstimmt. Werden die Kontrollgrenzen überschritten, d. h. erweist sich der Unterschied als signifikant, wird die Einstellung der Maschine, die Zufuhr des Rohmaterials etc. überprüft, um die Ursache dieser Abweichung ausfindig zu machen.

Neben den Kontrollgrenzen werden oft sogenannte *Warngrenzen* verwendet, die einer Sicherheit von 95 % entsprechen:

$$\text{Obere Warngrenze: } \mu_0 + 1{,}96\, \sigma/\sqrt{n}\ .$$

$$\text{Untere Warngrenze: } \mu_0 - 1{,}96\, \sigma/\sqrt{n}\ .$$

Werden die Warngrenzen überschritten, so wird eine weitere Stichprobe entnommen, um mehr Informationen über den Prozeß einzuholen.

Für die Berechnung der Grenzen muß die Standardabweichung σ bekannt sein. Man wird daher, wenn man die Kontrollkarte für eine bestimmte Maschine erstmalig anlegt, abwarten, bis so viele Stichproben vorliegen, daß man insgesamt über mindestens 100 Meßwerte verfügt, aus denen man dann σ mit hinreichender Genauigkeit schätzen kann. Die Schätzung erfolgt allerdings nicht so, daß man die Meßwerte aller Stichproben in einen Topf wirft und daraus die Varianz berechnet, sondern so, daß man für jede einzelne Stichprobe ein eigenes s^2 berechnet und aus den s^2-Werten der verschiedenen Stichproben dann ein arithmetisches Mittel bildet.

Dieses Vorgehen beruht auf folgender Überlegung: Möglicherweise ist der Prozeß nicht stationär in dem Sinne, daß der Mittelwert der Verteilung zeitlich konstant ist. Ändert sich jedoch der Mittelwert im Laufe der Zeit, d. h. stammen die einzelnen Stichproben aus Verteilungen mit verschiedenem μ, so wäre die aus allen Stichproben zusammen berechnete Varianz keine Schätzung für die Varianz der Verteilung, da sie zu groß wäre. Damit würden die Grenzen zu weit und die Kontrollkarte weniger empfindlich. Wir kommen auf den hier angeschnittenen Gesichtspunkt im Zusammenhang mit der Streuungszerlegung noch ausführlich zurück.

In manchen Fällen ist nicht von vornherein klar, welche Werte man zu einer Stichprobe zusammenfassen soll. Ein Kriterium hierfür ergibt sich aus der Überlegung, daß der Sinn der Kontrollkarte darin besteht, alle *vermeidbaren* Schwankungen im Produktionsprozeß aufzuzeigen. Man wird also die Stichprobe so wählen, daß alle unvermeidbaren, zufallsartigen Schwankungen innerhalb der Stichprobe wirksam werden, die vermeidbaren Schwankungen jedoch außerhalb der Stichprobe verbleiben.

Beispiel*): In einer Reihenvorrichtung wurden 5 Zahnräder gespannt und die Zahnlücken gefräst. Der Teilkreisdurchmesser der Zahnräder war zu kontrollieren. Es wurden zunächst als Stichproben jeweils die 5 Zahnräder einer Einspannung gewählt und eine Kontrollkarte angelegt. Diese wies auffällig viele Punkte auf, die außer Kontrolle waren. Die Ursache ließ sich leicht feststellen. Sie liegt in einer unzweckmäßigen Auswahl der Stichprobe. Die 5 Teilkreisdurchmesser von Zahnrädern *ein- und derselben* Einspannung weichen nämlich untereinander nur geringfügig ab, während durch unvermeidliche Unterschiede im Einspannen die Teilkreisdurchmesser von Zahnrädern *verschiedener* Einspannung erheblich stärker schwanken. Die Karte zeigt zwar diese Schwankungen richtig an — deswegen lagen ja so viele Punkte außerhalb der Kontrollgrenzen —, jedoch ist das Aufdecken dieser Schwankungen für den Praktiker unerwünscht, da sie in der Natur des Produktionsvorganges liegen und nicht ausgeschaltet werden können. Die richtige Wahl der Stichprobe muß so geschehen, daß nur die zusätzlichen vermeidbaren Schwankungen aufgedeckt werden, wie sie z. B. durch Abnutzung des Fräsers, Unterschiede im Material usw. hervorgerufen werden. Wir müssen also die 5 Zahnräder der Stichprobe aus 5 verschiedenen Einspannungen wählen.

Vielfach geht man bei der Schätzung von σ nicht, wie wir es oben skizzierten, von den s^2-Werten der einzelnen Stichproben aus, sondern von den *Spannweiten* der einnen Stichproben. Die Spannweite, nach dem englischen Ausdruck *range* mit R bezeichnet, ist die Differenz zwischen dem größten und dem kleinsten Wert innerhalb der Stichprobe. Aus den Spannweiten der einzelnen Stichproben

*) Dieses Beispiel wurde entnommen aus: Moderne Kontrolle von *Lustig, Pfanzagl* und *Schmetterer,* S. 40.

bildet man dann die mittlere Spannweite $\bar{R}$, die bei hinreichend großer Zahl von Stichproben eine zuverlässige Schätzung für den Erwartungswert von R ist. Der Erwartungswert $E(R)$ ist jedoch bei der Normalverteilung proportional σ mit einem Proportionalitätsfaktor d, der vom Umfang der Stichprobe abhängt (vgl. die Tabelle auf S. 280).

Es ist anschaulich klar — und kann auch mathematisch gezeigt werden —, daß die Schätzung von σ mit Hilfe der Spannweite weniger genau ist als die Schätzung mit Hilfe von s, denn bei der Spannweite gehen nur zwei Werte der ganzen Stichprobe (nämlich der größte und der kleinste) ein, bei der Berechnung von s jedoch alle. Man erspart bei Verwendung von R an Stelle von s zwar Rechenarbeit, verschwendet aber anderseits einen Teil der in der Stichprobe enthaltenen Informationen. Dies spielt bei der Kontrollkarte für x keine Rolle, denn es werden ja laufend Stichproben entnommen, so daß für die Schätzung von σ beliebig viele Werte zur Verfügung stehen. Es spielt jedoch dann eine Rolle, wenn man etwa nur zwei Stichproben miteinander vergleichen will. (Wer hier den Aufwand für die Berechnung von s scheut, wird besser daran tun, den in Abschnitt 6.6, S. 140 ff. besprochenen Rang-Test zu verwenden, der ebenfalls weniger Rechenaufwand erfordert.) Und es spielt auch eine Rolle, wenn man neben der x-Karte, die den Parameter μ kontrolliert, noch eine zweite Karte führen will, die den Parameter σ kontrollieren soll. Hier fällt die unterschiedliche Genauigkeit von R und s voll ins Gewicht. Dort, wo die Kontrolle von σ wirklich bedeutungsvoll und die einzelne Messung relativ kostspielig ist, sollte man daher zweckmäßigerweise s statt R verwenden.

Leser, die sich für die Anwendung der Spannweite auch außerhalb der Kontrollkarte interessieren, werden auf die Ausführungen bei *Hald*, Kapitel 12, verwiesen.

An Stelle des Mittelwertes $\bar{x}$ wird oft auch der einfacher zu bestimmende Median $\tilde{x}$ der Stichprobe zur Grundlage der Kontrollkarte gemacht. Manchmal werden auch die einzelnen Meßwerte selbst in die Karte eingetragen und die Kontrollgrenzen so bestimmt, daß *alle* Werte der Stichprobe mit vorgegebener Sicherheit innerhalb dieser Grenzen liegen. Eine Untersuchung über die Genauigkeit dieser sogenannten Einzelwert- (oder Extremwert-) Karte findet sich bei *Graf* und *Wartmann*. Ein zusammenfassende Darstellung der verschiedenen Typen von Kontrollkarten findet der Leser bei *Schindowski* und *Schürz* und in der AWF-Broschüre „Kontrollkarten“. Von der englischsprachigen Literatur wäre vor allem das Buch von *Rice* sowie die einschlägigen Kapitel in verschiedenen Büchern über Qualitätskontrolle zu erwähnen.

Die praktisch überaus wichtige Frage, wie groß die Stichproben sein sollen, läßt sich vom Theoretischen her nur schwer beantworten. Untersuchungen in dieser Richtung finden sich u. a. bei *Aroian* u. *Levene* sowie *Pfanzagl*.

1. Beispiel*): Die Kontrolle der Nissen (Knötchenbildung) im Kardenvlies (Vorprodukt der Spinnerei) erfolgt vielfach in der Art, daß in regelmäßigen Abständen bei allen Karden die Zahl der Nissen in 10 g Vlies festgestellt wird. Nachstehende Abbildungen zeigen eine Kontrollkarte, die für die Zahl der Nissen pro 10 g geführt wurde.

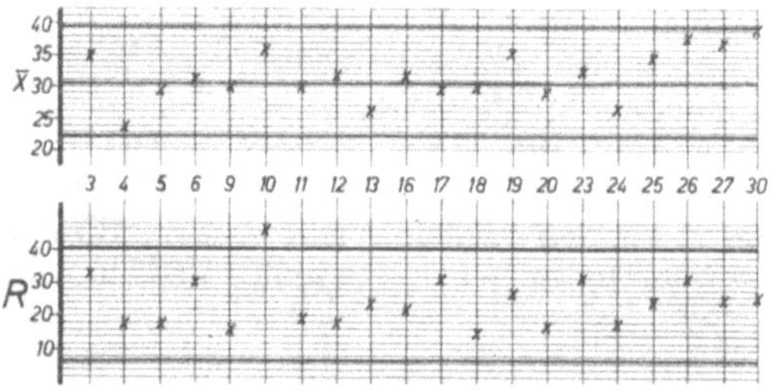

Bild 33. Kontrollkarte für die Anzahl der Nissen im Kardenvlies.

In der $\bar{x}$-Karte wurde die mittlere Nissenzahl für alle Karden eingetragen, in die R-Karte die Spannweite zwischen der „nissenreichsten“ und der „nissenärmsten“ Karde. Diese Kontroll-

*) Dieses Beispiel wurde entnommen aus: Industrielle Qualitätskontrolle von *Lustig* und *Pfanzagl*, S. 53.

karte zeigt zwei typische Fälle: Am 10. liegt der Punkt auf der R-Karte oberhalb der oberen Kontrollgrenze, auf der $\bar{x}$-Karte jedoch nur etwas oberhalb der Mittellinie. In diesem Falle muß man annehmen, daß bei einer einzelnen Karde eine besonders starke Nissenbildung vorliegt, während die Nissenbildung bei allen anderen Karden normal ist. Wäre die Nissenbildung bei mehreren Karden abnorm stark, so würde sich dies beim Mittelwert wahrscheinlich stärker auswirken, d. h. er wäre größer. Ab 25. ist die Nissenbildung im allgemeinen stärker, und zwar bei allen Karden in gleicher Weise, so daß sich dies bei der R-Karte überhaupt nicht auswirkt. Auf der $\bar{x}$-Karte hingegen zeigt sich eine deutliche Vergrößerung der Mittelwerte.

Je nachdem, ob der erstgenannte Fall (R groß, $\bar{x}$ nahezu normal) oder der letztgenannte Fall ($\bar{x}$ groß, R normal) vorliegt, wird man verschieden vorgehen. Im erstgenannten Fall, in unserem Beispiel also am 10., wird man die Karde mit abnorm großer Nissenbildung heraussuchen und die Ursache dieser Nissenbildung feststellen. Im zweiten Falle jedoch, also ab 25., wo alle Karden in gleicher Weise erhöhte Nissenbildung zeigen, ist es unwahrscheinlich, daß die Ursache in den Karden selbst liegt. Man wird in diesem Falle eher einen Fehler im Material oder in den vorgelagerten Fertigungsstufen vermuten.

2. Beispiel: In einer Spinnerei standen insgesamt 12 Strekken einer bestimmten Type zur Verfügung. Für jede dieser Strecken wurde eine Kontrollkarte geführt. Die Kontrollgrenzen wurden vom Betrieb einheitlich für alle Strecken mit dem Wert 0,16 ± 0,0025 Ne festgelegt. Die Kontrolle erfolgte in der Weise, daß die 6 Ablieferungen jeder Strecke täglich gemeinsam sortiert wurden; die so gewonnene mittlere Nummer wurde dann in die Karte eingetragen. Lag diese außerhalb der Kontrollgrenze, so wurde die Maschine reguliert. (Die Regulierung erfolgt nicht kontinuierlich, sondern stufenweise.)

Nachdem die Kontrollkarten eine gewisse Zeit hindurch gelaufen waren, zeigte sich deutlich, daß bei zwei der Strecken die Regulierung sehr oft durchgeführt werden mußte: Überschritt ein Wert die untere Kontrollgrenze und wurde die Maschine daraufhin entsprechend reguliert, so stellte sich nach kurzer Zeit heraus, daß nunmehr die obere Kontrollgrenze überschritten wurde. Eine neuerliche Regulierung der Maschine führte ihrerseits wieder zu einem baldigen Überschreiten der unteren Kontrollgrenze usw. Wie stark sich diese Störung aus-

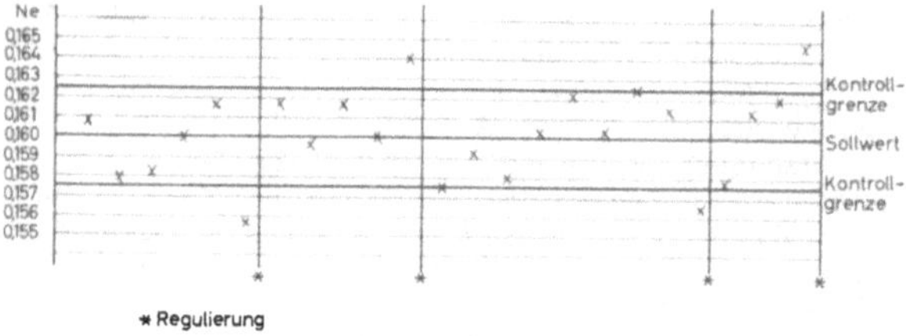

Bild 34. Kontrollkarte für die Nummer der Streckenbänder. Diese Karte zeigt, wie infolge zu enger Kontrollgrenzen immer wieder in den Prozeß eingegriffen wurde.

wirkte, ist aus der nachstehend abgebildeten Kontrollkarte zu ersehen, die von einer dieser beiden Maschinen stammt.

Die Ursache für das häufige Überschreiten der Kontrollgrenzen bei diesen beiden Strecken liegt darin, daß es sich um ein älteres Modell handelt, bei dem sowohl die Genauigkeit der Nummernhaltung als auch die Genauigkeit der Regulierung geringer als bei den übrigen Maschinen ist. Die Kontrollgrenzen, die für die übrigen Maschinen durchaus angemessen sind, sind für diese beiden Maschinen zu eng. Die Streuung der beiden Maschinen ist wesentlich größer als die der übrigen Maschinen; es wird daher immer wieder vorkommen, daß die (zu engen) Kontrollgrenzen auch dann überschritten werden, wenn sich an der Einstellung der Maschine nichts geändert hat.

Wie eine Sonderuntersuchung an diesen Maschinen zeigte, ist die Standardabweichung $\sigma = 0{,}0046$. Die Standardabweichung für Mittelwerte aus je 6 Messungen ist daher $\sigma/\sqrt{6} = 0{,}0019$ Um zu bestimmen, wie viele dieser Mittelwerte außerhalb der bisherigen Kontrollgrenzen $\pm 0{,}0025$ liegen werden, wenn die Maschine genau auf den Sollwert eingestellt ist, haben wir die Größe $0{,}0025/0{,}0019 = 1{,}3$ zu berechnen, der eine Wahrscheinlichkeit von 0,2 entspricht. Anders ausgedrückt: Die Maschinenstreuung ist so groß, daß selbst dann, wenn die Maschine genau auf den Sollwert eingestellt ist, etwa 20 % der Werte außerhalb der mit $\pm 0{,}0025$ festgelegten Kontrollgrenzen zu liegen kommen, d. h. die Maschine, die ohnedies genau auf den Sollwert eingestellt ist, wird dennoch bei jeder 5. Prüfung reguliert. Die Regulierung einer Maschine, die genau auf dem Sollwert arbeitet, kann selbstverständlich nur zu einer Verschlechterung führen. Dies ist aus der auf der in Bild 34 gezeigten Kontrollkarte deutlich zu ersehen: Wir können etwas längere Perioden unterscheiden, in denen die Einzelwerte etwa symmetrisch um die Mittellinie verteilt sind, in denen also die Maschine auf dem Sollwert arbeitet. Überschreitet einer dieser Werte trotzdem die Kontrollgrenze — eben deshalb, weil die Grenzen für die Maschinenstreuung zu eng sind —, so führt die daraufhin vorgenommene Regulierung zu einem deutlichen Ruck der Punkte nach der entgegengesetzten Seite, und nun folgt sehr bald eine Überschreitung der anderen Grenze, die dann wieder zu einer Richtigstellung der fälschlich vorgenommenen Regulierung führt. Auf diese Weise wird immer wieder in den Produktionsprozeß eingegriffen und der geordnete Produktionsablauf gestört.

Selbstverständlich ist es überaus einfach, diesen Mißstand abzuschaffen: Man muß nur die Kontrollgrenzen der natürlichen Streuung dieser Maschine anpassen. Wenn man beispielsweise 99 %-Grenzen bestimmen will, so hat man nichts anderes zu machen, als die Kontrollgrenzen bei $\pm 2{,}58\ \sigma/\sqrt{6} = \pm 0{,}005$ festzulegen. Diese Grenzen werden, wenn die Maschine auf den Sollwert eingestellt ist, nur mehr in 1 % aller Fälle überschritten, die Zahl der irrtümlichen Regulierungen der Maschine damit auf ein Zwanzigstel herabgesetzt. Nachstehende Abbildung zeigt, wie der Prozeß etwa verlaufen wäre, wenn man nicht mit *zu engen*, sondern mit richtigen Kontrollgrenzen gearbeitet hätte.

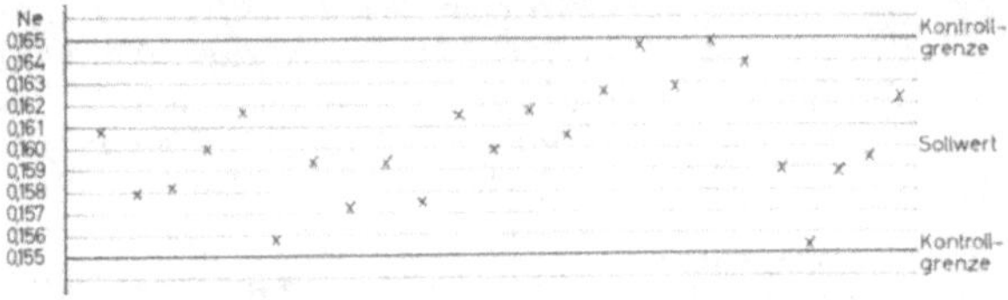

Bild 35. Fiktive Kontrollkarte für die Nummer der Streckenbänder. Diese Karte zeigt, welchen Verlauf der Prozeß genommen hätte, wenn nicht infolge zu enger Kontrollgrenzen immer wieder eingegriffen worden wäre.

Wir ersehen daraus, daß die Anwendung zu enger Kontrollgrenzen und das dadurch veranlaßte wiederholte Eingreifen in einen normal ablaufenden Produktionsprozeß nicht nur zu unnötigen Unterbrechungen, sondern auch zu einer Vergrößerung der Streuung und damit zu einer Verschlechterung der Qualität führt.

5 Kleine Stichproben aus diskreten Verteilungen

Wir haben bereits in Kapitel 4 in verschiedenen Beispielen die dort dargestellte, auf der Normalverteilung basierende Theorie auf Binomial- und Poissonverteilung angewendet. Dabei handelte es sich allerdings um Näherungsverfahren, die nur bei großen Stichproben anwendbar sind. Bei *kleinen* Stichproben aus diskreten Verteilungen ist man auf die nachstehend besprochenen Verfahren angewiesen.

5.1 Binomialverteilung: Test für *p*

Es ist für eine $B_n(p)$ die Hypothese $p = p_0$ gegen die Alternative $p > p_0$ zu testen. Man kann zeigen, daß es am besten ist, die kritische Region (also jenen Bereich von k, in dem die Hypothese verworfen wird) aus den großen k-Werten zu bilden. Dies ist auch sehr einleuchtend: Bild 36 zeigt die Binomialverteilung $B_5(p)$ für den Wert $p = 0{,}3$ und daneben für einen Wert $p > 0{,}3$. Wie man sieht, ist für $p > 0{,}3$ die Wahrscheinlichkeit bei den kleinen k-Werten kleiner, bei den großen k-Werten jedoch größer als für p = 3. Man wird daher am ehesten geneigt sein, aus großen k-Werten auf $p > 0{,}3$ zu schließen.

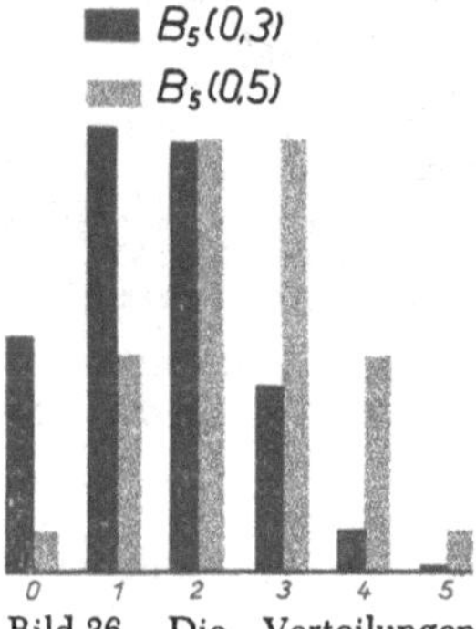

Bild 36. Die Verteilungen B_5 (0,3) und B_5 (0,5).

Wir geben wieder eine Sicherheitswahrscheinlichkeit 0,99 vor, d. h. wir verlangen, daß die Hypothese — wenn sie richtig ist — nur in 0,01 aller Fälle verworfen wird. Dann haben wie die kritische Region so zu bilden, daß sie für $p = p_0$ eine Wahrscheinlichkeit von 1 % besitzt. Wählen wir als kritische Region den Wert $k = n$, so besitzt dieser bei der B_5 (0,3) die Wahrscheinlichkeit $(0{,}3)^5 = 0{,}00243$. Nehmen wir noch den Wert $k = n - 1$ dazu, d. h. bilden wir die kritische Region aus den beiden Werten 4 und 5, so besitzt sie die Wahrscheinlichkeit 0,03078. Wir können also die vorgeschriebene Irrtumswahrscheinlichkeit von 1 % gar nicht exakt erreichen. Wir haben nur die Wahl zwischen einer Irrtumswahrscheinlichkeit, die etwa 0,24 % ist, und einer Irrtumswahrscheinlichkeit von 3,08 %. Diese Erscheinung tritt nicht nur bei der Binomialverteilung auf, sondern bei allen diskreten Verteilungen. Praktisch geht man meist so vor, daß man vorschreibt, die Sicherheitswahrscheinlichkeit müsse *mindestens* 99 % (die Irrtumswahrscheinlichkeit also *höchstens* 1 %) betragen. Dementsprechend bestünde in unserem konkreten Beispiel die kritische Region nur aus dem Wert $k = 5$. Die Hypothese $p = 0{,}3$ wird also angenommen für $k = 0,1,2,3,4$ und abgelehnt für $k = 5$.

Bei kleinen n und p nahe 0 oder 1 kann es vorkommen, daß bereits der extremste *k-Wert* ($k = 0$ bzw. $k = n$) eine Wahrscheinlichkeit besitzt, die größer als die zulässige Irrtumswahrscheinlichkeit ist. Würde es sich im obigen Beispiel der $B_5\,(0{,}3)$ nicht um die Alternative $p > 0{,}3$, sondern um die Alternative $p < 0{,}3$ handeln, so bestünde die kritische Region aus den kleinen k-Werten. Der Wert $k = 0$ hat aber bereits eine Wahrscheinlichkeit $0{,}7^5 = 0{,}168$ oder 16,8 %. Man muß also entweder mit der Wahrscheinlichkeit 0,168 arbeiten oder randomisieren, d. h. für $k = 0$ die Hypothese $p = 0{,}3$ mit der Wahrscheinlichkeit $0{,}01/0{,}168 = 0{,}06$ verwerfen und mit der Wahrscheinlichkeit 0,94 annehmen; dadurch erhielte man genau die zugelassene Irrtumswahrscheinlichkeit von 1 %. Praktisch wird ein solches Randomisierungsverfahren jedoch nur selten angewendet.

Um die Hypothese $p = p_0$ gegen die Alternative $p > p_0$ mit einer Irrtumswahrscheinlichkeit von höchstens 1 % zu testen, bilden wir die kritische Region aus jenen k-Werten, für die

$$\sum_{i=k}^{n} \binom{n}{i} p_0^i \,(1-p_0)^{n-i} \leqq 0{,}01\,.$$

Sind keine Tabellen für die Summenfunktion der Binomialverteilung verfügbar, so erweist sich die folgende Relation mit der auf S. 187 definierten Schranke der F-Verteilung $F_\alpha(f_1, f_2)$ von Nutzen*):

$$\sum_{i=k}^{n} \binom{n}{i} p^i (1-p)^{n-i} = \alpha ,$$

wenn

$$\frac{k}{n-k+1} \cdot \frac{1-p}{p} = F_{1-\alpha}(2\,(n-k+1), 2\,k) . \qquad (1)$$

Da F_α mit wachsendem α zunimmt, ist

$$\sum_{i=k}^{n} \binom{n}{i} p^i (1-p)^{n-i} \leqq 0{,}01 ,$$

solange

$$\frac{k}{n-k+1} \cdot \frac{1-p}{p} \geqq F_{0,99}\,(2\,(n-k+1), 2\,k) .$$

Die kritische Region mit der Irrtumswahrscheinlichkeit 0,01 für die Hypothese $p = p_0$ gegen die Alternative $p > p_0$ besteht also aus allen jenen Werten k, für welche

$$\frac{k}{n-k+1} \cdot \frac{1-p_0}{p_0} \geqq F_{0,99}\,(2\,(n-k+1), 2\,k) . \qquad (2)$$

Sucht man umgekehrt einen Test gegen die Alternative $p < p_0$, so hat man die kritische Region aus den kleinsten k-Werten zu bilden:

$$\sum_{i=0}^{k} \binom{n}{i} p_0^i \,(1-p_0)^{n-i} \leqq 0{,}01 .$$

---

*) Genaueres über diese Relation findet der Leser z. B. bei *Hald*, S. 674 ff.

Es gilt:

$$\sum_{i=0}^{k} \binom{n}{i} p^i (1-p)^{n-i} = \alpha ,$$

$$\text{wenn} \quad \frac{n-k}{k+1} \cdot \frac{p}{1-p} = F_{1-\alpha}(2(k+1), 2(n-k)) . \tag{3}$$

Wie oben überlegen wir uns, daß die kritische Region für die Hypothese $p = p_0$ gegen die Alternative $p < p_0$ aus allen jenen k-Werten besteht, für welche

$$\frac{n-k}{k+1} \cdot \frac{p_0}{1-p_0} \geqq F_{0,99}(2(k+1), 2(n-k)) . \tag{4}$$

Vielfach will man nicht einen einseitigen, sondern einen zweiseitigen Test, d. h. einen Test, der die Hypothese $p = p_0$ nicht nur bei $p > p_0$, sondern auch bei $p < p_0$ verwirft. Es ist naheliegend, in diesem Falle die kritische Region aus den kleinen und aus den großen k-Werten zusammenzusetzen, so daß beide Teile der kritischen Region zusammengenommen eine Irrtumswahrscheinlichkeit von höchstens 1 % besitzen. Ganz analog hatte ja auch bei den im Abschnitt 4.3 besprochenen Tests der *zweiseitige* Test eine zusammengesetzte kritische Region: Die Hypothese war zu verwerfen, wenn $\bar{x} > \mu_0 + 2{,}58\, \sigma/\sqrt{n}$ oder $\bar{x} < \mu_0 - 2{,}58\, \sigma/\sqrt{n}$.

Im Falle der Binomialverteilung ist allerdings die Frage, wie man die 1 % Irrtumswahrscheinlichkeit auf die obere und die untere Hälfte der kritischen Region verteilen soll, nicht von vornherein klar. Dieses Problem trat beim zweiseitigen Test für μ nicht auf, denn die Normalverteilung ist symmetrisch, und daher liegt es nahe, auch die kritische Region symmetrisch zu dem hypothetischen Wert zu wählen, d. h. eben den Bereich $\mu_0 \pm 2{,}58\, \sigma/\sqrt{n}$ abzugrenzen. Die obere und die untere Hälfte der kritischen Region besitzen dann jede die Wahrscheinlichkeit 0,5 %. Auch bei der Binomialverteilung grenzt man die kritische Region in der Regel so ab, daß die untere und die obere Hälfte je eine Wahrscheinlichkeit $\leqq 0{,}5\,\%$ besitzen.

Dementsprechend brauchte man für die einseitigen Tests eine Tabelle der F-Verteilung mit der Irrtumswahrscheinlichkeit $1\,\%$, für den zweiseitigen Test eine Tabelle mit der Irrtumswahrscheinlichkeit $0{,}5\,\%$. Im Tabellenteil dieses Buches konnte die Irrtumswahrscheinlichkeit $0{,}5\,\%$ nicht berücksichtigt werden. Es erscheint jedoch für praktische Zwecke durchaus vertretbar, auch beim zweiseitigen Test mit der F-Tabelle für die Irrtumswahrscheinlichkeit $1\,\%$ zu arbeiten. Man erhält dann einen Test, dessen Irrtumswahrscheinlichkeit höchstens $2\,\%$, im allgemeinen aber kleiner als $2\,\%$ ist.

B e i s p i e l : Bei dominantem Erbgang beträgt die Wahrscheinlichkeit des Phänotypus A bei der Kreuzung $Aa \times Aa$ nach den *Mendel*schen Regeln 3/4. In einem konkreten Falle wurden unter 16 Nachkommen nur 8 beobachtet, die dem Phänotypus A angehören. Steht dieses Beobachtungsergebnis zu der Annahme $p = 3/4$ im Widerspruch? Entsprechend den obigen Ausführungen bilden wir:

$$\frac{n-k}{k+1} \cdot \frac{p_0}{1-p_0} = \frac{16-8}{8+1} \cdot \frac{\frac{3}{4}}{1-\frac{3}{4}} = 2{,}66 \,.$$

$$F_{0,99}\,[2\,(k+1),\, 2\,(n-k)] = F_{0,99}\,(18, 16) = 3{,}31 \,.$$

Da $2{,}66 < 3{,}31$, liegt der beobachtete Wert $k = 8$ außerhalb der kritischen Region und widerspricht der Hypothese $p = 3/4$ nicht. (Daß der Wert $k = 8$ nicht in der anderen Hälfte der kritischen Region liegen kann, ist evident.)

Wie in Abschnitt 4.6 (S. 86 ff.) können wir natürlich auch hier die Frage nach der Gütefunktion des Tests stellen, d. h. nach der Wahrscheinlichkeit, daß die Hypothese $p = p_0$ verworfen wird, wenn der echte Wert p beträgt. In unserem konkreten Beispiel wäre eine brauchbare kritische Region $k \leqq 7$ und $k = 16$. Die Gütefunktion lautet daher:

$$\sum_{i=0}^{7} \binom{16}{i} p^i\,(1-p)^{16-i} + p^{16} \,. \tag{5}$$

Eine graphische Darstellung dieser Gütefunktion gibt Bild 37.

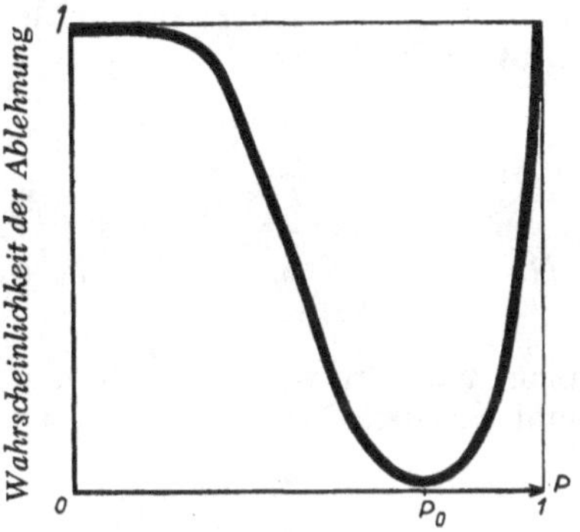

Bild 37. Die Gütefunktion (5)

5.2 Binomialverteilung: Mutungsintervall für p

Die Ausführungen in den Abschnitten 4.2 und 4.3 haben den engen Zusammenhang zwischen Mutungsintervallen und Tests aufgezeigt. Nachdem wir für jeden beliebigen Wert p_0 die Hypothese $p = p_0$ gegen die einseitige Alternative $p > p_0$ bzw. $p < p_0$ oder die zweiseitige Alternative $p \neq p_0$ testen können, ist auch das Problem des Mutungsintervalls gelöst. Wir haben im Prinzip nichts anderes zu tun, als bei gegebenem k für jeden Wert p_0 die Hypothese $p = p_0$ mit einer bestimmten Sicherheitswahrscheinlichkeit zu testen. Jene Werte von p, für die diese Hypothese *nicht* verworfen wird, bilden ein Mutungsintervall mit der vorgegebenen Sicherheitswahrscheinlichkeit: Wenn p_0 der richtige Wert ist, so wird die Hypothese $p = p_0$ in mindestens 99 % aller Fälle angenommen (nicht verworfen), d. h. der richtige Wert p_0 wird in mindestens 99 % aller Fälle dem Mutungsintervall angehören.

Angenommen, bei einer bestimmten Krankheit wurden mit einer bestimmten Heilmethode unter n Fällen k Heilungen erzielt. Gesucht ist ein nach unten begrenztes Mutungsintervall für den Anteil der Heilungen, p. Das Mutungsintervall besteht nach den obigen Ausführungen aus allen jenen Werten p, für welche der beobachtete Wert k nicht der kritischen Region angehört, für die also gilt:

$$\sum_{i=k}^{n} \binom{n}{i} p^i (1-p)^{n-i} > 0{,}01 .$$

Da

$$\sum_{i=k}^{n} \binom{n}{i} p^i (1-p)^{n-i}$$

eine monoton wachsende Funktion von p ist, haben wir einfach jenen Wert p_0 zu bestimmen, für den

$$\sum_{i=k}^{n} \binom{n}{i} p_0^i (1-p_0)^{n-i} = 0{,}01 .$$

Das Mutungsintervall mit der Sicherheitswahrscheinlichkeit von mindestens 99 % besteht dann aus allen Werten $p > p_0$.

Den Wert p_0 bestimmen wir einfach aus der Relation (5.1.1)

$$\frac{k}{n-k+1} \cdot \frac{1-p_0}{p_0} = F_{0,99} (2(n-k+1), 2k) . \qquad (1)$$

Wäre beispielsweise $n = 19$ und $k = 14$, so wäre $F_{0,99} (12, 28) = 2{,}90$, und wir erhalten:

$$\frac{14}{6} \cdot \frac{1-p_0}{p_0} = 2{,}90 .$$

Daraus folgt: $(1-p_0)/p_0 = 2{,}90 \cdot 6/14 = 1{,}24$ und $p_0 = 0{,}45$. Die Rate der Heilungen wäre also fast sicher größer als 45 %. Wollte man umgekehrt ein Mutungsintervall, das p nach oben abschätzt ($p < p_1$), so müßte man die kritische Region aus den *kleinen* k-Werten bilden. Der Wert p_1 wäre dann aus Relation 5.1.3 zu bestimmen. Ein zweiseitiges Mutungsintervall erhält man aus einer kritischen Region, die große und kleine Werte umfaßt. Praktisch wird man einfach den Bereich $p_0 < p < p_1$ als Mutungsbereich verwenden. Dieser hat eine Irrtumswahrscheinlichkeit, die bis zu 2 % betragen kann, im allgemeinen jedoch darunter liegt.

5.3 Binomialverteilung: Vergleich zweier Wahrscheinlichkeiten

Gegeben seien zwei Binomialverteilungen:

$$\binom{n_1}{k_1} p_1^{k_1} (1-p_1)^{n_1-k_1} \quad \text{und} \quad \binom{n_2}{k_2} p_2^{k_2} (1-p_2)^{n_2-k_2}.$$

Es ist die Hypothese $p_1 = p_2$ gegen die Alternative $p_1 > p_2$ zu testen. Zu diesem Zwecke betrachtet man die bedingte Verteilung von k_1 für gegebenes $k_1 + k_2 = k$. Diese ist im Falle $p_1 = p_2$:

$$P(k_1) = \frac{\binom{n_1}{k_1}\binom{n_2}{k-k_1}}{\binom{n_1+n_2}{k}},$$

also eine Hypergeometrische Verteilung, die von dem gemeinsamen Wert p unabhängig ist. Die kritische Region ist für die Alternative $p_1 > p_2$ aus den größten k_1-Werten zu bilden, und zwar wieder so, daß die Irrtumswahrscheinlichkeit eine gewisse Schranke, z. B. 1 %, nicht überschreitet.

Beispiel: Es soll die Wirksamkeit zweier Heilmethoden, (1) und (2), miteinander verglichen werden. Zu diesem Zwecke werden 15 Patienten mit Methode (1), 15 Patienten mit Methode (2) behandelt. Die Anzahl der Geheilten betrage 10 bzw. 13.

Tabelle 5

Heilerfolge der Methoden (1) und (2)

Methode:	Anzahl der Behandelten n_i	darunter: geheilt k_i
(1)	15	13
(2)	15	10
Σ	30	23

Die bedingte Verteilung von k_1 für $k_1 + k_2 = 23$ ist:

$$P(k_1) = \frac{\binom{15}{k_1}\binom{15}{23-k_1}}{\binom{30}{23}}.$$

Der größte Wert, den k_1 annehmen kann, ist 15. Es gilt:

$$P(15) = 0{,}003$$
$$P(14) = 0{,}037$$
$$P(13) = 0{,}155.$$

Die Wahrscheinlichkeit, daß der Wert $k_1 = 13$ oder ein noch extremerer Wert auftritt, ist also 0,195, d. h. fast 20 %. Die Überlegenheit von Methode (1) gegenüber Methode (2) kann daher auf Grund der vorliegenden Daten nicht bindend nachgewiesen werden.

Ist die Alternative nicht $p_1 > p_2$, sondern $p_1 \neq p_2$, haben wir also einen zweiseitigen Test vorzunehmen, so wird man ähnlich wie in Abschnitt 5.1 die kritische Region aus den größten *und* den kleinsten k-Werten zusammensetzen.

Genau das gleiche Testverfahren wird übrigens auch dann angewendet, wenn es sich nicht um den Vergleich zweier Stichproben, sondern um eine sogenannte 2×2-*Kontingenztafel* handelt, bei der eine Stichprobe nach zwei Merkmalen kombiniert aufgegliedert wird. Die Verwendung dieses auf der Hypergeometrischen Verteilung beruhenden Tests für die 2×2-Kontingenztafel wurde von *R. A. Fisher* vorgeschlagen. Seine Optimalität wurde von *Tocher* nachgewiesen.

B e i s p i e l : Die Kinderlähmung tritt in zwei Formen auf, der spinalen und der bulbären. Es wird vermutet, daß das Entfernen der Mandeln (Tonsillektomie) das Auftreten der bulbären und wesentlich bösartigeren Form begünstigt.

Tabelle 6

Kinderlähmung und Tonsillektomie bei 10jährigen

	Kinderlähmungsfälle insgesamt n_i	darunter: bulbäre Form k_i
Ohne Mandeln (1)	3	2
Mit Mandeln (2)	19	6
Σ	22	8

Quelle: *F. Fremel:* Kinderlähmung und Tonsillektomie. Wiener Medizinische Wochenschrift Jg. 107, 1957, S. 647—653.

Die bedingte Verteilung von k_1 ist:

$$P(k_1) = \frac{\binom{3}{k_1}\binom{19}{8-k_1}}{\binom{22}{8}} .$$

Der größte Wert, den k_1 annehmen kann, ist 3. Es gilt:

$$P(3) = 0{,}036$$
$$P(2) = 0{,}255.$$

Die Wahrscheinlichkeit, daß bei den 3 Kindern ohne Mandeln 2 oder noch mehr Fälle in der bulbären Form auftreten, ist im Falle der Unabhängigkeit zwischen der Art der Kinderlähmung und der Tonsillektomie größer als 29 %, wenn unter insgesamt 22 Kinderlähmungsfälle 8 bulbäre sind. Daher kann die Abhängigkeit auf Grund der vorliegenden Zahlen nicht bindend erschlossen werden. (Im konkreten Beispiel war es jedoch möglich, den Nachweis der Abhängigkeit dadurch zu führen, daß man die Ergebnisse der verschiedenen Altersstufen in geeigneter Form zusammenfaßte.)

Es sei nochmals betont, daß man die in diesem Abschnitt besprochenen Verfahren natürlich nur dann anwenden wird, wenn die Approximation durch eine Normalverteilung nicht zulässig ist, da die Berechnungen im Zusammenhang mit der Hypergeometrischen Verteilung umständlich sind. Tabellen der Sicherheitsgrenzen finden sich in der Arbeit von *Finney,* bei *Siegel,* S. 256—270, sowie in den *Documenta Geigy,* S. 109—123.

5.4 Hypergeometrische Verteilung (Stichprobenpläne für qualitative Merkmale)

Bereits in Abschnitt 5.3 sind wir beim Vergleich zweier Binomialverteilungen auf die Hypergeometrische Verteilung gestoßen. Die Hypergeometrische Verteilung tritt noch in einem anderen sehr wichtigen Zusammenhang auf: Wenn wir aus einer endlichen Gesamtheit mit alternativer Aufgliederung eine Stichprobe entnehmen (vgl. Abschnitt 2.3). Das wichtigste Anwendungsgebiet stellt die Abnahmeprüfung dar.

B e i s p i e l : Ein Los von 500 Stück soll laut Liefervertrag höchstens 4 % Ausschuß enthalten. Um dies zu überprüfen, wird eine Stichprobe von 25 Stück entnommen und das Los abgelehnt, wenn diese 1 oder mehr defekte Stücke enthält. Die Wahrscheinlichkeit für die Annahme des Loses (d. h. für $k = 0$) ist bei K defekten Stücken im Los gleich:

$$\frac{\binom{500-K}{25}}{\binom{500}{25}}$$

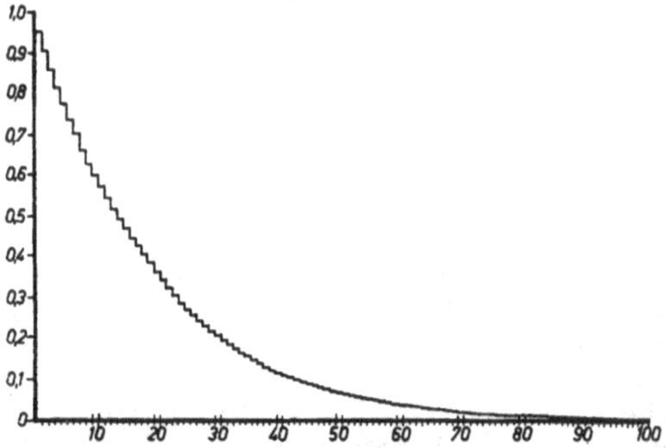

Bild 38. Die Annahmewahrscheinlichkeit als Funktion von K.

Wir entnehmen daraus, daß ein Los mit 20 defekten Stücken, das also den Lieferbedingungen noch entspricht, nur mehr mit ca. 35 % Wahrscheinlichkeit angenommen wird. Dieser Stichprobenplan könnte daher u. U. zu einem hohen Anteil ungerechtfertigter Reklamationen Anlaß geben.

In der Praxis bedient man sich natürlich bei der Festlegung von Stichprobenplänen stets fertiger Tabellen, aus denen man den Stichprobenumfang und die Annahmezahl (d. h. die Grenze des Annahmebereiches) entnehmen kann. Stichprobenumfang und Annahmezahl sind allerdings erst dann eindeutig festgelegt, wenn man zwei Werte der Operationscharakteristik*) vorgibt. In unserem obigen Beispiel war ein Wert der tolerierbare Ausschußanteil von 4 %: Lose mit 4 % Ausschuß entsprachen noch den Lieferbedingungen und sollten daher mit großer Wahrscheinlichkeit angenommen werden. Als zweiten Wert der Operationscharakteristik kann man etwa einen maximal zulässigen Ausschußanteil angeben und verlangen, daß ein Los fast sicher abgelehnt wird, wenn dieser maximal zulässige Ausschußanteil überschritten wird. Andere Stichprobenpläne arbeiten mit dem sogenannten Kontrollpunkt. Dies ist jener Ausschußanteil, bei dem im Durchschnitt genau die Hälfte aller geprüften Lose abgelehnt wird. Der Kontrollpunkt liegt natürlich zwischen dem noch tolerierbaren und dem maximal zulässigen Ausschußanteil.

Neben den bisher erwähnten Stichprobenplänen werden häufig auch sogenannte *doppelte* Stichprobenpläne verwendet. Bei den doppelten Stichprobenplänen wird zunächst eine Stichprobe entnommen. Ist das Los sehr gut oder sehr schlecht, so kann die Entscheidung über Annahme oder Ablehnung in der Regel bereits auf Grund dieser ersten Stichprobe gefällt werden. Bewegt sich die Zahl der defekten Stücke in der Stichprobe in einem mittleren Bereich, wird eine zweite Stichprobe entnommen und auf Grund dieser zweiten Stichprobe dann die endgültige Entscheidung über Annahme oder Ablehnung des Loses gefällt.

Der an der Frage der Stichprobenpläne interessierte Leser wird auf die Arbeit von *Rossow* und *Leinweber* hingewiesen, die einen guten Überblick über die verfügbaren

*) Die *Operationscharakteristik* ist die Annahmewahrscheinlichkeit als als Funktion des Ausschußanteiles, also das Komplement der Gütefunktion.

Stichprobenpläne gibt. Daselbst auch weitere Literaturhinweise.

5.5 Poissonverteilung: Test und Mutungsintervall für den Mittelwert

Ist eine Hypothese $a = a_0$ gegen die Alternative $a > a_0$ zu testen, so wird man genau so wie bei der Binomialverteilung (Abschnitte 5.1 und 5.2) aus den größten k-Werten eine kritische Region vorgegebener Wahrscheinlichkeit (z. B. höchstens 1 %) bilden. Um die kritische Region möglichst einfach bestimmen zu können, gehen wir ähnlich wie bei der Binomialverteilung vor: Aus der Relation 5.1.1 erhalten wir durch den Grenzübergang $n \to \infty$, $p = a/n$:

$$\sum_{i=k}^{\infty} \frac{a^i}{i!} e^{-a} = \alpha\,, \quad \text{wenn} \quad \frac{k}{a} = F_{1-\alpha}(\infty, 2\,k)\,.$$

Nun ist aber

$$F_{1-\alpha}(\infty, 2\,k) = \frac{1}{F_\alpha(2\,k, \infty)} = \frac{2\,k}{\chi^2_\alpha(2k)}\,.$$

Dabei ist $\chi^2_\alpha(\nu)$ die auf S. 186 definierte Schranke der χ^2 Verteilung. Daher gilt:

$$\sum_{i=k}^{\infty} \frac{a^i}{i!} e^{-a} = \alpha, \quad \text{wenn} \quad 2\,a = \chi^2_\alpha(2\,k)\,. \tag{1}$$

Da χ^2_α mit sinkendem α abnimmt, gilt:

$$\sum_{i=k}^{\infty} \frac{a^i}{i!} e^{-a} \leqq 0{,}01\,, \quad \text{solange} \quad 2a \leqq \chi^2_{0,01}(2\,k)\,.$$

Die kritische Region für die Hypothese $a = a_0$ gegen die Alternative $a > a_0$ besteht also aus allen jenen Werten k, für welche

$$2\,a_0 \leqq \chi^2_{0,01}(2\,k)\,. \tag{2}$$

Sucht man umgekehrt einen Test gegen die Alternative $a < a_0$, so hat man die kritische Region aus den kleinsten

k-Werten zu bilden. Ausgehend von 5.1.3 erhält man durch eine analoge Überlegung wie oben: Die kritische Region für die Hypothese $a = a_0$ gegen die Alternative $a < a_0$ besteht aus allen jenen Werten k, für welche

$$2\,a_0 \geqq \chi^2_{0,99}\big(2\,(k+1)\big)\,. \tag{3}$$

Ein Mutungsintervall für a erhält man, indem man die Menge jener a bestimmt, die mit einem beobachteten Wert k verträglich sind, d. h. für die k nicht in der zugehörigen kritischen Region liegt. Da $\sum_{i=k}^{\infty} \frac{a^i}{i\,!}\, e^{-a}$ eine monoton wachsende Funktion von a ist, haben wir einfach jenen Wert a_0 zu bestimmen, für den $\sum_{i=k}^{\infty} \frac{a_0^i}{i\,!}\, e^{-a_0} = 0{,}01.$

Das Mutungsintervall mit dem Sicherheitskoeffizienten von mindestens 99 % besteht dann aus allen Werten $a > a_0$. Den Wert a_0 können wir jedoch einfach auf Grund der Relation (1) bestimmen. Es gilt:

$$a_0 = \frac{1}{2}\,\chi^2_{0,01}\,(2\,k)\,.$$

Das 99 %-Mutungsintervall besteht also aus allen Werten

$$a \geqq \frac{1}{2}\,\chi^2_{0,01}\,(2\,k)\,. \tag{4}$$

Auf analogem Wege erhält man ein 99 %-Mutungsintervall, das a nach oben abschätzt:

$$a \leqq \frac{1}{2}\,\chi^2_{0,99}\big(2\,(k+1)\big)\,. \tag{5}$$

Will man ein zweiseitiges Mutungsintervall, so kann man das Intervall

$$\frac{1}{2}\,\chi^2_{0,01}\,(2\,k) \leqq a \leqq \frac{1}{2}\,\chi^2_{0,99}\big(2\,(k+1)\big)$$

wählen. Die Irrtumswahrscheinlichkeit dieses Intervalls kann zwar bis zu 2 % betragen, wird aber im allgemeinen darunter liegen.

1. Beispiel*): Um die Verunreinigung von Klee-Saatgut mit Flachs zu testen, wird eine Probe von 100 g gesät und die Anzahl k der aufgegangenen Flachssamen gezählt. Streng genommen hätten wir hier natürlich eine Binomialverteilung vor uns, aber n ist sehr groß und p verschwindend klein, so daß die Approximation durch eine Poissonverteilung außerordentlich genau sein wird. Angenommen, es wäre $k = 0$, d. h. es wären keine Flachssamen aufgegangen. Dann ist mit 99 % Sicherheit $a \leqq 1/2\,\chi^2_{0,99}\,(2) = 4{,}6$, m. a. W.: Die durchschnittliche Zahl der Flachssamen pro 100 g Saatgut ist fast sicher kleiner als 4,6.

2. Beispiel: Auf S. 81 haben wir ein Beispiel behandelt, das letztlich darauf hinauslief, zu testen, ob das Ergebnis $k = 5$ aus der Binomialverteilung $B_{203}\,(1/85)$ stammen kann. Eine endgültige Antwort auf diese Frage konnte dort nicht gegeben werden, da die Approximation durch eine Normalverteilung streng genommen nicht erlaubt ist. Die exakte Behandlung der Binomialverteilung mit der in Abschnitt 5.1 besprochenen Methode führt auf eine F-Verteilung, die außerhalb des Bereiches unserer Tabelle liegt. Wir können jedoch die Binomialverteilung B_{203} (1/85) wegen der extrem kleinen Wahrscheinlichkeit sehr gut durch eine Poissonverteilung mit dem Parameter $a_0 = 203/85 = 2{,}39$ approximieren und testen, ob der Wert $k = 5$ mit dieser Poissonverteilung verträglich ist. Nach den Formeln (2) und (3) besteht die (zweiseitige) kritische Region aus jenen Werten k, für welche

$$4{,}78 \leqq \chi^2_{0,01}\,(2\,k) \quad \text{oder} \quad 4{,}78 \geqq \chi^2_{0,99}\big(2\,(k+1)\big)\,.$$

Der Wert $k = 5$ gehört weder dem einen noch dem anderen Teil der kritischen Region an, denn es ist $\chi^2_{0,01}\,(10) = 2{,}6$ und $\chi^2_{0,99}\,(12) = 26{,}2$. Dieser Test hat eine Irrtumswahrscheinlichkeit von höchstens 2 %. Wir können daher sagen, daß die Beob-

*) Nach *A. Hald*, Statistical theory with engineering applications, Verlag John Wiley & Sons, Inc., 4. Aufl., New York 1960, S. 723.

achtungsergebnisse der Faustregel „1 Zwillingsgeburt unter 85 Geburten“ nicht widersprechen.

5.6 Poissonverteilung: Vergleich zweier Mittelwerte

Gegeben sind zwei Poissonverteilungen:

$$\frac{a_1^{k_1}}{k_1!} e^{-a_1} \text{ und } \frac{a_2^{k_2}}{k_2!} e^{-a_2}$$

Wir setzen $a_1 = \lambda\, a_2$. Es ist die Hypothese $\lambda = \lambda_0$ gegen die Alternative $\lambda > \lambda_0$ zu testen. Einen Test für diese Hypothese erhält man, wenn man die bedingte Verteilung von k_1 für gegebenes $k_1 + k_2 = k$ betrachtet. Diese ist:

$$\binom{k}{k_1} \left(\frac{\lambda}{1+\lambda}\right)^{k_1} \left(\frac{1}{1+\lambda}\right)^{k-k_1},$$

also eine Binomialverteilung, die von dem Parameter a_2 unabhängig ist. Wir bezeichnen

$$\frac{\lambda}{1+\lambda} = p, \quad \frac{\lambda_0}{1+\lambda_0} = p_0$$

und führen so die Aufgabe, die Hypothese $\lambda = \lambda_0$ gegen die Alternative $\lambda > \lambda_0$ zu testen, auf die in Abschnitt 5.1 gelöste Aufgabe zurück, die Hypothese $p = p_0$ gegen die Alternative $p > p_0$ zu testen. Aus den Ausführungen auf S. 100 folgt, daß wir die kritische Region aus den großen k-Werten zu bilden haben.

Auch ein Mutungsintervall für λ können wir auf diesem Wege gewinnen, indem wir nach Abschnitt 5.2 zunächst ein Mutungsintervall für p und aus diesem dann ein Mutungsintervall für λ berechnen.

B e i s p i e l : Nachstehende Tabelle zeigt die Erkrankungen an postvakzinaler Enzephalitis bei zwei verschiedenen Altersstufen.

Tabelle 7

Erkrankungen an postvakzinaler Enzephalitis.

Alter (Jahre)	Zahl der erfolgreichen Erstimpfungen	darunter: Erkrankungen an postvakzinaler Enzephalitis
11—14	1341	16
4 —5	6512	4

Quelle: *K. Berger* und *F. Puntigam:* Über die Altersdisposition bei der postvakzinalen Enzephalitis, Münchner Medizinische Wochenschrift, 100. Jg., 1958, S. 2042 ff.

Im Hinblick auf den überaus geringen Anteil an Fällen postvakzinaler Enzephalitis können wir mit einer Approximation durch die Poissonverteilung arbeiten. Die Enzephalitisgefährdung der 11—14jährigen ist schätzungsweise $\hat{\vartheta}_1 = 16/1341 = 11{,}9 \cdot 10^{-3}$, der 4—5jährigen $\hat{\vartheta}_2 = 4/6512 = 0{,}61 \cdot 10^{-3}$. Es ist $\hat{\vartheta}_1/\hat{\vartheta}_2 = 19{,}5$, d. h. wir schätzen auf Grund dieser Zahlen, daß die Enzephalitisgefährdung der 11—14jährigen rund 20mal so groß ist wie die der 4—5jährigen. Doch die Anzahl der vorliegenden Enzephalitis-Fälle ist so klein, daß sich sofort die Frage nach der Genauigkeit dieser Zahl stellt.

Um ein Mutungsintervall für ϑ_1/ϑ_2 zu berechnen, beschreiten wir folgenden Weg: Es gilt $a_1 = n_1\vartheta_1$, $a_2 = n_2\vartheta_2$. Wir berechnen also zunächst nach der oben entwickelten Methode ein Mutungsintervall für $\lambda = a_1/a_2$ und erhalten daraus wegen $\lambda = \frac{n_1\vartheta_1}{n_2\vartheta_2}$ sofort ein Mutungsintervall für ϑ_1/ϑ_2. Nach den Ausführungen auf S. 106 haben wir zunächst jenen Wert p_0 zu bestimmen, für den

$$\sum_{i=k_1}^{k} \binom{k}{i} p_0^i (1-p_0)^{k-i} = 0{,}01 .$$

Dieser ist nach Formel 5.2.1 gegeben durch

$$\frac{k_1}{k_2+1} \cdot \frac{1-p_0}{p_0} = F_{0,99}\,(2\,(k_2+1),\ 2\,k_1) .$$

Der Mutungsbereich besteht dann aus allen Werten λ mit $\lambda/(1+\lambda) > p_0$, d. h.

$$\lambda > \frac{p_0}{1-p_0} = \frac{k_1}{k_2+1} \cdot \frac{1}{F_{0,99}(2(k_2+1),\, 2k_1)}.$$

Daraus folgt sofort ein Mutungsintervall für ϑ_1/ϑ_2, nämlich

$$\frac{\vartheta_1}{\vartheta_2} > \frac{n_2}{n_1} \cdot \frac{k_1}{k_2+1} \cdot \frac{1}{F_{0,99}(2(k_2+1),\, 2k_1)}.$$

Im konkreten Falle gilt: $k_1 = 16$, $k_2 = 4$. Aus der Tabelle entnehmen wir den Wert $F_{0,99}(10, 32) = 2{,}93$. Somit ist

$$\frac{n_2}{n_1} \cdot \frac{k_1}{k_2+1} \cdot \frac{1}{F_{0,99}(2(k_2+1),\, 2k_1)} = \frac{6512}{1341} \cdot \frac{16}{5} \cdot \frac{1}{2{,}93} = 5{,}3\,.$$

Das 99 % Mutungsintervall ist somit: $\vartheta_1/\vartheta_2 > 5{,}4$, d. h. die Enzephalitisgefährdung der 11—14jährigen ist fast sicher mehr als 5 mal so groß wie die der 4—5jährigen.

Der an dem Vergleich der Mittelwerte zweier Poissonverteilungen näher interessierte Leser wird auch auf die Arbeit von *Pfanzagl* und *Puntigam* hingewiesen.

6 Verteilungsunabhängige Verfahren

6.1 Einleitung

Die in Kapitel 4 besprochenen Verfahren zum Testen von Hypothesen und zur Berechnung von Mutungsintervallen sind nur dann anwendbar, wenn die Stichprobe hinreichend groß ist oder wenn die Verteilung, aus der diese Stichprobe stammt, eine Normalverteilung mit bekannter Varianz ist. Für Stichproben kleinen Umfanges aus Normalverteilungen mit unbekannter Varianz gelten die in Kapitel 8 besprochenen Verfahren.

Oft hat man es jedoch mit Gesamtheiten zu tun, über deren Verteilung keinerlei Informationen vorliegen. In diesem Falle wird man bestrebt sein, statistische Verfahren anzuwenden, die unabhängig von der Voraussetzung sind, daß eine Normalverteilung vorliege. Selbstverständlich können verteilungsunabhängige Verfahren auch dann angewendet werden, wenn eine Normalverteilung vorliegt. Ihre Wirksamkeit ist in diesem Falle aber geringer als die Wirksamkeit der speziell für die Normalverteilung entwickelten Verfahren. Der Unterschied in der Wirksamkeit ist allerdings oft nur gering. Einzelheiten über diesen Punkt werden in den folgenden Abschnitten gebracht.

Eine besonders wichtige Gruppe der verteilungsunabhängigen Verfahren sind die sogenannten *Rang-Tests,* bei denen an Stelle der Stichprobenwerte selbst nur deren Rangzahlen verwendet werden. In vielen Fällen erscheint die Verwendung von Rangzahlen schon deshalb naheliegend, weil das zugrunde liegende Maßsystem nur eindeutig bis auf beliebige stetige und monotone Transformationen ist, d. h. selbst nicht mehr als die Rangordnung zum Ausdruck bringt (topologische oder ordinale Skala). Dort, wo das Maßsystem eindeutig bis auf lineare Transformationen ist (metrische oder kardinale Skala), wird man intuitiv in dem Übergang zu Rangzahlen einen wesentlichen Informationsverlust vermuten. Tatsächlich zeigt jedoch ein Vergleich der Wirksamkeit dieser Verfahren mit der Wirksamkeit von Verfahren, die nicht von den Rangzahlen, sondern von den Meßwerten selbst ausgehen, daß der Informationsverlust nur geringfügig ist. Die Verwendung von Rangzahlen vereinfacht die Berechnungen außerordentlich, so daß sich Rang-Tests besonders dann bewähren, wenn keine Rechenmaschine zur Verfügung steht.

Die obenerwähnte geringere Wirksamkeit verteilungsunabhängiger Tests bei Anwendung auf die Normalverteilung hat zur Folge, daß bei gleicher Irrtumswahrscheinlichkeit die Gütefunktion kleiner wird. Dies führt also dazu, daß ein bestehender Unterschied bei Anwendung verteilungsunabhängiger Tests auf eine Normalverteilung etwas seltener als signifikant erkannt wird als mit dem speziell für die Normalverteilung entwickelten Tests. Ergibt jedoch bereits ein verteilungsunabhängiger Test Signifikanz, so kann ein wirksamerer Test keine zusätzlichen Erkenntnisse bringen.

6.2 Der Zeichentest

Bei einer Reihe von Test-Problemen stellt sich heraus, daß eine Testgröße — wir wollen sie mit k bezeichnen — bei Zutreffen der Hypothese nach B_n (1/2) verteilt ist. Der Test der Hypothese läuft dann einfach darauf hinaus, zu prüfen, ob der beobachtete Wert von k mit der Annahme einer Verteilung nach B_n (1/2) verträglich ist. Solche Tests heißen „Zeichentests". Nach den Ausführungen in Abschnitt 5.1 S. 102, 103 haben wir wegen $p_0 = 1/2$ bei der praktischen Durchführung einfach nachzuprüfen, ob

$$\frac{k}{n-k+1} \geqq F_{0,99}\left(2\,(n-k+1)\,,\ 2\,k\right), \qquad (1)$$

bzw.

$$\frac{n-k}{k+1} \geqq F_{0,99}\left(2\,(k+1)\,,\ 2\,(n-k)\right). \qquad (2)$$

Jene k-Werte, für welche (1) bzw. (2) erfüllt ist, bilden eine kritische Region mit einer Irrtumswahrscheinlichkeit, die jeweils höchstens 1 % (zusammen also höchstens 2 %) ausmacht.

B e i s p i e l : Es ist die Wirksamkeit zweier Schlafmittel (Dextro Hyoscyamin Hyperbromid [D] und Laevo Hyoscyamin Hyperbromid [L]) zu vergleichen. Als Maß der Wirksamkeit dient die Verlängerung der Schlafdauer. Da die Wirksamkeit von Schlafmitteln erfahrungsgemäß bei verschiedenen Personen sehr verschieden ist, kann man die Genauigkeit des Vergleiches dadurch steigern, daß man beide Mittel an ein und derselben Person erprobt und ihre Wirksamkeit vergleicht. (Wir kommen auf diesen Gedanken in Abschnitt 8.8, S. 204 ff., noch ausführlich zurück.) Selbstverständlich muß das Experiment mit mehreren Personen wiederholt werden, um daraus bündige Schlüsse ziehen zu können. Tabelle 8 zeigt das Ergebnis von 10 Versuchen:

Tabelle 8. Die Wirksamkeit von Dextro und Laevo Hyoscyamin Hyperbromid

Patient	Verlängerung des Schlafes in Stunden		
	Schlafmittel		Unterschied
	D	L	L—D
1	+ 0,7	+ 1,9	+ 1,2
2	− 1,6	+ 0,8	+ 2,4
3	− 0,2	+ 1,1	+ 1,3
4	− 1,2	+ 0,1	+ 1,3
5	− 0,1	− 0,1	0,0
6	+ 3,4	+ 4,4	+ 1,0
7	+ 3,7	+ 5,5	+ 1,8
8	+ 0,8	+ 1,6	+ 0,8
9	0,0	+ 4,6	+ 4,6
10	+ 2,0	+ 3,4	+ 1,4

Quelle: *W. S. Gosset:* The probable error of a mean. Biometrika Bd. 6, 1908, S. 1—25.

Die Zahlen wurden von *W. S. Gosset* zur Illustration des t-Tests verwendet. Tatsächlich ist der Unterschied in der Wirksamkeit beider Schlafmittel so groß, daß er bereits mit dem weniger wirksamen Zeichentest als signifikant nachgewiesen werden kann.

Nimmt man an, daß die Wirksamkeit beider Mittel gleich ist, so ist die Wahrscheinlichkeit für das Auftreten einer positiven Differenz ebenso groß wie die für das Auftreten einer negativen Differenz, nämlich 1/2. Die Differenz 0 kommt theoretisch nicht vor, da wir ja zwei stetige Variable miteinander vergleichen und die Wahrscheinlichkeit, daß beide genau übereinstimmen, Null ist. Praktisch arbeitet man jedoch stets mit gerundeten Werten, so daß immer wieder — wie auch im obigen Beispiel — die Differenz 0 auftritt. Solche Beobachtungen werden einfach weggelassen, denn sie können zur Entscheidung der Frage, ob die Differenz wesentlich positiv oder wesentlich negativ ist, nichts beitragen. Scheiden wir dementsprechend Patienten Nr. 5 aus, so haben wir eine Stichprobe vom Umfange $n = 9$ mit 9 positiven Werten: $k = 9$. Um zu prüfen, ob dieses Ergebnis signifikant ist, bilden wir:

$$\frac{k}{n-k+1} = 9\,.$$

$$F_{0,99}\,(2\,(n-k+1),\ 2\,k) = F_{0,99}\,(2,18) = 6{,}01\,.$$

Da $9 > 6{,}01$, ist das Ergebnis signifikant, d. h. wir können annehmen, daß Schlafmittel L tatsächlich wirksamer ist als D. In diesem einfachen Fall können wir die Signifikanz übrigens leicht auch direkt nachprüfen: Die Wahrscheinlichkeit, daß bei einer $B_9\,(1/2)$ der Wert $k = 9$ auftritt, ist $1/2^9 = 1/512$, also sogar kleiner als 0,2 %.

Es ist zu beachten, daß es für das in diesem Beispiel angeschnittene Problem der zwei verbundenen Stichproben einen gleichfalls verteilungsunabhängigen Test gibt, der wirksamer als der hier verwendete Zeichentest ist. Dieser Test wird in Abschnitt 6.5 behandelt.

Für große n, etwa $n > 35$, kann man natürlich wieder die Binomialverteilung durch eine Normalverteilung approximieren, d. h. die nach $N\,(0,\,1)$ verteilte Testgröße

$$\frac{k - \frac{n}{2}}{\sqrt{\frac{n}{4}}}$$

verwenden (vgl. hierzu S. 126). Im allgemeinen wird man jedoch die Anwendung des Zeichentests für große n vermeiden, da er für große n nicht sehr wirksam ist.

Einen groben Hinweis auf die Wirksamkeit eines Tests erhält man dadurch, daß man annimmt, es läge eine Normalverteilung vor, und sodann für diesen Fall die Gütefunktion dieses Tests mit der Gütefunktion des für dieses Problem im Falle der Normalverteilung *besten* Tests vergleicht. Führt man einen solchen Vergleich für den Zeichentest durch, so ergibt sich für große n eine Wirksamkeit von $2/\pi = 0{,}64$. Dies bedeutet, daß man für große n im Falle der Normalverteilung bei Anwendung des optimalen Tests (nämlich des t-Tests) mit einer Stichprobe vom Umfange $0{,}64\,n$ dieselbe Trennschärfe erzielen würde wie bei Anwendung des Zeichentests mit einer Stichprobe vom Umfange n. Dieser Sachverhalt wird kurz umschrieben durch die Formulierung: „Die asymptotische Wirksamkeit des Zeichentests beträgt 64 %.“

6.3 Test und Mutungsintervall für den Median

Die Prüfung einer Hypothese über die Lage des Medians einer Verteilung läßt sich direkt auf den Zeichentest zurückführen. (Der Median ist definiert als jener Wert, der die Verteilung „halbiert“, d. h. mit der Wahrscheinlichkeit 1/2 überschritten und mit der gleichen Wahrscheinlichkeit 1/2 unterschritten wird.) Um die Hypothese zu testen, daß der Median den Wert $\tilde{x}$ besitzt, entnehmen wir eine Stichprobe vom Umfange n und zählen ab, wie viele der Stichprobenwerte kleiner als $\tilde{x}$ sind. Ihre Anzahl sei k. Ist die Hypothese richtig, d. h. $\tilde{x}$ tatsächlich der Median der Verteilung, so ist k verteilt nach $B_n(1/2)$. Dies können wir nach Formel 6.2.1 bzw. 6.2.2 testen.

1. Beispiel: Eine Stichprobe vom Umfang $n = 15$ führt zu folgendem Ergebnis: 4,48, 4,94, 4,98, 5,01, 5,46, 5,74, 6,05, 6,21, 6,22, 6,37, 6,56, 7,25, 7,48, 7,58, 8,33. (Die Werte wurden gleich der Größe nach geordnet.) Es ist die Hypothese $\tilde{x} = 5{,}5$ zu testen: Die Zahl der Werte kleiner als 5,5 ist $k = 5$. Durch Einsetzen in Formel 6.2.2 erhalten wir:

$$\frac{n-k}{k+1} = \frac{10}{6} = 1{,}7\,,$$

$$F_{0,99}\,(2\,(k+1)\,,\ 2\,(n-k)) = F_{0,99}\,(12,\ 20) = 3{,}23\,.$$

Da $1{,}7 < 3{,}23$, sind die beobachteten Werte mit der Hypothese $\tilde{x} = 5{,}5$ verträglich.

Die gleichen Überlegungen können auch dazu verwendet werden, ein *Mutungsintervall* für $\tilde{x}$ zu bestimmen.

Will man ein Mutungsintervall, das nach oben begrenzt ist, so bestimmt man den kleinsten Wert k, für den die

Beziehung 6.2.1 erfüllt ist. Dieser Wert sei mit k_1 bezeichnet. Die Hypothese wird daher für alle jene Werte von $\tilde{x}$ angenommen, die weniger als k_1 Werte der Stichprobe übertreffen. Dies sind alle Werte $\tilde{x} < x_{(k_1)}$. Daher ist $\tilde{x} < x_{(k_1)}$ ein Mutungsintervall mit einer Sicherheitswahrscheinlichkeit von mindestens 99 %. (Dabei bedeutet allgemein $x_{(i)}$ den i. Wert in der nach der Größe geordneten Stichprobe.)

Will man umgekehrt ein Mutungsintervall, das nach unten begrenzt ist, so bestimmt man den größten Wert k, für den die Beziehung 6.2.2 erfüllt ist. Dieser Wert sei mit k_0 bezeichnet. Die Hypothese wird daher für alle jene Werte von $\tilde{x}$ angenommen, die mehr als k_0 Werte der Stichprobe übertreffen. Dies sind alle Werte $\tilde{x} > x_{(k_0+1)}$. Daher ist $\tilde{x} > x_{(k_0+1)}$ ein Mutungsintervall mit einer Sicherheitswahrscheinlichkeit von mindestens 99 %. Zwischen k_0 und k_1 besteht wegen der Symmetrie der B_n (1/2) die Beziehung: $k_0 + k_1 = n$. Wenden wir beide Grenzen gleichzeitig an, d. h. bilden wir das beiderseitig begrenzte Mutungsintervall

$$x_{(k_0+1)} < \tilde{x} < x_{(k_1)},$$

so besitzt dieses eine Sicherheitswahrscheinlichkeit von mindestens 98 %.

Beispiel: Bei einer Stichprobe vom Umfang $n = 15$ gilt: $k_1 = 13$ und dementsprechend $k_0 = 2$. Aus der im Beispiel auf S. 122 angegebenen Stichprobe ergibt sich daher folgendes Mutungsintervall:

$$4{,}98 < \tilde{x} < 7{,}48\,.$$

(Dieses Intervall enthält auch den hypothetischen Wert 5,5, was damit in Einklang steht, daß oben die Hypothese $\tilde{x} = 5{,}5$ als mit der Stichprobe verträglich erkannt wurde.)

Die Ausführungen dieses Abschnittes bezogen sich auf Test und Mutungsintervall für den Median. Sie lassen sich auf jedes beliebige Quantil übertragen, indem man statt des Wertes $p_0 = 1/2$ einen beliebigen Wert p_0 zugrunde legt.

6.4 Der sogenannte „Test von McNemar"

In der Psychologie wird vielfach der sogenannte Test von *McNemar* angewendet. Auch dieser Test ist im Grunde genommen nichts anderes als der Zeichentest. Die Problemstellung, auf die dieser Test üblicherweise angewendet wird, wollen wir uns an folgendem Beispiel veranschaulichen: Einer Gruppe von 100 Versuchspersonen werden zwei Testaufgaben, A und B, vorgelegt. Es ist zu entscheiden, ob beide Aufgaben gleich schwer sind. Tabelle 9 zeigt das Ergebnis dieses Experimentes: Es erscheint zunächst naheliegend, einfach zu testen, ob der Anteil von „nicht gelöst" bei beiden Aufgaben gleich groß ist, indem man die

Tabelle 9
Lösung der Aufgaben A und B (einfache Aufgliederung)

Aufgabe →	A	B
gelöst	83	74
nicht gelöst	17	26
Σ	100	100

in Abschnitt 5.3 besprochene Methode anwendet. Dieses Vorgehen wäre jedoch nicht statthaft, denn die in 5.3 besprochenen Methoden wurden für den Vergleich von zwei *unabhängigen* Stichproben entwickelt. Hier haben wir jedoch zwei *abhängige* Stichproben vor uns: Es sind ja dieselben Versuchspersonen, denen Aufgabe A und Aufgabe B vorgelegt wurde, und es ist sicher, daß eine Versuchsperson, die Aufgabe A gelöst hat, mit größerer Wahrscheinlichkeit auch Aufgabe B lösen wird als eine Versuchsperson, die A nicht gelöst hat.

Tabelle 10

Lösung der Aufgaben *A* und *B* (kombinierte Aufgliederung)

A \ B	gelöst	nicht gelöst	$\sum$
gelöst	63	20	83
nicht gelöst	11	6	17
$\sum$	74	26	100

Um zu prüfen, ob beide Aufgaben gleich schwer sind, müssen wir einen anderen Weg beschreiten. Tabelle 10 zeigt eine Aufgliederung der obigen Ergebnisse. (Auf Grund dieser Tabelle könnten wir übrigens leicht beweisen, daß der oben vermutete Zusammenhang zwischen dem Lösen von *A* und dem Lösen von *B* tatsächlich besteht: Die Wahrscheinlichkeit, daß jemand *B* nicht löst, der *A* nicht gelöst hat, ist rund 1/3, die Wahrscheinlichkeit, daß jemand *B* nicht löst, der *A* gelöst hat, nur 1/4. Ein Signifikanz-Test wäre nach Abschnitt 7.3 auszuführen.) Wären beide Aufgaben gleich schwer, so müßte die Wahrscheinlichkeit, daß jemand *A* löst und *B* nicht löst, genau so groß sein wie die Wahrscheinlichkeit, daß jemand *B* löst und *A* nicht löst. Um dies einzusehen, bezeichnen wir die Wahrscheinlichkeiten der vier Felder mit $\begin{array}{c|c} p_{11} & p_{12} \\ \hline p_{21} & p_{22} \end{array}$. Dann ist die Wahrscheinlichkeit für das Lösen von *A* gleich $p_{11} + p_{12}$, für das Lösen von *B* gleich $p_{11} + p_{21}$. Sind beide Aufgaben gleich schwer, d. h. beide Wahrscheinlichkeiten gleich groß, so muß, wie oben behauptet, $p_{12} = p_{21}$ gelten. Daher ist die bedingte Verteilung der Besetzungszahlen n_{12} und n_{21} für einen gegebenen Wert $n = n_{12} + n_{21}$ bei Zutreffen der Hypothese einfach $B_n(1/2)$.

Im konkreten Beispiel haben wir zu überprüfen, ob eine

Realisation von 20 (oder 11) mit der Verteilung $B_{31}(1/2)$ im Rahmen einer vorgegebenen Irrtumswahrscheinlichkeit verträglich ist. Entsprechend den Ausführungen auf S. 119 haben wir im Falle $n_{12} > n_{21}$ folgende Testgröße zu bilden:

$$\frac{n_{12}}{n_{21}+1} \geqq F_{0,99}\left(2\left(n_{21}+1\right),\ 2\,n_{12}\right). \tag{1}$$

Es gilt:

$$\frac{n_{12}}{n_{21}+1} = \frac{20}{12} = 1{,}67\,,$$

$$F_{0,99}\left(2\left(n_{21}+1\right),\ 2\,n_{12}\right) = F_{0,99}\,(24, 40) = 2{,}29\,.$$

Da $1{,}67 < 2{,}29$, ist der Unterschied nicht signifikant, d. h. die Ergebnisse des Experimentes sind mit der Annahme verträglich, daß die Aufgaben A und B gleich schwer sind.

Ist $n = n_{12} + n_{21}$ größer als 35, wird man die Binomialverteilung durch eine Normalverteilung approximieren. Als Testgröße dient dann:

$$\frac{n_{12} - \frac{n}{2}}{\sqrt{\frac{n}{4}}}$$

oder mit Kontinuitätskorrektur — wenn wir wieder $n_{12} > n_{21}$ voraussetzen —:

$$\frac{n_{12} - \frac{1}{2} - \frac{n}{2}}{\sqrt{\frac{n}{4}}}\,.$$

Durch eine leichte Umformung erhalten wir daraus:

$$\frac{n_{12} - n_{21} - 1}{\sqrt{n_{12} + n_{21}}}\,. \tag{2}$$

Die Hypothese $p_{12} = p_{21}$ ist zu verwerfen, sobald diese Testgröße etwa den zu einer Irrtumswahrscheinlichkeit von 1 % gehörigen Wert 2,58 überschreitet. Interessiert man sich nur für einseitige Alternativen, also nicht $p_{12} \neq p_{21}$, sondern $p_{12} > p_{21}$, so erübrigt sich natürlich im Falle $n_{12} < n_{21}$ jeder Test, da ein solches Ergebnis nicht als Argument für die Alternative $p_{12} > p_{21}$ brauchbar ist. Interessiert man sich für die zweiseitige Alternative $p_1 \neq p_2$ so wird man die Numerierung so vornehmen, daß $n_{12} > n_{21}$. (Vgl. auch *Linder* „Statistische Methoden", S. 83.)

6.5 Tests für den Median einer symmetrischen Verteilung

a) *Randomisierungs-Test:* In Abschnitt 6.3 haben wir auf Grund des Zeichentests einen Test für den Median einer stetigen Verteilung entwickelt. Dieser Test war frei von jeder Voraussetzung über die Form der Verteilung. Ist bekannt, daß die Verteilung symmetrisch ist (einen praktisch bedeutungsvollen Fall, in dem diese Voraussetzung zutrifft, wollen wir später erörtern), so kann man Tests für die Lage des Medians (der wegen der Symmetrie hier übrigens mit dem Mittelwert zusammenfällt) entwickeln, die eine größere Trennschärfe besitzen als der Zeichentest.

Wir wollen die Grundgedanken für den Fall der Hypothese $\tilde{x} = 0$ entwickeln. (Der allgemeine Fall der Hypothese $\tilde{x}$ läßt sich sofort auf den hier behandelten zurückführen, indem man statt der Stichproben-Werte x_i die Werte $(x_i - \tilde{x})$ betrachtet. Stammen die Werte x_i aus einer Verteilung mit dem Median $\tilde{x}$, so stammen die Werte $(x_i - \tilde{x})$ aus einer Verteilung mit dem Median 0.)

Ist die Hypothese richtig, d. h. der Median tatsächlich 0, so hat infolge der Symmetrie der Verteilung der Wert $-x$ genau dieselbe Wahrscheinlichkeit (Dichte) wie der Wert x selbst. Wir können also zu einer Stichprobe $x_1, x_2, \ldots x_n$ insgesamt 2^n Stichproben bilden, die bei Zutreffen der Hypothese alle die gleiche Wahrscheinlichkeit besitzen, indem wir systematisch alle möglichen Vorzeichen-Kombinationen anbringen.

Nehmen wir an, die Stichprobe wäre $x_1 = 2{,}5$, $x_2 = 0{,}9$, $x_3 = -0{,}1$. Dann erhalten wir daraus die folgenden $2^3 = 8$ gleichwahrscheinlichen Stichproben:

			$\sum$
2,5	0,9	0,1	3,5
2,5	0,9	−0,1	3,3
2,5	−0,9	0,1	1,7
2,5	−0,9	−0,1	1,5
−2,5	0,9	0,1	−1,5
−2,5	0,9	−0,1	−1,7
−2,5	−0,9	0,1	−3,3
−2·5	−0,9	−0,1	−3,5

Für jede der 2^n gleichwahrscheinlichen Stichproben wird die Summe berechnet und diese sodann nach der Größe der Summe geordnet. Es ist intuitiv klar, daß man die Hypothese dann verwerfen wird, wenn die tatsächlich realisierte Stichprobe eine besonders große oder eine besonders kleine Summe aufweist. Ist die Alternative einseitig, z. B. $\tilde{x} > 0$, so wird die Hypothese natürlich nur dann verworfen, wenn die tatsächlich realisierte Stichprobe eine besonders große Summe aufweist. Dieser Gedanke wird wie folgt präzisiert: Ist ε die vorgegebene Irrtumswahrscheinlichkeit, so sucht man die nächstkleinere ganze Zahl von $\varepsilon \cdot 2^n$ auf. Diese sei r. Dann bildet man die kritische Region aus den r größten Stichproben, d. h. man lehnt die Hypothese $\tilde{x} = 0$ ab, wenn die tatsächlich realisierte Stichprobe unter den r größten Stichproben ist. (Mit „größten" Stichproben sind hier natürlich die Stichproben mit der größten Summe gemeint.) Dieses Vorgehen garantiert tatsächlich eine Irrtumswahrscheinlichkeit von höchstens ε. Dann, wenn die Hypothese zutrifft, sind alle 2^n Stichproben gleichwahrscheinlich, so daß jede einzelne die Wahrscheinlichkeit $1/2^n$ besitzt. Die kritische Region hat somit die Wahrscheinlichkeit $r/2^n \leq \varepsilon$. Will man einen zweiseitigen Test, d. h. einen Test gegen die Alternative $\tilde{x} \neq 0$, so wird man die kritische Region zur Hälfte aus den größten, zur Hälfte aus den kleinsten Stichproben bilden.

Tests dieser Art werden in der englischsprachigen Literatur als *randomisation-test* bezeichnet. Die bestechende Einfachheit ihrer Rechtfertigung wird allerdings mehr als aufgewogen durch die Tatsache, daß sie in der Durchführung sehr schwer zu handhaben sind. Nehmen wir an, der Stichprobenumfang wäre 10. Dann hätte man $2^{10} = 1024$ gleichwahrscheinliche Stichproben zu bilden und ihrer Summe nach zu ordnen. Bei 1 % Irrtumswahrscheinlichkeit besteht dann die (zweiseitige) kritische Region aus den 5 größten und den 5 kleinsten Stichproben. In der Praxis wird man natürlich nicht alle 1024 Stichproben zusammenstellen, sondern nur die 5 größten oder die 5 kleinsten. Eine weitere Vereinfachung ergibt sich daraus, daß beispielsweise die Stichproben mit den größten Summen jene sind, bei denen die Summen der negativen Werte am kleinsten sind.

Die obigen Überlegungen gelten unabhängig von der Gestalt der Verteilung, vorausgesetzt, daß diese symmetrisch und stetig ist. Ein sehr wichtiger Fall, in dem die Voraussetzung einer symmetrischen Verteilung a priori erfüllt ist, sind die zwei verbundenen Stichproben. Wir wollen uns dies an einem Beispiel klarmachen: Um die Wirksamkeit einer Spezial-Sämaschine mit der einer gewöhnlichen Sämaschine zu vergleichen, wurden 10 Versuchsfelder ausgewählt. Von jedem Versuchsfeld wurde die Hälfte mit der Spezialmaschine und die Hälfte mit der gewöhnlichen Maschine besät. Tabelle 11 gibt den Ernteertrag.

Wir testen die Hypothese, daß beide Sämaschinen die gleiche Wirksamkeit besitzen. Ist diese Hypothese richtig, so sind die Differenzen d_i Realisationen zufälliger Variabler aus einer symmetrischen Verteilung mit dem Mittelwert (Median) 0: Denn wenn tatsächlich beide Maschinen genau die gleiche Wirksamkeit besitzen, so muß offenbar die Differenz $-2{,}4$ die gleiche Wahrscheinlichkeit besitzen wie $+2{,}4$. Es hätte dann ebensogut der Wert 5,6 bei

Tabelle 11.

Ernteertrag bei Einsatz verschiedener Sämaschinen

Versuchsfeld Nr.	Ernteertrag Spezialmaschine	Ernteertrag gewöhnliche Maschine	Differenz d_i
1	8,0	5,6	2,4
2	8,4	7,4	1,0
3	8,0	7,3	0,7
4	6,4	6,4	0,0
5	8,6	7,5	1,1
6	7,7	6,1	1,6
7	7,7	6,6	1,1
8	5,6	6,0	−0,4
9	5,6	5,5	0,1
10	6,2	5,5	0,7

Quelle: *J. Wishart*, Statistics in Agricultural Research, Suppl. J. R. S. S. Bd. 1, 1934, S. 32.

der Spezialmaschine und der Wert 8,0 bei der gewöhnlichen Maschine auftreten könnnen.

Die Alternative ist, daß die Spezialmaschine höhere Erträge liefert. Wir werden daher die Stichproben mit großen Summen als kritische Region wählen. Unter den Differenzen kommt auch der Wert 0,0 vor. Dieser trägt zur Summe nichts bei, so daß eigentlich nur 9 relevante Werte vorliegen. Lassen wir eine Irrtumswahrscheinlichkeit von 1 % zu, so besteht die kritische Region aus $0{,}01 \cdot 2^9 = 5$ Werten.

Um die kritische Region zu bestimmen, ordnen wir die Differenzen ihrem Absolutbetrage nach. Dann bestimmen wir jene 5 Vorzeichenkombinationen, welche die kleinste Summe der negativen Werte ergeben. Dies sind dann genau jene, welche die größte Total-Summe ergeben.

Absolutbetrag	0,1	0,4	0,7	0,7	1,0	1,1	1,1	1,6	2,4	Summe der neg. Werte
Vorzeichen	+	−	+	+	+	+	+	+	+	0,4
	+	+	+	+	+	+	+	+	+	0,0
	−	+	+	+	+	+	+	+	+	0,1
	+	−	+	+	+	+	+	+	+	0,4
	−	−	+	+	+	+	+	+	+	0,5
	+	+	−	+	+	+	+	+	+	0,7
	+	+	+	−	+	+	+	+	+	0,7

Die tatsächlich aufgetretene Vorzeichenkombination liegt in der kritischen Region (3. Zeile), womit die unterschiedliche Wirksamkeit beider Sämaschinen nachgewiesen ist.

Werte, die mehrfach auftreten, heißen *Bindungen*. Im obigen Beispiel sind dies bei den Absolutbeträgen die Werte 0,7 und 1,1, unter den o. a. Summen der Wert 0,7. Bindungen bei den Ausgangswerten haben stets Bindungen bei den Summen zur Folge, doch können letztere auch auf andere Art entstehen (z. B. wenn einer der Werte gleich der Summe anderer Werte ist). Geht die Grenze der kritischen Region durch eine solche Bindung der Summe hindurch und gehören die tatsächlich beobachteten Werte dieser Bindung an (wie dies im obigen Beispiel etwa der Fall wäre, wenn tatsächlich die Vorzeichenkombination + + − + + + + + + aufgetreten wäre), so müßte man die Entscheidung über Annahme oder Ablehnung der Hypothese streng genommen einem Randomisierungs-Verfahren mit geeigneten Wahrscheinlichkeiten überlassen, um die Einhaltung der Irrtumswahrscheinlichkeit sicherzustellen.

Ist der Stichprobenumfang etwas größer, so kann die Rechenarbeit sehr umfangreich werden. Man kann jedoch für größere n die Verteilung der Testgröße $\bar{d}$ durch die t-Verteilung approximieren. Genauer gesagt: Man kann zeigen, daß die Größe

$$\frac{\bar{d}}{s_d} \sqrt{n} \tag{1}$$

für große n annähernd t-verteilt ist mit $(n-1)$ Freiheitsgraden (wegen der hier verwendeten Symbole vergleiche S. 196). (1) ist aber bei dem oben beschriebenen Randomisierungs-Verfahren eine monotone Funktion von $\bar{d}$, denn es ist

$$\frac{\bar{d}}{s_d}\sqrt{n} = \frac{\bar{d}}{\sqrt{\sum_{i=1}^{n} d_i^2 - n\,\bar{d}^2}}\sqrt{n}\ ,$$

und $\sum_{i=1}^{n} d_i^2$ bleibt ja von einer Änderung der Vorzeichen unbeeinflußt. Um mit Hilfe dieser Näherungs-Verteilung eine 1 %-kritische Region zu bestimmen, haben wir einfach jene Werte von (1) zur kritischen Region zu erklären, welche größer als die obere 99 %-Größe der t-Verteilung (bzw. kleiner als die untere 99 %-Grenze) sind. Wollen wir einen zweiseitigen Test, so haben wir von $|\bar{d}|\sqrt{n}/s_d$ auszugehen. Das hier beschriebene Approximationsverfahren führt also für größere n zu demselben t-Test, wie er im Falle der Normalverteilung für beliebige n anzuwenden ist. Eine ausführliche Behandlung des t-Tests bringt Abschnitt 8.5.

b) *Rang-Test:* Ein anderer Weg, den mit dem Randomisierungs-Test verbundenen Rechenaufwand zu reduzieren, ist die Verwendung eines Rang-Tests. Im konkreten Falle werden die Werte $x_1, x_2, \ldots x_n$ dem Absolutbetrage nach geordnet, durch ihre Rangzahlen ersetzt und diese sodann mit dem ursprünglichen Vorzeichen versehen.

B e i s p i e l : Die Stichprobenwerte 0,1, 3,7, −0,5, 1,1, −2,1, nach dem Absolutbetrag geordnet, lauten: 0,1, −0,5, 1,1, −2,1, 3,7. Die zugehörigen Rangzahlen, mit den entsprechenden Vorzeichen versehen, sind 1, −2, 3, −4, 5.

Im Prinzip geht man nun so vor, daß man den oben beschriebenen Randomisierungs-Test durchführt, aber nicht mit den Stichprobenwerten selbst, sondern mit den mit Vorzeichen versehenen Rangzahlen. Der Vorteil der Verwendung von Rangzahlen besteht darin, daß man die kritische Region, die nunmehr von der Summe der Rangzahlen ausgeht, nicht mehr wie beim Randomisierungs-Test für jede Stichprobe individuell bestimmen muß, sondern sie ein für allemal berechnen und tabellieren kann.

Beispiel: Wir betrachten Stichproben vom Umfange 10. Es gibt also $2^{10} = 1024$ gleichwahrscheinliche Stichproben. Wollen wir zu der Irrtumswahrscheinlichkeit von 1 % eine einseitige kritische Region bestimmen, so haben wir beispielsweise die 10 Stichproben mit den größten Rangsummen auszuscheiden, oder, einfacher: jene 10 Stichproben, bei denen die Summen der Rangzahlen mit negativem Vorzeichen am kleinsten sind.

1	2	3	4	5	6	7	8	9	10	S_-
+	+	+	+	+	+	+	+	+	+	0
—	+	+	+	+	+	+	+	+	+	1
+	—	+	+	+	+	+	+	+	+	2
+	+	—	+	+	+	+	+	+	+	3
—	—	+	+	+	+	+	+	+	+	3
+	+	+	—	+	+	+	+	+	+	4
—	+	—	+	+	+	+	+	+	+	4
+	+	+	+	—	+	+	+	+	+	5
—	+	+	—	+	+	+	+	+	+	5
+	—	—	+	+	+	+	+	+	+	5
+	+	+	+	+	—	+	+	+	+	6

Dabei bedeutet S_- die Summe der negativen Rangzahlen. Die 10 ersten Stichproben (d. h. die 10 Stichproben mit den größten Rangsummen) haben also eine Summe der negativen Rangzahlen, die nicht größer als 5 ist. Sucht man umgekehrt die 10 letzten Stichproben, so sind dies jene mit einer Summe der positiven Rangzahlen, die nicht größer als 5 ist.

Ähnlich wie wir es hier für $n = 10$ getan haben, kann man für jeden Stichprobenumfang die Sicherheitsgrenze für die Summe der negativen bzw. positiven Rangzahlen berechnen. In der Tabelle auf S. 269 sind die Sicherheitsgrenzen für die Abweichung der Rangsummen von ihrem Erwartungswert $n(n+1)/4$ tabelliert. Die dort angegebenen c-Werte garantieren bei zweiseitiger Anwendung eine Irrtumswahrscheinlichkeit von höchstens 1 % (bzw. 5 %), bei einseitiger Anwendung eine solche von höchstens 0,5 % (bzw. 2,5 %). Man geht also so vor, daß man S_- oder S_+ berechnet, dann

$$S - \frac{n(n+1)}{4} \tag{1}$$

bildet und nachsieht, ob dieser Wert zwischen $\pm c$ liegt. Trifft dies zu, so wird die Hypothese $\tilde{x} = 0$ angenommen. Ist $S - n(n+1)/4 \geqq c$ oder $S - n(n+1)/4 \leqq -c$, so wird die Hypothese $\tilde{x} = 0$ verworfen. Dabei ist es gleichgültig, ob man der Berechnung S_- und S_+ zugrunde legt, da wegen $S_- + S_+ = n(n+1)/2$ stets

$$S_- - \frac{n(n+1)}{4} = -\left(S_+ - \frac{n(n+1)}{4}\right). \tag{2}$$

Man wird also in der Regel von jenem Vorzeichen ausgehen, das seltener auftritt, da dann die Rechenarbeit etwas geringer ist.

Für $n > 25$ kann man die Verteilung der Summe der negativen (positiven) Rangzahlen durch eine Normalverteilung approximieren. Für die Grenze der kritischen Region erhält man dadurch die Näherungsformel:

$$c = N_\alpha \sqrt{\frac{n(n+1)(2n+1)}{24}}. \tag{3}$$

Dabei ist N_α die α-Grenze der Normalverteilung, also

$$N_{0,95} = 1{,}96, \quad N_{0,99} = 2{,}58$$

bei zweiseitiger Anwendung des Tests.

Der hier besprochene Rang-Test wird in der englischsprachigen Literatur als *Wilcoxon*-matched-pairs signed-rank-test bezeichnet. Dementsprechend könnte man im

Deutschen etwa vom „Vorzeichen-Rang-Test von *Wilcoxon*“ sprechen.

B e i s p i e l : Wir knüpfen an das auf S. 130 behandelte Beispiel der beiden Sämaschinen an. Wieder scheiden wir die Differenz mit dem Werte 0,0 aus und ordnen die übrigen Differenzen nach dem Absolutbetrage:

Absolutbetrag	0,1	0,4	0,7	0,7	1,0	1,1	1,1	1,6	2,4
Vorzeichen	+	—	+	+	+	+	+	+	+
Rangzahl	1	2	$3^1/_2$	$3^1/_2$	5	$6^1/_2$	$6^1/_2$	8	9

Die Summe der negativen Rangzahlen ist 2. Die Testgröße ist daher $2 - 9 \cdot 10/4 = -20{,}5$. Ein Vergleich mit der Tabelle auf S. 269 zeigt, daß für $n = 9$ und 90 % Sicherheitswahrscheinlichkeit die Annahmezahl $c = 16{,}5$ gilt, so daß der Unterschied in der Wirksamkeit beider Maschinen gesichert ist.

Treten Bindungen auf, so empfiehlt es sich, allen in einer Bindung vereinigten Werten dieselbe Rangzahl zuzuordnen, und zwar das arithmetische Mittel jener Rangzahlen, die die in der Bindung vereinigten Werte bekämen, wenn sie verschieden wären. Im obigen Beispiel war die erste Bindung bei 0,7. Die Werte 0,7 hätten die Rangzahlen 3 und 4 bekommen. Da sie gleich sind, bekommt jeder die durchschnittliche Rangzahl $(3 + 4)/2 = 3\frac{1}{2}$. Wären in der Bindung 3 Werte 0,7 vereinigt, so wären für sie die Rangzahlen 3, 4 und 5 bestimmt. Da sie gleich sind, bekommt jeder die durchschnittliche Rangzahl $(3 + 4 + 5)/3 = 4$. Praktische Bedeutung besitzt dieses Vorgehen allerdings nur, wenn die in der Bindung vereinigten Werte verschiedene Vorzeichen besitzen.

Man wird wahrscheinlich vermuten, daß durch den Übergang von den eigentlichen Meßwerten zu den Rangzahlen ein wesentlicher Teil der Informationen verlorengeht und die Wirksamkeit eines Rang-Tests daher nur gering sein könne. Untersuchungen haben jedoch gezeigt, daß die asymptotische Wirksamkeit des hier besprochenen Rang-Tests bei Anwendung auf die Normalverteilung, verglichen mit dem im Falle der Normalverteilung optimalen t-Test,

$3/\pi = 0{,}95$ oder rund 95 % beträgt. Ähnliche Werte wurden auch für kleine Stichprobenumfänge gefunden. Für keine Verteilung kann die asymptotische Wirksamkeit dieses Rang-Tests, verglichen mit dem t-Test, weniger als 86 % betragen. Es gibt jedoch Verteilungen, für die sie größer als 100 % ist. (Vgl. hierzu die Arbeit von *Hodges jr.* und *Lehmann.*) Erscheint daher die Voraussetzung der Normalverteilung fraglich oder scheut man die mit der Anwendung des t-Tests verbundene Rechenarbeit, so ist die Anwendung des hier besprochenen Rang-Tests durchaus zu empfehlen.

Ein Test für die Lage des Mittelwertes (und für das hier angeschnittene Problem des Vergleiches zweier abhängiger Stichproben) im Falle der Normalverteilung wird in den Abschnitten 8.4 und 8.5 behandelt.

6.6 Der Vergleich zweier unabhängiger Stichproben

a) *Randomisierungs-Test:* Gegeben seien 2 voneinander unabhängige Stichproben $x_1, x_2, \ldots x_{n_1}$ und $y_1, y_2, \ldots y_{n_2}$. Hypothese ist, daß beide Stichproben aus derselben Verteilung stammen. Wenn dies zutrifft, hat jede Permutation der (n_1+n_2) Zahlen $\{x_1, x_2, \ldots x_{n_1}, y_1, y_2, \ldots y_{n_2}\}$ die gleiche Wahrscheinlichkeit. Da jedoch die Reihenfolge innerhalb ein und derselben Stichprobe auch dann keine Rolle spielt, wenn die Hypothese nicht zutrifft, brauchen wir nur jene Permutationen zu betrachten, bei denen sich die Zusammensetzung der beiden Stichproben ändert. Die Anzahl dieser Permutationen ist $\binom{n_1+n_2}{n_1} = \frac{(n_1+n_2)!}{n_1!\,n_2!}$. Dies ist die Anzahl der Möglichkeiten, $(n_1 + n_2)$ Objekte in zwei Gruppen zu teilen, so daß die eine Gruppe n_1 und die andere n_2 Objekte enthält. Da jede dieser Möglichkeiten die gleiche Wahrscheinlichkeit hat, beträgt diese

$$\frac{1}{\binom{n_1+n_2}{n_1}}.$$

Um eine kritische Region mit einer Irrtumswahrscheinlichkeit $\leqq \varepsilon$ zu erhalten, bestimmen wir r, die nächstkleinere ganze Zahl von $\varepsilon\binom{n_1+n_2}{n_1}$. Bezeichnen wir r von diesen Permutationen als kritische Region und lehnen wir die Hypothese ab, wenn die tatsächlich aufgetretene Anordnung in diese kritische Region fällt, so haben wir im Falle des Zutreffens der Hypothese eine Irrtumswahrscheinlichkeit $\frac{r}{\binom{n_1+n_2}{n_1}} \leqq \varepsilon$. Dies gilt, unabhängig davon, welche r Permutationen wir zur kritischen Region erklären. Jedoch hängt die Gütefunktion des Tests wesentlich von der getroffenen Auswahl der r kritischen Permutationen ab. Es ist sehr plausibel, als Kriterium für die Auswahl der kritischen Permutationen die Differenz $\bar{x}-\bar{y}$ zu wählen und jene r Permutationen als kritische Region zu wählen, bei denen $|\bar{x}-\bar{y}|$ am größten ist. Im Falle eines einseitigen Tests wird man jene r Permutationen als kritische Region wählen, für die $\bar{x}-\bar{y}$ besonders groß (im konträren Falle: $\bar{x}-\bar{y}$ besonders klein) ist. Da $n_1 \bar{x} + n_2 \bar{y}$ bei der hier vorgenommenen Randomisierung konstant ist, ist $\bar{x}-\bar{y}$ eine monotone steigende Funktion von $\bar{x}$, denn es gilt ja:

$$\bar{x}-\bar{y} = \left(1+\frac{n_1}{n_2}\right)\bar{x} - \frac{1}{n_2}\,(n_1\bar{x}+n_2\bar{y})\,.$$

Dies vereinfacht die praktische Durchführung, denn wir müssen nun nicht mehr für jede Permutation die Differenz $\bar{x}-\bar{y}$ berechnen. Es genügt, $\bar{x}$ zu berechnen, denn wir wissen, daß die Reihung der Permutationen nach $\bar{x}$ mit der Reihung nach $\bar{x}-\bar{y}$ identisch ist.

Die oben getroffene Wahl der kritischen Region ist nicht nur besonders plausibel; man kann auch zeigen, daß sie optimale Trennschärfe gegenüber der Alternative liefert, daß die beiden Stichproben aus Normalverteilungen mit gleicher Varianz, aber verschiedenen Mittelwerten stammen. Die Normalverteilung spielt aber, wie gesagt, nur im Zusammenhang mit der Optimisierung eine Rolle. Die Irrtumswahrscheinlichkeit im Falle des Zutreffens der Hypothese ist unabhängig von der Form der Verteilung.

Was wir über den Randomisierungs-Test für den Mittelwert einer symmetrischen Verteilung gesagt haben, gilt für den hier besprochenen Randomisierungs-Test noch in verstärktem Ausmaße: Angenommen, wir wollen zwei Stichproben vom Umfange 10 miteinander vergleichen. Dann gibt es $\binom{10+10}{10} = 184\,756$ relevante Permutationen, und die kritische Region zur Irrtumswahrscheinlichkeit von 1 % besteht aus 1847 Permutationen. Dieser Randomisierungs-Test ist daher nur bei sehr kleinen Stichproben anwendbar.

Beispiel: Bei einer — relativ kostspieligen — Lebensdauerprüfung waren zwei verschiedene Fabrikate, A und B, miteinander zu vergleichen. Zwei Stichproben vom Umfange 8 bzw. 5 ergaben folgende Werte der Lebensdauer:

x_i: 17, 23, 20, 31, 28

y_i: 19, 14, 10, 21, 13, 8, 11, 14

Kann aus diesem Ergebnis mit vertretbarer Sicherheit geschlossen werden, daß die beiden Fabrikate tatsächlich eine unterschiedliche Verteilung der Lebensdauer aufweisen? Die Anwendung eines auf der Normalverteilung beruhenden Tests erscheint problematisch, da Verteilungen der Lebensdauer erfahrungsgemäß im allgemeinen von der Normalverteilung stark abweichen. Besitzt man über die Gestalt der Verteilung keine genaueren Informationen, so liegt die Anwendung eines verteilungsunabhängigen Tests nahe. Da die Stichprobenumfänge extrem klein sind, kommt ein Randomisierungs-Test in Frage. Die Anzahl der relevanten Permutationen ist $\binom{n_1+n_2}{n_1} = \binom{13}{5} = 1287$.

Lassen wir eine höchstens 1%ige Irrtumswahrscheinlichkeit zu, so haben wir 12 Permutationen zur kritischen Region zu erklären. Da eine zweiseitige Alternative vorliegt (d. h. getestet werden soll, ob ein Unterschied vorhanden ist oder nicht, ohne daß die Richtung des Unterschieds von vornherein festgelegt wäre), bilden wir die kritische Region aus den 6 Permutationen mit der größten x-Summe und den 6 Permutationen mit der kleinsten x-Summe. Praktisch brauchen wir in unserem Beispiel nur die 6 Permutationen mit der größten x-Summe zu bestimmen, da für die tatsächlich beobachtete Stichprobe $x > y$, also die beobachtete x-Summe sicher nicht zur unteren Hälfte der kritischen Region gehört.

Um die 6 Permutationen mit der größten x-Summe zu bestimmen, ordnen wir die Werte beider Stichproben durchlaufend nach der Größe:

	8	10	11	13	14	14	17	19	20	21	23	28	31	x-Summe
beobachtet:	y	y	y	y	y	y	x	y	x	y	x	x	x	119
Die 6 Permutationen mit der größten x-Summe	y	y	y	y	y	y	y	y	x	x	x	x	x	123
	y	y	y	y	y	y	y	x	y	x	x	x	x	122
	y	y	y	y	y	y	y	x	x	y	x	x	x	121
	y	y	y	y	y	y	x	y	x	y	x	x	x	119
	y	y	y	y	y	y	y	x	x	x	y	x	x	119
	y	y	y	y	y	y	x	x	y	y	x	x	x	118

Die tatsächlich beobachtete Permutation kommt unter den kritischen Permutationen vor. Daher ist die Hypothese, daß beide Fabrikate dieselbe Verteilung der Lebensdauer aufweisen, zu verwerfen.

Wie bei dem im vorigen Abschnitt besprochenen Randomisierungs-Test kann man auch hier die Verteilung von $\bar{x} - \bar{y}$ durch eine t-Verteilung approximieren: Es ist

$$\frac{\bar{x} - \bar{y}}{\sqrt{\frac{(n_1 - 1)\, s_1^2 + (n_2 - 1)\, s_2^2}{n_1 + n_2 - 2} \left(\frac{1}{n_1} + \frac{1}{n_2} \right)}}$$

für größere n_i annähernd t-verteilt mit $(n_1 + n_2 - 2)$ Freiheitsgraden. Wegen

$$(n_1 - 1)\, s_1^2 + (n_2 - 1)\, s_2^2 =$$
$$= \sum_1^{n_1} x_i^2 + \sum_1^{n_2} y_i^2 - \frac{(n_1 \bar{x} + n_2 \bar{y})^2 + n_1 n_2 (\bar{x} - \bar{y})^2}{n_1 + n_2}$$

ist die obige Testgröße bei dem hier angewendeten Randomisierungsverfahren eine monotone Funktion von $\bar{x} - \bar{y}$.

Wir erhalten also eine 1 %ige kritische Region, indem wir jene Werte zur kritischen Region erklären, welche die obere 99 %-Grenze der t-Verteilung überschreiten (bzw. die untere 99 %-Grenze unterschreiten). Im Falle eines zweiseitigen Tests gehen wir vom Absolutbetrag der o. a. Testgröße aus.

b) *Rang-Test:* Wie im Falle des 1-Stichproben-Problems kann man auch hier die Arbeit wesentlich vereinfachen, indem man einen *Rang*-Test anwendet. Der Grundgedanke ist wieder der gleiche wie beim Randomisierungs-Test. Es werden jedoch nicht die Zahlen $x_1, x_2, \ldots x_{n_1}, y_1, y_2, \ldots y_{n_2}$ selbst, sondern deren Rangzahlen zugrunde gelegt, und zwar die Rangzahlen, die die einzelnen Stichprobenwerte in der *vereinigten* Stichprobe haben: aus $x_1 = 1{,}1$, $x_2 = 0{,}7$, $x_3 = 2{,}3$, $y_1 = 0{,}9$, $y_2 = 1{,}8$ wird die Folge der Rangzahlen: 3, 1, 5, 2, 4. Als Testgröße dient die Summe der Rangzahlen der ersten Stichprobe, R_1 (korrespondierend zu der Summe der Elemente der ersten Stichprobe beim Randomisierungs-Test). Die Hypothese wird abgelehnt, wenn diese Summe zu groß oder zu klein ist. Wieder kann man die kritische Region für verschiedene Stichprobenumfänge n_1, n_2 tabellieren. Die auf S. 270, 271 gegebene Tabelle ist nach folgendem Rezept zu verwenden:

Man berechnet den Erwartungswert der Rangsumme R_1. Dies ist $n_1(n_1 + n_2 + 1)/2$. Dabei bedeutet n_1 den Umfang jener Stichprobe, auf die sich die Rangsumme R_1 bezieht.) Sodann bildet man die Differenz

$$R_1 - \frac{n_1(n_1 + n_2 + 1)}{2}. \tag{1}$$

Diese Differenz muß zwischen $\pm c$ liegen, wobei der Wert c aus der Tabelle auf S. 270, 271 entnommen wird. Ist

$$R_1 - \frac{n_1(n_1 + n_2 + 1)}{2} \geqq c \quad \text{oder} \quad R_1 - \frac{n_1(n_1 + n_2 + 1)}{2} \leqq -c,$$

so ist der Unterschied zwischen beiden Stichproben signifikant. Interessiert man sich nur für Abweichungen nach einer Richtung, so wird man nur die eine dieser beiden Relationen als relevant für die Signifikanzbestimmungen ansehen. Die in der Tabelle auf S. 270, 271 angegebenen c-Werte garantieren bei zweiseitiger Anwendung eine Irrtumswahrscheinlichkeit von höchstens 1 % (bzw. 5 %), bei einseitiger Anwendung von höchstens 5,5 % (bzw. 2,5 %).

Da es wegen $R_1 - n_1(n_1 + n_2 + 1)/2 = (R_2 - n_2(n_1 + n_2 + 1)/2)$ gleichgültig ist, für welche der beiden Stichproben man den Wert R berechnet, wird man bei Stichproben unterschiedlicher Größe R stets für die *kleinere* Stichprobe errechnen.

Sind die Stichprobenumfänge hinreichend groß, $n_1 \geqq 4$, $n_2 \geqq 4$ und $n_1 + n_2 \geqq 30$, so kann man die Verteilung von R_1 durch eine Normalverteilung approximieren:

$$\frac{R_1 - \frac{n_1(n_1 + n_2 + 1)}{2}}{\sqrt{\frac{n_1 n_2 (n_1 + n_2 + 1)}{12}}} \tag{2}$$

ist annähernd verteilt nach $N(0, 1)$. Daher erhalten wir für die oben verwendete Größe c die Approximation

$$c = N_\alpha \sqrt{\frac{n_1 n_2 (n_1 + n_2 + 1)}{12}} .$$

N_α ist für 99 % Sicherheit gleich 2,58, für 95 % Sicherheit gleich 1,96.

Der hier besprochene Test wird in der englischsprachigen Literatur als *Wilcoxon*-Test bezeichnet. Einen interessanten Überblick über die Geschichte dieses mehrmals entdeckten Tests gibt *Kruskal*. Vielfach wird eine Abart dieses Tests verwendet, bei der nicht mit der Rangsumme, sondern mit der Anzahl der Inversionen gearbeitet wird. Die hier gebotene Form ist jedoch leichter zu handhaben.

B e i s p i e l : Es wird vermutet, daß der Schädlingsbefall von Bäumen mit der Höhe in dem Sinne korreliert ist, daß die

Wahrscheinlichkeit für den Befall um so größer ist, je höher der Baum. Für die Beurteilung dieser Hypothese stehen folgende Ergebnisse einer Stichprobe zur Verfügung:

Tabelle 12

Höhe der befallenen und nichtbefallenen Bäume in m

befallen	nicht befallen
8,5	8,1
9,0	8,2
9,5	8,6
9,7	8,6
10,1	8,7
10,5	9,1
10,6	10,2
10,6	10,2
10,8	10,5
11,0	

Bestünde zwischen Höhe des Baumes und Befall kein Zusammenhang, so müßte die Verteilung der Baumhöhen für befallene und nicht befallene Bäume gleich sein, d. h. beide Stichproben müßten aus identischen Verteilungen stammen. Dies können wir mit Hilfe des oben besprochenen *Wilcoxon*-Tests nachprüfen. Zu diesem Zweck werden beide Stichproben zusammengefaßt und nach der Größe geordnet. (Siehe Tabelle 13.) Die befallenen Bäume sind dabei mit „+", die nicht befallenen mit „—" gekennzeichnet.

Bindungen treten zwar an mehreren Stellen auf (8,6, 10,2, 10,5, 10,6), wir müssen aber nur bei 10,5 die Rangzahlen mitteln, da alle anderen Bindungen nur Werte ein und derselben Stichprobe betreffen. Wir berechnen die Summe der Rangzahlen für die nicht befallenen Bäume: $R_1 = 65^1/_2$. Der Erwartungswert von R_1 ist: $9 \cdot (9 + 10 + 1)/2 = 90$. Wir erwarten, daß die nicht befallenen Bäume im allgemeinen kleiner sind. Daher werden wir die Hypothese, daß zwischen Befall und Baumhöhe kein Zusammenhang besteht, verwerfen, wenn $65^1/_2 - 90 \leqq -c$, d. h. $90 - 65^1/_2 = 24^1/_2 \geqq c$. Aus der Tabelle auf S. 270, 271

Tabelle 13
Zuordnung der Rangzahlen

Höhe des Baumes	befallen + / nicht befallen –	Rangzahl
8,1	–	1
8,2	–	2
8,5	+	3
8,6	–	4
8,6	–	5
8,7	–	6
9,0	+	7
9,1	–	8
9,5	+	9
9,7	+	10
10,1	+	11
10,2	–	12
10,2	–	13
10,5	+	14 1/2
10,5	–	14 1/2
10,6	+	16
10,6	+	17
10,8	+	18
11,0	+	19

entnehmen wir für $n_1 = 9$ und $n_2 = 10$ für 95 % Sicherheit den Wert $c = 25$, für 99 % Sicherheit den Wert 32. Der Zusammenhang zwischen Baumhöhe und Befall kann also auf Grund der vorliegenden Daten noch nicht als hinreichend gesichert angesehen werden.

Treten *Bindungen* auf, so empfiehlt es sich, durchschnittliche Rangzahlen zu berechnen, wie dies im obigen Beispiel geschehen ist und wie wir dies auch beim Test für den Mittelwert einer symmetrischen Verteilung auf S. 131 allgemein diskutiert haben. Durch das Auftreten von Bindungen wird die Irrtumswahrscheinlichkeit etwas verringert, doch ist der Einfluß im allgemeinen nur geringfügig.

Die asymptotische Wirksamkeit des hier besprochenen *Wilcoxon*-Tests strebt bei Anwendung auf die Normalverteilung, verglichen mit dem in diesem Falle optimalen t-Test, für große Stichprobenumfänge gegen $3/\pi = 0{,}95$ oder rund 95 %. Kontrollrechnungen haben ergeben, daß auch für Stichproben mäßigen Umfanges eine Wirksamkeit ähnlicher Größe vorliegt (vgl. *v. d. Waerden* S. 277 ff.). Seine asymptotische Wirksamkeit — verglichen mit der des t-Tests — kann für keine Verteilung kleiner als 86 % sein; es gibt jedoch Verteilungen, für die sie größer als 100 % ist. (Vgl. hierzu *Hodges jr.* und *Lehmann.)*

Nur am Rande sei darauf hingewiesen, daß es auch Tests für den Vergleich zweier Stichproben gibt, die von den Rangzahlen ausgehen und eine asymptotische Wirksamkeit 1 besitzen. Es sind dies der X-Test von *v. d. Waerden* (S. 285 ff.) und der Test von *R. A. Fisher* (siehe in den Tafeln von *Fisher* und *Yates*).

Der Test für den Vergleich zweier Mittelwerte für kleine Stichproben aus Normalverteilungen mit unbekannter Varianz wird in den Abschnitten 8.6 und 8.7 behandelt.

6.7 Der Vergleich mehrerer unabhängiger Stichproben

Im vorigen Abschnitt haben wir uns mit dem Vergleich von 2 unabhängigen Stichproben befaßt. Nun wollen wir die dort entwickelten Gedanken auf eine beliebige Zahl k von Stichproben verallgemeinern. Die Werte der i. Stichprobe seien $x_{i1}, x_{i2}, \ldots x_{ir_i}$. Stammen alle r Stichproben aus derselben Verteilung, so hat jede Permutation der Zahlen $(x_{11}, \ldots x_{1n_1}; x_{21}, \ldots x_{2n_2}; x_{k1}, \ldots x_{kn_k})$ die gleiche Wahrscheinlichkeit. Man kann also im Prinzip wieder so vorgehen, daß man r dieser Permutationen zur kritischen Region erklärt, wobei r so gewählt wird, daß eine vorgegebene Irrtumswahrscheinlichkeit ε nicht überschritten wird. Beim

2-Stichproben-Problem haben wir als Testgröße für die Auswahl der kritischen Region die Größe $\bar{x}_1 - \bar{x}_2$ verwendet, d. h. jene Permutationen zur kritischen Region erklärt, für welche die Differenz der Mittelwerte am größten ist. In Anlehnung an die Streuungszerlegung (Abschnitt 8.9) erscheint es naheliegend, im allgemeinen Fall als Testgröße

$$\sum_{i=1}^{k} n_i (\bar{x}_i - \bar{x})^2$$

zu wählen, d. h. jene r Permutationen zur kritischen Region zu erklären, für welche diese Testgröße ein Maximum ist. Bei dieser Bestimmung der kritischen Region wird der Test besonders trennscharf gegenüber der Alternative, daß die k Verteilungen, aus denen die Stichproben stammen, Normalverteilungen mit gleichen Varianzen sind, ihre Mittelwerte aber nicht gleich sind (wie es die Hypothese verlangen würde), sondern gleichmäßig um einen gemeinsamen Wert streuen.

Für $r = 2$ spezialisiert erweist sich die Größe

$$\sum_{1}^{2} n_i (\bar{x}_i - \bar{x})^2$$

mit $(\bar{x}_1 - \bar{x}_2)^2$ äquivalent.

Bereits beim 2-Stichproben-Problem war der Randomisierungs-Test praktisch undurchführbar. Dies gilt für $k > 2$ in verstärktem Maße. Man kann jedoch auch hier für große Stichprobenumfänge ein Approximationsverfahren angeben, das darauf beruht, daß die Größe

$$\frac{\frac{1}{k-1} \sum_{i=1}^{k} n_i (\bar{x}_i - \bar{\bar{x}})^2}{\frac{1}{n-k} \sum_{i=1}^{k} (n_i - 1) s_i^2}$$

in diesem Falle annähernd F-verteilt ist mit $(k-1, n-k)$ Freiheitsgraden. (Vergleiche hierzu auch die Ausführungen in Abschnitt 8.9.)

Will man auch bei kleinen Stichprobenumfängen einen absolut verteilungsunabhängigen Test haben, so wird man sich mit einem Rang-Test begnügen. Ein solcher ist der Test von *Kruskal* und *Wallis*. Der Test von *Kruskal* und *Wallis* geht von der Größe

$$\sum_{i=1}^{k} n_i \left(\bar{R}_i - \bar{R}\right)^2$$

aus. Dabei ist $\bar{R}_i$ die durchschnittliche Rangzahl der *i*. Stichprobe, $\bar{R}$ der Gesamtdurchschnitt aller Rangzahlen. Die Summe der Stichprobenumfänge n_i bezeichnen wir mit n. Man kann zeigen, daß

$$\frac{12}{n(n+1)} \sum_{i=1}^{k} n_i \left(\bar{R}_i - \bar{R}\right)^2$$

für $n \to \infty$ verteilt ist nach χ^2 mit $(k-1)$ Freiheitsgraden. Eine Tabelle der χ^2-Verteilung befindet sich auf S. 273. (Nähere Ausführungen über die χ^2-Verteilung selbst werden in Abschnitt 3.3 gegeben.)

Für die praktische Berechnung der Testgröße geht man nicht von den durchschnittlichen Rangzahlen $\bar{R}_i$ aus, sondern von der Summe der Rangzahlen in den einzelnen Stichproben, R_i, wobei zwischen R_i und $\bar{R}_i$ die Beziehung $\bar{R}_i = R_i/n_i$ besteht. Außerdem gilt $\bar{R} = (1 + 2 + \ldots + n)/n = (n + 1)/2$, so daß man letztlich für die praktische Berechnung der Testgröße folgende Formel erhält:

$$T = \frac{12}{n(n+1)} \sum_{i=1}^{k} \frac{R_i^2}{n_i} - 3\,(n+1)\,. \tag{1}$$

Zur Kontrolle kann man sich der Beziehung

$$\sum_{i=1}^{k} R_i = \frac{n(n+1)}{2} \tag{2}$$

bedienen.

Praktisch wird man für alle n eine χ^2-Verteilung annehmen können. Lediglich im Falle $k = 3$ muß man verlangen, daß alle $n_i > 5$.

Spezialisiert man den Test für $k = 2$, so erhält man wegen

$$R_1 + R_2 = \frac{n(n+1)}{2}:$$

$$T = \frac{12}{n(n+1)}\left(\frac{R_1^2}{n_1} + \frac{\left(\frac{n(n+1)}{2} - R_1\right)^2}{n_2}\right) - 3\,(n+1) =$$

$$= \frac{\left(R_1 - \frac{n_1\,(n+1)}{2}\right)^2}{\frac{n_1\,n_2\,(n+1)}{12}}.$$

Diese Größe ist verteilt nach χ^2 mit 1 Freiheitsgrad. Wie man sich durch Vergleich mit Formel (6.6.2) überzeugt, ist diese Größe genau das Quadrat der beim *Wilcoxon*-Test verwendeten Testgröße. Da auch die χ^2-Verteilung mit 1 Freiheitsgrad die Verteilung des Quadrates einer nach $N\,(0, 1)$ verteilten zufälligen Variablen ist, ist der Test von *Kruskal* und *Wallis* im Falle $k = 2$ mit dem *Wilcoxon*-Test identisch. Wir können also den Test von *Kruskal* und *Wallis* als die Verallgemeinerung des *Wilcoxon*-Tests auf eine beliebige Zahl von Stichproben auffassen. (Der Test von *Kruskal* und *Wallis* ist allerdings nicht die einzig mögliche Verallgemeinerung. Vgl. hierzu *Pfanzagl*, S. 32 ff.)

B e i s p i e l : Vier Drahtsorten sind hinsichtlich ihrer Zugfestigkeit miteinander zu vergleichen. Die Ergebnisse der 4 Stichproben sind in nachstehender Tabelle zusammengefaßt:

Tabelle 14.
Zugfestigkeit von 4 Drahtsorten in g

1. Sorte		2. Sorte		3. Sorte		4. Sorte	
Meß-werte	Rang-zahlen	Meß-werte	Rang-zahlen	Meß-werte	Rang-zahlen	Meß-werte	Rang-zahlen
348	23	342	13 1/2	347	22	345	19
345	19	335	6	345	19	333	3 1/2
351	26	333	3 1/2	343	15 1/2	330	1
350	25	331	2	352	27	341	11 1/2
344	17	339	10	349	24	338	9
342	13 1/2	341	11 1/2	353	28	334	5
346	21	336	7	343	15 1/2	337	8

$R_1 = 144\frac{1}{2}$ $R_2 = 53\frac{1}{2}$ $R_3 = 151$ $R_4 = 57$

$n_1 = 7$ $n_2 = 7$ $n_3 = 7$ $n_4 = 7$

Die Kontrolle nach Formel (2) ergibt:

$$144\tfrac{1}{2} + 53\tfrac{1}{2} + 151 + 57 = 406 = \frac{28 \cdot 29}{2} .$$

Sind alle n_i gleich, so gilt $n_i = n/k$ und Formel (1) vereinfacht sich weiter zu:

$$T = \frac{12\,k}{n^2\,(n+1)} \cdot \sum_{i=1}^{k} R_i^2 - 3\,(n+1) .$$

Wir erhalten also:

$$T = \frac{12 \cdot 4}{28^2 \cdot 29}\, 49792 - 3 \cdot 29 = 18 .$$

Die 99 % Sicherheitsgrenze der χ^2-Verteilung mit $k-1=3$ Freiheitsgraden liegt bei 11,3. Wir können also mit hoher Sicherheit schließen, daß die Verteilung der Zugfestigkeiten nicht für alle 4 Drahtsorten die gleiche ist.

Ähnlich wie der *Wilcoxon*-Test im Falle $k = 2$ hat auch der Test von *Kruskal* und *Wallis* für beliebige k bei Anwendung auf die Normalverteilung verglichen mit der in diesem Falle optimalen Streuungszerlegung eine asymptotische Wirksamkeit von $3/\pi = 0{,}95$ oder 95 %.

Ein Test für den Vergleich von k Stichproben aus Normalverteilungen wird in Abschnitt 8.9 behandelt.

6.8 Der Vergleich mehrerer verbundener Stichproben

Beim Vergleich von zwei Stichproben mußten wir zwischen unabhängigen Stichproben (Abschnitt 6.6) und verbundenen Stichproben (ein Teil des Abschnittes 6.5) unterscheiden. Die gleiche Unterscheidung müssen wir auch beim Vergleich von k Stichproben treffen. Im Abschnitt 6.7 haben wir den Vergleich von k unabhängigen Stichproben behandelt. In diesem Abschnitt beschäftigen wir uns mit dem Vergleich von k verbundenen Stichproben.

Nehmen wir an, es wären k verschiedene Behandlungsmethoden miteinander zu vergleichen. Die Vorteile, welche sich in diesem Falle aus der Verwendung verbundener Stichproben ergeben, liegen klar auf der Hand: Man bildet mehrere Gruppen von je k untereinander möglichst ähnlichen Einheiten. Eine solche Gruppe von k untereinander ähnlichen Versuchseinheiten wird ein „*Block*" genannt. Ein solcher Block kann z. B. aus Tieren ein und desselben Wurfes bestehen oder aus benachbart gelegenen Versuchsfeldern. Beim Vergleich von 2 Stichproben bestand jeder Block aus 2 Einheiten. Beispiele solcher Blöcke sind u. a. Rechts-Links-Vergleiche (S. 205), eineiige Zwillinge, Versuchsfelder (S. 129). Jede Einheit eines Blockes wird nun mit einer anderen der k Methoden behandelt. Die Zuteilung der Einheiten zu den einzelnen Behandlungsmethoden erfolgt zufallsartig (z. B. mit einer Tabelle von Zufallszahlen). Da die Einheiten ein und desselben Blockes untereinander ähnlich sind, wird der Vergleich zwischen den Behandlungsmethoden genauer. Indem man den ganzen Versuch mit sehr verschiedenen Blöcken wiederholt, erzielt man gleichzeitig hohe Genauigkeit und breite induktive Basis.

Allgemein gesprochen stehen folgende Ausgangsdaten für die Analyse zur Verfügung:

Block \ Behandlungs-methode	1	2	. . . .	k	Σ
1	x_{11}	x_{12}	. . . .	x_{1k}	$x_{1\cdot}$
2	x_{21}	x_{22}	. . . .	x_{2k}	$x_{2\cdot}$
⋮	⋮	⋮		⋮	⋮
r	x_{r1}	x_{r2}	. . . .	x_{rk}	$x_{r\cdot}$
Σ	$x_{\cdot 1}$	$x_{\cdot 2}$	. . . .	$x_{\cdot k}$	$x_{\cdot\cdot}$

Wir bezeichnen:

$$x_{i\cdot} = \sum_{j=1}^{k} x_{ij}, \quad x_{\cdot j} = \sum_{i=1}^{r} x_{ij}, \quad x_{\cdot\cdot} = \sum_{i=1}^{r} \sum_{j=1}^{k} x_{ij}$$

Es gilt:

$$\bar{x}_{i\cdot} = \frac{1}{k} x_{i\cdot}, \quad \bar{x}_{\cdot j} = \frac{1}{r} x_{\cdot j}, \quad \bar{x} = \frac{1}{rk} x_{\cdot\cdot}$$

Zu testen ist die Hypothese, daß zwischen den k Behandlungsmethoden keinerlei Unterschied besteht. Sofort können wir wieder einen Randomisierungs-Test angeben: Besteht kein Unterschied zwischen den Behandlungsmethoden, so hat offenbar jede Permutation von $(x_{i1}, x_{i2}, \ldots x_{ik})$ die gleiche Wahrscheinlichkeit. Dabei sind die Permutationen innerhalb der einzelnen Blöcke voneinander unabhängig, so daß es insgesamt $(k!)^r$ verschiedene gleichwahrscheinliche Realisationen gibt. Die kritische Region wird auf Grund der Testgröße

$$\sum_{j=1}^{k} (\bar{x}_{\cdot j} - \bar{x})^2$$

gebildet, die mit

$$\sum_{j=1}^{k} x_{\cdot j}^2$$

äquivalent ist. Signifikant sind große Werte. Diese Wahl der kritischen Region garantiert die Einhaltung einer vorgeschriebenen Irrtumswahrscheinlichkeit und liefert einen Test, der im Falle der Normalverteilung besonders wirksam ist.

Für große Stichproben kann man wieder ein Approximationsverfahren angeben, das darauf beruht, daß die Größe

$$\frac{\frac{r}{k-1}\sum_{j=1}^{k}(\bar{x}_{.j}-\bar{x})^2}{\frac{1}{(r-1)(k-1)}\sum_{i=1}^{r}\sum_{j=1}^{k}(x_{ij}-\bar{x}_{i.}-\bar{x}_{.j}+\bar{x})^2}$$

für große Stichproben annähernd F-verteilt ist mit $[(k-1, (k-1)(r-1)]$ Freiheitsgraden (vgl. hierzu auch die Ausführungen im Abschnitt 8.12).

Auch für dieses Problem gibt es einen einfachen Rang-Test, den sogenannten Test von *Friedman*. Es wird jedem x_{ij} jene Rangzahl R_{ij} zugeordnet, die es innerhalb seines Blockes besitzt. Der Test von *Friedman* basiert auf den Summen der Rangzahlen für die einzelnen Behandlungsmethoden, $R_{.1}, R_{.2}, \ldots R_{.k}$.

Wenn zwischen den einzelnen Behandlungsmethoden tatsächlich Unterschiede bestehen, so wird dies zu merkbaren Abweichungen zwischen den $R_{.j}$ führen. Es liegt nahe, diese Abweichungen zwischen den $R_{.j}$ durch

$$\sum_{j=1}^{k}(\bar{\bar{R}}_{.j}-\bar{\bar{R}})^2$$

oder durch die äquivalente Größe

$$V=\frac{12}{r\,k(k+1)}\sum_{j=1}^{k}R_{.j}^2-3\,r(k+1) \qquad (1)$$

zu messen. Die Größe (1) ist bei Zutreffen der Hypothese (d. h. wenn kein Unterschied zwischen den Behandlungsmethoden besteht) annähernd χ^2-verteilt mit $(k-1)$ Freiheitsgraden. Lediglich für $k = 3$ und $k = 4$ ist die Approximation durch die χ^2-Verteilung nicht gut. Für diese Werte sind die Sicherheitsgrenzen c in der Tabelle auf S. 272 angeführt. Signifikant sind Werte größer oder gleich c.

Zur Kontrolle der $R_{.j}$ dient die Relation

$$\sum_{i=1}^{k} R_{.j} = \frac{r\,k(k+1)}{2}\,. \tag{2}$$

B e i s p i e l : Bei einem Sommerweizen-Sortenversuch der eidgenössischen landwirtschaftlichen Versuchsanstalt Zürich-Oerlikon wurden folgende Ergebnisse erzielt:

Tabelle 15

Erträge beim Sommerweizen-Sortenversuch in 10 kg/ha

Sorte / Block	Huron		Pilot		Regent		New-thatch		Coro-nation	
	x_{i1}	R_{i1}	x_{i2}	R_{i2}	x_{i3}	R_{i3}	x_{i4}	R_{i4}	x_{i5}	R_{i5}
1	464	5	440	3	446	4	409	1	421	2
2	441	5	393	3	334	1	376	2	402	4
3	407	4	320	2	321	3	309	1	410	5
4	376	5	351	4	343	3	296	1	327	2
$R_{.j}$	$R_{.1} = 19$		$R_{.2} = 12$		$R_{.3} = 11$		$R_{.4} = 5$		$R_{.5} = 13$	

Quelle: *A. Linder:* Planen und Auswerten von Versuchen, Verlag Birkhäuser, 2. Auflage, Basel 1959, S. 35.

Die Kontrolle mit Relation (2) ergibt

$$19 + 12 + 11 + 5 + 13 = 60 = \frac{4 \cdot 5\,(5+1)}{2}\,.$$

Es ist $19^2 + 12^2 + 11^2 + 5^2 + 13^2 = 820$. Somit ist die Testgröße gleich

$$\frac{12}{120} \cdot 820 - 3 \cdot 4\,(5+1) = 10\,.$$

Die χ^2-Verteilung mit 4 Freiheitsgraden hat die obere 99 %-Grenze bei 13,3. Der beobachtete Wert ist daher noch nicht signifikant. (Eine Durchrechnung desselben Beispiels mit dem F-Test liefert ein signifikantes Ergebnis. Vgl. hierzu S. 230.)

Die Spezialisierung der Testgröße (1) für den Fall $k = 2$ führt zu einem Test, der mit dem Zeichentest (Abschnitt 6.2) äquivalent ist, die Spezialisierung für $r = 2$ zu einem Test, der auf dem *Spearman*schen Rang-Korrelationskoeffizienten (Abschnitt 9.10) beruht. Da die asymptotische Wirksamkeit dieser beiden Tests sehr verschieden ist (64 bzw. 91 %), ist zu ersehen, daß die Wirksamkeit des Tests von *Friedman* stark von dem Verhältnis von k und r abhängt. Es ist anzunehmen, daß sie mit steigendem k besser wird.

7 Die χ^2-Methode; Kontingenztafeln

7.1 Die χ^2-Methode

Wir betrachten eine diskrete Verteilung, bei der m verschiedene Ausprägungen eine positive Wahrscheinlichkeit haben. Es liegt eine Hypothese über die Größe dieser m positiven Wahrscheinlichkeiten vor:

$$p_1, p_2, \dots p_m, \text{ wobei } \sum_{i=1}^{m} p_i = 1\,.$$

Beispiel: Kreuzt man zwei *Hybriden* $Aa \times Aa$, so gibt es bei intermediärem Erbgang drei bereits in ihrem Phänotypus unterscheidbare Arten von Nachkommen: AA, Aa und aa. Nach den *Mendel*schen Regeln müßten diese drei Arten die Wahrscheinlichkeiten $p_1 = 1/4$, $p_2 = 1/2$, $p_3 = 1/4$ haben.

Um zu einem Urteil über die Richtigkeit der Hypothese zu kommen, muß man die tatsächlich beobachteten Werte $n_1, n_2, \dots n_m$ mit den erwarteten Werten $np_1, np_2, \dots n\,p_m$

vergleichen. (Dabei ist n die Summe aller n_i). Dieser Vergleich erfolgt üblicherweise mit folgender Testgröße:

$$V = \sum_{i=1}^{m} \frac{(n_i - n\,p_i)^2}{n\,p_i}\,. \tag{1}$$

Die Testgröße V ist für große Stichproben annähernd χ^2-verteilt. Die Anzahl der Freiheitsgrade ist gleich der Anzahl der Gruppen vermindert um 1, also $(m-1)$. (Die Verminderung um eins kommt — anschaulich gesprochen — daher, daß die Besetzungszahlen der einzelnen Gruppen nicht beliebig variieren können, sondern sich stets zum vorgegebenen Stichprobenumfang n aufaddieren müssen.) Wie gut die Verteilung von V mit der χ^2-Verteilung übereinstimmt, hängt vor allem von den schwach besetzten Gruppen ab. Als Faustregel kann gelten, daß man mit der χ^2-Verteilung arbeiten darf, wenn keine der Gruppen eine erwartete Besetzungszahl np_i kleiner als 1 hat und wenn höchstens $1/5$ der Gruppen erwartete Besetzungszahlen kleiner als 5 haben. (Wenn χ^2 nur einen einzigen Freiheitsgrad besitzt, sollte *keine* der Gruppen eine erwartete Besetzungszahl kleiner als 5 haben und außerdem n mindestens 30 sein.) Ist diese Voraussetzung nicht erfüllt, so empfiehlt es sich, schwach besetzte Gruppen zusammenzufassen. Für die praktische Berechnung erweist sich Formel (1) nur dann als zweckmäßig, wenn die Größen np_i ganzzahlig sind, so daß die Differenzen $n_i - np_i$ ebenfalls ganzzahlig und daher leicht zu quadrieren sind. Sind die np_i nicht ganzzahlig, so wird man zweckmäßiger von der äquivalenten Formel

$$V = \frac{1}{n} \sum_{i=1}^{m} \frac{n_i^2}{p_i} - n \tag{2}$$

ausgehen, sofern man sich nicht aus bestimmten Gründen für die erwarteten Werte $n\,p_i$ interessiert. Als Faustregel gilt, daß bei der Berechnung von V nach Formel (1) die erwarteten Werte np_i mit einer Dezimalstelle zu verwenden sind. Die Genauigkeit, mit der p_i bei Formel (2) einzusetzen ist, soll ebenfalls so groß sein, daß bei np_i die erste Dezimalstelle noch genau wäre. Bei den in diesem Abschnitt behandelten Beispielen sind allerdings die p_i meist sehr einfache Brüche und die Frage der Genauigkeit ist daher nicht sehr aktuell. Diese tritt jedoch bei der im nächsten Abschnitt besprochenen Methode auf, wo die p_i aus der Stichprobe geschätzt werden.

1. Beispiel: Nehmen wir an, es hätten sich in dem im Beispiel auf S. 153 besprochenen Erbgang bei einem Versuch folgende Zahlen ergeben: $n_1 = 14$, $n_2 = 25$, $n_3 = 18$. Sind diese Zahlen mit den Wahrscheinlichkeiten $p_1 = 1/4$, $p_2 = 1/2$, $p_3 = 1/4$, wie sie sich aus den *Mendel*schen Regeln ergeben, verträglich?

Tabelle 16
Berechnung von V

p_i	n_i	n_i^2	$\frac{n_i^2}{p_i}$
$\frac{1}{4}$	14	196	784
$\frac{1}{2}$	25	625	1250
$\frac{1}{4}$	18	324	1296
Σ	$n = 57$		3330

Die 99%-Grenze der χ^2-Verteilung mit 2 Freiheitsgraden liegt bei 9,2. Da $V = 1{,}4$ wesentlich unterhalb dieser Grenze liegt, stehen die beobachteten Werte mit den *Mendel*schen Regeln durchaus im Einklang.

2. Beispiel: Es wird vermutet, daß bei Pferderennen auf einer kreisförmigen Rennbahn die Startposition einen Einfluß auf die Gewinnchancen besitzt. Nachfolgende Tabelle zeigt in

der Spalte n_i die Aufgliederung von 144 Siegern nach der Nummer ihrer Startposition. (Die Startpositionen wurden von innen nach außen numeriert.)

Tabelle 17
Berechnung von V

Nummer der Startposition i	Anzahl der Sieger n_i	$n_i - 144/8 = n_i - 18$	$(n_i - 18)^2$
1	29	11	121
2	19	1	1
3	18	0	0
4	25	7	49
5	17	− 1	1
6	10	− 8	64
7	15	− 3	9
8	11	− 7	49
Σ	144		294

Quelle: *S. Siegel:* Nonparametric statistics, Verlag McGraw-Hill, New York, 1956, S. 45.

Hätte die Startposition keinen Einfluß, so müßten die Sieger gleichmäßig über alle Startpositionen verteilt sein, d. h. die Wahrscheinlichkeit, daß ein Sieger eine bestimmte Startposition hatte, wäre für jede Startposition $^1/_8$. In unserem Falle ist np_i ganzzahlig, so daß wir Formel (1) anwenden. Da alle p_i gleich sind: $p_i = 1/m$, vereinfacht sich Formel (1) zu:

$$V = \frac{1}{n/m} \sum_{i=1}^{m} \left(n_i - \frac{n}{m}\right)^2.$$

Es gilt $n/m = 144/8 = 18$. Aus obiger Tabelle entnehmen wir, daß $\sum (n_i - 18)^2 = 294$, so daß $V = 294/18 = 16{,}3$. Die 99%-Grenze der χ^2-Verteilung mit 7 Freiheitsgraden liegt bei 18,5. Die beobachteten Werte widersprechen also der Annahme, daß die Startposition *keinen* Einfluß besitzt, nicht unbedingt. Der beobachtete Wert $V = 16{,}3$ ist allerdings so groß, daß eine weitere Untersuchung mit vergrößertem Material ratsam erscheint.

Würde sich ein signifikanter Wert V ergeben, so wäre dies ein Beweis dafür, daß die Siegeschancen irgendwie mit der Startposition zusammenhängen. Dieser Zusammenhang könnte z. B. darin bestehen, daß gewisse Startpositionen die Siegeschancen vergrößern, aber auch darin, daß „Favoriten" von vornherein gewisse Startpositionen zugeteilt werden.

Der Wert der Testgröße V ist von der Reihenfolge der einzelnen Gruppen unabhängig: Eine Permutation der Gruppen ändert den Wert von V nicht. Bei manchen Sachverhalten wird man aber erwarten, daß dann, wenn überhaupt ein Effekt vorhanden ist, dieser in einem wesentlichen Zusammenhang mit der Reihenfolge der Gruppen steht, also im obigen Beispiel 2 etwa, daß dann, wenn überhaupt ein Einfluß der Startpositionen vorhanden ist, dieser sich so auswirkt, daß eine Startposition um so günstiger ist, je näher sie am Innenrand der Rennbahn liegt. In solchen Fällen wird man von einem guten Test erwarten, daß er diesen organischen Zusammenhang mit der Reihenfolge der Gruppen berücksichtigt. Dies ist beim χ^2-Test, wie eingangs erwähnt, nicht der Fall. Er wird daher bei Problemen dieser Art keine optimale Wirksamkeit entfalten. Ein für die Behandlung solcher Probleme adäquater Test wird in Abschnitt 7.5 besprochen.

Spezialisieren wir Formel (1) für den Fall $m = 2$, so erhalten wir:

$$V = \frac{(n_1 - n\,p_1)^2}{n\,p_1} + \frac{(n_2 - n\,p_2)^2}{n\,p_2}\,.$$

Diese Größe ist verteilt nach χ^2 mit 1 Freiheitsgrad. Berücksichtigt man die Beziehungen $p_1 + p_2 = 1$ und $n_1 + n_2 = n$, so erhält man durch eine leichte Umformung:

$$V = \frac{(n_1 - n\,p_1)^2}{n\,p_1\,(1 - p_1)}\,.$$

Dieses Ergebnis steht im Einklang mit dem Ergebnis auf S. 64. Dort wurde gezeigt, daß

$$\frac{n_1 - n\,p_1}{\sqrt{n\,p_1\,(1-p_1)}}$$

asymptotisch nach $N(0, 1)$ verteilt ist. V ist gerade das Quadrat dieser Größe und daher χ^2-verteilt mit 1 Freiheitsgrad.

7.2 Die χ^2-Methode bei Abhängigkeit von einem Parameter

Sehr oft finden wir in der Praxis den Fall, daß die Wahrscheinlichkeiten $p_1, p_2, \ldots p_m$ von einem unbekannten Parameter (oder mehreren) abhängen: $p_1(\vartheta), p_2(\vartheta), \ldots p_m(\vartheta)$, und nicht etwa Interesse daran besteht, eine Hypothese über die *Größe* dieses Parameters, sondern vielmehr die durch $p_1(\vartheta), p_2(\vartheta), \ldots p_m(\vartheta)$ zum Ausdruck gebrachte Art der funktionalen Abhängigkeit zu prüfen.

B e i s p i e l : Aus einem bestimmten genetischen Modell der Rotgrünblindheit ergeben sich folgende Wahrscheinlichkeiten:

Geschlecht	männlich	weiblich
normal	$p_1 = \frac{\vartheta}{2}$	$p_2 = \vartheta\left(1 - \frac{\vartheta}{2}\right)$
rotgrünblind	$p_3 = \frac{1-\vartheta}{2}$	$p_4 = \frac{(1-\vartheta)^2}{2}$

Will man dieses genetische Modell prüfen, so ist nicht der Wert von ϑ interessant, sondern lediglich die sich aus dem Modell ergebende Art der funktionalen Abhängigkeit der Wahrscheinlichkeiten p_i vom Parameter ϑ.

Um den gewünschten Test für die Art der Abhängigkeit zu erhalten, muß man zunächst eine Schätzung für den unbekannten Parameter gewinnen. Zu diesem Zweck wird man am besten die maximum likelihood-Methode (siehe 3.6) anwenden.

Likelihood-Funktion:

$$p_1(\vartheta)^{n_1}\, p_2(\vartheta)^{n_2} \ldots p_m(\vartheta)^{n_m}.$$

m. l.-Gleichung:

$$\sum_{i=1}^{m} \frac{n_i}{p_i(\vartheta)} \cdot \frac{\partial p_i(\vartheta)}{\partial \vartheta} = 0 .$$

Durch Auflösen dieser Gleichung gewinnt man eine Schätzung $\hat{\vartheta}$.

Als Testgröße dient:

$$V = \sum_{i=1}^{m} \frac{\left(n_i - n\, p_i(\hat{\vartheta})\right)^2}{n\, p_i(\hat{\vartheta})}, \tag{1}$$

oder, für die praktische Berechnung:

$$V = \frac{1}{n} \sum_{i=1}^{m} \frac{n_i^2}{p_i(\hat{\vartheta})} - n . \tag{2}$$

Für hinreichend große n ist V annähernd verteilt nach χ^2 mit $m-2$ Freiheitsgraden. Wird nicht nur ein Parameter aus der Stichprobe geschätzt, sondern l Parameter, so ist V annähernd verteilt nach χ^2 mit $(m-l-1)$ Freiheitsgraden. Ob n so groß ist, daß man die χ^2-Verteilung anwenden darf, wird auch hier nach der oben (S. 154) angegebenen Faustregel bestimmt.

Die Schätzung für ϑ kann auch nach einer anderen Methode als der m. l.-Methode gewonnen werden. So kann man als $\hat{\vartheta}$ jenen Wert von ϑ wählen, für den V, als Funktion von ϑ betrachtet, das Minimum annimmt (χ^2-Minimum-Methode). In den meisten Fällen ist dieser Wert jedoch komplizierter zu berechnen als die m. l.-Schätzung.

1. Beispiel: Bezeichnen wir die Besetzungszahlen der 4 Felder im obigen Beispiel über die Rotgrünblindheit der Reihe nach mit n_1, n_2, n_3, n_4, so ist die m. l.-Gleichung:

$$n_1 \cdot \frac{1}{\vartheta} + n_2 \cdot \frac{1-\vartheta}{\vartheta(1-\vartheta/2)} - n_3 \cdot \frac{1}{1-\vartheta} - n_4 \cdot \frac{2}{1-\vartheta} = 0\,.$$

Daraus erhalten wir nach einigen Umformungen:

$$\vartheta^2\left(\frac{n_1}{2} + n_2 + \frac{n_3}{2} + n_4\right) -$$

$$- \vartheta\left(\frac{3}{2}\, n_1 + 2\, n_2 + n_3 + 2\, n_4\right) + (n_1 + n_2) = 0\,.$$

Bei einer Untersuchung wurden folgende Zahlen ermittelt:

Tabelle 18

Rotgrünblindheit nach dem Geschlecht

Geschlecht	männlich	weiblich
normal	8324	9032
rotgrünblind	725	40

Quelle: *G. H. M. Waaler:* Über die Erblichkeitsverhältnisse der verschiedenen Arten von angeborener Rotgrünblindheit, Zeitschrift f. ind. Abstammungs- u. Vererbungslehre Bd. 45, 1927, S. 279—333.

Daraus ergibt sich die m. l.-Gleichung:

$$\vartheta^2 \cdot 13\,596{,}5 - \vartheta \cdot 31\,355 + 17\,356 = 0$$

mit den beiden Lösungen $\hat{\vartheta}_1 = 0{,}9229$ und $\hat{\vartheta}_2 = 1{,}3832$. Da aus dem Modell heraus für ϑ nur Werte zwischen 0 und 1 in Frage kommen, ist also $\hat{\vartheta}_1 = 0{,}9229$ die gesuchte Lösung. Daraus folgt (vgl. S. 158):

$$p_1(\hat{\vartheta}) = \frac{0{,}9229}{2} = 0{,}4615\,,$$

$$p_2(\hat{\vartheta}) = 0{,}9229\left(1 - \frac{0{,}9229}{2}\right) = 0{,}4970\,,$$

$$p_3(\hat{\vartheta}) = \frac{1-0{,}9229}{2} = 0{,}0386\,,$$

$$p_4(\hat{\vartheta}) = \frac{(1-0{,}9229)^2}{2} = 0{,}0030\,.$$

Wir erhalten somit:

$$V = \frac{1}{18\,121}\left(\frac{8324^2}{0{,}4615} + \frac{9032^2}{0{,}4970} + \frac{725^2}{0{,}0386} + \frac{40^2}{0{,}0030}\right) - 18\,121 =$$
$$= 3{,}2\,.$$

Die Zahl der Freiheitsgrade ist 2, da 4 Gruppen vorliegen und 1 Parameter ϑ aus der Stichprobe geschätzt wurde. Die 99 %-Grenze liegt bei 9,2, ist also wesentlich größer als der berechnete Wert $V = 3{,}2$. Das oben beschriebene genetische Modell der Rotgrünblindheit steht also mit den Beobachtungsergebnissen im Einklang. Dies ist um so bemerkenswerter, als der Test infolge der großen Stichprobe (über 18 000) sehr empfindlich ist und auch auf geringfügige Abweichungen anspricht.

2. Beispiel: Wir betrachten ein Erbmerkmal, das in drei verschiedenen Allelen A_1, A_2, A_3 auftritt. Es ist die Hypothese zu prüfen, daß in der Population vollständige Durchmischung herrscht, d. h. daß die Paarungswahrscheinlichkeiten von diesen Allelen unabhängig sind. Im Falle der vollständigen Durchmischung kann man die Wahrscheinlichkeiten, mit denen die einzelnen Genotypen in der Population auftreten, durch die sog. „Genwahrscheinlichkeiten“ ϑ_1, ϑ_2, ϑ_3 $(\vartheta_1 + \vartheta_2 + \vartheta_3 = 1)$ ausdrücken*): Allgemein hat das Zusammentreffen der Allele A_i und A_j im Falle der vollständigen Durchmischung die Wahrscheinlichkeit $\vartheta_i\,\vartheta_j$. Da die Genotypen $A_i\,A_j$ und $A_j\,A_i$ identisch sind, erhalten wir:

Genotypus	Wahrscheinlichkeit
$A_1\,A_1$	ϑ_1^2
$A_2\,A_2$	ϑ_2^2
$A_3\,A_3$	ϑ_3^2
$A_1\,A_2$	$2\,\vartheta_1\,\vartheta_2$
$A_2\,A_3$	$2\,\vartheta_2\,\vartheta_3$
$A_3\,A_1$	$2\,\vartheta_3\,\vartheta_1$

In einem konkreten Falle — es handelte sich um die Untersuchung von Chromosomen-Inversionen — waren die drei Homozygoten ($A_1\,A_1$, $A_2\,A_2$, $A_3\,A_3$) bei der mikroskopischen

*) Vgl. hierzu etwa *M. P. Geppert* und *S. Koller:* Erbmathematik, Theorie der Vererbung in Bevölkerung und Sippe, Leipzig 1938, S. 39 ff.

Untersuchung nicht unterscheidbar. Tatsächlich beobachtbar waren daher 4 Gruppen:

Phänotypus	Wahrscheinlichkeit	beobachtete Häufigkeit
$(A_1 A_1, A_2 A_2, A_3 A_3)$	$p_0 = \vartheta_1^2 + \vartheta_2^2 + \vartheta_3^2$	$n_0 = 71$
$A_2 A_3$	$p_1 = 2\vartheta_2\vartheta_3$	$n_1 = 4$
$A_3 A_1$	$p_2 = 2\vartheta_3\vartheta_1$	$n_2 = 47$
$A_1 A_2$	$p_3 = 2\vartheta_1\vartheta_2$	$n_3 = 1$
		$n = 123$

Um die Hypothese der vollständigen Durchmischung zu testen, hat man daher zu prüfen, ob die beobachteten Besetzungszahlen der einzelnen Gruppen mit der funktionalen Abhängigkeit der Wahrscheinlichkeiten p_i von den Parametern $\vartheta_1, \vartheta_2, \vartheta_3$, die sich aus der Hypothese der vollständigen Durchmischung ergibt, verträglich sind oder nicht. Es interessiert dabei, wie gesagt, die Art der funktionalen Abhängigkeit, nicht die Werte der Parameter $\vartheta_1, \vartheta_2, \vartheta_3$. Trotzdem müssen diese — sozusagen als Mittel zum Zweck — geschätzt werden. Da 3 Parameter zu schätzen sind, ist ein System von 3 m. l.-Gleichungen unter der Nebenbedingung $\vartheta_1 + \vartheta_2 + \vartheta_3 = 1$ aufzulösen. Die i. m. l.-Gleichung erhält man dadurch, daß man den Logarithmus der likelihood-Funktion nach ϑ_i differenziert und gleich Null setzt. Dabei wird die Nebenbedingung mit Hilfe eines *Lagrange*schen Multiplikators berücksichtigt:

$$n_0 \cdot \log\left(\vartheta_1^2 + \vartheta_2^2 + \vartheta_3^2\right) + n_1 \log 2\vartheta_2\vartheta_3 + n_2 \log 2\vartheta_1\vartheta_3 + \\ + n_3 \log 2\vartheta_1\vartheta_2 - \lambda(\vartheta_1 + \vartheta_2 + \vartheta_3) = \text{Maximum}\,.$$

Durch Ableiten nach ϑ_1, ϑ_2 bzw. ϑ_3 und Nullsetzen erhält man der Reihe nach die Gleichungen:

$$n_0 \cdot \frac{2\vartheta_1}{\vartheta_1^2 + \vartheta_2^2 + \vartheta_3^2} + n_2 \cdot \frac{1}{\vartheta_1} + n_3 \cdot \frac{1}{\vartheta_1} - \lambda = 0\,,$$

$$n_0 \cdot \frac{2\vartheta_2}{\vartheta_1^2 + \vartheta_2^2 + \vartheta_3^2} + n_3 \cdot \frac{1}{\vartheta_2} + n_1 \cdot \frac{1}{\vartheta_2} - \lambda = 0\,,$$

$$n_0 \cdot \frac{2\vartheta_3}{\vartheta_1^2+\vartheta_2^2+\vartheta_3^2} + n_1 \cdot \frac{1}{\vartheta_3} + n_2 \cdot \frac{1}{\vartheta_3} - \lambda = 0 .$$

Indem man die Gleichungen der Reihe nach mit ϑ_1, ϑ_2 bzw. ϑ_3 multipliziert und aufaddiert, erhält man unter Berücksichtigung der Nebenbedingung $\vartheta_1 + \vartheta_2 + \vartheta_3 = 1$ als erstes den Wert $\lambda = 2n$. Weiters führen wir die Abkürzung

$$\omega = \frac{2n_0}{n\left(\vartheta_1^2+\vartheta_2^2+\vartheta_3^2\right)}$$

ein. Dann gilt:

$$\vartheta_i = \frac{1 \pm \sqrt{1-\omega r_i}}{\omega}, \quad \text{wobei } r_i = \frac{n-n_0-n_i}{n}, \quad i = 1, 2, 3 .$$

ω wird aus der Nebenbedingung $\vartheta_1 + \vartheta_2 + \vartheta_3 = 1$ berechnet. Da $\vartheta_1^2 + \vartheta_2^2 + \vartheta_3^2$ die Wahrscheinlichkeit der Homozygoten ist, erhält man als erste Näherungslösung für ω den Wert 2. Setzt man diesen Wert in die Formel für ϑ_i ein, so ergeben sich vernünftige Werte für die ϑ_i, wenn man bei ϑ_3 das positive, bei ϑ_1 und ϑ_2 das negative Vorzeichen der Wurzel gelten läßt. Daher muß ω die Gleichung

$$\frac{1-\sqrt{1-\omega\frac{48}{123}}}{\omega} + \frac{1-\sqrt{1-\omega\frac{5}{123}}}{\omega} + \frac{1+\sqrt{1-\omega\frac{51}{123}}}{\omega} = 1$$

erfüllen. Daraus folgt: $\omega = 1{,}987$ (d. h. die Lösung stimmt sehr gut mit dem ersten Näherungswert überein). Durch Einsetzen in die Formeln für ϑ_i erhält man:

$$\hat{\vartheta}_1 = \frac{1-\sqrt{1-1{,}987\frac{48}{123}}}{1{,}987} = 0{,}265 ,$$

$$\hat{\vartheta}_2 = \frac{1 - \sqrt{1 - 1{,}987 \frac{5}{123}}}{1{,}987} = 0{,}021\,,$$

$$\hat{\vartheta}_3 = \frac{1 + \sqrt{1 - 1{,}987 \frac{51}{123}}}{1{,}987} = 0{,}714$$

Daraus folgt: $p_0 = 0{,}265^2 + 0{,}021^2 + 0{,}714^2 = 0{,}5805,$

$p_1 = 2 \cdot 0{,}021 \cdot 0{,}714 = 0{,}0300\,,$

$p_2 = 2 \cdot 0{,}714 \cdot 0{,}265 = 0{,}3784\,,$

$p_3 = 2 \cdot 0{,}265 \cdot 0{,}021 = 0{,}0111\,.$

Diese Werte in Formel (2), S. 159, eingesetzt, ergibt:

$$V = \frac{1}{123}\left(\frac{71^2}{0{,}5805} + \frac{4^2}{0{,}0300} + \frac{47^2}{0{,}3784} + \frac{1^2}{0{,}0111}\right) - 123 = 0{,}1\,.$$

Die Zahl der Freiheitsgrade ist 1, da 4 Gruppen vorliegen und 2 unabhängige Parameter aus dem Material geschätzt wurden. (Da die Parameter $\vartheta_1, \vartheta_2, \vartheta_3$ durch die Nebenbedingung $\vartheta_1 + \vartheta_2 + + \vartheta_3 = 1$ verbunden sind, liegen nur 2 unabhängige Parameter vor.) Die 95 %-Grenze für die χ^2-Verteilung mit 1 Freiheitsgrad liegt bei 3,8. Daher sind die beobachteten Werte mit der Hypothese der vollständigen Durchmischung durchaus verträglich.

3. Beispiel: Auf Seite 25 stellten wir durch Vergleich fest, daß die Verteilung von Hefezellen in einer Suspension sehr gut mit einer Poissonverteilung übereinstimmt. Die χ^2-Methode ermöglicht es, die Übereinstimmung exakt nachzuprüfen. Dabei können wir auf die seinerzeit berechneten Schätzwerte für $p_i = \left(a^i/i\,!\right) e^{-a}$ zurückgreifen, da die dort verwendete Schätzung $a = 4{,}68$ eine maximum likelihood-Schätzung ist. Allerdings müssen hier die Wahrscheinlichkeiten in der Rechnung mit 4 Dezimalstellen geschätzt werden, da sonst die 1. Dezimale des Wertes V nicht mehr genau ist.

Tabelle 19

Test auf Übereinstimmung mit der Poissonverteilung

Anzahl der Hefezellen i	Anzahl der Volumseinheiten mit i Hefezellen n_i	Schätzwerte der Wahrscheinlichkeiten p_i	$\frac{n_i^2}{p_i}$
0	0	0,0093	0
1	20	0,0434	9 217
2	43	0,1016	18 199
3	53	0,1585	17 722
4	86	0,1855	39 871
5	70	0,1736	28 226
6	54	0,1354	21 536
7	37	0,0905	15 127
8	18	0,0530	6 113
9	10	0,0275	3 636
10	5	0,0129	1 938
11	2	0,0055	727
12 u. mehr	2	0,0033	1 212
Σ	400	1,0000	163 524

Um zu erreichen, daß der Erwartungswert der Besetzungszahl für alle Gruppen größer als 1 ist, wurde die Gruppe 12 mit allen darauffolgenden Gruppen zusammengefaßt. Es gilt: $V = 163\,524/400 - 400 = 8{,}8$.

Es liegen 13 Gruppen vor. 1 Parameter wurde aus dem Material geschätzt, so daß die Verteilung von V 11 Freiheitsgrade besitzt. Die 95 %-Grenze der χ^2-Verteilung mit 11 Freiheitsgraden liegt bei 19,7. Die Hypothese der Poissonverteilung ist also mit den Beobachtungsergebnissen sehr gut verträglich.

Die χ^2-Methode kann auch bei stetigen Verteilungen dazu verwendet werden, eine Hypothese über die Art der Verteilung zu prüfen. Allerdings ist in diesem Falle eine künstliche Gruppierung des Materials erforderlich. Die Gruppierung ist so vorzunehmen, daß die Anzahl der erwarteten Werte in den beiden Randgruppen nicht kleiner als 1 ist. Die Anzahl der erwarteten Werte in den übrigen Gruppen soll nicht kleiner als 5 sein. Dies sind Voraussetzungen dafür, daß die Verteilung von V tatsächlich durch eine χ^2-Verteilung approximiert werden kann. Außerdem soll die Anzahl der erwarteten Werte in keiner Gruppe zu groß sein, denn eine zu starke Zusammenfassung beeinträchtigt die Wirksamkeit des Tests. Als Faustregel kann gelten, daß keine Gruppe mehr als $\sqrt{n}$ Werte enthalten soll. Bei sehr großem n wird diese Faustregel praktisch allerdings schwer zu verwirklichen sein, da man sonst u. U. einige hundert Gruppen erhält. Allerdings ist die Befolgung der Faustregel in diesem Falle auch nicht sehr wichtig, weil dann der Test — infolge des großen n — ohnedies sehr wirksam ist. Praktisch kann man die Grenzen der Gruppen wohl nur selten zahlenmäßig fixieren, bevor die Beobachtungen tatsächlich vorliegen. Man wird daher meist so vorgehen, daß man die Besetzungszahlen der einzelnen Gruppen vorgibt und die Abgrenzung dann auf Grund der vorliegenden Stichprobe so festlegt, daß die vorgegebenen Besetzungszahlen tatsächlich eingehalten werden. (Vgl. hierzu die Arbeit von *Witting*.)

Theoretisch sollten die Parameter der Verteilung geschätzt werden auf dem Wege über die Wahrscheinlichkeiten, die sich aus der hypothetischen Verteilung für die einzelnen Gruppen ergeben. Dies führt jedoch meist zu rechnerischen Schwierigkeiten. (Für den Fall der Normalverteilung vgl. z. B.: *v. d. Waerden* S. 231.) Man wird daher in der Praxis jene Schätzungen wählen, die man auf Grund der maximum likelihood-Methode aus den Einzelwerten erhält, bzw. bei sehr großem n eine bequeme Schätzung aus dem gruppierten Material vornehmen.

Beispiel: Tabelle 20 gibt eine Aufgliederung von 200 elektrischen Widerständen nach der Größe des Widerstandes in Ohm. Wir wollen nun mit dem χ^2-Test prüfen, ob diese Werte einer Normalverteilung entsprechen oder nicht. Zu diesem

Zwecke müssen wir die Gruppen 157—158 und 158—159 wegen der zu geringen Besetzung zusammenfassen. Die Schätzwerte für die p_i berechnen wir einfach auf Grund der bereits seinerzeit (S. 30) verwendeten Werte $\bar{x} = 152{,}89$ und $s = 1{,}71$ nach der Formel

$$p_i = \Phi\left(\frac{G_i - \bar{x}}{s}\right) - \Phi\left(\frac{G_{i-1} - \bar{x}}{s}\right).$$

Dabei ist G_i die obere Grenze der i. Gruppe. Wir erhalten:

Tabelle 20

Test auf Übereinstimmung mit der Normalverteilung

Widerstand in Ω	Anzahl der Widerstände n_i	Schätzwerte der Wahrscheinlichkeiten p_i	$\frac{n_i^2}{p_i}$
148—149	1	0,0116	86
149—150	5	0,0339	737
150—151	22	0,0902	5 366
151—152	39	0,1658	9 174
152—153	38	0,2264	6 378
153—154	49	0,2143	11 204
154—155	21	0,1503	2 934
155—156	17	0,0724	3 992
156—157	7	0,0272	1 801
157—159	1	0,0079	127
Σ	200	1,0000	41 799

$$V = 41\,799/200 - 200 = 9{,}0.$$

Die Zahl der Freiheitsgrade beträgt 7, da 10 Gruppen vorliegen und 2 Parameter (μ und σ) aus dem Material geschätzt werden. Die 95 %-Grenze der χ^2-Verteilung mit 7 Freiheitsgraden liegt bei 14,1. Die Annahme, daß die Widerstände normalverteilt sind, ist daher mit dem vorliegenden Beobachtungsmaterial durchaus verträglich. (Daß keine markanten Abweichungen von der Normalverteilung vorliegen, zeigte bereits die Darstellung der empirischen Summenverteilung im Wahrscheinlichkeitsnetz. Bild 11, S. 36.)

7.3 Die Unabhängigkeit in einer Kontingenztafel

Eine sehr wichtige Anwendung der χ^2-Methode ist die Prüfung der Unabhängigkeit in einer Kontingenztafel.

Beispiel: Tabelle 21 enthält Angaben über die Religionszugehörigkeit von Braut und Bräutigam jener Ehen, die in Wien im Jahre 1957 geschlossen wurden:

Tabelle 21

Aufgliederung der Eheschließungen nach dem Religionsbekenntnis von Braut und Bräutigam, Wien 1957

Braut / Bräutigam	röm.-kath.	evang. A. B. und H. B.	sonstige Religionsbekenntnisse	ohne Religionsbekenntnis	Σ
röm.-kath.	9 919	693	97	293	11 002
evangelisch A.B. u. H.B.	782	344	22	44	1 192
sonstige Religionsbekenntn.	248	27	134	22	431
ohne Religionsbekenntnis	812	108	31	197	1 148
Σ	11 761	1 172	284	556	13 773

Quelle: Statistisches Handbuch der Stadt Wien, Jahrgang 1957, S. 30.

Es ist zu untersuchen, ob die Religionszugehörigkeit irgendeinen Einfluß auf die Wahl des Ehepartners hat oder nicht. Zu prüfen ist also die Hypothese der Unabhängigkeit: Die Religion hat keinen wie immer gearteten Einfluß auf die Wahl des Ehepartners.

Im allgemeinen Fall haben wir zwei Merkmale mit r bzw. s verschiedenen Ausprägungen. Bei jedem Stichprobenelement wird festgestellt, in welcher Ausprägung jedes der beiden Merkmale vorliegt: n_{ij} sei die Anzahl jener Stichprobenelemente, bei denen das erste Merkmal in der i., das zweite Merkmal in der j. Ausprägung vorliegt. Das Ergebnis der Stichprobe können wir übersichtlich in der Form einer sogenannten *Kontingenztafel* darstellen:

1. Merkmal \ 2. Merkmal	1	2	. . . . .	s	$\sum$
1	n_{11}	n_{12}	. . . .	n_{1s}	$n_{1\cdot}$
2	n_{21}	n_{22}	. . . .	n_{2s}	$n_{2\cdot}$
⋮	⋮	⋮		⋮	⋮
r	n_{r1}	n_{r2}	. . . .	n_{rs}	$n_{r\cdot}$
$\sum$	$n_{\cdot 1}$	$n_{\cdot 2}$	. . . .	$n_{\cdot s}$	n

Die Randsummen bezeichnen wir mit:

$$n_{i\cdot} = \sum_{j=1}^{s} n_{ij}, \quad n_{\cdot j} = \sum_{i=1}^{r} n_{ij}$$

Es gilt:

$$\sum_{i=1}^{r} n_{i\cdot} = \sum_{j=1}^{s} n_{\cdot j} = n$$

Nun betrachten wir die zugehörigen Randverteilungen, d. h. die Verteilung des 1. Merkmals über die Ausprägungen $1, 2, \ldots r$ (ohne Berücksichtigung des 2. Merkmals) und die Verteilung des 2. Merkmals über die Ausprägungen $1, 2, \ldots s$ (ohne Berücksichtigung des 1. Merkmals). Die Randverteilung des 1. Merkmals habe die Wahrscheinlichkeiten $p_{1\cdot}, p_{\cdot 2}, \ldots p_{r\cdot}$; die empirische Häufigkeitsverteilung, wie sie sich aus der Stichprobe ergibt, ist $n_{1\cdot}, n_{2\cdot}, \ldots n_{r\cdot}$

Analog bezeichnen wir die Wahrscheinlichkeiten der Randverteilung des 2. Merkmals mit $p_{.1}, p_{.2}, \ldots p_{.s}$; die empirische Häufigkeitsverteilung ist $n_{.1}, n_{.2}, \ldots n_{.s}$. Die Wahrscheinlichkeit für die Kombination i, j (d. h. für das Auftreten des 1. Merkmals in der i. Ausprägung, verbunden mit dem 2. Merkmal in der j. Ausprägung) bezeichnen wir mit p_{ij}. Die Häufigkeit, mit der diese Kombination in der Stichprobe auftritt, ist n_{ij}. Sind die Merkmale 1 und 2 voneinander unabhängig, so gilt nach dem Multiplikationstheorem der Wahrscheinlichkeitsrechnung (vgl. S. 12): $p_{ij} = p_{i.} \, p_{.j}$.

Nun sehen wir deutlich, daß sich die Frage der Unabhängigkeit in der Kontingenztafel mit Hilfe der oben beschriebenen χ^2-Methode lösen läßt: Es liegt ein Merkmal vor, das insgesamt $r \cdot s$ verschiedene Ausprägungen aufweist. (Das Merkmal ist sozusagen „zweidimensional", die $r \cdot s$ Ausprägungen sind die verschiedenen Kombinationen der r Ausprägungen des 1. Merkmals mit den s Ausprägungen des 2. Merkmals und entsprechen anschaulich den $r \cdot s$ Feldern der Kontingenztafel.) Die Wahrscheinlichkeiten der einzelnen Ausprägungen sind durch die Beziehung $p_{ij} = p_{i.} \, p_{.j}$ als Funktionen von $(r-1) + (s-1)$ unbekannten Parametern darstellbar, z. B. den Parametern

$$p_{1.}, p_{2.}, \ldots p_{r-1.}, p_{.1}, p_{.2}, \ldots p_{.s-1}.$$

(Wegen der Beziehungen

$$\sum_{i=1}^{r} p_{i.} = 1 \text{ und } \sum_{j=1}^{s} p_{.j} = 1$$

können $p_{r.}$ und $p_{.s}$ durch $p_{1.}, p_{2.}, \ldots p_{r-1.}$ bzw. $p_{.1}, p_{.2}, \ldots p_{.s-1}$ ausgedrückt werden.)

Wendet man die maximum likelihood-Methode unter Berücksichtigung dieser Beziehungen an, so erhält man die Schätzungen: $\hat{p}_{i.} = n_{i.}/n$ für $i = 1, \ldots r$, und $\hat{p}_{.j} = n_{.j}/n$ für $j = 1, \ldots s$. Man erhält daraus als Schätzung für p_{ij} den Wert

$$\hat{p}_{ij} = \frac{n_{i.}}{n} \cdot \frac{n_{.j}}{n}.$$

Die Zahl der erwarteten Fälle in der Kombination i, j ist daher

$$n\,\hat{p}_{ij} = \frac{n_{i.}\,n_{.j}}{n}.$$

Nach Formel 7.2.2 (S. 159) erhalten wir somit als Testgröße:

$$V = \frac{1}{n} \sum_{i=1}^{r} \sum_{j=1}^{s} \frac{n_{ij}^2}{\hat{p}_{ij}} - n = n \left(\sum_{i=1}^{r} \sum_{j=1}^{s} \frac{n_{ij}^2}{n_{i.}\,n_{.j}} - 1 \right). \quad (1)$$

Die Anzahl der Freiheitsgrade ist im allgemeinen Fall $(m-k-1)$. Hier gilt:

Zahlen der Gruppen: $m = r \cdot s$.

Zahl der geschätzten Parameter: $k = (r-1) + (s-1)$.

Daraus folgt:

$m - k - 1 = r\,s - [(r-1) + (s-1)] - 1 = (r-1)\,(s-1).$

V ist also für hinreichend große n annähernd verteilt nach χ^2 mit $(r-1)\,(s-1)$ Freiheitsgraden. (Wegen eines Kriteriums für die Größe von n vergleiche S. 154.)

Beispiel: Führen wir für die auf S. 168 angegebenen Daten über das Religionsbekenntnis der Eheschließenden die Berechnung durch, so erhalten wir:

$$\sum_{i=1}^{4} \sum_{j=1}^{4} \frac{n_{ij}^2}{n_{i.}\,n_{.j}} = 1{,}230, \text{ und somit}$$

$$V = 13\,773\,(1{,}230 - 1) = 3\,168.$$

Im Falle der Unabhängigkeit ist V verteilt nach χ^2 mit $(4-1) \cdot (4-1) = 9$ Freiheitsgraden. Die 99 %-Grenze für die χ^2-Verteilung mit 9 Freiheitsgraden liegt bei 21,7. Der beobachtete Wert von V liegt also weit außerhalb der Sicherheitsgrenze, so daß die Hypothese der Unabhängigkeit eindeutig widerlegt ist. Damit ist aber natürlich noch nicht gesagt, daß dem Religionsbekenntnis bei der Wahl des Ehepartners tatsächlich Beachtung geschenkt wird. Die zweifellos bestehende Abhängigkeit könnte — theoretisch — zur Gänze auf indirekte Zusammenhänge zurückzuführen sein. Solche indirekten Zusammenhänge könnten sich z. B. daraus ergeben, daß das Religionsbekenntnis mit gewissen geographischen oder sozialen Gruppierungen im Zusammenhang steht, die ihrerseits wieder bei der Wahl des Ehepartners eine Rolle spielen.

Vielfach mag es auch von Interesse sein, nicht nur den Test auszuführen, sondern die Besetzungszahlen, die sich im Falle der Unabhängigkeit in den einzelnen Feldern ergeben würden, nach der Formel $n_{i.}\, n_{.j}/n$ zu schätzen und mit den tatsächlich beobachteten Besetzungszahlen zu vergleichen. Nachstehende Tabelle bringt diesen Vergleich für das obige Beispiel.

Tabelle 22

Vergleich der beobachteten Besetzungszahlen (Fettdruck) mit den Unabhängigkeitszahlen (Normaldruck)

Bräutigam \ Braut	röm. kath.	evang. A. B. und H. B.	sonstige Religionsbekenntnisse	ohne Religionsbekenntnis
röm. kath.	**9 919** 9 395	**693** 936	**97** 227	**293** 444
evangelisch A. B. und H. B.	**782** 1 018	**344** 101	**22** 25	**44** 48
sonstige Religionsbekenntn.	**248** 368	**27** 37	**134** 9	**22** 17
ohne Religionsbekenntnis	**812** 980	**108** 98	**31** 24	**197** 46

Diese Tabelle zeigt deutlich, daß in der Diagonale (das sind also jene Felder, bei denen die Religionsbekenntnisse beider Ehepartner in die gleiche Kategorie fallen) die beobachteten Besetzungszahlen stets größer sind als die Unabhängigkeitszahlen, während in den übrigen Feldern die beobachteten Besetzungszahlen meist *kleiner* als die Unabhängigkeitszahlen sind.

Es sei mit Nachdruck darauf hingewiesen, daß die oben definierte Größe V nur als Testgröße für die Hypothese der Unabhängigkeit aufgefaßt werden darf, nicht jedoch als Maß für die Stärke der Abhängigkeit. Man kann z. B. nicht sagen, daß von zwei Kontingenztafeln jene mit dem größeren V auch die stärkere Abhängigkeit aufweise, nicht einmal dann, wenn r und s bei beiden Tafeln übereinstimmen, da V ja noch von n und von den Randverteilungen abhängt. Mit der Frage eines adäquaten Maßes für die Stärke der Abhängigkeit befassen sich u. a. die Arbeiten von *Kruskal* und *Weichselberger*.

Ein anderes, damit zusammenhängendes Problem besteht darin, die Besetzungszahlen auf Grund einer Stichprobe so zu schätzen, daß die Randverteilung bestimmte (z. B. aus einer Totalerhebung bekannte) Werte annimmt. Der an diesem Problem interessierte Leser wird auf die Arbeit von *Weichselberger* verwiesen.

Für den Fall, daß eines der beiden Merkmale nur zwei Ausprägungen aufweist (also $r = 2$ oder $s = 2$), können wir Formel (1) zum Zwecke numerischer Berechnungen weiter vereinfachen. Ohne Beschränkung der Allgemeinheit können wir annehmen, daß $s = 2$. Dann erhalten wir aus (1) nach einer leichten Umformung:

$$V = \frac{n^2}{n_{.1}\, n_{.2}} \left(\sum_{i=1}^{r} \frac{n_{i1}^2}{n_{i.}} - \frac{n_{.1}^2}{n} \right). \tag{2}$$

Die Anzahl der Freiheitsgrade ist $(r-1)\cdot(2-1) = r-1$.

Beispiel:

Tabelle 23

Aufgliederung der Lebendgeborenen in Wien im Jahre 1957 nach Geschlecht und Geburtsmonat

Monat i	männlich n_{i1}	weiblich n_{i2}	zusammen $n_{i.}$	$\frac{n_{i1}^2}{n_{i.}}$
1	600	606	1 206	298,507
2	597	549	1 146	311,003
3	694	652	1 346	357,828
4	639	541	1 180	346,035
5	649	598	1 247	337,771
6	630	577	1 207	328,832
7	610	527	1 137	327,265
8	672	589	1 261	358,116
9	682	613	1 295	359,169
10	579	586	1 165	287,761
11	594	494	1 088	324,298
12	630	572	1 202	330,200
Σ	7 576	6 904	14 480	3 966,785

Quelle: Statistisches Handbuch der Stadt Wien, Jahrgang 1957, S. 32.

Es gilt:

$$V = \frac{14480^2}{7576 \cdot 6904} \cdot \left(3966{,}785 - \frac{7576^2}{14480}\right) = 12{,}0\,.$$

Im Falle der Unabhängigkeit ist V verteilt nach χ^2 mit $12 - 1 = 11$ Freiheitsgraden. Die 99 %-Grenze der χ^2-Verteilung mit 11 Freiheitsgraden liegt bei 24,7. Das vorliegende Beobachtungsmaterial gibt also keinerlei Anlaß zu der Vermutung, daß das Verhältnis männlich zu weiblich von Monat zu Monat Unterschiede aufweist, die über das Ausmaß der Zufallsschwankungen hinausgehen.

Weisen *beide* Merkmale nur je zwei Ausprägungen auf ($r = 2$ und $s = 2$), so läßt sich Formel (2) für Zwecke numerischer Berechnung weiter vereinfachen:

$$V = \frac{n(n_{11}\, n_{22} - n_{12}\, n_{21})^2}{n_{1.}\, n_{2.}\, n_{.1}\, n_{.2}}\,. \tag{3}$$

Die Anzahl der Freiheitsgrade ist $(2-1) \cdot (2-1) = 1$.

Ist n nicht sehr groß, dann empfiehlt es sich, die Approximation durch die χ^2-Verteilung mittels einer Kontinuitätskorrektur zu verbessern. Formel (3) mit Kontinuitätskorrektur lautet:

$$V = \frac{n(|n_{11}\, n_{22} - n_{12}\, n_{21}| - n/2)^2}{n_{1.}\, n_{2.}\, n_{.1}\, n_{.2}}\,. \tag{4}$$

Dabei bedeutet $|n_{11}\, n_{22} - n_{12}\, n_{21}|$ den Absolutbetrag. Praktisch berechnen wir die beiden Produkte $n_{11}\, n_{22}$ und $n_{12}\, n_{21}$, subtrahieren dann das kleinere vom größeren und ziehen schließlich noch $n/2$ ab.

Für sehr kleine n ist die Approximation durch eine χ^2-Verteilung nicht hinreichend genau. Man wird sich in diesem Falle des in Abschnitt 5.3 besprochenen Tests für den Vergleich zweier Binomialverteilungen bedienen. (Siehe das Beispiel auf S. 108, 109.)

B e i s p i e l :

Tabelle 24

Aufgliederung der Geborenen nach Ehelichkeit und Vitalität, Wien 1957

Ehelichkeit / Vitalität	ehelich	unehelich	Σ
lebend	12 948	1 532	14 480
tot	176	36	212
Σ	13 124	1 568	14 692

Quelle: Statistisches Handbuch der Stadt Wien, Jahrgang 1957, S. 32.

Aus Tabelle 24 ist zu entnehmen, daß der Anteil der Totgeburten unter den Unehelichen mit 23 ‰ wesentlich höher ist als unter den Ehelichen mit 13 ‰. Die Frage, ob dieser Unterschied signifikant ist, d. h. ob tatsächlich ein Zusammenhang zwischen Ehelichkeit und Vitalität besteht, kann mit Hilfe des χ^2-Tests beantwortet werden.

Die Verwendung von Formel (3) ergibt: $V = 9{,}0$. Unter Verwendung der Kontinuitätskorrektur [Formel (4)] erhalten wir den Wert $V = 8{,}3$. Die 99 %-Grenze für 1 Freiheitsgrad liegt bei 6,6, so daß der Zusammenhang gesichert erscheint. Damit ist natürlich noch nicht gesagt, daß die Unehelichkeit tatsächlich einen Einfluß auf den Anteil der Totgeburten hat. Der Unterschied könnte grundsätzlich auf den Einfluß anderer Faktoren (z. B. auf einen unterschiedlichen Altersaufbau der ehelichen und unehelichen Mütter) zurückzuführen sein.

7.4 Der Vergleich von r Stichproben

Die im vorigen Abschnitt gegebene Behandlung der Kontingenztafeln ist auf den Fall abgestellt, daß eine Stichprobe vom Umfang n aus einer Verteilung zufällig entnommen und jedes Element der Stichprobe nach zwei verschiedenen (diskreten) Merkmalen klassifiziert wird. Ein logisch ganz anderes Problem liegt vor, wenn r verschiedene Stichproben mit den Umfängen $n_{1\cdot}, n_{2\cdot}, \ldots n_{r\cdot}$ aus r verschiedenen (diskreten) Verteilungen gegeben sind und zu prüfen ist, ob diese r Verteilungen gleich sind oder nicht.

Nr der Stichprobe	Ausprägungen $1 \quad 2 \quad \cdots \quad s$	Stichprobenumfang
1	$n_{11} \; n_{12} \cdots n_{1s}$	$n_{1\cdot}$
2	$n_{21} \; n_{22} \cdots n_{2s}$	$n_{2\cdot}$
$\vdots$	$\vdots \quad \vdots \quad \vdots$	$\vdots$
r	$n_{r1} \; n_{r2} \cdots n_{rs}$	$n_{r\cdot}$
Σ	$n_{\cdot 1} \; n_{\cdot 2} \cdots n_{\cdot s}$	n

Auch dieses Problem können wir mit der χ^2-Methode behandeln. Dabei wird sich zeigen, daß das begriffliche Modell zwar von dem der oben beschriebenen Kontingenztafel wesentlich verschieden ist, trotzdem aber zu derselben Testgröße führt.

Angenommen, die r Verteilungen wären tatsächlich identisch. Die Wahrscheinlichkeiten der s Ausprägungen seien $p_1, p_2, \ldots p_s$. Dann gilt für die i. Stichprobe nach Formel (7.1.2) (S. 154):

$$V_i = \frac{1}{n_{i.}} \sum_{j=1}^{s} \frac{n_{ij}^2}{p_j} - n_{i.} \tag{1}$$

V_i ist verteilt nach χ^2 mit $(s-1)$ Freiheitsgraden.

Da die r Stichproben voneinander unabhängig sind, ist

$$V = \sum_{1}^{r} V_i$$

verteilt nach χ^2 mit $r(s-1)$ Freiheitsgraden.

$$V = \sum_{i=1}^{r} \sum_{j=1}^{s} \frac{n_{ij}^2}{n_{i.}\, p_j} - n \tag{2}$$

In den praktisch auftretenden Fällen handelt es sich jedoch nicht darum, zu prüfen, ob die Ergebnisse der Stichproben mit gewissen Wahrscheinlichkeiten $p_1, p_2, \ldots p_s$ verträglich sind, sondern vielmehr darum, zu entscheiden, ob die Wahrscheinlichkeiten in jeder der r Verteilungen (aus denen die r Stichproben stammen) dieselben sind oder nicht, ohne dabei über die Wahrscheinlichkeiten selbst irgendwelche Annahmen zu machen. Man wird daher die Wahrscheinlichkeiten $p_1, p_2, \ldots p_s$ aus den Stichproben schätzen und diese Schätzungen in den Ausdruck für V einsetzen. Dadurch verringert sich die Zahl der Freiheitsgrade um die Anzahl der geschätzten Parameter. Diese ist in unserem Falle $(s-1)$, denn es besteht ja zwischen

$p_1, p_2, \ldots p_s$ die Beziehung

$$\sum_1^s p_j = 1\,,$$

so daß tatsächlich nicht s, sondern nur $(s-1)$ Parameter aus den Stichproben zu schätzen sind. Die Zahl der Freiheitsgrade beträgt demnach: $r(s-1)-(s-1) = (r-1)(s-1)$. Als Schätzung für p_j erhalten wir nach der maximum likelihood-Methode $\hat{p}_j = n_{.j}/n$, also jene Werte, die sich durch Zusammenfassen aller r Stichproben ergeben. Dies in Formel (2) eingesetzt, ergibt:

$$V = n\left(\sum_{i=1}^{n}\sum_{j=1}^{n} \frac{n_{ij}^2}{n_{i.}\,n_{.j}} - 1\right). \tag{3}$$

Dieser Ausdruck stimmt mit Formel (7.3.1) genau überein. Wir haben daher genau das gleiche Testverfahren anzuwenden, gleichgültig ob wir auf Unabhängigkeit in einer Kontingenztafel testen wollen oder ob wir Stichproben dahingehend vergleichen wollen, ob sie aus derselben Gesamtheit stammen. Daß beide Problemstellungen zu demselben Testverfahren führen, ist sehr zu begrüßen, denn bei vielen Problemstellungen ist es keineswegs evident, welche Auffassung (Test auf Unabhängigkeit oder Vergleich von r Stichproben) eher angemessen erscheint.

Selbstverständlich ist auch die in der Formel (7.3.2) gegebene Spezialisierung für $s = 2$ hier anwendbar, gleichgültig, ob wir r Stichproben mit je zwei Ausprägungen oder 2 Stichproben mit je r Ausprägungen miteinander vergleichen wollen.

B e i s p i e l : Bei Grammarus Chevreuxi treten sowohl schwarz- als auch rotäugige Tiere auf. Das Verhältnis rot zu schwarz, das bei der Kreuzung von zwei heterozygoten Individuen infolge dominanten Erbganges wie 1 : 3 sein sollte, weicht tatsächlich von diesem Wert wesentlich ab. Tabelle 25 gibt eine Aufstellung über die Anzahl von rotäugigen und schwarzäugigen Nachkommen bei 33 Familien:

Tabelle 25 Anzahl der rot- und schwarzäugigen Nachkommen in 33 Familien von Grammarus Chevreuxi

Nr i	rot n_{i1}	schwarz n_{i2}	zusammen $n_{i.}$	$\frac{n_{i1}^2}{n_{i.}}$
1	14	79	93	2,108
2	31	120	151	6,364
3	6	24	30	1,200
4	29	117	146	5,760
5	17	62	79	3,658
6	20	79	99	4,040
7	12	66	78	1,846
8	11	45	56	2,161
9	14	61	75	2,613
10	13	64	77	2,195
11	52	208	260	10,400
12	45	154	199	10,176
13	4	31	35	0,457
14	45	158	203	9,975
15	4	21	25	0,640
16	28	105	133	5,895
17	7	28	35	1,400
18	19	58	77	4,688
19	27	81	108	6,750
20	8	25	33	1,939
21	29	95	124	6,782
22	16	47	63	4,063
23	21	67	88	5,011
24	11	30	41	2,951
25	28	70	98	8,000
26	57	139	196	16,577
27	62	179	241	15,950
28	44	129	173	11,191
29	17	44	61	4,738
30	9	24	33	2,455
31	8	19	27	2,370
32	23	45	68	7,779
33	41	91	132	12,735
Σ	772	2565	3337	184,867

Quelle: *J. D. Huxley:* Further data on linkage in Grammarus Chevreuxi and its relation to cytology, British Journal of Experimental Biology Bd. 1, 1923, S. 55—71.

Die Nachkommen in jeder Familie können wir als Realisationen aus einem konstanten Ursachenkomplex ansehen. Zu klären ist die Frage, ob das Verhältnis rot : schwarz für alle 33 Ursachenkomplexe das gleiche ist, m. a. W., ob alle 33 Verteilungen identisch sind. (Diese Fragestellung erscheint deshalb von Interesse, weil es ja denkbar wäre, das das Verhältnis rot : schwarz bei einem Teil der Familien tatsächlich 1 : 3 ist und nur bei gewissen Familien von diesem theoretischen Wert abweicht.)

Da die Zahlen für „rot" kleiner als die von „schwarz" sind, numerieren wir die Spalte „rot" mit 1, wie dies in Tabelle 25 geschehen ist, und wenden Formel (7.3.2) (S. 173) an:

$$V = \frac{3337^2}{772 \cdot 2565}\left(184{,}867 - \frac{772^2}{3337}\right) \doteq 29{,}6\,.$$

Die Anzahl der Freiheitsgrade ist $33 - 1 = 32$. Für 32 Freiheitsgrade liegt die 95 %-Grenze der χ^2-Verteilung bei 46,2, während wir hier einen Wert $V = 29{,}6$ erhielten. Die Daten stehen daher mit der Hypothese, daß das Verhältnis rot : schwarz bei allen Familien das gleiche ist, durchaus im Einklang.

Die Spezialisierung für den Fall $r = 2$, $s = 2$ führte oben zu den Formeln (7.3.3) bzw. (7.3.4). Die Interpretation als Vergleich zweier Stichproben legt auch folgende, aus (7.3.3) durch eine leichte Umformung hervorgehende Schreibweise nahe:

$$V = \frac{\left(\frac{n_{11}}{n_{1.}} - \frac{n_{21}}{n_{2.}}\right)^2}{\frac{n_{.1}}{n}\left(1 - \frac{n_{.1}}{n}\right)\left(\frac{1}{n_{1.}} + \frac{1}{n_{2.}}\right)}\,. \tag{4}$$

Wir bezeichnen

$$\frac{n_{11}}{n_{1.}} = \hat{p}_1, \quad \frac{n_{21}}{n_{2.}} = \hat{p}_2 \quad \text{und} \quad \frac{n_{.1}}{n} = \hat{p}\,.$$

Dabei ist $\hat{p}_i$ der Anteil der 1. Ausprägung in der i. Stichprobe, $\hat{p}$ der Anteil der 1. Ausprägung in beiden Stichproben zusammen. Mit diesen Symbolen lautet Formel (4):

$$V = \frac{(\hat{p}_1 - \hat{p}_2)^2}{\hat{p}(1-\hat{p})\left(\frac{1}{n_{1.}} + \frac{1}{n_{2.}}\right)}. \tag{5}$$

Dies ist aber nichts anderes als das Quadrat von

$$\frac{\hat{p}_1 - \hat{p}_2}{\sqrt{\hat{p}(1-\hat{p})\left(\frac{1}{n_{1.}} + \frac{1}{n_{2.}}\right)}},$$

einer Größe, die man auch für den Vergleich zweier Binomialverteilungen bei großen n_i ableiten kann. Die Approximation der Binomialverteilung durch die Normalverteilung führt zu dem Ergebnis, daß diese Größe für $n_i \to \infty$ nach $N(0, 1)$ verteilt ist. Damit im Einklang steht die Tatsache, daß das Quadrat dieser Größe χ^2-verteilt ist mit 1 Freiheitsgrad.

Für sehr kleine n wäre im Falle $r = 2$, $s = 2$ der in Abschnitt 5.3 besprochene exakte Test anzuwenden.

7.5 Ein Test gegen Trend

Bereits im Abschnitt 7.1 (S. 155, 156) haben wir ein konkretes Beispiel kennengelernt, bei dem aus der Sachlage heraus zu vermuten war, daß dann, wenn überhaupt eine Abhängigkeit besteht, diese die Form eines Trends besitzt. Die bisher besprochenen, auf der χ^2-Methode basierenden Tests sind jedoch von der Reihenfolge der Gruppen unabhängig und daher für Probleme dieser Art sicherlich nicht optimal.

a) Um die Hypothese $p_i = 1/m$ für $i = 1, 2, \ldots m$ gegen die Alternative zu testen, daß $p_1 < p_2 < \ldots < p_m$, ist es naheliegend, aus den Besetzungszahlen $n_1, n_2, \ldots n_m$ die Testgröße $\sum_{i=1}^{m} i\, n_i$ zu bilden. Für hinreichend große n können wir die Verteilung dieser Testgröße durch eine Normalverteilung approximieren und erhalten, daß

$$T = \frac{\sum_{i=1}^{m} i\,n_i - n\,\frac{m+1}{2}}{\sqrt{n\,\frac{m^2-1}{12}}} \tag{1}$$

bei Zutreffen der Hypothese annähernd nach $N(0, 1)$ verteilt ist.

Beispiel: Wir knüpfen an Beispiel 2, S. 155, 156, an:

Tabelle 26
Berechnung von T

Nr der Startposition i	Anzahl der Sieger n_i	$i\,n_i$
1	29	29
2	19	38
3	18	54
4	25	100
5	17	85
6	10	60
7	15	105
8	11	88
$\sum$	144	559

Durch Einsetzen in Formel (1) erhalten wir:

$$T = \frac{559 - 144 \cdot \frac{8+1}{2}}{\sqrt{144 \cdot \frac{64-1}{12}}} = -3{,}2\,.$$

Es wurde von vornherein vermutet, daß die Startpositionen mit den niedrigen Nummern (am inneren Rand der Rennbahn) günstiger sind. Wir haben also eine einseitige Problemstellung vor uns. Die Hypothese, daß die Startposition keinerlei Einfluß besitzt, ist zu verwerfen, wenn die Testgröße die untere 99 %-

Grenze der Normalverteilung, —2,33, unterschreitet. Dies ist tatsächlich der Fall. (Bei Behandlung dieser Frage mit der χ^2-Methode, die auf die Reihenfolge der Startpositionen keine Rücksicht nimmt, erhielten wir einen Wert knapp innerhalb der Signifikanzgrenze, konnten also kein eindeutiges Urteil fällen.)

b) Praktisch bedeutungsvoller als das oben besprochene Problem ist das der $r \times 2$-Kontingenztafel mit Trend: Die Hypothese der Unabhängigkeit ist zu testen gegen die Alternative, daß der Anteil der Einheiten, die das Merkmal in der 1. Ausprägung aufweisen, mit steigendem r sukzessive zunimmt (oder abnimmt). Als Testgröße dient:

$$T = \frac{n \sum_{i=1}^{r} i\, n_{i1} - n_{.1} \sum_{i=1}^{r} i\, n_{i.}}{\sqrt{\frac{n_{.1} n_{.2}}{n-1} \left(n \sum_{i=1}^{r} i^2 n_{i.} - \left(\sum_{i=1}^{r} i\, n_{i.} \right)^2 \right)}} . \tag{2}$$

Diese Größe ist für große n im Falle der Unabhängigkeit annähernd nach $N(0, 1)$ verteilt.

Die theoretischen Grundlagen dieses Tests finden sich bei *Pfanzagl* (S. 22). Ein verwandter Test wurde von *v. Eeden* und *Hemelrijk* entwickelt. Eine Behandlung dieses Problems mit regressionsanalytischen Methoden bringt *Linder* „Statistische Methoden“, S. 81.

B e i s p i e l : Wir haben die Frage der Abhängigkeit des Schädlingsbefalles von der Baumhöhe bereits in einem Beispiel auf S. 142 behandelt. Damals gingen wir von den Einzelwerten aus. Angenommen, es stünden nur gruppierte Daten zur Verfügung, wie sie in Tabelle 27 angegeben sind.

Da die Zahlen der nicht befallenen Bäume kleiner sind, ist die Rechnung etwas einfacher, wenn wir diese in Spalte 1 eintragen. Die aus der Tabelle 27 entnommenen Summen in Formel (2) eingesetzt liefert:

$$T = \frac{91 \cdot 60 - 35 \cdot 212}{\sqrt{\frac{35 \cdot 56}{90} (91 \cdot 664 - 212^2)}} = -3{,}4 .$$

Dieser Wert liegt unterhalb der unteren 99 %-Grenze der Nor-

Tabelle 27
Berechnung von T

Baumhöhe in m	Nr der Gruppe i	nicht befallen n_{i1}	befallen n_{i2}	$n_{i.}$	$i\,n_{i1}$	$i\,n_{i.}$	$i^2\,n_{i.}$
8,5– 8,9	1	21	14	35	21	35	35
9,6– 9,4	2	7	14	21	14	42	84
9,5– 9,9	3	4	11	15	12	45	135
10,0–10,4	4	2	8	10	8	40	160
10,5–10,9	5	1	9	10	5	50	250
Σ		35	56	91	60	212	664

malverteilung mit –2,33. Die Abhängigkeit des Befalles von der Baumhöhe ist also gesichert.

8 Normalverteilung; höhere Verfahren

8.1 Einleitung

Bereits in Kapitel 4 haben wir uns mit Stichproben aus Normalverteilungen beschäftigt. Allerdings wurde dabei angenommen, daß σ^2 bekannt ist oder daß die Stichprobe so groß ist, daß s^2 einfach mit σ^2 identifiziert werden darf, ohne daß man dabei einen relevanten Fehler begeht. In vielen Fällen der Praxis ist jedoch σ^2 unbekannt und die Stichprobe klein.

Verfahren, die auch für Stichproben kleinen Umfanges gültig sind, wurden in Kapitel 6 besprochen. Diese Verfahren sind verteilungsunabhängig, d. h. sie gelten für *alle* stetigen Verteilungen. Weiß man jedoch in einem konkreten Fall, daß eine Normalverteilung vorliegt, so wird man bestrebt sein, Verfahren anzuwenden, die dieses Wissen mitberücksichtigen, d. h. Verfahren, die speziell für Normalverteilungen entwickelt wurden und demnach in diesem Falle wirksamer sind als die allgemein anwendbaren verteilungsunabhängigen Verfahren. (Allerdings ist der Gewinn an Wirksamkeit oft nicht sehr groß. Wir haben diese Frage auf S. 121, 122 ausführlich diskutiert.)

Die Theorie, die es erlaubt, Verfahren für Normalverteilungen mit unbekannter Varianz zu entwickeln, geht über das Niveau unseres Buches hinaus. Wir müssen uns daher im großen und ganzen damit begnügen, einzelne Ergebnisse dieser Theorie zur Kenntnis zu nehmen. Der interessierte Leser findet eine Darstellung der Ableitungen in allen Lehrbüchern der mathematischen Statistik, in der deutschsprachigen Literatur z. B. bei *Linder* „Statistische Methoden", *M. Fisz, v. d. Waerden, L. Schmetterer.* (Diese Bücher sind hier nach zunehmender Schwierigkeit gereiht.)

8.2 Test und Mutungsintervall für die Varianz

Gegeben sei eine Stichprobe $x_1, x_2, \ldots x_n$ aus einer nach $N(\mu, \sigma^2)$ verteilten Gesamtheit. Beide Parameter μ und σ^2 sind unbekannt. Es ist eine Aussage über σ^2 zu machen.

Grundlegend für Tests und Mutungsintervalle für σ^2 ist die Tatsache, daß die Größe

$$\frac{s^2}{\sigma^2}(n-1)$$

nach χ^2 mit $(n-1)$ Freiheitsgraden verteilt ist. Wir müssen auf einen exakten Beweis hierfür verzichten, doch ist es nicht schwer, sich dies wenigstens plausibel zu machen: $(x_i - \mu)/\sigma$ ist verteilt nach $N(0, 1)$, also $(x_i - \mu)^2/\sigma^2$ verteilt nach χ^2 mit 1 Freiheitsgrad und

$$\sum_{i=1}^{n} \frac{(x_i - \mu)^2}{\sigma^2}$$

verteilt nach χ^2 mit n Freiheitsgraden. Die Ersetzung des unbekannten Parameters μ durch seine Schätzung $\bar{x}$ verringert die Zahl der Freiheitsgrade um 1, so daß

$$\sum_{i=1}^{n} \frac{(x_i - \bar{x})^2}{\sigma^2} = \frac{s^2}{\sigma^2}(n-1)$$

verteilt ist nach χ^2 mit $(n-1)$ Freiheitsgraden.

Wir bezeichnen jene Grenze, unterhalb derer der Anteil α aller Werte liegt, mit $\chi^2_\alpha(\nu)$, wobei ν die Anzahl der Freiheitsgrade ist. Dann gilt:

$$\chi^2_\varepsilon(n-1) < \frac{s^2}{\sigma^2}(n-1) < \chi^2_{1-\varepsilon}(n-1) \qquad (1)$$

mit der Wahrscheinlichkeit 1—2 ε.

Diese Relation können wir verwenden, um eine bestimmte Hypothese $\sigma^2 = \sigma_0^2$ zu testen. Ist die Hypothese richtig, d. h. σ_0^2 tatsächlich die Varianz, so gilt

$$\chi^2_\varepsilon(n-1) < \frac{s^2}{\sigma_0^2}(n-1) < \chi^2_{1-\varepsilon}(n-1) \qquad (2)$$

mit der Wahrscheinlichkeit 1—2 ε. Wir werden also die Hypothese $\sigma^2 = \sigma_0^2$ ablehnen, sobald die linke oder rechte Ungleichung nicht erfüllt ist.

Von (1) ausgehend erhalten wir auch sofort ein Mutungsintervall für σ^2. Es gilt

$$\frac{s^2}{\chi^2_{1-\varepsilon}(n-1)}(n-1) < \sigma^2 < \frac{s^2}{\chi^2_\varepsilon(n-1)}(n-1) \qquad (3)$$

mit der Wahrscheinlichkeit 1—2 ε.

Wird nur ein einseitiger Test bzw. ein einseitiges Mutungsintervall gewünscht, so läßt man einfach die eine Ungleichung fort und ersetzt — um wieder auf die zugelassene Irrtumswahrscheinlichkeit von 1 % zu kommen — den in der anderen Ungleichung vorkommenden χ^2-Wert durch einen anderen. Die Tabelle der χ^2-Verteilung im Anhang enthält aus Platzgründen allerdings nur die Werte $\chi^2_{0,01}, \chi^2_{0,05}, \chi^2_{0,95}, \chi^2_{0,99}$, so daß man bei zweiseitigen Tests nur die Wahl zwischen 90 % und 98 % Sicherheit hat.

Beispiel: Aus 20 Messungen wurde ein Wert $s^2 = 7{,}15$ gewonnen. Wie genau ist dieser Wert? Wir entnehmen aus der Tabelle auf S. 273 die Werte $\chi^2_{0,01}(19) = 7{,}6$ und $\chi^2_{0,99}(19) = 36{,}2$. Dann gilt mit 98 % Sicherheit:

$$\frac{7{,}15}{36{,}2} \cdot 19 < \sigma^2 < \frac{7{,}15}{7{,}6} \cdot 19$$

oder

$$3{,}8 < \sigma^2 < 17{,}9\,.$$

8.3 Der Vergleich zweier Varianzen

Wurden die Varianzen s_1^2 und s_2^2 aus zwei voneinander unabhängigen Stichproben berechnet, so sind

$$V_1 = \frac{s_1^2}{\sigma_1^2}(n_1 - 1) \quad \text{und} \quad V_2 = \frac{s_2^2}{\sigma_2^2}(n_2 - 1)$$

zwei voneinander unabhängige χ^2-verteilte Variable mit $(n_1 - 1)$ bzw. $(n_2 - 1)$ Freiheitsgraden. Entsprechend den Ausführungen auf S. 56 ff. ist daher

$$\frac{\dfrac{V_1}{n_1 - 1}}{\dfrac{V_2}{n_2 - 1}} = \frac{s_1^2}{s_2^2} \cdot \frac{\sigma_2^2}{\sigma_1^2}$$

F-verteilt mit $(n_1 - 1), (n_2 - 1)$ Freiheitsgraden. Wir bezeichnen jene Grenze, unterhalb derer der Anteil α aller Werte liegt, mit $F_\alpha(\nu_1, \nu_2)$, wobei ν_1 und ν_2 die Freiheitsgrade sind. Dann gilt:

$$F_\varepsilon(n_1 - 1, n_2 - 1) < \frac{s_1^2}{s_2^2} \cdot \frac{\sigma_2^2}{\sigma_1^2} < F_{1-\varepsilon}(n_1 - 1, n_2 - 1)$$

mit einer Wahrscheinlichkeit von 1—2 ε. Nun ist aber nach den Ausführungen in Abschnitt 3.3

$$F_\varepsilon(n_1 - 1, n_2 - 1) = \frac{1}{F_{1-\varepsilon}(n_2 - 1, n_1 - 1)},$$

d. h. es gilt

$$\frac{1}{F_{1-\varepsilon}(n_2 - 1, n_1 - 1)} < \frac{s_1^2}{s_2^2} \cdot \frac{\sigma_2^2}{\sigma_1^2} < F_{1-\varepsilon}(n_1 - 1, n_2 - 1) \qquad (1)$$

mit der Wahrscheinlichkeit 1—2 ε. Daraus erhalten wir sofort ein Mutungsintervall für σ_2^2/σ_1^2:

$$\frac{1}{F_{1-\varepsilon}(n_2-1, n_1-1)} \cdot \frac{s_2^2}{s_1^2} < \frac{\sigma_2^2}{\sigma_1^2} < F_{1-\varepsilon}(n_1-1, n_2-1) \cdot \frac{s_2^2}{s_1^2} \qquad (2)$$

mit der Wahrscheinlichkeit 1—2 ε. Um die Hypothese $\sigma_2^2 = \sigma_1^2$ zu testen, greifen wir auf Formel (1) zurück: Ist diese Hypothese richtig, so gilt:

$$\frac{1}{F_{1-\varepsilon}(n_2-1, n_1-1)} < \frac{s_1^2}{s_2^2} < F_{1-\varepsilon}(n_1-1, n_2-1) \qquad (3)$$

mit der Wahrscheinlichkeit 1—2 ε. Wir werden die Hypothese $\sigma_2^2 = \sigma_1^2$ daher verwerfen, wenn die linke oder rechte Ungleichung nicht erfüllt ist. Für die praktische Durchführung können wir noch eine weitere Vereinfachung erzielen:

$$\frac{1}{F_{1-\varepsilon}(n_2-1, n_1-1)} < \frac{s_1^2}{s_2^2}$$

ist gleichbedeutend mit $\dfrac{s_2^2}{s_1^2} < F_{1-\varepsilon}(n_2-1, n_1-1)$.

Wir haben also die Hypothese zu verwerfen, wenn entweder

$$\frac{s_1^2}{s_2^2} > F_{1-\varepsilon}(n_1-1, n_2-1) \quad \text{oder} \quad \frac{s_2^2}{s_1^2} > F_{1-\varepsilon}(n_2-1, n_1-1).$$

Nun ist aber $F_{1-\varepsilon}(\nu_1, \nu_2) > 1$ für alle praktisch in Betracht kommenden ε (d. h. ε nahe bei 0). Es ist also evident, daß wir nur nachzuprüfen haben, ob

$$\frac{s_M^2}{s_m^2} > F_{1-\varepsilon}(n_M-1, n_m-1), \qquad (4)$$

wobei s_M^2 den größeren, s_m^2 den kleineren der beiden Werte s_1^2, s_2^2 bezeichnet. (Daß $s_m^2/s_M^2 < 1$ und somit auch

$$\frac{s_m^2}{s_M^2} < F_{1-\varepsilon}(n_m - 1, n_M - 1),$$

ist von vorneherein klar.)

Will man nur einseitige Mutungsgrenzen oder einen einseitigen Test, so läßt man einfach eine Ungleichung weg und ändert in der anderen den Faktor $F_{1-\varepsilon}$ entsprechend ab, um die zugelassene Irrtumswahrscheinlichkeit zu erreichen. Da die Tabelle wegen der Tabellierung nach 2 Freiheitsgraden relativ umfangreich ist, wurden in diesem Buche nur die Werte F_α für $\alpha = 0{,}99$ und $\alpha = 0{,}95$ aufgenommen. Dies genügt, weil man es in der Praxis überwiegend mit einseitigen Fragestellungen zu tun hat (Streuungszerlegung!).

B e i s p i e l : Um die Genauigkeit von 2 Laboranten bei gewissen chemischen Konzentrationsbestimmungen zu vergleichen, wurden ihnen je 50 möglichst gleichartige Proben zur Konzentrationsbestimmung vorgelegt. Aus den 50 Meßwerten des ersten Laboranten ergab sich $s_1^2 = 0{,}425\,\%$, aus den 50 Meßwerten des zweiten Laboranten $s_2^2 = 0{,}613\,\%$. Ferner entnehmen wir aus der Tabelle: $F_{0,99}(49, 49) = 1{,}96$. Daher gilt mit 98 % Sicherheit:

$$\frac{1}{1{,}96} \cdot \frac{0{,}613}{0{,}425} < \frac{\sigma_2^2}{\sigma_1^2} < 1{,}96 \cdot \frac{0{,}613}{0{,}425},$$

also

$$0{,}74 < \frac{\sigma_2^2}{\sigma_1^2} < 2{,}8.$$

Die Daten sind mit der Hypothese $\sigma_2^2 = \sigma_1^2$ verträglich, da das Mutungsintervall den Wert $\sigma_2^2/\sigma_1^2 = 1$ einschließt. Es kann jedoch auch sein, daß die Messungen des zweiten Laboranten eine doppelt so große Varianz aufweisen wie die des ersten. Man wird daher vor einer endgültigen Entscheidung wahrscheinlich noch weitere Versuche machen. (Man beachte, daß das Mutungsintervall trotz des Stichprobenumfanges $n = 50$ verhältnismäßig weit ist.)

Verschiedene Untersuchungen (*Box*, *Box* und *Andersen*) haben gezeigt, daß der F-Test nicht sehr robust ist, d. h. daß sein Ergebnis auch durch kleine Abweichungen von der Normalverteilung stark beeinflußt werden kann. Erscheint eine solche Abweichung möglich — und dies wird in der Praxis sehr oft der Fall sein —, dann wird man die Anwendung des F-Tests vermeiden. Ein für praktische Zwecke gut geeigneter Test für die Gleichheit zweier Varianzen, der durch Abweichungen von der Normalität nicht wesentlich beeinflußt wird, ist folgender: Man bildet aus der 1. Stichprobe die Werte $\xi_i = |x_i - \bar{x}|$, aus der 2. Stichprobe die Werte $\eta_j = |y_j - \bar{y}|$. Da die Erwartungswerte von ξ_i und η_i proportional σ_1 und σ_2 sind, kann man die Hypothese $\sigma_1 = \sigma_2$ dadurch testen, daß man prüft, ob die ξ_i und η_j als Stichproben aus Verteilungen mit gleichem Mittelwert aufgefaßt werden können. Dazu bedient man sich entweder eines verteilungsunabhängigen Tests (z. B. des *Wilcoxon*-Tests, S. 140, 141) oder des t-Tests. (Die Größen ξ_i, η_j sind zwar nicht normalverteilt, doch ist der t-Test — zum Unterschied vom F-Test — robust gegen Abweichungen von der Normalverteilung.) Statt der Größen ξ_i und η_i kann man auch ξ_i^2 und η_i^2 verwenden, doch erfordert dies durch das Quadrieren zusätzliche Rechenarbeit, ohne daß dadurch die Genauigkeit des Tests im allgemeinen wesentlich beeinflußt wird (*Levene*).

8.4 Test und Mutungsintervall für den Mittelwert

Es sei $x_1, x_2, \ldots x_n$ eine Stichprobe aus der Verteilung $N(\mu, \sigma^2)$. Die Parameter μ und σ^2 seien unbekannt. Es ist eine Aussage über μ zu machen. In Abschnitt 3.2 wurde festgestellt, daß

$$\bar{x} = \frac{1}{n} \sum_{1}^{n} x_i$$

verteilt ist nach $N(\mu, \sigma^2/n)$. Daher ist

$$u = \frac{\bar{x} - \mu}{\sigma} \sqrt{n}$$

verteilt nach $N(0, 1)$. Wäre σ bekannt, so könnte man aus dieser Formel bereits einen Test oder ein Mutungsintervall für μ gewinnen, wie dies in den Abschnitten 4.2 und 4.3 auch geschehen ist.

Es liegt nahe, das unbekannte σ durch einen Schätzwert

$$s = \sqrt{\frac{1}{n-1} \sum_{1}^{n} (x_i - \bar{x})^2}$$

zu ersetzen, d. h. die Testgröße

$$t = \frac{\bar{x} - \mu}{s} \sqrt{n} \tag{1}$$

zu verwenden. Wir dürfen natürlich nicht erwarten, daß auch diese Größe nach $N(0, 1)$ verteilt ist. Ihre Verteilung wird jedoch der Verteilung $N(0, 1)$ um so ähnlicher sein, je größer n ist, da mit steigendem n der Unterschied zwischen σ und s gegenüber dem Unterschied zwischen μ und $\bar{x}$ immer mehr an Bedeutung verliert.

Die Verteilung von t wurde erstmalig von *W. S. Gosset* abgeleitet. Er kam zu dem Ergebnis, daß t verteilt ist nach einer t-Verteilung mit $(n-1)$ Freiheitsgraden. Der grundlegende Gedankengang ist: Wie wir in Abschnitt 8.2 festgestellt haben, ist $(s^2/\sigma^2)(n-1)$ verteilt nach χ^2 mit $(n-1)$ Freiheitsgraden. Ferner kann man zeigen, daß die Größen s^2 und $\bar{x}$ voneinander stochastisch unabhängig sind. Daher sind auch

$$\frac{s^2}{\sigma^2}(n-1) \quad \text{und} \quad \frac{\bar{x} - \mu}{\sigma} \sqrt{n}$$

voneinander stochastisch unabhängig. Die erste Größe ist verteilt nach $\chi^2(n-1)$, die zweite nach $N(0, 1)$. Daher ist der Quotient

$$\frac{\frac{\bar{x}-\mu}{\sigma}\sqrt{n}}{\sqrt{\frac{s^2}{\sigma^2}}}$$

t-verteilt mit $(n-1)$ Freiheitsgraden. Nun fällt aber in diesem Quotienten der Parameter σ heraus und er wird identisch mit

$$t = \frac{\bar{x}-\mu}{s}\sqrt{n}\,.$$

Bild 25 (S. 58) zeigt die t-Verteilung mit 1 Freiheitsgrad im Vergleich mit der Verteilung $N(0, 1)$. Die t-Verteilung ist für alle Freiheitsgrade – wie die $N(0, 1)$ – symmetrisch um den Wert 0. Es genügt daher, die t-Verteilung für Wahrscheinlichkeiten nahe 1 zu tabellieren, da infolge der Symmetrie ganz allgemein gilt: $t_{1-\alpha} = -t_\alpha$. (Dabei verstehen wir unter t_α jene Grenze, unterhalb derer der Anteil α aller Werte liegt.) Wir sehen aus der Abbildung auch, daß die Streuung der t-Verteilung größer ist als die Streuung der Verteilung $N(0, 1)$. Dies entspricht dem Umstand, daß die Größe t infolge der Ersetzung der Konstanten σ durch die zufällige Variable s eine größere Streuung besitzt als u. Dementsprechend sind die Sicherheitsgrenzen der t-Verteilung weiter als die Grenzen der Verteilung $N(0, 1)$ mit der gleichen Sicherheit. Bereits für $n = 30$ stimmt aber die t-Verteilung mit der Verteilung $N(0, 1)$ fast überein, d. h. wir brauchen bei Stichproben mit einem Umfang größer als 30 den Unterschied zwischen σ^2 und s^2 nicht mehr zu beachten. Die zweiseitige Form des t-Tests ist auch bei kleinen Stichproben für nicht allzu schiefe Verteilungen anwendbar, da sich die Vergrößerung (der Wahrscheinlichkeit) des einen Teils der kritischen Region und die Verkleinerung des anderen Teils der kritischen Region annähernd kompensieren.

Die Kenntnis der Verteilung von t können wir dazu benutzen, eine Hypothese über den Mittelwert zu prüfen. Die zu prüfende Hypothese sei: Die Verteilung hat den Mittelwert μ_0. Ist diese Hypothese richtig, so ist

$$t = \frac{\bar{x} - \mu_0}{s} \sqrt{n} \tag{2}$$

verteilt nach $t\,(n-1)$.

Es gilt daher mit der Wahrscheinlichkeit $1-2\,\varepsilon$:

$$-t_{1-\varepsilon}\,(n-1) < \frac{\bar{x} - \mu_0}{s} \sqrt{n} < +t_{1-\varepsilon}\,(n-1)\,. \tag{3}$$

Liegt

$$\frac{\bar{x} - \mu_0}{s} \sqrt{n}$$

innerhalb der angegebenen Grenzen, wird man die Hypothese μ_0 annehmen, sonst verwerfen.

Genau wie in Abschnitt 4.2, S. 75 ff., kann man auf diesem Wege auch ein Mutungsintervall für den unbekannten Mittelwert μ gewinnen:

Aus $$-t_{1-\varepsilon}\,(n-1) < \frac{\bar{x} - \mu}{s} \sqrt{n} < +t_{1-\varepsilon}\,(n-1)$$

folgt $$\bar{x} - t_{1-\varepsilon}\,(n-1)\,\frac{s}{\sqrt{n}} < \mu < \bar{x} + t_{1-\varepsilon}\,(n-1)\,\frac{s}{\sqrt{n}}\,. \tag{4}$$

Das Intervall

$$\left(\bar{x} - t\,\frac{s}{\sqrt{n}}\,,\ \bar{x} + t\,\frac{s}{\sqrt{n}}\right)$$

schließt also den echten Mittelwert μ mit der Wahrscheinlichkeit $1-2\varepsilon$ ein, oder anders ausgedrückt: $\bar{x}$ weicht von μ in $1-2\varepsilon$ aller Fälle um weniger als $t_{1-\varepsilon}$ $(n-1)\ s/\sqrt{n}$ ab.

Beispiel: Bei einer Bestimmung der Drehung von Reyon-Garn wurden die in Tabelle 28 angegebenen Werte ermittelt. Es ist eine Aussage über die durchschnittliche Zahl μ der Drehungen zu machen.

Tabelle 28

Ergebnisse der Drehungs-Bestimmung bei Reyon-Garn und deren Auswertung

Nr. der Probe i	Zahl der Drehungen pro m x_i	x_i-80	$(x_i-80)^2$
1	79	·1	1
2	82	2	4
3	82	2	4
4	85	5	25
5	85	5	25
6	85	5	25
7	81	1	1
8	82	2	4
9	84	4	16
10	84	4	16
11	82	2	4
12	82	2	4
13	81	1	1
14	82	2	4
15	83	3	9
16	83	3	9
17	82	2	4
18	82	2	4
19	86	6	36
20	88	8	64
Σ		60	260

$$\bar{x} = \frac{60}{20} + 80 = 83{,}0 \qquad s^2 = \frac{1}{19}\left(260 - \frac{60^2}{20}\right) = 4{,}21 \qquad s = 2{,}05$$

Mit den oben berechneten Werten $\bar{x}$ und s können wir nun ein Mutungsintervall für μ bestimmen: Aus der Tabelle der t-Verteilung (S. 273) entnehmen wir $t_{0,995}(19) = 2{,}86$, so daß mit 99 % Sicherheit gilt:

$$83{,}0 - 2{,}86 \cdot \frac{2{,}05}{\sqrt{20}} < \mu < 83{,}0 + 2{,}86 \cdot \frac{2{,}05}{\sqrt{20}}$$

oder:

$$81{,}7 < \mu < 84{,}3\,.$$

(Die bei diesem Stichprobenumfang noch nicht erlaubte Verwendung der für die Normalverteilung geltenden Grenzen 2,58 an Stelle von 2,86 würde zu der Abschätzung $81{,}8 < \mu < 84{,}2$ führen.)

8.5 Vergleich zweier Mittelwerte: verbundene Stichproben

Wie in Abschnitt 6.5 verwenden wir auch hier den Test für den Mittelwert μ dazu, um das Problem der zwei verbundenen Stichproben zu behandeln:

i	1. Stichprobe	2. Stichprobe	$d_i = y_i - x_i$
1	x_1	y_1	d_1
2	x_2	y_2	d_2
⋮	⋮	⋮	⋮
n	x_n	y_n	d_n

Zu testen ist die Hypothese, daß x_i und y_i jeweils aus Verteilungen mit dem gleichen Mittelwert stammen: x_i aus $N(\mu_i, \sigma_x^2)$, y_i aus $N(\mu_i, \sigma_y^2)$. Dabei wird als bekannt vorausgesetzt, daß die Varianzen σ_x^2 und σ_y^2 von i unabhängig sind. Die Mittelwerte $\mu_1, \mu_2, \ldots \mu_n$ können jedoch verschieden sein. Alternative ist, daß x_i den Mittelwert μ_i und y_i den Mittelwert μ_i' besitzt, wobei $\mu_i > \mu_i'$ für alle $i = 1,2, \ldots n$ (oder $\mu_i < \mu_i'$ für alle $i = 1,2, \ldots n$).

Um einen Test für dieses Problem zu erhalten, bilden wir, wie in obiger Tabelle angedeutet, die Differenzen $d_i = y_i - x_i$. Haben x_i und y_i tatsächlich beide denselben Mittelwert, so ist d_i verteilt nach $N(0, \sigma^2)$, wobei $\sigma^2 = \sigma_x^2 + \sigma_y^2$. Ist die Hypothese richtig, so sind die Differenzen d_1,

$d_2, \ldots d_n$ demnach eine Stichprobe aus einer Normalverteilung mit Mittelwert 0. Wir können also die Hypothese testen, indem wir prüfen, ob $d_1, d_2, \ldots d_n$ aus einer Normalverteilung mit Mittelwert 0 stammen. Zu diesem Zwecke berechnen wir die Größen

$$\bar{d} = \frac{1}{n} \sum_{i=1}^{n} d_i$$

(oder: $\bar{d} = \bar{y} - \bar{x}$) und

$$s_d^2 = \frac{1}{n-1} \sum_{i=1}^{n} (d_i - \bar{d})^2$$

und bilden die Testgröße

$$t = \frac{\bar{d}}{s_d} \sqrt{n} . \tag{1}$$

Diese ist bei Zutreffen der Hypothese t-verteilt mit $(n-1)$ Freiheitsgraden, so daß in diesem Falle mit der Wahrscheinlichkeit $1-2\,\varepsilon$ gilt:

$$-t_{1-\varepsilon}(n-1) < \frac{\bar{d}}{s_d} \sqrt{n} < t_{1-\varepsilon}(n-1) .$$

Auf die Frage, welchen Vorteil das Arbeiten mit verbundenen Stichproben besitzt, kommen wir in Abschnitt 8.8, S. 204 ff., noch ausführlich zurück.

B e i s p i e l : Wir greifen auf das Beispiel von S. 130 ff. betreffend den Vergleich von zwei Sämaschinen zurück. Aus den dort angeführten Differenzen berechnen wir:

$$\bar{d} = 0{,}83 , \quad s_d = 0{,}815 .$$

Ist die Hypothese richtig, d. h. besteht zwischen den beiden Typen von Sämaschinen kein Unterschied, so ist (1) t-verteilt mit $n-1 = 9$ Freiheitsgraden. Wir erwarten von vornherein, daß die Spezial-Sämaschine überlegen ist, d. h. wir sehen nur positive Werte von $\bar{d}$ als signifikant an. Die einseitige 99 %-Grenze der t-Verteilung mit 9 Freiheitsgraden liegt bei 2,8.

Durch Einsetzen der obigen Werte von $\bar{d}$ und s_d in (1) erhalten wir:

$$t = \frac{0{,}83}{0{,}82} \sqrt{10} = 3{,}2 .$$

Dieser Wert überschreitet die Sicherheitsgrenze 2,8, so daß die unterschiedliche Wirksamkeit beider Sämaschinen gesichert ist.

8.6 Vergleich zweier Mittelwerte: unabhängige Stichproben

Gegeben seien zwei unabhängige Stichproben: $x_1, x_2, \ldots x_{n_1}$ aus $N(\mu_1, \sigma^2)$ und $y_1, y_2, \ldots y_{n_2}$ aus $N(\mu_2, \sigma^2)$. Es wird von vornherein angenommen, daß beide Verteilungen Normalverteilungen sind und daß beide die gleiche Varianz σ^2 besitzen. (Der Wert von σ^2 wird jedoch *nicht* als bekannt vorausgesetzt.) Es ist eine Aussage über die Differenz der beiden Mittelwerte, $\mu_1-\mu_2$, zu machen.

Nach den Ausführungen in Abschnitt 3.2 ist $\bar{x}-\bar{y}$ verteilt nach

$$N\left[\mu_1-\mu_2, \sigma^2\left(\frac{1}{n_1}+\frac{1}{n_2}\right)\right],$$

also

$$\frac{(\bar{x}-\bar{y})-(\mu_1-\mu_2)}{\sigma\sqrt{\frac{1}{n_1}+\frac{1}{n_2}}}$$

verteilt nach $N(0, 1)$. Ferner ist $\left(s_1^2/\sigma^2\right)(n_1-1)$ verteilt nach χ^2 mit (n_1-1) Freiheitsgraden, $\left(s_2^2/\sigma^2\right)(n_2-1)$ verteilt nach χ^2 mit (n_2-1) Freiheitsgraden. Beide Größen sind — da aus voneinander unabhängigen Stichproben stammend — voneinander unabhängig. Also ist

$$\frac{s_1^2}{\sigma^2}(n_1-1)+\frac{s_2^2}{\sigma^2}(n_2-1)$$

verteilt nach χ^2 mit (n_1+n_2-2) Freiheitsgraden. Außerdem ist diese Größe von $(\bar{x}-\bar{y})$ stochastisch unabhängig. (Die Unabhängigkeit von s_1^2 und $\bar{x}$ folgt aus einem bekannten Satz der Wahrscheinlichkeitstheorie, die Unabhängigkeit von s_1^2 und $\bar{y}$ ist evident, da beide Größen aus voneinander unabhängigen Stichproben stammen. Das Analoge gilt für

s_2^2). Daher ist die Größe

$$\frac{(\bar{x}-\bar{y})-(\mu_1-\mu_2)}{\sqrt{\frac{s_1^2(n_1-1)+s_2^2(n_2-1)}{n_1+n_2-2}}\sqrt{\frac{1}{n_1}+\frac{1}{n_2}}} \tag{1}$$

t-verteilt mit $(n_1 + n_2 - 2)$ Freiheitsgraden.

Diese Relation können wir verwenden, um ein Mutungsintervall für $\mu_1 - \mu_2$ zu berechnen oder eine Hypothese über $\mu_1 - \mu_2$ (z. B.: $\mu_1 - \mu_2 = 0$) zu prüfen.

Wir bezeichnen:

$$\frac{s_1^2(n_1-1)+s_2^2(n_2-1)}{n_1+n_2-2} = s^2 .$$

s^2 ist die durch Zusammenfassung beider Stichproben gewonnene Schätzung für σ^2. Diese Zusammenfassung der Werte s_1^2 und s_2^2 ist deshalb möglich, weil wir vorausgesetzt haben, daß beide Verteilungen dieselbe Varianz σ^2 besitzen. Unter Verwendung der Größe s lautet der Ausdruck (1):

$$\frac{(\bar{x}-\bar{y})-(\mu_1-\mu_2)}{s\sqrt{\frac{1}{n_1}+\frac{1}{n_2}}} . \tag{2}$$

(2) ist t-verteilt mit $(n_1 + n_2 - 2)$ Freiheitsgraden.

Daraus erhalten wir sofort ein Mutungsintervall für $(\mu_1 - \mu_2)$:

$$(\bar{x}-\bar{y}) - t_{1-\varepsilon}(n_1+n_2-2)\, s\sqrt{\frac{1}{n_1}+\frac{1}{n_2}} < \mu_1-\mu_2 <$$

$$< (\bar{x}-\bar{y}) + t_{1-\varepsilon}(n_1+n_2-2)\, s\sqrt{\frac{1}{n_1}+\frac{1}{n_2}} . \tag{3}$$

Um die Hypothese $\mu_1 - \mu_2 = \Delta$ zu testen, können wir entweder das Mutungsintervall berechnen und feststellen, ob es den Wert Δ einschließt, oder wir können direkt von der Größe

$$\frac{(\bar{x}-\bar{y})-\Delta}{s\sqrt{\frac{1}{n_1}+\frac{1}{n_2}}} \tag{4}$$

ausgehen und feststellen, ob sie zwischen $\pm\, t_{1-\varepsilon}\,(n_1 + n_2 - 2)$ liegt. Beide Wege führen natürlich zu identischen Ergebnissen.

Die zweiseitige Version des Tests (bzw. Mutungsintervalls) ist auch dann anwendbar, wenn die Voraussetzung der Normalverteilung nicht erfüllt ist, die Verteilungen aber nicht allzu schief sind.

Die praktische Berechnung von s^2 erfolgt nach der Formel

$$s^2 = \frac{Q_1 + Q_2}{n_1 + n_2 - 2}, \tag{5}$$

wobei

$$Q_1 = \sum_1^{n_1} x_i^2 - \frac{1}{n_1}\left(\sum_1^{n_1} x_i\right)^2,$$

$$Q_2 = \sum_1^{n_2} y_i^2 - \frac{1}{n_2}\left(\sum_1^{n_2} y_i\right)^2.$$

Vor Beginn der Berechnung können noch die Werte x_i und y_i um eine Konstante verringert werden. Obwohl dies für die Berechnung von s^2 keine Rolle spielt, ist es dennoch zweckmäßig, diese Konstante für beide Stichproben gleich zu wählen, weil sie dann auch bei Berechnung der Differenz $\bar{x}-\bar{y}$ herausfällt, m. a. W.: Man kann die Analyse mit den um die Konstante verminderten Werten zu Ende führen, ohne die Subtraktion wieder rückgängig machen zu müssen.

Im Falle $n_1 = n_2$ läßt sich der Ausdruck

$$s\sqrt{\frac{1}{n_1}+\frac{1}{n_2}}$$

für Zwecke der numerischen Auswertung weiter vereinfachen. Es gilt:

$$s\sqrt{\frac{1}{n_1}+\frac{1}{n_2}}=\sqrt{\frac{Q_1+Q_2}{n(n-1)}}\ . \qquad (6)$$

Beispiel: Wir schließen an die auf S. 194 gegebenen Werte der Drehungsmessungen an. Angenommen, der Produktionsprozeß wird nach einer zeitweiligen Unterbrechung neu aufgenommen und es soll auf Grund einer zweiten Stichprobe vom Umfang 25 festgestellt werden, ob zwischen dem Mittelwert *vor* der Unterbrechung (μ_1) und dem Mittelwert *nach* der Unterbrechung (μ_2) ein Unterschied besteht.

Auf Grund der 1. Stichprobe ergab sich (vgl. S. 194):

$$\sum_1^{20}(x_i-80)=60\ ,\ \sum_1^{20}(x_i-80)^2=260\ .$$

Analog werden auf Grund der 2. Stichprobe folgende Werte gewonnen:

$$\sum_1^{25}(y_i-80)=117\ ,\ \sum_1^{25}(y_i-80)^2=638\ .$$

Da es sich um dieselbe Maschine handelt, ist anzunehmen, daß die Varianz in beiden Fällen die gleiche ist. (Sollten daran Zweifel bestehen, so könnte dies mit den in Abschnitt 8.3 (S. 190) besprochenen Methoden nachgeprüft werden.)

Wir berechnen nun s^2 nach Formel (5). Es gilt

$$s^2=\frac{260-\frac{60^2}{20}+638-\frac{117^2}{25}}{43}=3{,}96$$

und $s = 1{,}99$. Schließlich ist

$$\bar{y}-\bar{x}=\frac{60}{20}-\frac{117}{25}=1{,}7\ .$$

Daraus erhalten wir das 99 %-Mutungsintervall

$$1{,}7-2{,}69\cdot 1{,}99\sqrt{\frac{1}{20}+\frac{1}{25}}<\mu_2-\mu_1<$$

$$<1{,}7+2{,}69\cdot 1{,}99\sqrt{\frac{1}{20}+\frac{1}{25}}$$

$$0{,}1<\mu_2-u_1<3{,}3\ .$$

Der Unterschied zwischen μ_2 und μ_1 ist also signifikant, denn das Mutungsintervall schließt den Wert $\mu_2 - \mu_1 = 0$ nicht ein. Trotzdem wird man sich in diesem Falle wahrscheinlich dazu entschließen, die Einstellung der Maschine nicht zu ändern, denn der Unterschied zwischen μ_1 und μ_2 ist fast sicher kleiner als 3,3 und damit praktisch belanglos.

8.7 Vergleich zweier Mittelwerte: unabhängige Stichproben, ungleiche Varianz

In manchen Fällen wird die Voraussetzung, daß beide Verteilungen die gleiche Varianz haben, unplausibel erscheinen, vor allem dann, wenn s_1^2 und s_2^2 voneinander signifikant verschieden sind. Man hat dann also folgendes Problem: Die Variablen x_i stammen aus einer Verteilung $N(\mu_1, \sigma_1^2)$, die Variablen y_i aus einer Verteilung $N(\mu_2, \sigma_2^2)$. Es ist eine Aussage über $\mu_1 - \mu_2$ zu machen, ohne von vornherein irgend etwas über σ_1^2 und σ_2^2 vorauszusetzen. Dies ist das sogenannte *Fisher-Behrens*-Problem, für das es keine theoretisch einwandfreie Lösung gibt. *Welch* hat jedoch folgende für praktische Zwecke ausreichende Näherungsmethode gegeben:

Man bildet die Testgröße:

$$\frac{(\bar{x}-\bar{y})-(\mu_1-\mu_2)}{\sqrt{\dfrac{s_1^2}{n_1}+\dfrac{s_2^2}{n_2}}}. \tag{1}$$

Diese ist annähernd t-verteilt mit

$$\frac{1}{\dfrac{c^2}{n_1-1}+\dfrac{(1-c)^2}{n_2-1}}$$

Freiheitsgraden. Dabei ist

$$c = \frac{\dfrac{s_1^2}{n_1}}{\dfrac{s_1^2}{n_1}+\dfrac{s_2^2}{n_2}}.$$

Im Falle $n_1 = n_2$ ergeben sich für die numerische Auswertung folgende Vereinfachungen:

$$\sqrt{\frac{s_1^2}{n_1} + \frac{s_2^2}{n_2}} = \sqrt{\frac{Q_1 + Q_2}{n(n-1)}} . \tag{2}$$

Die Zahl der Freiheitsgrade ist:

$$n - 1 + \frac{2n-2}{\dfrac{Q_1}{Q_2} + \dfrac{Q_2}{Q_1}} . \tag{3}$$

Dabei ist

$$Q_1 = \sum_1^n x_i^2 - \frac{1}{n}\left(\sum_1^n x_i\right)^2$$

$$Q_2 = \sum_1^n y_i^2 - \frac{1}{n}\left(\sum_1^n y_i\right)^2 .$$

Sind die Umfänge beider Stichproben größer als 30, so ist die Testgröße praktisch verteilt nach $N(0, 1)$. Wir erhalten also für den Fall großer Stichproben ein Ergebnis, das mit dem in Formel (4.7.1) S. 89 angegebenen übereinstimmt.

Bei kleinen Stichproben wird man zunächst testen, ob s_1^2 und s_2^2 signifikant voneinander verschieden sind, und sich dementsprechend für Formel 8.6.2 oder Formel 8.7.1 entscheiden. Sind beide Varianzen tatsächlich gleich, so ist es natürlich besser, Formel 8.6.2 anzuwenden, da Formel 8.7.1 stets mit einem Verlust an Freiheitsgraden und damit einer Verminderung der Genauigkeit verbunden ist. Bei der Entscheidung zwischen Formel 8.6.2 und 8.7.1 ist auch zu beachten, daß der Einfluß eines Unterschiedes zwischen σ_1^2 und σ_2^2 auf die Gültigkeit des t-Testes bei Stichproben annähernd gleichen Umfanges geringer ist als bei Stichproben sehr unterschiedlichen Umfanges. Formel (2) ist nämlich mit Formel (8.6.6) identisch. Da auch die Zahl der Freiheitsgrade (Formel 3) — den Fall extrem verschiedener Varianzen ausgenommen — von $2(n-1)$ nur wenig abweichen wird, spielt ein Unterschied zwischen den Varianzen im Falle gleich großer Stichproben keine bedeutende Rolle.

B e i s p i e l : Für eine Hochspannungsleitung werden Kabel mit hoher und gleichmäßiger Zugfestigkeit benötigt. Jedes Kabel wird aus Drähten zusammengesetzt. Geprüft wird die Zugfestigkeit der einzelnen Drähte. Nachfolgende Tabelle gibt die Werte für zwei Drahtsorten, 1 und 2.

Tabelle 29

Ergebnisse der Zugfestigkeits-Bestimmung von 2,52 mm-Draht in kg und deren Auswertung

Sorte 1 x_i	Sorte 2 y_i	$x_i - 340$	$(x_i - 340)^2$	$y_i - 340$	$(y_i - 340)^2$
348	338	8	64	−2	4
345	350	5	25	10	100
350	335	10	100	−5	25
344	333	4	16	−7	49
342	345	2	4	5	25
346	331	6	36	−9	81
349	354	9	81	14	196
345	339	5	25	−1	1
341	339	1	1	−1	1
347	343	7	49	3	9
344	347	4	16	7	49
339	340	−1	1	0	0
341	336	1	1	−4	16
348	342	8	64	2	4
352	345	12	144	5	25
345	338	5	25	−2	4
346	335	6	36	−5	25
349	339	9	81	−1	1
	Σ	101	769	9	615

Quelle: *A. Hald:* Statistical theory, Verlaq Wiley & Sons, 4. Auflage New York 1960. S. 400, 401.

Es gilt:

$$Q_1 = 769 - \frac{101^2}{18} = 202$$

$$Q_2 = 615 - \frac{9^2}{18} = 610.$$

Der Wert $s_2^2/s_1^2 = Q_2/Q_1 = 3{,}0$ ist fast signifikant: Die 95 %-Grenze der F-Verteilung mit (17, 17) Freiheitsgraden liegt bei 2,3, die 99 %-Grenze bei 3,2.

Da wir nur einen Test vornehmen (und kein Mutungsintervall berechnen), können wir die auf S. 202 für den Fall $n_1 = n_2$ gegegebene Vereinfachung noch verbessern zu:

$$\frac{\sum_1^n x_i - \sum_1^n y_i}{\sqrt{\frac{Q_1 + Q_2}{n-1} \cdot n}} = \frac{101 - 9}{\sqrt{\frac{202+610}{17} \cdot 18}} = 3{,}14 .$$

Die Zahl der Freiheitsgrade beträgt:

$$n - 1 + \frac{2\,(n-1)}{\frac{Q_1}{Q_2} + \frac{Q_2}{Q_1}} = 17 + \frac{34}{3{,}0 + 0{,}3} \approx 27 .$$

Für 27 Freiheitsgrade liegt die zweiseitige 99 %-Grenze bei 2,77. Daher ist der Unterschied zwischen den beiden Mittelwerten signifikant: Drahtsorte 1 hat tatsächlich eine höhere durchschnittliche Zugfestigkeit als Drahtsorte 2. Da Drahtsorte 1 außerdem auch die kleinere Varianz besitzt, ist sie der Drahtsorte 2 eindeutig überlegen. (Würden wir den Unterschied zwischen den Varianzen nicht berücksichtigen, also Formel (8.6.4) anwenden, so würden wir mit 34 Freiheitsgraden und der Sicherheitsgrenze 2,73 rechnen. Der Schluß, zu dem wir kämen, wäre der gleiche.)

8.8 Verbundene oder unabhängige Stichproben?

In vielen Fällen hat man die Wahl, ein Experiment entweder mit unabhängigen oder mit verbundenen Stichproben durchzuführen. In einem solchen Falle wird man sich meist für verbundene Stichproben entschließen, da man damit die Genauigkeit oft wesentlich steigern kann. Als Modellbeispiel betrachten wir folgendes Problem: Es ist die Wirksamkeit zweier verschiedener Behandlungsmethoden A und B für eine bestimmte Krankheit zu vergleichen. (Maßstab für die Wirksamkeit sei die erforderliche Behandlungsdauer.) Das einfachste wäre, eine Gruppe von Versuchstieren nach einem Zufallsverfahren in zwei gleich große Teilgruppen aufzuspalten und die eine Gruppe nach Methode A, die andere nach Methode B zu behandeln und sodann die Heilerfolge zu vergleichen. Das Ergebnis sind zwei unabhängige Stichproben: Die Werte $x_1, x_2, \ldots x_n$ stammen von jenen Versuchstieren, die mit A behandelt wurden, die Werte $y_1, y_2, \ldots y_n$ von jenen, die mit B behandelt wurden.

Dieses Verfahren ist zwar das einfachste, aber keineswegs das wirksamste. Wesentlich wirksamer ist folgendes Verfahren: Man wählt eine Gruppe von Versuchstieren und macht einen sogenannten Rechts-Links-Vergleich, d. h. man erzeugt rechts und links zwei voneinander unabhängige Krankheitsherde, und behandelt — sofern dies vom Medizinischen her möglich ist — den einen nach Methode A, den anderen nach B. Welcher nach A und welcher nach B zu behandeln ist, wird durch ein Zufallsexperiment bestimmt. Das Ergebnis sind zwei abhängige Stichproben: (x_1, y_1), $(x_2, y_2), \ldots (x_n, y_n)$. Wir haben diese Schreibweise gewählt, da sich ja x_i und y_i auf die beiden Krankheitsherde ein und desselben Versuchstieres beziehen: x_i auf den nach A, y_i auf den nach B behandelten.

Worin liegt nun eigentlich der Vorteil der verbundenen Stichproben, verglichen mit den unabhängigen? Anschaulich gesprochen darin, daß man bei den verbundenen Stichproben viel genauer vergleichen kann, weil die Streuung, die zwischen verschiedenen Versuchstieren besteht, ausgeschaltet ist.

Allerdings wird durch die Verwendung von verbundenen Stichproben gleichzeitig die Anzahl der Freiheitsgrade vermindert, was wieder mit einem Genauigkeitsverlust verbunden ist. Wäre die Streuung zwischen verschiedenen Versuchstieren nicht größer als die Streuung zwischen verschiedenen Seiten ein und desselben Versuchstieres, so würde die Anlage des Versuches mit verbundenen Stichproben gegenüber den unabhängigen Stichproben sicher einen Genauigkeitsverlust mit sich bringen. Ob verbundene oder unabhängige Stichproben eine höhere Genauigkeit ergeben, hängt also davon ab, wie groß die Streuung zwischen den Tieren — verglichen mit der Streuung zwischen verschiedenen Seiten ein und desselben Tieres — ist. Je größer das Verhältnis dieser Streuungen ist, um so größer ist der Genauigkeitsgewinn, den die Verwendung verbundener Stichproben mit sich bringt.

Um eine Faustregel zu haben, ob die Verwendung verbundener Stichproben gewinnbringend ist oder nicht, berechnen wir neben s_d^2, der Varianz zwischen den Differenzen der einzelnen Paare, noch s_Σ^2, die Varianz zwischen den Summen der einzelnen Paare. Den Umfang, den jede der beiden Stichproben besitzt, bezeichnen wir mit n. Dann ist der relative Wirkungsgrad der verbundenen Stichproben, verglichen mit den unabhängigen:

$$W = \frac{n(2\,n+1)}{(n+2)\,(2\,n-1)} \cdot \frac{(n-1)\,s_\Sigma^2 + n\,s_d^2}{(2\,n-1)\,s_d^2}\,. \tag{1}$$

Ist $W > 1$, so liefert die Versuchsanordnung mit verbundenen Stichproben eine größere Genauigkeit als die Versuchsanordnung mit unabhängigen Stichproben.

Die Berechnung des relativen Wirkungsgrades kann selbstverständlich erst dann ausgeführt werden, wenn die Ergebnisse eines Versuches mit verbundenen Stichproben bereits vorliegen. Ihr Resultat kommt also für den konkreten Versuch zu spät, gibt aber Hinweise für die Planung künftiger Versuche.

Formel (1) beruht auf der Annahme, daß bei Anlage des Versuches mit unabhängigen Stichproben die $2n$ Einheiten der n Paare den beiden Behandlungsmethoden unabhängig voneinander zufällig zugeordnet werden. Vielfach ist diese Vorstellung jedoch nicht adäquat. Angenommen, die verbundenen Stichproben beruhen auf Paaren von Zwillingen. Im Falle eines Versuches mit unabhängigen Stichproben würde man natürlich nicht zuerst n Zwillingspaare ermitteln und dann die $2n$ Kinder den Behandlungsmethoden zufallsartig zuordnen; man würde vielmehr $2n$ beliebige Kinder für den Versuch heranziehen. Nimmt man an, daß die Streuung zwischen den Kindern genauso groß ist wie die Streuung zwischen den Zwillingskindern aus verschiedenen Paaren, so erhält man:

$$W = \frac{n(2n+1)}{(n+2)(2n-1)} \cdot \frac{s_\Sigma^2 + s_d^2}{2 s_d^2} . \qquad (2)$$

Übrigens ist, wie man leicht nachrechnet,

$$\frac{s_\Sigma^2 + s_d^2}{2} = s_1^2 + s_2^2 .$$

Allgemein gesprochen gilt Formel (2) immer dann, wenn bei Verwendung unabhängiger Stichproben so vorgegangen wird, daß von $2n$ (fiktiven oder realen) Paaren nur je eine Einheit in den Versuch einbezogen wird.

B e i s p i e l : Auf S. 130, 135 und 196 behandelten wir den Vergleich zweier Sämaschinen. Die Paarung geht darauf zurück, daß immer zwei benachbarte Versuchsfelder zu einem Paar zusammengefaßt wurden und von jedem Paar jeweils das eine Feld mit der gewöhnlichen Maschine, das andere Feld mit der Spezialmaschine besät wurde.

Tabelle 30

Bestimmung des relativen Wirkungsgrades

Versuchsfeld Nr.	Ertrag Spezialmaschine x_i	Ertrag gewöhnl. Maschine y_i	$x_i + y_i$	$z_i = x_i + y_i - 13$	z_i^2
1	8,0	5,6	13,6	0,6	0,36
2	8,4	7,4	15,8	2,8	7,84
3	8,0	7,3	15,3	2,3	5,29
4	6,4	6,4	12,8	−0,2	0,04
5	8,6	7,5	16,1	3,1	9,61
6	7,7	6,1	13,8	0,8	0,64
7	7,7	6,6	14,3	1,3	1,69
8	5,6	6,0	11,6	−1,4	1,96
9	5,6	5,5	11,1	−1,9	3,61
10	6,2	5,5	11,7	−1,3	1,69
Σ			136,1	6,1	32,73

Nehmen wir an, daß bei Anlage des Versuches mit unabhängigen Stichproben die 10 mit der Spezialmaschine zu besäenden Versuchsfelder durch ein Zufallsexperiment aus den 20 Versuchsfeldern ausgewählt würden, haben wir den Wirkungsgrad nach Formel (1) zu berechnen. Es gilt:

$$(n-1)\, s_\Sigma^2 = 32{,}73 - \frac{6{,}1^2}{10} = 29{,}0\,.$$

Den Wert $s_d^2 = 0{,}67$ übernehmen wir von S. 196. Dann erhalten wir:

$$W = \frac{10 \cdot 21}{12 \cdot 19} \cdot \frac{29{,}0 + 10 \cdot 0{,}67}{19 \cdot 0{,}67} = 2{,}6\,.$$

Obwohl die hier verwendeten Werte von s_d^2 und s_Σ^2 mit nicht zu vernachlässigenden Fehlern behaftet sind, da sie nur aus kleinen Stichproben berechnet wurden, erscheint es trotzdem evident, daß die Verwendung verbundener Stichproben in diesem Fall rentabel ist.

8.9 Vergleich mehrerer Mittelwerte: unabhängige Stichproben

Der oben behandelte Vergleich zweier Mittelwerte läßt sich auf den Vergleich einer beliebigen Zahl von Mittelwerten erweitern. Gegeben seien k unabhängige Stichproben: $x_{i1}, x_{i2}, \ldots x_{in_i}$, $i = 1,2, \ldots k$. Die Umfänge der k Stichproben, $n_1, n_2, \ldots n_k$, können verschieden sein. Wir nehmen an, daß die Stichproben aus Normalverteilungen stammen und daß alle diese Normalverteilungen die gleiche Varianz besitzen. Die Mittelwerte dieser Normalverteilungen seien $\mu_1, \mu_2, \ldots \mu_k$. Die Hypothese lautet: $\mu_1 = \mu_2 = \ldots = \mu_k$. Die Alternative ist, daß einige oder auch alle μ_i voneinander verschieden sind, also eine sehr allgemein gehaltene Alternative.

Ist die Hypothese richtig, d. h. haben tatsächlich alle Verteilungen den gleichen Mittelwert μ, so ist

$$\frac{1}{\sigma^2} \sum_{i=1}^{k} (\bar{x}_i - \bar{x})^2 n_i \tag{1}$$

χ^2-verteilt mit (k–1) Freiheitsgraden.
Dies ist leicht einzusehen:

$$\frac{\bar{x}_i - \mu}{\sigma} \sqrt{n_i}$$

ist verteilt nach $N(0, 1)$; also ist

$$\frac{(\bar{x}_i - \mu)^2}{\sigma^2} n_i$$

χ^2-verteilt mit 1 Freiheitsgrad und daher

$$\sum_{1}^{k} \frac{(\bar{x}_i - \mu)^2}{\sigma^2} n_i$$

χ^2-verteilt mit k Freiheitsgraden. Die Ersetzung von μ durch seine Schätzung

$$\bar{x} = \frac{1}{n} \sum_{1}^{k} n_i \bar{x}_i, \text{ wobei } n = \sum_{1}^{k} n_i$$

verringert die Zahl der Freiheitsgrade um 1.

Ist die Hypothese *nicht* richtig, d. h. sind die einzelnen Mittelwerte $\mu_1, \mu_2, \dots \mu_k$ voneinander verschieden, so wird (1) im allgemeinen größer sein, als es der χ^2-Verteilung entspräche, weil zusätzlich zu der durch die Varianz σ^2 bedingten Streuung der $\bar{x}_i$ noch die durch den Unterschied der Mittelwerte μ_i bedingte Streuung hinzukommt. Man wird daher große Werte von (1) als signifikant ansehen.

Allerdings muß man, bevor man diesen Test wirklich anwenden kann, noch die unbekannte Varianz σ^2 durch eine Schätzung ersetzen. Eine solche Schätzung für σ^2 kann man aus jeder der k Stichproben gewinnen: $x_{i1}, x_{i2}, \dots x_{in_i}$ sind verteilt nach $N(\mu_i, \sigma^2)$. Entsprechend den Ausführungen in Abschnitt 8.2 erhält man daraus für σ^2 die Schätzung

$$s_i^2 = \frac{1}{n_i - 1} \sum_{j=1}^{n_i} (x_{ij} - \bar{x}_i)^2 \; .$$

Die beste Schätzung für σ^2 erhält man dadurch, daß man die Schätzungen aus den k Stichproben, $s_1^2, s_2^2, \dots s_k^2$, zusammenfaßt. $(s_i^2/\sigma^2)(n_i - 1)$ ist χ^2-verteilt mit $(n_i - 1)$ Freiheitsgraden. Ferner sind die einzelnen s_i^2, da aus verschiedenen Stichproben stammend, voneinander stochastisch unabhängig. Daher ist

$$\frac{1}{\sigma^2} \sum_{i=1}^{k} s_i^2 \, (n_i - 1) \tag{2}$$

χ^2-verteilt mit $\sum_{i=1}^{k} (n_i - 1) = n - k$ Freiheitsgraden. Dies gilt unabhängig davon, welche Werte $\mu_1, \mu_2, \dots \mu_k$ annehmen, also auch unabhängig davon, ob die Hypothese zutrifft oder nicht.

Außerdem ist (1) von (2) stochastisch unabhängig, denn die Unabhängigkeit von s_i^2 und $\bar{x}_i$ ist im Falle der Normalverteilung durch einen bekannten Satz der Wahrscheinlichkeitsrechnung sichergestellt. Die Unabhängigkeit von s_i^2 und $\bar{x}_j$ $(j \neq i)$ ist evident, da beide Größen aus unabhängigen Stichproben stammen. Daher ist:

$$\frac{\frac{1}{k-1} \cdot \frac{1}{\sigma^2} \sum_1^k (\bar{x}_i - \bar{\bar{x}})^2 n_i}{\frac{1}{n-k} \cdot \frac{1}{\sigma^2} \sum_1^k s_i^2 (n_i - 1)} = \frac{\frac{1}{k-1} \sum_1^k (\bar{x}_i - \bar{\bar{x}})^2 n_i}{\frac{1}{n-k} \sum_1^k s_i^2 (n_i - 1)} \tag{3}$$

F-verteilt mit $(k - 1, n - k)$ Freiheitsgraden.

Dies gilt unter der Voraussetzung, daß die Hypothese $\mu_1 = \mu_2 = \ldots = \mu_k$ richtig ist. Trifft die Hypothese nicht zu, so wird die Testgröße (3) die Tendenz haben, *größer* zu sein, als es der F-Verteilung entspräche. Man wird daher so vorgehen, daß man die Hypothese verwirft, wenn (3) die 99 %-Grenze der F-Verteilung überschreitet.

$$S^2 = \frac{1}{k-1} \sum_{i=1}^{k} (\bar{x}_i - \bar{\bar{x}})^2 n_i$$

wird als „Varianz *zwischen* den Stichproben",

$$s^2 = \frac{1}{n-k} \sum_{i=1}^{k} s_i^2 (n_i - 1)$$

wird als „Varianz *innerhalb* der Stichproben" bezeichnet. Mit diesen Symbolen lautet die Testgröße (Formel 3): S^2/s^2

Das hier besprochene Verfahren wird als „einfache Streuungszerlegung" oder „einfache Varianzanalyse" bezeichnet. Der Ausdruck „Streuungszerlegung" bzw. „Varianzanalyse" geht darauf zurück, daß die gesamte Varianz aller Stichproben zusammen,

$$\frac{1}{n-1} \sum_{i=1}^{k} \sum_{j=1}^{n_i} (x_{ij} - \bar{\bar{x}})^2 ,$$

zerlegt wird. Grundlegend hierfür ist die Aufspaltung der

„Quadratsumme“ in zwei additive Komponenten:

$$\sum_{i=1}^{k}\sum_{j=1}^{n_i}(x_{ij}-\bar{\bar{x}})^2=\sum_{i=1}^{k}\sum_{j=1}^{n_i}(x_{ij}-\bar{x}_i)^2+\sum_{i=1}^{k}(\bar{x}_i-\bar{\bar{x}})^2\,n_i\,.$$

Die erste Quadratsumme auf der rechten Seite entspricht der Varianz innerhalb der Stichproben (d. h. sie ergibt, durch die Anzahl ihrer Freiheitsgrade dividiert, den Wert s^2), die zweite Quadratsumme entspricht der Varianz zwischen den Stichproben (d. h. sie ergibt, durch die Anzahl ihrer Freiheitsgrade dividiert, den Wert S^2).

Für die numerische Auswertung verwenden wir folgende Formeln:

$$\frac{S^2}{s^2}=\frac{n-k}{k-1}\cdot\frac{\sum_{1}^{k}\frac{x_{i.}^2}{n_i}-\frac{x_{..}^2}{n}}{\sum_{i=1}^{k}\sum_{j=1}^{n_i}x_{ij}^2-\sum_{1}^{k}\frac{x_{i.}^2}{n_i}}\,. \tag{4}$$

Dabei bedeutet:

$$x_{i.}=\sum_{j=1}^{n_i}x_{ij}\,,\quad x_{..}=\sum_{i=1}^{k}x_{i.}\,,$$

Für $n_1 = n_2 = \ldots = n_k$ ergibt sich eine weitere Vereinfachung:

$$\frac{S^2}{s^2}=\frac{r_0-1}{k-1}\cdot\frac{k\sum_{1}^{k}x_{i.}^2-x_{..}^2}{n_0\sum_{i=1}^{k}\sum_{j=1}^{n_i}x_{ij}^2-\sum_{1}^{k}x_{i.}^2}\,. \tag{5}$$

Dabei ist n_0 der gemeinsame Wert der n_i.

Weiters ergibt sich für die numerische Auswertung eine wesentliche Vereinfachung dadurch, daß der Quotient S^2/s^2

durch lineare Transformationen der Variablen x_{ij} nicht geändert wird. Man wird also vor Beginn der Berechnungen von allen x_{ij} eine geeignete Konstante subtrahieren und mit einem passenden Faktor multiplizieren. Dabei wird man gegebenenfalls auch gleich eine Rundung vornehmen, um nicht die Rechenarbeit durch Berücksichtigung überflüssiger Dezimalstellen unnötig zu erschweren. Die zu subtrahierende Konstante c wird man so wählen, daß die Zahlen $x_{ij} - c$ absolut genommen möglichst klein sind. Dann wird man die Differenzen mit einer geeigneten Potenz von 10 multiplizieren, so daß man lauter Werte erhält, die zwischen $\pm$ 100 liegen. Ist die Spannweite (d. h. die Differenz zwischen dem größten und kleinsten Wert) größer als 50, so kann man alle Dezimalstellen vernachlässigen. Ist die Spannweite kleiner als 50, wird man noch eine Dezimalstelle dazunehmen (d. h. alle Zahlen mit 10 multiplizieren und dann erst die Dezimalstellen weglassen). Hat man für die Berechnung keine Maschine zur Verfügung, so kann es rentabel sein, noch weiter zu verschlüsseln. Man wird sich in diesem Falle bei der Multiplikation nicht auf Potenzen von 10 beschränken, sondern den Faktor so wählen, daß die Zahlen etwa im Bereiche $\pm$ 30 streuen. Dann kann man alle weiteren Dezimalstellen vernachlässigen. (Wegen der Verschlüsselung siehe auch das Beispiel auf S. 222.)

B e i s p i e l : Es sind 4 Garnsorten hinsichtlich ihrer Reißfestigkeit zu vergleichen. Tabelle 31 (S. 214) gibt die Reißfestigkeit in g, vermindert um 250. Die Zahlen sind in dieser Form bereits für die numerische Berechnung geeignet. Ursprünglich wurden von jeder Garnsorte 50 Reißversuche gemacht, doch erwiesen sich bei der 2. Sorte 2, bei der 4. Sorte 1 Wert als Klemmenrisse, die eliminiert werden mußten.

$$\frac{x_{..}^2}{n} = \frac{2148^2}{197} = 23\,421\,.$$

Nach Formel (4) gilt:

$$\frac{S^2}{s^2} = \frac{197-4}{4-1} \cdot \frac{25\,065 - 23\,421}{37\,158 - 25\,065} = 8{,}75\,.$$

S^2/s^2 ist F-verteilt mit (3, 193) Freiheitsgraden. Die Tabelle der F-Verteilung (S. 276) gibt die 99%-Grenze der F-Verteilung mit

Tabelle 31

Verschlüsselte Reißfestigkeitswerte für 4 verschiedene Garnsorten

Garnsorte Nr.				Garnsorte Nr.			
1	2	3	4	1	2	3	4
4	4	6	17	4	−3	5	16
7	7	28	16	10	11	15	18
3	17	5	23	−8	8	14	24
−6	5	10	16	3	9	11	16
3	13	14	14	−6	11	14	11
11	29	12	26	5	17	11	6
10	6	2	27	−2	9	14	13
−11	10	10	21	8	3	4	15
16	7	4	−3	8	7	22	29
18	−1	12	21	20	14	16	7
7	14	23	19	11	20	17	14
−1	−2	21	14	9	22	12	21
5	25	−6	11	20	22	24	23
−3	−1	15	17	1	11	25	7
7	9	16	−1	7	12	19	17
9	3	8	10	13	11	15	18
5	3	−1	1	25	9	8	18
0	5	8	25	15	4	21	6
23	6	12	8	9	11	14	10
1	8	9	14	22	4	17	16
17	15	34	6	4	0	9	6
14	4	4	0	3	12	−5	32
6	−1	9	3	16	4	19	5
11	16	16	18	4		17	21
14	−6	27	15	−1		12	

	1	2	3	4	$\sum_{i=1}^{4}$
$x_{i.}$	370	423	648	707	2148
$\sum_{j=1}^{n_i} x_{ij}^2$	5964	6327	11574	13293	37158
n_i	50	48	50	49	197
$\frac{x_{i.}^2}{n_i}$	2738	3728	8398	10201	25065

(3, 200) Freiheitsgraden mit 3,88 an. Der Wert 8,74 ist also sehr signifikant, das Vorhandensein von Unterschieden zwischen den Reißfestigkeiten der 4 Garnsorten statistisch gesichert. (Vgl. hierzu auch das Beispiel auf S. 219.)

Wenn wir Formel (3) für $k = 2$ spezialisieren, erhalten wir als Testgröße

$$\frac{(\bar{x}_1 - \bar{\bar{x}})^2 n_1 + (\bar{x}_2 - \bar{\bar{x}})^2 n_2}{s^2} = \frac{(\bar{x}_1 - \bar{x}_2)^2}{s^2\left(\frac{1}{n_1} + \frac{1}{n_2}\right)}.$$

Diese Größe ist F-verteilt mit $(1, n-2)$ Freiheitsgraden. Sie entspricht dem Qradrat der Testgröße 8.6.2, die dort für den allgemeinen Fall $\mu_1 \neq \mu_2$ entwickelt wurde. Die Testgröße 8.6.1 ist t-verteilt mit $(n - 2)$ Freiheitsgraden. Da das Quadrat einer t-verteilten Größe mit f Freiheitsgraden F-verteilt ist mit $(1, f)$ Freiheitsgraden, sind beide Tests, wie zu erwarten, identisch. Die Streuungszerlegung leistet also für das k-Stichprobenproblem das gleiche wie der t-Test für das 2-Stichprobenproblem.

Die Streuungszerlegung ist allerdings nicht die einzig mögliche Art der Behandlung des k-Stichprobenproblems. Sie ist besonders empfindlich gegen die Alternative, daß die Mittelwerte $\mu_1, \mu_2, \ldots \mu_k$ gleichmäßig um einen gemeinsamen Wert streuen. Besteht hingegen die Vermutung, daß dann, wenn überhaupt ein Unterschied zwischen den μ_i besteht, höchstens eines (oder einige) der μ_i vom gemeinsamen Wert abweichen, gibt es Verfahren, die empfindlicher sind als die Streuungszerlegung (vgl. hierzu *Pfanzagl*, S. 25). In Ermangelung geeigneter Tabellen kann man sich in einem solchen Falle für nicht zu kleine k einfach der Kontrollkarten-Methode bedienen.

Die Streuungszerlegung ist in der obigen Form auch dann anwendbar, wenn die Voraussetzung der Normalverteilung nicht streng erfüllt ist. Bei Verteilungen, die von der Normalverteilung stark abweichen, empfiehlt sich allerdings die Anwendung einer Transformation, die die Verteilung wenigstens annähernd „normalisiert". Mit Hilfe geeigneter Transformationen kann man sogar Binomial- und

Poissonverteilungen für die Streuungszerlegung zurechtrichten (vgl. hierzu etwa *Linder* „Statistische Methoden" S. 368 ff.).

Vor Durchführung der Streuungszerlegung wird man prüfen, ob die Voraussetzung der Gleichheit der Varianzen erfüllt ist oder nicht. Üblicherweise wird für den Vergleich von k Varianzen der sogenannte Test von *Bartlett* verwendet. Ähnlich wie im Falle des F-Tests für den Vergleich zweier Varianzen (vgl. S. 190) hat sich jedoch auch beim Test von *Bartlett* gezeigt, daß er sehr empfindlich gegen Abweichungen von der Normalverteilung ist. Man geht daher zweckmäßig so vor, daß man von den Werten der i.Stichprobe: $x_{i1}, x_{i2}, \ldots x_{in_i}$ zu den Werten $\xi_{i1}, \xi_{i2}, \ldots \xi_{in_i}$ mit $\xi_{ij} = |x_{ij} - x_{i.}|$ übergeht. Da der Erwartungswert von ξ_{ij} proportional σ_i ist, kann man die Hypothese $\sigma_1 = \sigma_2 = \ldots = \sigma_k$ dadurch testen, daß man prüft, ob die Stichproben aus Verteilungen mit identischem Erwartungswert stammen. Hierzu wird man sich etwa des Tests von *Kruskal* und *Wallis* (vgl. S. 146) oder der Streuungszerlegung bedienen. (Die Verteilung der ξ_{ij} ist zwar sicher keine Normalverteilung, doch ist die Streuungszerlegung bekanntlich „robust", d. h. ihre Gültigkeit wird durch Abweichungen von der Normalverteilung nur geringfügig beeinflußt.) Statt der Werte ξ_{ij} kann man der Streuungszerlegung auch die Werte ξ_{ij}^2 zugrunde legen, doch erfordert dies zusätzliche Rechenarbeit, ohne daß dadurch die Genauigkeit des Tests wesentlich beeinflußt wird. Der an diesem Problem interessierte Leser wird auf die Arbeiten von *Box*, *Box* und *Andersen* sowie *Levene* hingewiesen.

Ergibt ein Test, daß die Varianzen $\sigma_1^2, \sigma_2^2, \ldots \sigma_k^2$ mutmaßlich nicht alle gleich sind, so ist die Streuungszerlegung in der oben besprochenen Form nicht mehr streng gültig. Es empfiehlt sich an diesem Falle, entweder einen verteilungsunabhängigen Test, z. B. den Test von *Kruskal* und *Wallis,* oder eine auf *Welch* zurückgehende modifizierte Form der Streuungszerlegung anzuwenden:

Die Größe

$$V = \frac{\sum_{i=1}^{k} w_i (\bar{x}_i - \bar{\bar{x}})^2}{(k-1)[1 + 2(k-2)A]}$$

ist annähernd F-verteilt mit $(k-1,\ 1/3\,A)$ Freiheitsgraden. Dabei ist

$$w_i = \frac{n_i}{s_i^2},$$

$$\bar{x} = \frac{\sum_{i=1}^{k} w_i \bar{x}_i}{\sum_{i=1}^{k} w_i},$$

$$A = \frac{1}{k^2-1} \sum_{i=1}^{k} \frac{1}{n_i - 1} \left(1 - \frac{w_i}{\sum_{1}^{k} w_j}\right)^2 .$$

Es sei ausdrücklich betont, daß es sich hierbei um eine Näherungslösung handelt. Eine exakte Lösung dieses Problems gibt es bisher nicht, da es sich ja um eine Verallgemeinerung des *Fisher-Behrens*-Problems vom Fall $k = 2$ auf den Fall beliebiger k handelt. Die hier gegebene Näherungslösung stimmt, für $k = 2$ spezialisiert, mit der auf S. 201 besprochenen Näherungsformel für das *Fisher-Behrens*-Problem überein. Der Einfluß von Unterschieden in den Varianzen auf die Gültigkeit der Streuungszerlegung ist weniger bedeutend, wenn alle Stichproben gleich groß sind.

8.10 Die Beurteilung linearer Kontraste

Hat man die Hypothese $\mu_1 = \mu_2 = \ldots = \mu_k$ verworfen, nimmt man also an, daß zwischen den μ_i irgendwelche Unterschiede bestehen, so ist man in der Regel daran interessiert, diese Unterschiede näher zu analysieren. So wird man in dem auf S. 213 ff. behandelten Beispiel vielleicht vermuten, daß $\mu_1 = \mu_2 \neq \mu_3 = \mu_4$. In einem anderen Fall wird man vielleicht vermuten, daß $\mu_2 = \mu_3 = \mu_4$ und lediglich μ_1 davon verschieden ist, kurz: Man wird auf Grund der vorliegenden Stichproben weitere Hypothesen darüber bilden, welche Beziehungen zwischen den Werten μ_1, μ_2, ... μ_k bestehen.

Immer dann, wenn eine Hypothese erst auf Grund der Stichprobe selbst gebildet wird, sind die theoretisch geltenden Sicherheitswahrscheinlichkeiten falsch. Dies soll folgendes Beispiel illustrieren: Um zu testen, ob der Unterschied im Ertrag zweier Getreidesorten signifikant ist oder nicht, kann man den oben beschriebenen t-Test anwenden: Wird die Hypothese $\mu_1 = \mu_2$ nicht verworfen, solange

$$-t_{1-\varepsilon}(n_1+n_2-2) < \frac{\bar{x}_1 - \bar{x}_2}{s\sqrt{\frac{1}{n_1}+\frac{1}{n_2}}} < +t_{1-\varepsilon}(n_1+n_2-2),$$

so erhalten wir einen Test der Sicherheitswahrscheinlichkeit $1-2\varepsilon$. Geht man jedoch nicht von zwei bestimmten Getreidesorten aus, sondern sucht man aus einer Versuchsserie, die ingesamt 10 Getreidesorten umfaßt, die beste und die schlechteste aus und führt für diese den Test durch, so ist die Sicherheitswahrscheinlichkeit wesentlich kleiner als 99 %. Selbst wenn alle 10 Getreidesorten identisch wären, bekäme man bei diesem Vorgehen wesentlich öfter als bloß in 1 % aller Fälle „signifikante" Unterschiede.

Dieses Beispiel zeigt deutlich, daß dann, wenn die Hypothese erst auf Grund der Stichprobe selbst gebildet wurde, besondere Vorsicht am Platz ist. Es gibt jedoch im Falle der Streuungszerlegung eine Methode, die es erlaubt, alle *Kontraste* zwischen den Parametern μ_1, μ_2, ... μ_k zu testen. Unter einem Kontrast verstehen wir einen Ausdruck der Form

$$\sum_{i=1}^{k} \lambda_i \mu_i, \text{ mit } \sum_{i=1}^{k} \lambda_i = 0,$$

z. B. also:

$$\mu_1 - \frac{1}{3}(\mu_2 + \mu_3 + \mu_4) \text{ oder } (\mu_1 + \mu_2) - (\mu_3 + \mu_4).$$

Mit der Wahrscheinlichkeit $1-\varepsilon$ gilt für sämtliche Kontraste (gleichzeitig) die Relation

$$-\sqrt{(k-1)\,F_{1-\varepsilon}(k-1, n-k,)} < \frac{\sum_{1}^{k}(\lambda_i x_i - \lambda_i \mu_i)}{s\sqrt{\sum_{1}^{k}\frac{\lambda_i^2}{n_i}}} < \tag{1}$$

$$< \sqrt{(k-1)\,F_{1-\varepsilon}(k-1, n-k)} \; .$$

Da diese Relation für *sämtliche* Kontraste gilt, gilt sie auch für jene, die erst auf Grund der Stichprobe selbst gebildet werden. (Vgl. hierzu Kapitel 3 bei *Scheffé*.)

Beispiel: Auf S. 213 ff. haben wir die Reißfestigkeit von 4 Garnsorten verglichen und durch Streuungszerlegung festgestellt, daß Unterschiede vorhanden sind. Die mittleren Reißfestigkeiten:

$$\bar{x}_1 = 257{,}40$$
$$\bar{x}_2 = 258{,}81$$
$$\bar{x}_3 = 262{,}96$$
$$\bar{x}_4 = 264{,}43$$

legen die Vermutung nahe, daß $\mu_1 = \mu_2 < \mu_3 = \mu_4$. Wir setzen also $\lambda_3 = \lambda_4 = 1/2$, $\lambda_1 = \lambda_2 = -1/2$ und bezeichnen

$$-\frac{\mu_1}{2} - \frac{\mu_2}{2} + \frac{\mu_3}{2} + \frac{\mu_4}{2} = \Delta \, .$$

Die Größe Δ ist die Differenz zwischen dem gemeinsamen Mittelwert $\mu_3 = \mu_4$ und dem gemeinsamen Mittelwert $\mu_1 = \mu_2$.

Es gilt:

$$-\frac{\bar{x}_1}{2} - \frac{\bar{x}_2}{2} + \frac{\bar{x}_3}{2} + \frac{\bar{x}_4}{2} = 5{,}59 \, .$$

Unter Verwendung bereits gewonnener Zwischenergebnisse berechnen wir ferner:

$$s\sqrt{\sum_{1}^{4}\frac{\lambda_i^2}{n_i}} = \sqrt{\frac{37\,158 - 25\,065}{193} \cdot \frac{1}{4}\left(\frac{1}{50} + \frac{1}{48} + \frac{1}{50} + \frac{1}{49}\right)} = 1{,}13$$

und $\sqrt{(k-1) \cdot F_{0,99}(k-1,\; n-k)} = \sqrt{3 \cdot 3{,}88} = 3{,}42$.

Nach Formel (1) gilt mit 99 % Sicherheit:

$$-3{,}42 < \frac{5{,}59 - \Delta}{1{,}13} < +3{,}42\ ,$$

oder:

$$1{,}7 < \Delta < 9{,}5\ .$$

8.11 Die Komponenten der Streuung

Wir gingen bei der Streuungszerlegung von dem Modell aus, daß k verschiedene Verteilungen gegeben sind und die Gleichheit der Mittelwerte dieser Verteilungen zu prüfen ist. Es gibt jedoch Fälle, in denen dieses Modell *nicht* adäquat erscheint. Hier ein typisches Beispiel: Um zu bestimmen, wie stark die Konzentration einer in Ampullen abgefüllten Lösung variiert, wird eine Stichprobe von 20 Ampullen entnommen und geprüft. Die Bestimmung der Konzentration wird bei jeder Ampulle 3mal wiederholt. Hier trifft die Auffassung, daß 20 verschiedene Verteilungen vorliegen und aus jeder Verteilung eine Stichprobe vom Umfang 3 entnommen wurde, nicht den Kern der Sache, denn die 20 Ampullen stellen ja selbst eine Stichprobe dar. Das adäquate Modell wäre hier offenbar folgendes: Gegeben ist eine Verteilung (in unserem Beispiel: die Verteilung der wirklichen Konzentration der einzelnen Ampullen). Wir nehmen an, daß es sich um eine Normalverteilung handelt. Ihren Mittelwert bezeichnen wir mit M, ihre Varianz mit Σ^2. Die wirklichen Konzentrationen der 20 Ampullen, $\mu_1, \mu_2, \ldots \mu_{20}$, sind keine unbekannten Konstanten, sondern Realisationen dieser zufälligen Variablen. Die drei Messungen an der Ampulle mit der (wirklichen) Konzentration μ_i werden natürlich Werte liefern, die vom echten Wert μ_i etwas abweichen (bedingt durch die Ungenauigkeit des Meßverfahrens und auch durch Konzentrationsunterschiede innerhalb der Ampulle). Es entspricht durchaus der Erfahrung, anzunehmen, daß diese Meßwerte normalverteilt um den Wert μ_i sind. Die Varianz dieser Normalverteilung bezeichnen wir mit σ^2. Es wird angenommen, daß die Varianz für jede Ampulle die gleiche ist.

Wir haben also eine zufällige Variable, verteilt nach $N(M, \Sigma^2)$. Die Realisationen dieser zufälligen Variablen bezeichnen wir mit $\mu_1, \mu_2, \ldots \mu_k$. Außerdem haben wir zufällige Variable x_i, verteilt nach $N(\mu_i, \sigma^2)$. Die Realisationen dieser zufälligen Variablen bezeichnen wir mit x_{i1}, $x_{i2} \ldots x_{i n_i}$. Wie man leicht zeigen kann, hat

$$S^2 = \frac{1}{k-1} \sum_1^k (\bar{x}_i - \bar{x})^2 \, n_i$$

den Erwartungswert $\sigma^2 + \bar{n}\, \Sigma^2$, wobei

$$\bar{n} = \frac{1}{k-1} \left(n - \frac{1}{n} \sum_1^k n_i^2 \right).$$

Sind alle n_i gleich ($n_i = n_0$), dann gilt: $\bar{n} = n_0$.

Für $\Sigma^2 = 0$ ist $(S^2/\sigma^2)\,(k-1)$ χ^2-verteilt mit $(k-1)$ Freiheitsgraden.

$$s^2 = \frac{1}{n-k} \sum_1^k (n_i - 1)\, s_i^2$$

hat stets den Erwartungswert σ^2. Die Größe $(s^2/\sigma^2)\,(n-k)$ ist χ^2-verteilt mit $(n-k)$ Freiheitsgraden. Der Test für $\Sigma^2 = 0$ verläuft daher genauso, wie der in Abschnitt 8.9, S. 211 beschriebene Test für die Hypothese $\mu_1 = \mu_2 = \ldots = \mu_k$: Man bildet S^2/s^2 und lehnt die Hypothese $\Sigma^2 = 0$ ab, wenn dieser Wert die auf Grund der F-Verteilung ermittelte 99 %-Grenze überschreitet.

Vielfach ist es jedoch nicht nur von Interesse, die Hypothese $\Sigma^2 = 0$ zu testen, sondern Σ^2 zu schätzen. Bezeichnen wir die Schätzfunktion für Σ^2 mit $\hat{\Sigma}^2$, so gilt auf Grund der obigen Beziehung:

$$\hat{\Sigma}^2 = \frac{1}{\bar{n}} (S^2 - s^2). \qquad (1)$$

Für $k > 30$ können wir annehmen, daß $\hat{\Sigma}^2$ annähernd normalverteilt ist, und ein Mutungsintervall für Σ^2 auf Grund der Beziehungen

$$E(\hat{\Sigma}^2) = \Sigma^2,$$

$$V(\hat{\Sigma}^2) \doteq \frac{2}{\bar{n}^2} \left(\frac{S^4}{k-1} + \frac{s^4}{n-k} \right) \qquad (2)$$

berechnen.

B e i s p i e l : Angenommen, die Konzentrations-Bestimmungen in dem o. a. Beispiel der Ampullen hätten folgende Werte ergeben:

Tabelle 32

Ergebnisse der Konzentrations-Bestimmung bei 20 Ampullen

Nr. der Ampulle i	Konzentration in % x_{i1}	x_{i2}	x_{i3}	verschlüsselte Werte x'_{i1}	x'_{i2}	x'_{i3}	$x'_{i.}$
1	1,0149	1,0230	1,0167	15	23	17	55
2	0,9771	0,9656	0,9614	−23	−34	−39	−96
3	0,9985	0,9953	0,9911	−2	−5	−9	−16
4	1,0557	1,0304	1,0288	56	30	29	115
5	0,9944	0,9904	0,9988	−6	−10	−1	−17
6	1,0370	1,0372	1,0492	37	37	49	123
7	0,9493	0,9466	0,9486	−51	−53	−51	−155
8	1,0154	1,0310	1,0328	15	31	33	79
9	1,0351	1,0486	1,0392	35	49	39	123
10	0,9948	0,9952	1,0002	−5	−5	0	−10
11	0,9995	1,0126	0,9970	0	13	−3	10
12	0,9808	0,9591	0,9801	−19	−41	−20	−80
13	0,9896	0,9873	0,9960	−10	−13	−4	−27
14	1,0453	1,0440	1,0373	45	44	37	126
15	1,0344	1,0433	1,0286	34	43	29	106
16	0,9808	0,9806	0,9726	−19	−19	−27	−65
17	0,9961	0,9763	0,9789	−4	−24	−21	−49
18	0,9901	0,9989	0,9913	−10	−1	−9	−20
19	1,0673	1,0609	1,0586	67	61	59	187
20	1,0728	1,0572	1,0719	73	57	72	202
			Σ	228	183	180	591

Vor Beginn der Berechnungen wurde von allen Zahlen der Wert 1,000 abgezogen und sodann der Dezimalpunkt um 3 Stellen nach rechts verschoben. Die so transformierten Werte liegen zwischen 72,8 und —53,4, haben also eine Spannweite größer als 50, so daß wir die Dezimalstelle runden können. Auf diese Weise erhalten wir die in obiger Tabelle mit x_{ij}, überschriebenen verschlüsselten Werte, die der weiteren Berechnung zugrunde gelegt werden.
Es gilt:

$$\sum_1^{20} x_{i.}'^2 = 203\,775\,, \quad \sum_{i=1}^{20}\sum_{j=1}^{3} x_{ij}'^2 = 70\,195\,, \text{ somit}$$

$$S'^2 = \frac{1}{19 \cdot 3}\left(203\,775 - \frac{591^2}{20}\right) = 3269$$

$$s'^2 = \frac{1}{40}\left(70\,195 - \frac{203\,775}{3}\right) = 57\,.$$

Dies sind die aus den verschlüsselten Zahlen berechneten Werte. Da es uns nicht auf die Berechnung des Quotienten ankommt, sondern auf die Schätzung von Σ^2, müssen wir die Verschlüsselung wieder rückgängig machen, d. h. mit 10^{-6} multiplizieren. Es gilt somit:

$$S^2 = 0{,}003269$$
$$s^2 = 0{,}000057\,.$$

Daraus folgt:

$$\hat{\Sigma}^2 = 1/2(0{,}003269 - 0{,}000057) = 0{,}001606\,.$$

Somit gilt:

$$\hat{\Sigma} = 0{,}0401$$
$$s = 0{,}0075\,.$$

Wenn wir noch versuchen, die Genauigkeit von $\hat{\Sigma}$ abzuschätzen — obwohl die o. a. Bedingung $k > 30$ hier nicht erfüllt ist — erhalten wir:

$$V(\hat{\Sigma}^2) \doteq \frac{2}{9}\left(\frac{0{,}003269^2}{19} + \frac{0{,}000057^2}{40}\right) = 12{,}5 \cdot 10^{-8}\,.$$

Da $\hat{\Sigma}^2 - 2{,}58\sqrt{V(\hat{\Sigma}^2)} < \Sigma^2 < \hat{\Sigma}^2 + 2{,}58\sqrt{V(\hat{\Sigma}^2)}$

mit 99 % Wahrscheinlichkeit, gilt

$$\left.\begin{array}{l} 0{,}00069 < \Sigma^2 < 0{,}00252 \\ \text{und } 0{,}026 \quad < \Sigma \quad < 0{,}050 \end{array}\right\} \text{ mit 99 \% Sicherheit.}$$

Wir interessieren uns nun, wie die Genauigkeit von $\bar{\bar{x}}$ von Σ^2 und σ^2 abhängt. Es gilt:

$$V(\bar{\bar{x}}) = \frac{\sum_1^k n_i^2}{n^2}\,\Sigma^2 + \frac{\sigma^2}{n}\,. \tag{3}$$

Diese Formel gibt uns Aufschluß darüber, wie groß wir k, die Anzahl der Stichproben, und die Stichprobenumfänge $n_1, n_2, \ldots n_k$ wählen müssen, um $\bar{\bar{x}}$ möglichst genau (d. h. mit möglichst kleiner Varianz) zu schätzen. Selbstverständlich wird diese Schätzung beliebig genau, wenn man n beliebig groß macht. Es ist jedoch sinnvoll, zu fragen, wie man mit einer Stichprobe vorgegebenen Umfanges n eine möglichst große Genauigkeit erzielen kann. Bei vorgegebenem n hängt $V(\bar{\bar{x}})$ nur noch von $\sum_{i=1}^k n_i^2$ ab. $V(\bar{\bar{x}})$ ist ein Minimum, wenn $\sum_{i=1}^k n_i^2 = \text{Min}$, wobei $\sum_{i=1}^k n_i = n$. Halten wir k (die Anzahl der Teilstichproben) zunächst fest, so ist $\sum_1^k n_i^2 = \text{Min.}$, wenn alle n_i gleich sind. Diesen gemeinsamen Wert wollen wir mit n_0 bezeichnen. Dann gilt: $n = kn_0$. Ferner ist $\sum_1^k n_i^2 = k\,n_0^2$, also

$$V(\bar{\bar{x}}) = \frac{\Sigma^2}{k} + \frac{\sigma^2}{k\,n_0}\,.$$

Diese Formel zeigt deutlich, daß $V(\bar{\bar{x}})$ dann ein Minimum wird, wenn wir (bei gegebenem Stichprobenumfang $kn_0 = n$) k möglichst groß machen, d. h. $k = n$ und $n_0 = 1$ wählen. Um $\bar{\bar{x}}$ möglichst genau zu schätzen, wäre es also am besten, im obigen Beispiel von jeder Ampulle nur eine einzige Messung zu machen, im konkreten Falle also, nicht von 20 Ampullen je 3 Messungen zu machen, sondern von 60 Ampullen je 1 Messung. Hält man umgekehrt k fest und vergrößert man n_0 immer mehr, so wird der Stichprobenumfang $n = kn_0$ beliebig groß. Trotzdem kann $V(\bar{\bar{x}})$ niemals kleiner als Σ^2/k werden. Es kann also u. U. gar keinen praktisch relevanten Genauigkeitsgewinn mit sich bringen, wenn man die Zahl der Messungen pro Ampulle vergrößert, die Zahl der Ampullen aber konstant läßt. (Vergleiche hierzu auch Beispiel 16 in „Industrielle Qualitätskontrolle" von *Lustig* und *Pfanzagl* sowie die Arbeit von *Stange.*)

Bisher wurde nur gefragt, wie man k wählen soll, um mit einer vorgegebenen Zahl von Messungen einen möglichst genauen Wert $\bar{\bar{x}}$ zu ermitteln. In vielen Fällen — so zweifellos auch in dem oben behandelten Beispiel der Ampullen — kommt es aber weniger auf die Zahl der Messungen, als auf die Kosten an. Sicherlich kostet es weniger, 20 Ampullen zu entnehmen und 3 Messungen je Ampulle zu machen, als 60 Ampullen zu entnehmen und je 1 Messung zu machen. Die Kosten pro Messung seien c_1, die Kosten pro Ampulle c_0. Dann sind die Kosten von k Ampullen und n_0 Messungen pro Ampulle insgesamt gleich $c = kc_0 + kn_0 c_1$. Soll man $V(\bar{\bar{x}})$ bei gegebenen Kosten c minimisieren, so kann man durch Anwendung der Regeln zur Bestimmung eines relativen Extremums mit Nebenbedingungen die optimale Zahl n_0 bestimmen. Man erhält auf diese Weise als optimalen Umfang der Teilstichproben („Messungen pro Ampulle"):

$$n_0 = \frac{\sigma}{\Sigma} \sqrt{\frac{c_0}{c_1}} \tag{4}$$

und braucht also, um die Stichprobe für die Schätzung von $\bar{\bar{x}}$ optimal anzulegen, nicht die Kosten c_0 und c_1 selbst, sondern nur deren Verhältnis c_0/c_1. Da der nach obiger Formel bestimmte Wert im allgemeinen nicht ganzzahlig ist, wird man auf- oder abrunden. Selbstverständlich ist es auch möglich, rechnerisch genau zu bestimmen, welcher der benachbarten ganzzahligen Werte der günstigere ist, doch werden die Schätzungen für σ/Σ und c_0/c_1 nur selten so genau sein, daß eine solche Berechnung sinnvoll erscheint.

Beispiel: Nehmen wir an, es wären die Kosten pro Ampulle DM 6,8 (Wert der Ampulle + Kosten für Entnahme und Öffnung), die Kosten pro Messung DM 0,45, ferner $\hat{\Sigma} = 0{,}0401\,\%$, $s = 0{,}0075\,\%$. Dann gilt:

$$n_0 = \frac{0{,}0075}{0{,}0401}\sqrt{\frac{6{,}8}{0{,}45}} = 0{,}7\,.$$

Es erscheint also zweckmäßig, nicht 3, sondern nur 1 Messung pro Ampulle zu machen.

Wegen der Bestimmung von Streuungskomponenten in komplizierteren Fällen vergleiche man *Linder* „Statistische Methoden", S. 142 ff.

8.12 Vergleich mehrerer Mittelwerte: verbundene Stichproben

Beim Vergleich von zwei Stichproben mußten wir zwischen unabhängigen Stichproben (Abschnitt 8.6) und verbundenen Stichproben (Abschnitt 8.5) unterscheiden. Die gleiche Unterscheidung müssen wir auch beim Vergleich von k Stichproben machen. In Abschnitt 8.9 haben wir den Vergleich von k unabhängigen Stichproben behandelt. In diesem Abschnitt behandeln wir den Vergleich von k verbundenen Stichproben.

Nehmen wir an, es wären k verschiedene Behandlungsmethoden miteinander zu vergleichen. Die Vorteile, welche sich in diesem Falle aus der Verwendung verbundener Stichproben ergeben, liegen klar auf der Hand. Man bildet mehrere Gruppen von je k untereinander möglichst ähnlichen Einheiten. Eine solche Gruppe von k untereinander ähnlichen Versuchseinheiten wird ein *Block* genannt. Ein solcher Block kann z. B. aus Tieren ein und desselben Wurfes bestehen oder aus benachbart gelegenen Versuchsfeldern. Beim Vergleich von 2 Stichproben bestand jeder Block aus 2 Einheiten. Beispiele solcher Blöcke sind u. a. Rechts-Links-Vergleiche (S. 205), eineiige Zwillinge, Versuchsfelder (S. 129). Jede Einheit eines Blockes wird nun mit einer anderen der k Methoden behandelt. Die Zuteilung der Einheiten zu den einzelnen Behandlungsmethoden erfolgt zufallsartig (z. B. mit einer Tabelle von Zufallszahlen). Daher wird dieses Verfahren als „Versuchanordnung in Blöcken mit zufälliger Zuordnung" bezeichnet. Da die Einheiten ein und desselben Blockes untereinander ähnlich sind, wird der Vergleich zwischen den Behandlungsmethoden genauer: indem man den ganzen Versuch mit sehr verschiedenen Blöcken wiederholt, erzielt man gleichzeitig hohe Genauigkeit und breite induktive Basis.

Im allgemeinen Fall stehen folgende Ausgangsdaten für die Analyse zur Verfügung:

Block \ Behandlungsmethode	1	2	. . . .	k	Σ
1	x_{11}	x_{12}	. . . .	x_{1k}	$x_{1.}$
2	x_{21}	x_{22}	. . . .	x_{2k}	$x_{2.}$
⋮	⋮	⋮		⋮	⋮
r	x_{r1}	x_{r2}	. . . .	x_{rk}	$x_{r.}$
Σ	$x_{.1}$	$x_{.2}$	. . . .	$x_{.k}$	$x_{..}$

Wir bezeichnen:

$$x_{i.} = \sum_{j=1}^{k} x_{ij}, \quad x_{.j} = \sum_{i=1}^{r} x_{ij}, \quad x_{..} = \sum_{i=1}^{r} \sum_{j=1}^{k} x_{ij}$$

Daraus berechnen wir:

$$\bar{x}_{i.} = \frac{1}{k} x_{i.}, \quad \bar{x}_{.j} = \frac{1}{r} x_{.j}, \quad \bar{x} = \frac{1}{rk} x_{..}$$

Der statistischen Auswertung liegt folgendes Modell zugrunde: Der Wert x_{ij} ist die Realisation einer zufälligen Variablen mit der Verteilung $N(\mu_i + \Delta_j, \sigma^2)$. Die Größe Δ_j stellt den sogenannten *„Behandlungseffekt“* dar, der bewirkt, daß verschiedene Einheiten ein und desselben Blocks einen unterschiedlichen Mittelwert haben. Dabei wird von vornherein angenommen, daß sich eine bestimmte Behandlungsmethode bei jedem Block in gleicher Weise auswirkt (also, daß es keine Wechselwirkungen gibt). Getestet wird die Hypothese, daß kein Behandlungseffekt vorhanden ist, also die Hypothese $\Delta_1 = \Delta_2 = \ldots = \Delta_k = 0$. Ist diese Hypothese richtig, so ist

$$\frac{r \sum_{j=1}^{k} (\bar{x}_{.j} - \bar{x})^2}{\sigma^2}$$

χ^2-verteilt mit $(k-1)$ Freiheitsgraden, da

$$\frac{\bar{x}_{.j} - \bar{\mu}}{\sigma} \sqrt{r}$$

verteilt ist nach $N(0, 1)$. Dabei ist

$$\bar{\mu} = \frac{1}{r} (\mu_1 + \mu_2 + \ldots + \mu_r) .$$

Eine Schätzung für σ^2 ist in diesem Falle allerdings schwieriger zu gewinnen als im Falle der einfachen Streuungszerlegung. Man kann jedoch zeigen, daß

$$s_0^2 = \frac{1}{(r-1)(k-1)} \sum_{i=1}^{r} \sum_{j=1}^{k} (x_{ij} - \bar{x}_{i.} - \bar{x}_{.j} + \bar{x})^2 \qquad (1)$$

eine solche ist. Genauer gesagt ist

$$\frac{\sum_{i=1}^{r}\sum_{j=1}^{k}(x_{ij}-\bar{x}_{i.}-\bar{x}_{.j}+x)^2}{\sigma^2}$$

χ^2-verteilt mit $(r-1)(k-1)$ Freiheitsgraden und von

$$\frac{r\sum_{j=1}^{k}(\bar{x}_{.j}-x)^2}{\sigma^2}$$

stochastisch unabhängig. Daraus erhalten wir die Testgröße:

$$\frac{\frac{r}{k-1}\sum_{j=1}^{k}(x_{.j}-x)^2}{\frac{1}{(r-1)(k-1)}\sum_{i=1}^{r}\sum_{j=1}^{k}(x_{ij}-x_{i.}-x_{.j}+\bar{x})^2}. \tag{2}$$

Ist die Hypothese $\Delta_1 = \Delta_2 = \ldots = \Delta_k = 0$ richtig, so ist die Testgröße (2) F-verteilt mit $[k-1, (r-1)(k-1)]$ Freiheitsgraden; als signifikant gelten große Werte.

Praktisch wird die Quadratsumme

$$Q_0 = \sum_{i=1}^{r}\sum_{j=1}^{k}(x_{ij}-x_{i.}-x_{.j}+\bar{x})^2$$

nicht direkt berechnet, sondern nach der Formel:

$$Q_0 = \sum_{i=1}^{r}\sum_{j=1}^{k}x_{ij}^2 - \frac{1}{r}\sum_{j=1}^{r}x_{i.}^2 - Q_1,$$

wobei

$$Q_1 = \frac{1}{r}\left(\sum_{j=1}^{k}x_{.j}^2 - \frac{x_{..}^2}{k}\right)$$

die für die Berechnung der Testgröße ebenfalls benötigte Quadratsumme ist. Die Testgröße lautet dann:

$$(r-1)\frac{Q_1}{Q_0}. \tag{3}$$

Was im Zusammenhang mit der einfachen Streuungszerlegung (S. 213) über die Vorbereitung des Zahlenmaterials für die numerische Auswertung gesagt wurde, gilt auch hier.

Beispiel: Auf S. 152 behandelten wir die Auswertung eines Sommerweizen-Sortenversuches der eidgenössischen landwirtschaftliche Versuchsanstalt Zürich-Oerlikon.

Um bei der Rechnung mit bequemen Zahlen operieren zu können, wird man von allen in Tabelle 15 angegebenen Werten die Zahl 400 abziehen und dann folgende Größen berechnen:

$$\sum\sum x_{ij}^2 = 58\,442\,,\ \sum x_{.j}^2 = 86\,996\,,\ \sum x_{i.}^2 = 183\,854\,,\ x_{..}^2 = 171\,396\,.$$

Daraus folgt:

$$Q_1 = \frac{1}{4}\left(86\,996 - \frac{171\,396}{5}\right) = 13\,179$$

$$Q_0 = 58\,442 - \frac{183\,854}{5} - 13\,179 = 8\,492\,.$$

Es gilt:

$$(r-1)\frac{Q_1}{Q_0} = 3 \cdot \frac{13\,179}{8\,492} = 4{,}66\,.$$

Die Zahl der Freiheitsgrade ist $k-1=4$ und $(r-1)(k-1)=12$. Die 95 %-Grenze dieser F-Verteilung liegt bei 3,26, die 99 %-Grenze bei 5,41. Man wird also aus dem Versuch schließen, daß wahrscheinlich zwischen den 5 Sorten Unterschiede bestehen. (Damit ist aber natürlich noch nicht bewiesen, daß tatsächlich Huron die beste und Newthatch die schlechteste Sorte ist.)

Spezialisieren wir Formel (2) für den Fall $k=2$, so erhalten wir als Testgröße:

$$\frac{r(\bar{x}_{.1}-\bar{x}_{.2})^2}{\frac{1}{r-1}\sum_{i=1}^{r}[(x_{i1}-x_{i2})-(\bar{x}_{.1}-\bar{x}_{.2})]^2}.$$

Diese ist F-verteilt mit $(1, r-1)$ Freiheitsgraden. Führen wir die Bezeichnung $x_{i1}-x_{i2}=d_i$ ein, dann gilt: $\bar{x}_{.1}-\bar{x}_{.2}=\bar{d}$ und wir sehen unmittelbar, daß diese Testgröße genau das Quadrat der Testgröße 8.5.1 (S. 196) ist. Da das Quadrat einer t-verteilten Größe mit f Freiheitsgraden F-verteilt ist mit $(1, f)$ Freiheitsgraden, sind beide Tests identisch.

Oft ist nicht nur die Varianz zwischen den „Behandlungsmethoden", sondern auch die Varianz zwischen den „Blöcken" von Interesse. Diese prüft man in ganz analoger Weise. Die Testgröße erhält man aus Formel (2), indem man i und j sowie k und r miteinander vertauscht. Dabei bleibt der Nenner von Formel (2) unverändert, während der Zähler übergeht in:

$$\frac{k}{r-1}\sum_{i=1}^{r}(\bar{x}_{i.}-\bar{x})^2,$$

die Varianz zwischen den Blöcken. Für die praktische Berechnung verwenden wir die (3) entsprechende Formel:

$$(k-1)\frac{Q_2}{Q_0}, \tag{4}$$

In diesem Falle können wir Q_0 auch nach der Formel:

$$Q_0=\sum_{i=1}^{r}\sum_{j=1}^{k}x_{ij}^2-\frac{x_{..}^2}{rk}-Q_1-Q_2,$$

$$\text{mit}\quad Q_2=\frac{1}{k}\left(\sum_{1}^{r}x_{i.}^2-\frac{x_{..}^2}{r}\right)$$

berechnen.

Beispiel: Nachstehende Tabelle enthält die Prüfergebnisse von Streckenbändern (Zwischenprodukte der Garnfertigung). Diese wurden auf einer „Strecke" mit 6 Ablieferungen erzeugt:

Die in der Tabelle angegebenen Nummern-Werte der Streckenbänder wurden gleich für die Rechnungen verschlüsselt, und zwar wurde 0,16 subtrahiert und die Differenz dann mit 10^3 multipliziert. Eine Rundung war nicht erforderlich. (Im Gegenteil: Die Zahlen sollten für Zwecke der Streuungszerlegung sogar noch etwas genauer sein.)

Tabelle 33
Verschlüsselte Nummern-Werte von Streckenbändern.

Datum	Nr. der Ablieferung						Σ
	1	2	3	4	5	6	
3. 9.	2	−2	−4	1	−2	0	−5
4. 9.	3	−4	−1	−1	−2	4	−1
5. 9.	3	−2	−3	0	−1	−1	−4
6. 9.	2	−2	−5	1	1	1	−2
7. 9.	2	−2	−4	0	−2	1	−5
10. 9.	1	−3	−3	−1	−1	1	−6
11. 9.	3	- 2	−4	3	1	1	+2
12. 9.	0	−6	−7	−1	−4	−2	−20
13. 9.	6	−2	−3	0	−2	0	−1
14. 9.	4	−1	−4	0	−2	2	−1
17. 9.	4	−4	−4	1	1	1	−1
18. 9.	3	−3	−3	−1	−2	0	−6
19. 9.	3	1	−2	1	1	−1	+3
20. 9.	2	−3	−5	−1	2	1	−4
21. 9.	3	−3	1	1	2	0	+4
Σ	41	−38	−51	3	−10	8	−47

Hier erscheint eine Streuungszerlegung nach beiden Richtungen von Interesse: Die Streuung zwischen den Ablieferungen zeigt, ob zwischen den Ablieferungen innerhalb der Maschine wesentliche Abweichungen vorliegen (was hier offensichtlich der Fall ist). Das Vorhandensein einer signifikanten Streuung zwischen den Tagen läßt Rückschlüsse auf Änderungen im Material oder in den vorgelagerten Fertigungsstufen zu.

Es gilt:

$$\sum_{i=1}^{15} \sum_{j=1}^{6} x_{ij}^2 = 595$$

$$\sum_{1}^{15} x_{i.}^2 = 591$$

$$\sum_{1}^{6} x_{.j}^2 = 5899$$

$$x_{..}^2 = 2209$$

$$Q_1 = \frac{1}{15}\left(5899 - \frac{1}{6} \cdot 2209\right) = 369$$

$$Q_2 = \frac{1}{6}\left(591 - \frac{1}{15} \cdot 2209\right) = 74$$

$$Q_0 = 595 - \frac{2209}{6 \cdot 15} - 369 - 74 = 127\,.$$

Daher ist

	Zahl der Freiheitsgrade	99%-Grenze der F-Verteilung
$(r-1)\frac{Q_1}{Q_0} = 14 \cdot \frac{369}{127} = 40{,}7$	5, 70	3,29
$(k-1)\frac{Q_2}{Q_0} = 5 \cdot \frac{74}{127} = 2{,}9$	14, 70	2,35

Es ist also sowohl der Unterschied zwischen den Ablieferungen als auch der Unterschied zwischen den Tagen gesichert. Der Unterschied zwischen den Ablieferungen ist aber anscheinend wesentlich stärker.

Um die Trennschärfe der Versuchsanordnung in Blöcken mit der Trennschärfe der einfachen Streuungszerlegung zu vergleichen, kann man durch geeignete Kombination der Varianz zwischen den Blöcken und der Rest-Varianz (1) abschätzen, wie groß die „Varianz innerhalb der Stichproben" im Falle der einfachen Streuungszerlegung wäre. Man erhält:

$$s_*^2 = \frac{Q_2 + r\,Q_0/(r-1)}{r\,k - 1}\,. \qquad (5)$$

Dieser Wert ist mit der Rest-Varianz s_0^2 zu vergleichen. Der Quotient beider Varianzen, s_*^2/s_0^2, gibt an, auf das Wievielfache die Zahl der Versuche vermehrt werden müßte, um mit der einfachen Varianzanalyse die gleiche Trennschärfe zu erzielen wie bei der Versuchsanordnung in Blöcken. Das Ergebnis dieses Vergleiches wird natürlich von Fall zu Fall verschieden ausfallen, da es ja ganz davon abhängt, ob es tatsächlich gelingt, Blöcke von untereinander weitgehend ähnlichen Einheiten zu bilden.

Tatsächlich wird die Steigerung der Trennschärfe durch den Quotienten s_*^2/s_0^2 etwas überschätzt, da die Bildung von Blöcken mit einer Verringerung der Zahl der Freiheitsgrade verbunden ist. Man kann diesen Effekt durch einen Korrekturfaktor annähernd eliminieren: Der relative Wirkungsgrad der Versuchsanordnung ist

$$W = \frac{(f_0 + 1)(f_* + 3)}{(f_0 + 3)(f_* + 1)} \cdot \frac{s_*^2}{s_0^2}, \tag{6}$$

wobei $f_0 = (r-1)(k-1)$, $f_* = k(r-1)$.

Werden im Falle zufälliger Zuordnung nicht die in den r Blöcken zusammengefaßten Einheiten verwendet, sondern sozusagen aus rk (fiktiven oder realen) Blöcken nur je eine Einheit herausgegriffen, so haben wir in Formel (6) den Wert

$$s_*^2 = \frac{Q_2 + Q_0}{k(r-1)} \tag{7}$$

einzusetzen. Wie man leicht nachrechnet, ist dies genau die „Varianz innerhalb der Stichproben", die wir bei der einfachen Streuungszerlegung (S. 211) definiert hatten.

Für $k = 2$ spezialisiert erhalten wir aus Formel (6) bei Berechnung von s_*^2 nach Formel (5) die Größe 8.8.1, bei Berechnung von s_*^2 nach Formel (7) die Größe 8.8.2.

B e i s p i e l : Im Falle des auf S. 230 behandelten Sommerweizen-Sortenversuches gilt:

$$(r-1)\,s_2^2 = Q_2 = \frac{1}{5}\left(183\,854 - \frac{171\,396}{4}\right) = 28\,201\,.$$

$$r\,(k-1)\,s_0^2 = \frac{r}{r-1}\,Q_0 = \frac{4}{3}\cdot 8492 = 11\,323\,,$$

also: $s_*^2 = 2080$. Wegen $f_0 = 3\cdot 4 = 12$ und $f_* = 5\cdot 3 = 15$ gilt somit: $W = 2{,}9$.

8.13 Zufällige Zuordnung

Der zuletzt besprochenen Versuchsanordnung in Blöcken liegt die Vorstellung zugrunde, daß sich die Einheiten innerhalb eines Blockes „unbehandelt" nur zufallsartig unterscheiden. Diese Modellvorstellung mag beispielsweise dann zutreffen, wenn wir als Block die Tiere eines bestimmten Wurfes wählen. Sie trifft aber nicht mehr zu, wenn wir etwa bei landwirtschaftlichen Versuchen benachbarte Versuchsfelder zu einem Block zusammenfassen. Die Fruchtbarkeitsunterschiede zwischen benachbarten Versuchsfeldern werden sich infolge einer systematischen Änderung der Bodenqualität im allgemeinen durchaus nicht wie unabhängige Realisationen einer zufälligen Variablen verhalten. Würde man etwa systematisch immer ABC, ABC, ABC anbauen, wie dies in Bild 39 dargestellt ist, so würde infolge der systematischen Änderung der Bodenqualität — wenn alle 3 Sorten gleichwertig wären — der Ertrag von A über B nach C ansteigen. Das Ergebnis eines solchen Versuches wäre daher wenig aufschlußreich. Man geht deshalb so vor, daß man die Zuordnung der Sorten zu den Versuchsfeldern innerhalb eines Blocks durch ein Zufallsexperiment bestimmt, also z. B.

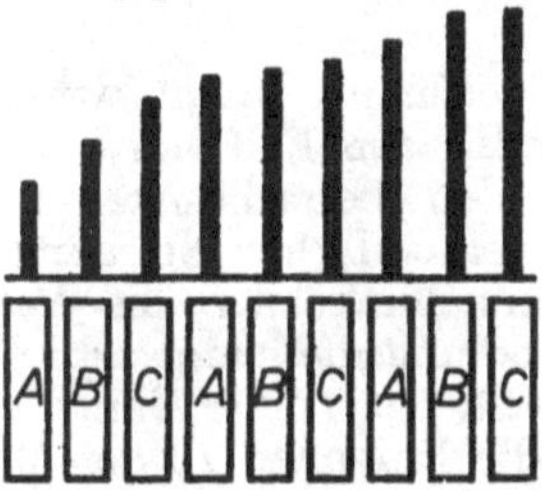

Bild 39. Die Erträge von neun benachbarten Versuchsfeldern.

BAC	CBA	BCA
1. Block	2. Block	3. Block.

Die adäquate Auswertungsmethode wäre dann ein Randomisierungs-Test: Wenn alle Sorten gleichwertig sind, so handelt es sich bei dem ganzen Experiment eigentlich nur um eine zufällige Zuordnung der Buchstaben A, B, C zu den Versuchsfeldern. Wir untersuchen also, welche Werte eine vorgegebene Testgröße unter den verschiedenen möglichen Zuordnungen annimmt und welche Lage die der Wirklichkeit entsprechende Zuordnung im Rahmen der Verteilung dieser Werte besitzt. Praktisch ist ein solcher Randomisierungs-Test aber schwer durchzuführen, da die Anzahl der möglichen Zuordnungen meist sehr groß ist. (Vgl. hierzu auch die Ausführungen auf S. 129 und S. 138.) Man kann jedoch zeigen, daß man für große n die Verteilung, die die Testgröße 8.12.2 unter allen Randomisierungen besitzt, durch eine F-Verteilung approximieren kann und kommt so auf dem Umweg über den Randomisierungs-Test gleichfalls zu dem aus der Streuungszerlegung resultierenden F-Test.

Eine zufällige Zuordnung wird man zur Vorsicht auch dann vornehmen, wenn kein systematischer Einfluß auf die Versuchseinheiten erkennbar ist, da erfahrungsgemäß auch dort immer wieder systematische Einflüsse auftreten, wo man sie nicht vermutet.

Was hier über die zufällige Zuordnung gesagt wurde, gilt ganz allgemein und nicht nur für den Fall von k verbundenen Stichproben, der hier den Betrachtungen zugrunde gelegt wurde. Auch bei der einfachen Streuungszerlegung erscheint die Modellvorstellung, daß die Versuchseinheiten, an denen die Behandlungsmethoden erprobt werden, Realisationen normalverteilter zufälliger Variablen sind, oft nicht adäquat. Werden die Einheiten zu den Behandlungsmethoden jedoch zufällig zugeordnet, so ist die Streuungszerlegung in ihrer üblichen Form auf jeden Fall gültig, denn sie stellt eine Approximation an den zugehörigen Randomisierungs-Test dar.

Der Leser, der sich für die konsequente Ableitung der ein- und mehrfachen Streuungszerlegung aus dem Randomisierungs-Modell interessiert, wird auf das Buch von *Scheffé* verwiesen. Eine kurze, aber fundierte Orientierung liefert der Artikel von *Kempthorne.*

8.14 Versuchsplanung

Wir haben in den vergangenen Abschnitten wiederholt verschiedene Gesichtspunkte erwähnt, die bei der Planung von Versuchen von Bedeutung sind: Die Bildung in sich möglichst homogener „Blöcke", um möglichst genau vergleichen zu können; die zufällige Zuordnung der „Behandlungsmethoden" zu den Einheiten innerhalb eines Blockes, um systematische Verzerrungen auszuschalten; die Wiederholung des Experimentes mit einer größeren Zahl verschiedener (u. U. auch verschiedenartiger) Blöcke, um die Genauigkeit des Ergebnisses zu steigern und die induktive Basis zu verbreitern. Um weitestgehende Homogenität *innerhalb* der Blöcke zu erreichen, wird man für die Einheiten ein und desselben Blockes alle Versuchsbedingungen (Art der Verabreichung der Wirkungssubstanz, Temperatur, äußere Bedingungen usw.) gleich gestalten und nur die zu vergleichenden „Behandlungsmethoden" variieren. Alle sonstigen Variationen, die man für erforderlich hält, wird man *zwischen* den Blöcken vornehmen (Variationen des Alters der Versuchstiere, des Klimas usw.).

Die hier besprochenen Methoden (Vergleich von unabhängigen Stichproben, Vergleich von verbundenen Stichproben) reichen bei weitem nicht aus, um alle Bedürfnisse der Praxis zu bewältigen. So kommt es oft vor, daß man mehr Behandlungsmethoden miteinander vergleichen will, als Einheiten innerhalb eines Blockes zur Verfügung stehen. Dies tritt z. B. bei Rechts-Links-Vergleichen auf, wo jeder Block von vornherein nur 2 Einheiten enthält. In solchen Fällen ist man gezwungen, mit sogenannten *unvollständigen* Blöcken zu arbeiten, d. h. mit Blöcken, die jeweils nur einen Teil der Behandlungsmethoden enthalten. Andere Probleme treten auf, wenn man mehrere Behandlungsmethoden (Einflußfaktoren) miteinander kombinieren will, um die Wirksamkeit der *kombinierten* Anwendung zu studieren, die Wechselwirkungen zu analysieren usw.

Die Auseinandersetzung mit diesen Fragen ginge über den Rahmen dieses Buches hinaus. Wir können darauf um so leichter verzichten, als dem interessierten Leser das ausgezeichnete Buch von *Linder* „Planen und Auswerten von Versuchen“ zur Verfügung steht. Im Literaturverzeichnis findet der Leser weitere Hinweise auf die sehr umfangreiche englischsprachige Literatur.

9 Regression und Korrelation

9.1 Die Regressionsanalyse

Wir betrachten eine zufällige Variable x, deren Dichte nicht nur von einem Parameter ϑ, sondern außerdem noch von einem zweiten Parameter y abhängt:

$$f(x; \vartheta, y) .$$

Daß wir die beiden Parameter ϑ und y so unterschiedlich bezeichnen, hat seinen Grund darin, daß sie bei den folgenden Überlegungen eine grundverschiedene Rolle spielen: Wir untersuchen nämlich Situationen, bei denen die Realisationen $x_1, \ldots x_n$ zu verschiedenen (bekannten) Werten $y_1, \ldots y_n$ gehören, während der Parameter ϑ für alle x_i gleich, aber unbekannt ist. x_i ist also eine Realisation der zufälligen Variablen mit der Dichte $f(x; \vartheta, y_i)$. Das Ergebnis einer Stichprobe kann durch die n Zahlenpaare (x_1, y_1), $(x_2, y_2), \ldots (x_n, y_n)$ beschrieben werden. (Es sei nochmals daran erinnert, daß (x_i, y_i) *nicht* die Realisation einer zweidimensionalen zufälligen Variablen ist, sondern y_i ein von vornherein gewählter spezieller Wert des Parameters y.)

Es ist die Aufgabe gestellt, auf Grund der Stichprobe Aussagen über den unbekannten Wert des Parameters ϑ zu machen.

Beispiel: Es werden Versuche über die Abhängigkeit des Bremsweges von der Geschwindigkeit gemacht. $f(x; \vartheta, y_i)$ ist die Verteilung der Bremswege für eine bestimmte Geschwindigkeit y_i; ϑ ist ein Parameter, der die allgemeinen Versuchsbedingungen (Straßenbelag, Reifen, Wagentype usw.) charakterisiert.

Bei unseren Überlegungen wollen wir folgende Dichtefunktionen zugrunde legen:

$$\frac{1}{\sqrt{2\pi}\,\sigma}\, e^{-\frac{[x-(\alpha+\beta y)]^2}{2\sigma^2}} \tag{1}$$

Die Dichtefunktion ist also eine Normalverteilung. Der Mittelwert ist eine lineare Funktion von y: $\mu = \alpha + \beta y$. Diese Funktion wird als Regressionsfunktion bezeichnet. Die Varianz ist von y unabhängig. Der Ansatz einer linearen Funktion schränkt die Anwendbarkeit der Regressionsanalyse scheinbar stark ein. Tatsächlich kann man aber meist durch eine geeignete Transformation der Variablen die funktionale Abhängigkeit auf eine lineare Form bringen (vgl. hierzu das Beispiel auf S. 243), oder die Regressionsfunktion als Polynom in y mit unbekannten Koeffizienten ansetzen und eine mehrfache Regressionsanalyse durchführen.

Wir wollen den allgemeinen Fall betrachten, daß für jeden Wert des Parameters y_i mehrere Realisationen der zufälligen Variablen x vorliegen: $x_{i1}, x_{i2}, \ldots x_{in_i}$.

Als erstes bilden wir die Varianzen

$$s_i^2 = \frac{1}{n_i - 1} \sum_{j=1}^{n_i} (x_{ij} - \bar{x}_{i.})^2 \tag{2}$$

und prüfen, ob diese tatsächlich von y unabhängig, d. h. für alle i gleich sind. Trifft dies zu, so berechnen wir daraus die kombinierte Schätzung für σ^2:

$$s^2 = \frac{1}{n-k} \sum_{1}^{k} (n_i - 1)\, s_i^2 \tag{3}$$

Dabei ist $n = \sum_{1}^{k} n_i$. $(s^2/\sigma^2)(n-k)$ ist χ^2-verteilt mit $(n-k)$ Freiheitsgraden.

Als nächstes berechnen wir Schätzungen für α und β. Die maximum likelihood-Methode erweist sich in diesem Falle mit der Methode der kleinsten Quadrate identisch, d. h. wir haben α und β so zu bestimmen, daß

$$\sum_{i=1}^{k}\sum_{j=1}^{n_i}[x_{ij}-(\alpha+\beta\, y_i)]^2=\text{Min}\,.$$

Indem wir partiell nach α bzw. β differenzieren, die Ableitungen gleich Null setzen und das so entstehende Gleichungssystem auflösen, erhalten wir:

$$\hat{\beta}=\frac{\sum_{1}^{k}x_{i.}\,y_i-\frac{1}{n}\,x_{..}\sum_{1}^{k}n_i\,y_i}{\sum_{1}^{k}n_i\,y_i^2-\frac{1}{n}\left(\sum_{1}^{k}n_i\,y_i\right)^2}\,, \tag{4}$$

wobei $x_{i.}=\sum_{j=1}^{n_i}x_{ij}$, $x_{..}=\sum_{1}^{k}x_{i.}$; diese Formel ist auch für die Berechnung gut geeignet. Durch Umformung ergibt sich daraus:

$$\hat{\beta}=\frac{\sum_{1}^{k}n_i\,(\bar{x}_i-\bar{\bar{x}})\,(y_i-\bar{y})}{\sum_{1}^{k}n_i\,(y_i-\bar{y})^2}\,, \tag{5}$$

wobei $\bar{x}_i=x_{i.}/n_i$, $\bar{\bar{x}}=x_{..}/n$, $\bar{y}=\sum_{1}^{k}n_i\,y_i/n$. Diese Form ist mnemotechnisch günstiger und zeigt auch den Zusammenhang mit dem Korrelationskoeffizienten deutlicher. Ferner gilt:

$$\hat{\alpha}=\bar{\bar{x}}-\hat{\beta}\,\bar{y}\,. \tag{6}$$

Beide Schätzfunktionen sind linear in den x_{ij} und daher normalverteilt. Die Schätzfunktion $\hat{\alpha}$ hat den Erwartungswert α und die Varianz

$$\frac{\sigma^2}{\sum_{1}^{k}n_i(y_i-\bar{y})^2}\cdot\frac{\sum_{1}^{k}n_i\,y_i^2}{n}\,,$$

$\hat{\beta}$ hat den Erwartungswert β und die Varianz

$$\frac{\sigma^2}{\sum_1^k n_i(y_i - \bar{y})^2}.$$

Im allgemeinen sind $\hat{\alpha}$ und $\hat{\beta}$ voneinander stochastisch abhängig. Ihre Kovarianz $E[(\hat{\alpha} - \alpha)(\hat{\beta} - \beta)]$ beträgt

$$-\frac{\sigma^2}{\sum_1^k n_i(y_i - \bar{y})^2}\,\bar{y}.$$

Ferner bilden wir die Größe

$$S^2 = \frac{1}{k-2}\sum_1^k n_i\left[\bar{x}_i - \left(\hat{\alpha} + \hat{\beta}' y_i\right)\right]^2, \tag{7}$$

die Varianz der Mittelwerte um die Regressionslinie. $(S^2/\sigma^2)(k-2)$ ist χ^2-verteilt mit $(k-2)$ Freiheitsgraden und von s^2 stochastisch unabhängig. Man kann also die Hypothese, daß eine lineare Regression vorliege, dadurch prüfen, daß man S^2/s^2 bildet. Im Falle linearer Regression ist diese Größe F-verteilt mit $(k-2, n-k)$ Freiheitsgraden. Als signifikant gelten große Werte. Ist der Quotient nicht signifikant, so kann man durch Kombination von s^2 und S^2 eine verbesserte Schätzung für σ^2 gewinnen:

$$\dot{\sigma}^2 = \frac{(n-k)\,s^2 + (k-2)\,S^2}{(n-k) + (k-2)} =$$

$$= \frac{\sum_{i=1}^{k}\sum_{j=1}^{n_i}(x_{ij} - \bar{x}_i)^2 + \sum_1^k n_i\left[\bar{x}_i - \left(\hat{\alpha} + \hat{\beta}\, y_i\right)\right]^2}{n-2}. \tag{8}$$

$(\dot{\sigma}^2/\sigma^2)(n-2)$ ist χ^2-verteilt mit $(n-2)$ Freiheitsgraden.

Liegt für jeden Wert y_i nur eine Realisation x_i vor, so kann man von vornherein nur S^2 berechnen. Der Ausdruck (2) für s_i^2 wird sinnlos und damit auch der oben beschriebene Test für die Hypothese der linearen Regression undurchführbar. Ist k hinreichend groß, so kann man sich in diesem Falle damit behelfen, daß man

$$\frac{x_i - (\hat{\alpha} + \hat{\beta}\, y_i)}{S}$$

für $i = 1, 2, \ldots k$ berechnet und nachprüft, ob sich diese Werte wie unabhängige Realisationen einer nach $N(0, 1)$ verteilten zufälligen Variablen verhalten. Bei dieser Prüfung wird man insbesondere auf eine Autokorrelation (d. h. eine Korrelation zwischen benachbarten Werten) achten.

Da $\hat{\alpha}$ und $\hat{\beta}$ von $\hat{\sigma}^2$ stochastisch unabhängig sind, gilt:

$$\frac{(\hat{\alpha} - \alpha)}{\hat{\sigma}} \sqrt{\frac{n \sum_1^k n_i (y_i - y)^2}{\sum_1^k n_i y_i^2}} \tag{9}$$

ist t-verteilt mit $(n - 2)$ Freiheitsgraden,

$$\frac{(\hat{\beta} - \beta)}{\hat{\sigma}} \sqrt{\sum_1^k n_i (y_i - y)^2} \tag{10}$$

ist t-verteilt mit $(n - 2)$ Freiheitsgraden.

Diese Relationen können wir verwenden, um ein Mutungsintervall für α und β zu berechnen oder eine Hypothese über die Werte dieser Parameter zu testen (z. B. die Hypothese $\beta = 0$, d. h. Unabhängigkeit der Variablen x vom Parameter y).

Die obigen Formeln zeigen, daß die Varianzen am kleinsten sind, wenn $\sum_1^k (y_i - y)^2$ am größten ist. Dies könnte den Gedanken nahelegen, die Genauigkeit dadurch zu steigern, daß man die Beobachtungen an zwei extremen Werten von y konzentriert. Praktisch wird ein solches Vorgehen jedoch selten zu empfehlen sein, da es fraglich erscheint, ob die Annahme der Linearität der Regressionsfunktion auch für extreme y-Werte zutrifft. Trifft sie nicht zu, so wären aber die aus extremen y-Werten geschätzten Parameter α

und β wesentlich verschieden von den im mittleren Bereich (um $\bar{y}$) gültigen Werten.

Beispiel: Eine Untersuchung über die Abhängigkeit der Zugfestigkeit von der Trockenzeit bei Beton ergab folgende Werte:

Tabelle 34

Die Zugfestigkeit (in kg/cm²) von Beton für verschiedene Trockenzeiten.

Trockenzeit in Tagen				
1	2	3	7	28
13,0	21,9	29,8	32,4	41,8
13,3	24,5	28,0	30,4	42,6
11,8	24,7	24,1	34,5	40,3
		24,2	33,1	35,7
		26,2	35,7	37,3

Quelle: *A. Hald:* Statistical theory, Verlag Wiley & Sons, 4. Auflage New York 1960, S. 541.

Es erscheint plausibel, daß die Zugfestigkeit f von der Zeit t in folgender Form abhängt:

$$f = a \cdot b^{1/t} \quad (b < 1) .$$

Wenn wir die neuen Variablen

$$\mu = \log f ,$$
$$y = \frac{1}{t}$$

einführen, erhalten wir einen linearen Zusammenhang:

$$\mu = \log a + y \cdot \log b .$$

Die Logarithmen der tatsächlich beobachteten Werte werden als normalverteilt mit dem Mittelwert μ und einer (unbekannten) Varianz σ^2 angenommen. Setzen wir $\log a = \alpha$ und $\log b = \beta$, haben wir genau einen Zusammenhang der oben behandelten Art.

Umstehende Tabelle bringt die Ausgangsdaten, ausgedrückt in den transformierten Variablen:

Tabelle 35

Die Zugfestigkeit von Beton für verschiedene Trockenzeiten — transformierte Werte.

y_i	0,036	0,143	0,333	0,500	1,000	$\sum$
x_{ij}	1,621 1,629 1,605 1,553 1,572	1,511 1,483 1,538 1,520 1,553	1,474 1,447 1,382 1,384 1,418	1,340 1,389 1,393	1,114 1,124 1,072	
n_i	5	5	5	3	3	21
$x_{i\cdot}$	7,980	7,605	7,105	4,122	3,310	30,122
$\sum_{j=1}^{n_i} x_{ij}^2$	12,740 30	11,570 06	10,102 59	5,665 37	3,653 56	43,731 88
$\sum_{j=1}^{i} x_{ij}^2 - \frac{1}{n_i} x_{i\cdot}^2$	0,004 22	0,002 86	0,006 38	0,001 74	0,001 52	0,016 72
$x_{i\cdot} \cdot y_i$	0,287 3	1,087 5	2,366 0	2,061 0	3,310 0	9,111 8
$n_i y_i$	0,180	0,715	1,665	1,500	3,000	7,060
$n_i y_i^2$	0,006 5	0,102 2	0,554 4	0,750 0	3,000	4,413 1
$\hat\alpha + \hat\beta y_i$	1,583	1,530	1,435	1,352	1,103	
$d_i = x_i - (\hat\alpha + \hat\beta y_i)$	+0,013	−0,009	−0,014	+0,022	0,000	
$n_i d_i^2$	0,000 845	0,000 405	0,000 980	0,001 452	0,000 000	0,003 682

Daraus erhalten wir:

$$y = \frac{1}{n} \sum_{1}^{k} n_i y_i = \frac{7{,}060}{21} = 0{,}3362$$

$$\sum_{1}^{k} n_i y_i^2 - \frac{1}{n}\left(\sum_{1}^{k} n_i y_i\right)^2 = 4{,}4131 - \frac{7{,}060^2}{21} = 2{,}0396$$

und somit nach Formel (4):

$$\hat{\beta} = \frac{9{,}1118 - 30{,}122 \cdot 0{,}3362}{2{,}0396} = -0{,}498 .$$

Nach Formel (5) gilt:

$$\hat{\alpha} = \frac{30{,}122}{21} + 0{,}498 \cdot 0{,}3362 = 1{,}601 .$$

Weiter ist nach Formel (6):

$$s^2 = \frac{0{,}003\,682}{3} = 0{,}001\,227$$

und nach Formel (3):

$$S^2 = \frac{6{,}016\,72}{16} = 0{,}001\,045 .$$

Der Quotient $S^2/s^2 = 1{,}17$ ist nicht signifikant. [Die 95 %-Grenze der F-Verteilung mit (3, 16) Freiheitsgraden liegt bei 3,24.] Die Annahme einer linearen Regression erscheint daher vertretbar. Auf Grund von Formel (7) erhält man die kombinierte Schätzung

$$\hat{\sigma}^2 = \frac{0{,}016\,72 + 0{,}003\,682}{19} = 0{,}001\,074$$

und $\hat{\sigma} = 0{,}0327 .$

Ein Mutungsintervall für β erhält man nach Formel (9): Legt man eine Sicherheitswahrscheinlichkeit von 95 % zugrunde, so ist die zugehörige Sicherheitsgrenze der t-Verteilung bei 19 Freiheitsgraden gleich 2,09. Daher ist die Breite des Mutungsintervalles

$$2{,}09 \frac{\hat{\sigma}}{\sqrt{\sum n_i (y_i - y)^2}} = 2{,}09 \sqrt{\frac{0{,}001\,074}{2{,}0396}} = 0{,}0479 .$$

Wegen $\hat{\beta} = -0{,}498$ ergeben sich daraus die Grenzen des Mutungsintervalles

$$-0{,}498 - 0{,}048 = -0{,}546 \text{ und } -0{,}498 + 0{,}048 = -0{,}450\,.$$

Ein Mutungsintervall für α mit der gleichen Sicherheitswahrscheinlichkeit erhält man, indem man die Breite des Mutungsintervalles für β mit

$$\sqrt{\frac{\sum n_i y_i^2}{n}}$$

multipliziert:

$$0{,}0479 \sqrt{\frac{4{,}4131}{21}} = 0{,}022\,.$$

Wegen $\hat{\alpha} = 1{,}601$ ergeben sich daraus die Grenzen des Mutungsintervalles

$$1{,}601 - 0{,}022 = 1{,}579 \text{ und } 1{,}601 + 0{,}022 = 1{,}623.$$

Große praktische Bedeutung besitzt vor allem die mehrfache Regressionsanalyse, bei der die Variable als lineare Funktion mehrerer Parameter dargestellt wird. Um ein Beispiel unter zahllosen herauszugreifen: die Abhängigkeit der Festigkeit von Eisen von verschiedenen Beimischungen. Die Behandlung der mehrfachen Regressionsanalyse übersteigt jedoch den Rahmen unseres Buches. Der interessierte Leser wird auf die einschlägigen Kapitel bei *Linder*, „Statistische Methoden", und *Hald* sowie auf das Buch von *Ezekiel* und *Fox* verwiesen; der Leser, der mathematische Schwierigkeiten nicht scheut, auf das einschlägige Kapitel bei *Schmetterer*.

Die Regressionsanalyse löst die Aufgabe, eine gesetzmäßige Abhängigkeit des Erwartungswertes einer zufälligen Variablen x von einem Parameter y darzustellen. In manchen Fällen ist jedoch auch y mit einem „zufälligen Fehler" behaftet. Wir haben dann eine funktionale Abhängigkeit zwischen den Erwartungswerten zweier Variabler, und es ist die Aufgabe gestellt, aus den beobachtbaren Größen x und y rückzuschließen auf die zwischen den Erwartungswerten bestehende Beziehung. Probleme dieser Art treten in den verschiedensten Anwendungsgebieten, u. a. in der Ökonometrie, auf. Ihre Lösung ist mit gewissen prinzipiellen Schwierigkeiten verbunden. Der interessierte Leser wird auf die Aufsätze von *Ferschl* und *Wette* verwiesen, wo er weitere Literaturhinweise findet.

9.2 Toleranzbereich für x

Nach den vorbereitenden Ausführungen des vorigen Kapitels wollen wir nunmehr folgendes Problem behandeln: Auf Grund der Beobachtungen y_i: $x_{i1}, x_{i2}, \ldots x_{in_i}$, $i = 1, 2, \ldots k$ liegen Schätzungen für α, β und σ vor. Zu einem gegebenen Wert y_0 ist jener Bereich zu bestimmen, der eine zugehörige Realisation x mit vorgegebener Wahrscheinlichkeit (z. B. 99 %) enthält. Ein solcher Bereich heißt *Toleranzbereich*.

Zunächst stellen wir fest, daß die Größe $\hat{\alpha} + \hat{\beta}\, y_0$ verteilt ist nach

$$N\left(\alpha + \beta\, y_0, \sigma^2 \left[\frac{1}{n} + \frac{(y_0 - y)^2}{\sum\limits_1^k n_i (y_i - \bar{y})^2}\right]\right). \tag{1}$$

Ferner ist nach Voraussetzung die zum Parameterwert y_0 gehörige Variable x verteilt nach $N(\alpha + \beta\, y_0, \sigma^2)$. Daher ist $x - (\hat{\alpha} + \hat{\beta}\, y_0)$ verteilt nach

$$N\left(0, \sigma^2 \left[1 + \frac{1}{n} + \frac{(y_0 - y)^2}{\sum\limits_1^k n_i (y_i - \bar{y})^2}\right]\right),$$

und somit

$$\frac{x - (\hat{\alpha} + \hat{\beta}\, y_0)}{\hat{\sigma}\sqrt{1 + \frac{1}{n} + \frac{(y_0 - \bar{y})^2}{\sum\limits_1^k n_i (y_i - \bar{y})^2}}} \tag{2}$$

t-verteilt mit $(n - 2)$ Freiheitsgraden. Daraus erhalten wir sofort den gewünschten Toleranzbereich für x.

Die Berechnung des Toleranzbereiches für x kann formal selbstverständlich für jeden beliebigen Wert von y vorgenommen werden. Es empfiehlt sich aber meist, sich dabei von jenem Bereich, für den die Linearität der Regressionsfunktion empirisch bestätigt ist, nicht allzuweit zu entfernen. Dies ergibt sich schon daraus, daß eine Extrapolation der Regressionsfunktion oft zu negativen Werten führt, auch dann, wenn diese aus der Sachlage heraus sinnlos sind.

Beispiel: Wir berechnen für das oben behandelte Beispiel den Toleranzbereich von x für $y_0 = 0{,}072$. Es gilt:

$$\hat{\alpha} + \hat{\beta}\, y_0 = 1{,}601 - 0{,}498 \cdot 0{,}072 = 1{,}565\,.$$

Legt man wieder eine Sicherheitswahrscheinlichkeit von 95 % zugrunde, so erhält man die Breite des Toleranzbereiches:

$$2{,}09 \cdot \hat{\sigma} \sqrt{1 + \frac{1}{n} + \frac{(y_0 - \bar{y})^2}{\sum_1^k n_i (y_i - \bar{y}^2)}} =$$

$$= 0{,}0327 \sqrt{1 + \frac{1}{21} + \frac{(0{,}072 - 0{,}336)^2}{2{,}0396}} = 0{,}071\,.$$

x liegt also mit 95 % Wahrscheinlichkeit zwischen 1,565 — —0,071 = 1,494 und 1,565 + 0,071 = 1,636. Gehen wir auf die ursprünglichen Variablen zurück, so besagt dies, daß bei einer Trockenzeit von 64 Tagen die Festigkeit eines einzelnen Stückes mit 95 % Wahrscheinlichkeit zwischen 31,0 und 43,6 kg/cm² liegen wird.

9.3 Mutungsintervall für y

Nun behandeln wir die Umkehrung des im vorigen Abschnitt gelösten Problems. Wieder liegen auf Grund von Beobachtungen $y_i : x_{i1}, x_{i2}, \ldots x_{i n_i}$, $i = 1, 2, \ldots k$, Schätzungen für α, β und σ vor. Ferner liegen n_0 Beobachtungen $x_{01}, x_{02}, \ldots x_{0 n_0}$ vor, die alle zu demselben, aber unbekannten Wert y_0 gehören. Gesucht ist eine Aussage über y_0. Diese gewinnen wir daraus, daß $\hat{\alpha} + \hat{\beta}\, y_0$ verteilt ist nach (9.2.1) und x_0 nach $N(\alpha + \beta\, y_0, \sigma^2/n_0)$. Daraus folgt sofort, daß $x_0 - (\hat{\alpha} + \hat{\beta}\, y_0)$ verteilt ist nach

$$N\left(0\,,\ \sigma^2\left[\frac{1}{n_0}+\frac{1}{n}+\frac{(y_0-\bar{y})^2}{\sum\limits_1^k n_i(y_i-\bar{y})^2}\right]\right).$$

Für σ^2 bilden wir eine kombinierte Schätzung $\hat{\sigma}_0^2$ und zwar aus der bisherigen Schätzung $\hat{\sigma}^2$ und aus

$$s_0^2=\frac{1}{n_0-1}\sum_1^{n_0}(x_{0j}-\bar{x}_0)^2: \qquad \hat{\sigma}_0^2=\frac{(n-2)\,\hat{\sigma}^2+(n_0-1)\,s_0^2}{n+n_0-3}. \tag{1}$$

$\left(\hat{\sigma}_0^2/\sigma^2\right)(n+n_0-3)$ ist χ^2-verteilt mit $(n+n_0-3)$ Freiheitsgraden. Daher ist

$$\frac{\bar{x}_0-\left(\hat{\alpha}+\hat{\beta}\,y_0\right)}{\hat{\sigma}_0\sqrt{\dfrac{1}{n_0}+\dfrac{1}{n}+\dfrac{(y_0-\bar{y})^2}{\sum\limits_1^k n_i\,(y_i-\bar{y})^2}}} \tag{2}$$

t-verteilt mit $(n+n_0-3)$ Freiheitsgraden.

Diese Relation können wir dazu verwenden, um eine Hypothese über y_0 zu prüfen oder ein Mutungsintervall für y_0 zu berechnen. Dabei ist zu beachten, daß der unbekannte Parameter y_0 auch im Nenner vorkommt, so daß wir zur Gewinnung eines Mutungsintervalles die Ungleichungen

$$-t(n+n_0-3)<\frac{\bar{x}_0-\left(\hat{\alpha}+\hat{\beta}\,y_0\right)}{\hat{\sigma}_0\sqrt{\dfrac{1}{n_0}+\dfrac{1}{n}+\dfrac{(y_0-\bar{y})^2}{\sum\limits_1^k n_i\,(y_0-\bar{y})^2}}}<t(n+n_0-3) \tag{3}$$

nach y_0 auflösen müssen.

Außerdem erhalten wir daraus für y_0 die Schätzung

$$\hat{y}_0=\frac{\bar{x}_0-\hat{\alpha}}{\hat{\beta}}. \tag{4}$$

Bei der Interpretation des Mutungsintervalles ist zu beachten, daß es auf der verbundenen Verteilung der Regressionslinie und der Stichprobe $x_{01}, \ldots x_{0n_0}$ beruht. Berechnet man das Mutungsintervall mit ein und derselben Regressionslinie für mehrere Stichproben, so gilt die der Berechnung zugrunde gelegte theoretische Sicherheitswahrscheinlichkeit nicht mehr. Diese würde vielmehr nur dann gelten, wenn mit jeder neuen Stichprobe auch alle bei der Berechnung der Regressionslinie verwendeten Werte neu erhoben würden.

Von der hier angeschnittenen Frage des Rückschlusses von einem gegebenen Wert x_0 auf den dahinterstehenden Wert y_0 führt der Weg zum Trennverfahren und zum verallgemeinerten Abstand. Der interessierte Leser findet darüber Genaueres in den „Statistischen Methoden" von *Linder*.

Beispiel: Angenommen, es wären bei dem im Beispiel auf S. 243 ff. behandelten Problem auf Grund einer zusätzlichen Stichprobe mit dem Umfang $n_0 = 10$ die Werte $\bar{x}_0 = 1{,}323$ und $s_0^2 = 0{,}000\,93$ berechnet worden. Dann ergibt sich als Schätzwert für y_0 nach Formel (4):

$$\hat{y}_0 = \frac{1{,}323 - 1{,}601}{-0{,}498} = 0{,}558\,.$$

Ein Mutungsintervall für y_0 erhält man auf Grund von Formel (3). Dazu berechnen wir als erstes nach Formel (1):

$$\hat{\sigma}_0^2 = \frac{19 \cdot 0{,}001\,074 + 9 \cdot 0{,}00093}{28} = 0{,}001\,028\,.$$

Legen wir eine Sicherheitswahrscheinlichkeit von 95 % zugrunde, so erhalten wir aus Formel (3):

$$-2{,}05 < \frac{1{,}323 - (1{,}601 - 0{,}498\,y_0)}{\sqrt{0{,}001\,028\left(\frac{1}{10} + \frac{1}{21} + \frac{(y_0 - 0{,}3362)^2}{2{,}0396}\right)}} < +2{,}05\,.$$

Daraus folgt:

$$0{,}505 < y_0 < 0{,}615 \text{ mit } 95\,\% \text{ Sicherheit.}$$

Gehen wir auf die ursprünglichen Größen zurück, so erhalten wir die Aussage: Die Trockenzeit liegt mit 95 % Sicherheit zwischen 1,6 und 2,0 Tagen. Der Schätzwert beträgt 1,8 Tage.

Sind die Paare (x_i, y_i) Realisationen einer zweidimensionalen zufälligen Variablen, so wird man die Schätzung von y_0 auf Grund eines Wertes x_0 zweckmäßiger nicht in der hier beschriebenen Weise vornehmen, sondern dadurch, daß man — umgekehrt wie in Abschnitt 9.1 — x als Parameter und y als die davon abhängige Variable auffaßt, also die Regressionsgerade $y = \alpha + \beta x$ schätzt.

9.4 Das Bestimmtheitsmaß

Bei manchen Anwendungen besteht das Bedürfnis, ein Maß dafür zu haben, wie stark die einzelnen Werte um die Regressionslinie streuen. Ein solches Maß ist das sogenannte *Bestimmtheitsmaß.* Bei der Definition des Bestimmtheitsmaßes geht man von folgender Zerlegung der Quadratsumme aus:

$$\sum_{i=1}^{k}\sum_{j=1}^{n_i}(x_{ij}-\bar{\bar{x}})^2 =$$

$$= \sum_{i=1}^{k}\sum_{j=1}^{n_i}(x_{ij}-\bar{x}_i)^2 + \sum_{i=1}^{k} n_i[\bar{x}_i-(\hat{\alpha}+\hat{\beta}\, y_i)]^2 +$$

$$+ \sum_{i=1}^{k} n_i[(\hat{\alpha}+\hat{\beta}\, y_i)-\bar{\bar{x}}]^2 .$$

Das Bestimmtheitsmaß drückt aus, welchen Anteil die Quadratsumme der Werte auf der Regressionslinie an der gesamten Quadratsumme besitzt:

$$B = \frac{\sum_{i=1}^{k} n_i[(\hat{\alpha}+\hat{\beta}\, y_i)-\bar{\bar{x}}]^2}{\sum_{i=1}^{k}\sum_{j=1}^{n_i}(x_{ij}-\bar{\bar{x}})^2} \qquad (1)$$

Für die praktische Berechnung empfiehlt sich die Formel

$$B = 1 - \frac{(n-2)\,\hat{\sigma}^2}{\sum_{i=1}^{k}\sum_{j=1}^{n_i} x_{ij}^2 - \frac{1}{n}\, x_{..}^2}\,, \qquad (2)$$

wobei $\hat{\sigma}$ die durch Formel 9.1.8 definierte Größe ist.

Liegen alle Werte genau auf der Regressionslinie, so gilt: $B = 1$. Je stärker die Werte um die Regressionslinie streuen, desto kleiner wird das Bestimmtheitsmaß. Im Extremfall erreicht es den Wert $B = 0$.

Wegen

$$\sum_{i=1}^{k} n_i [(\hat{\alpha} + \hat{\beta}\, y_i) - x]^2 = \frac{\left[\sum_{i=1}^{k} x_{i.}(y_i - y)\right]^2}{\sum_{i=1}^{k} n_i (y_i - y)^2}$$

gilt:

$$B = \frac{\left[\sum_{i=1}^{k} x_{i.}(y_i - \bar{y})\right]^2}{\sum_{i=1}^{k} \sum_{j=1}^{n_i} (x_{ij} - x)^2 \sum_{i=1}^{k} n_i (y_i - y)^2}. \tag{3}$$

In dieser Schreibweise ist deutlich zu sehen, daß das Bestimmtheitsmaß das Quadrat der in Abschnitt 9.6 besprochenen Schätzung des Korrelationskoeffizienten ist. Der Korrelationskoeffizient wird dort interpretiert als Maß für die Straffheit des Zusammenhanges zweier zufälliger Variablen. Das Bestimmtheitsmaß tritt uns hier entgegen als Maß dafür, wie straff die Abhängigkeit der Variablen x von dem Parameter y ist.

Beispiel: Für das auf S. 243 ff. behandelte Beispiel erhalten wir nach Formel (2) folgendes Bestimmtheitsmaß:

$$B = 1 - \frac{19 \cdot 0{,}001\,074}{43{,}715\,15 - \frac{1}{21} \cdot (30{,}122)^2} = 0{,}96\,.$$

9.5 Die Korrelationsanalyse

Während sich die Regressionsanalyse mit der Abhängigkeit einer zufälligen Variablen x von einem Parameter y befaßt, hat die Korrelationsanalyse die Abhängigkeit zweier zufälliger Variabler zum Gegenstand. Sie geht dabei von der Voraussetzung aus, daß die beiden zufälligen Variablen — wir wollen sie mit (x, y) bezeichnen — eine verbundene *zweidimensionale Normalverteilung* haben, d. h. daß ihre Dichte $\varphi(x, y)$ gegeben ist durch

$$\varphi(x, y) = \\ = \frac{1}{2\pi\sigma_x\sigma_y\sqrt{1-\varrho^2}} \cdot e^{-\frac{1}{2(1-\varrho^2)}\left[\left(\frac{x-\mu_x}{\sigma_x}\right)^2 - 2\varrho\frac{x-\mu_x}{\sigma_x}\cdot\frac{y-\mu_y}{\sigma_y} + \left(\frac{y-\mu_y}{\sigma_y}\right)^2\right]}. \tag{1}$$

Diese Formel enthält 5 Parameter: μ_x, μ_y, σ_x, σ_y und ϱ. Dabei sind μ_x und μ_y die zu x bzw. y gehörigen Mittelwerte, σ_x und σ_y die entsprechenden Standardabweichungen. Der Parameter ϱ heißt *Korrelationskoeffizient* und kann alle Werte zwischen -1 und $+1$ annehmen. (Für $\varrho > 1$ oder $\varrho < -1$ wird $\sqrt{1-\varrho^2}$ imaginär.)

Die bedingte Verteilung von x für gegebenes y ist eine (eindimensionale) Normalverteilung mit dem Mittelwert

$$\mu_x + \varrho\frac{\sigma_x}{\sigma_y}(y - \mu_y)$$

und der Varianz $\sigma_x^2(1-\varrho^2)$. Fassen wir y als Parameter auf, d. h. legen wir die Werte von y willkürlich fest und beobachten die zugehörigen Werte der abhängigen Variablen x, so besteht eine lineare Regression.

Die in Abschnitt 9.1 entwickelten Methoden zur Schätzung der Regressionsgeraden sind unabhängig davon, wie die Werte y_i bestimmt werden. Sie sind daher auch dann anwendbar, wenn die y_i Realisationen einer zufälligen Variablen sind. Daher können wir diese Methoden auch anwenden, um die Regression zwischen zwei zufälligen Variablen mit verbundener Normalverteilung zu bestimmen.

Für $\varrho = 0$ hat x eine Normalverteilung mit Mittelwert μ_x und Varianz σ_x^2, also eine Verteilung, die von y unabhängig ist. (Daß die Variablen im Falle $\varrho = 0$ stochastisch unabhängig sind, erkennt man auch daran, daß sich dann die durch die Formel (1) gegebene [zweidimensionale] Dichte in das Produkt der Dichte von x und der Dichte y aufspalten läßt.) Für $\varrho = \pm 1$ wird die Varianz der bedingten Verteilung von x gleich Null, d. h. der Wert von x ist durch den Wert von y eindeutig festgelegt. Es gilt:

$$x = \mu_x + \frac{\sigma_x}{\sigma_y}(y - \mu_y) \text{ für } \varrho = +1$$

bzw.

$$x = \mu_x - \frac{\sigma_x}{\sigma_y}(y - \mu_y) \text{ für } \varrho = -1 .$$

Wir haben also im Falle $\varrho = 0$ stochastische Unabhängigkeit, im Falle $\varrho = \pm 1$ funktionale Abhängigkeit zwischen x und y. Für alle anderen Werte von ϱ besteht zwischen x und y eine stochastische Abhängigkeit, die um so stärker ist, je weiter sich ϱ von 0 entfernt. Der Unterschied zwischen positiven und negativen Werten von ϱ besteht nicht in der Stärke des Zusammenhanges, sondern in der Richtung. Bei positivem ϱ sind große Werte y im allgemeinen mit großen Werten x verbunden (positive Korrelation), während bei negativem ϱ große Werte y im allgemeinen kleinen Werten x verbunden sind (negative Korrelation).

Unterwirft man x und y linearen Transformationen, so beeinflußt dies zwar die Parameter μ_x, σ_x^2 und μ_y, σ_y^2, nicht jedoch den Parameter ϱ.

9.6 Die Schätzung des Korrelationskoeffizienten

Es seien n Realisationen der zufälligen Variablen (x, y) gegeben: (x_1, y_1), (x_2, y_2), ... (x_n, y_n). Aus diesen Realisationen kann man den Korrelationskoeffizienten ϱ schätzen. Auf Grund der maximum likelihood-Methode erhält man für ϱ folgende Schätzfunktion r:

$$r = \frac{s_{xy}}{s_x\, s_y} . \tag{1}$$

Dabei sind s_x und s_y die aus $(x_1, \ldots x_n)$ bzw. $(y_1, \ldots y_n)$ berechneten Standardabweichungen, und

$$s_{xy} = \frac{1}{n-1} \sum_{i=1}^{n} (x_i - \bar{x})(y_i - \bar{y}) \,. \tag{2}$$

Wie aus der *Schwarz*'schen Ungleichung folgt, liegt auch die Schätzung r stets zwischen -1 und $+1$.

Für die praktische Berechnung des Korrelationskoeffizienten empfiehlt sich die Formel:

$$r = \frac{\sum_1^n x_i y_i - \frac{1}{n}\left(\sum_1^n x_i\right)\left(\sum_1^n y_i\right)}{\sqrt{\left[\sum_1^n x_i^2 - \frac{1}{n}\left(\sum_1^n x_i\right)^2\right]\left[\sum_1^n y_i^2 - \frac{1}{n}\left(\sum_1^n y_i\right)^2\right]}} \,. \tag{3}$$

Vor Beginn der Rechnung wird man die x- und y-Werte einer geeigneten linearen Transformation unterwerfen — (selbstverständlich werden diese Transformationen für die x-Werte von denen für die y-Werte im allgemeinen verschieden sein) — und überflüssige Dezimalstellen weglassen. Transformation und Rundung kann nach den gleichen Faustregeln erfolgen, die wir auf S. 213 für die Streuungszerlegung gegeben haben.

Steht eine Rechenmaschine mit einem genügend großen Zählwerk zur Verfügung, so kann man die Größen x_i^2, $x_i y_i$ und y_i^2 in einem Arbeitsgang berechnen, indem man x_i mit einer geeigneten Potenz k von 10 multipliziert und dann $(10^k x_i + y_i)$ quadriert. Angenommen, es wäre $x_i = 17$, $y_i = 69$. Dann gibt man in die Rechenmaschine die Zahl 17000069 ein und quadriert. Das Ergebnis 289 002346 004761 liefert: $17^2 = 289$, $2 \cdot 17 \cdot 69 = 2346$, $69^2 = 4761$. Es ist zweckmäßig, eine hinreichend große Zahl von Nullen dazwischen zu schalten, damit nicht beim Aufaddieren der Zahlen dann etwa jene Stellen, die y_i^2 entsprechen, in den Bereich jener Stellen hineinkommen, die $2\, x_i y_i$ entsprechen.

Sind sehr viele Werte gegeben, so faßt man diese in Gruppen gleicher Breite zusammen (wobei wieder die Gruppenbreite für x und y verschieden sein kann) und bestimmt die Besetzungszahlen der Gruppen. Sodann ordnet man einem beliebigen Feld der Tabelle den Wert 0 zu und numeriert von da ausgehend die Gruppen in aufsteigender Richtung der Reihe nach mit 1, 2, ... und in abfallender Richtung mit -1, -2, ... Schließlich berechnet man auf Grund der so zugeordneten Nummern den Korrelationskoeffizienten nach obiger Formel. (Diese Berechnungsweise ist analog zu der Berechnung der Varianz aus gruppiertem Material, die in Band I, S. 179, 180 ausführlich besprochen wurde.)

9.7 Tests und Mutungsbereiche für Korrelationskoeffizienten

Man kann zeigen, daß die Verteilung der Schätzfunktion r lediglich von ϱ, jedoch nicht von μ_x, μ_y, σ_x^2 und σ_y^2) abhängt (vgl. *Schmetterer* S. 340, *Fisz* S. 300). Diese Verteilung wurde von *David* tabelliert. Für praktische Zwecke reicht jedoch meist das folgende Approximationsverfahren aus: Die Variable

$$z = \frac{1}{2} \log_e \frac{1+r}{1-r} \qquad (1)$$

ist auch für kleine n annähernd normalverteilt mit

Mittelwert

$$\zeta = \frac{1}{2} \log_e \frac{1+\varrho}{1-\varrho} + \frac{\varrho}{2\,(n-1)} \qquad (2)$$

und Varianz $1/(n-3)$. Diese Relation kann man benützen, um eine Hypothese über ϱ zu prüfen (z. B. die Hypothese der Unabhängigkeit $\varrho = 0$) oder um ein Mutungsintervall für ϱ zu berechnen. Schließlich kann man mit Hilfe dieser Formel auch die Gleichheit mehrerer Korrelationskoeffizienten prüfen. Dabei kann man den Ausdruck $\varrho/2\,(n-1)$ im allgemeinen vernachlässigen. Eine Tabelle für die Umrechnung von r auf z findet sich auf S. 278.

1. Beispiel: Bei einer Untersuchung über den Zusammenhang von Bruchfestigkeit und Brinellhärte bei verschiedenen Stücken des gleichen Materials wurde aus $n = 20$ Messungen

ein Korrelationskoeffizient $r = 0{,}73$ ermittelt. Um festzustellen, wie genau dieser Wert ist, bestimmen wir zunächst den zugehörigen Wert $z = 0{,}93$. Da $(z - \zeta)\sqrt{n-3}$ verteilt ist nach $N(0, 1)$, gilt mit 99 % Wahrscheinlichkeit:

$$z - \frac{2{,}58}{\sqrt{n-3}} < \zeta < z + \frac{2{,}58}{\sqrt{n-3}},$$

also in unserem Falle:

$$0{,}93 - \frac{2{,}58}{\sqrt{17}} < \zeta < 0{,}93 + \frac{2{,}58}{\sqrt{17}},$$

d. h. $0{,}30 < \zeta < 1{,}56$. Aus diesem Mutungsintervall für ζ erhält man für ϱ das Mutungsintervall $0{,}29 < \varrho < 0{,}92$.

2. Beispiel: Es werden zwei psychologische Tests gesucht, deren Ergebnisse eine möglichst hohe Korrelation aufweisen. Zu diesem Zwecke werden zwei Tests A und B in folgender Weise miteinander verglichen: Es werden die Korrelationen r_1: „A mit sich selbst" und r_2 „B mit sich selbst", sowie r_3 „zwischen A und B" bestimmt.

Bei der Bestimmung von r_1 wird einer Reihe von Versuchspersonen der Test A zweimal (in angemessenem Zeitabstand) vorgelegt und für jede Person die Zahl der Testpunkte beim ersten und beim zweiten Experiment festgestellt. Dann wird aus den Wertepaaren der einzelnen Personen der Korrelationskoeffizient ermittelt. Analog geht man bei der Ermittlung von r_2 vor. Bei der Ermittlung von r_3 wird zuerst der erste und sodann in einem gewissen Zeitabstand der zweite Test vorgelegt. Da offenbar nicht zu erwarten ist, daß die Korrelation zwischen zwei Tests höher sein kann als die Korrelation eines Tests mit sich selbst, gibt der Vergleich von r_3 mit r_1 und r_2 Aufschluß darüber, wie gut das Ziel zweier möglichst eng korrelierter Tests erreicht wurde.

Es ergaben sich aus je 25 Versuchen die Werte $r_1 = 0{,}81$, $r_2 = 0{,}76$ und $r_3 = 0{,}71$. Wir überzeugen uns zunächst, daß die Werte r_1 und r_2 nicht voneinander signifikant verschieden sind. Dazu bestimmen wir die zugehörigen z-Werte: $z_1 = 1{,}13$, $z_2 = 1{,}00$. z_i ist verteilt nach

$$N\left(\zeta_i, \frac{1}{n_i - 3}\right).$$

Sind beide Korrelationskoeffizienten tatsächlich gleich, so gilt $\zeta_1 = \zeta_2$, und es ist

$$\frac{z_1 - z_2}{\sqrt{\frac{1}{n_1 - 3} + \frac{1}{n_2 - 3}}}$$

verteilt nach $N(0, 1)$.

In unserem konkreten Falle gilt:

$$\frac{z_1 - z_2}{\sqrt{\frac{1}{n_1 - 3} + \frac{1}{n_2 - 3}}} = \frac{1{,}13 - 1{,}00}{\sqrt{\frac{2}{22}}} = 0{,}43 .$$

Die 95%-Sicherheitsgrenzen liegen bei $\pm 1{,}96$, so daß die Hypothese $\zeta_1 = \zeta_2$ (und damit die Hypothese $\varrho_1 = \varrho_2$) durchaus vertretbar erscheint. Wir bilden daher aus z_1 und z_2 eine kombinierte Schätzung für die Korrelation der Tests mit sich selbst $z_0 = (z_1 + z_2)/2 = 1{,}07$. z_0 ist verteilt nach

$$N\left[\zeta_0, \frac{1}{4}\left(\frac{1}{n_1 - 3} + \frac{1}{n_2 - 3}\right)\right]. \tag{3}$$

Zu z_0 gehört der Schätzwert $r_0 = 0{,}79$.

Nun prüfen wir, ob die Korrelation zwischen A und B signifikant kleiner ist als die Korrelation der beiden Tests mit sich selbst. Wir stellen die Hypothese auf, daß dies nicht der Fall sei, d. h. daß die Korrelation zwischen A und B genauso groß ist wie die Korrelation der beiden Tests mit sich selbst. Trifft diese Hypothese zu, dann ist z_3 verteilt nach

$$N\left(\zeta_0, \frac{1}{n_3 - 3}\right).$$

Wegen (3) folgt daraus, daß $z_0 - z_3$ verteilt ist nach

$$N\left[0, \frac{1}{4}\left(\frac{1}{n_1 - 3} + \frac{1}{n_2 - 3}\right) + \frac{1}{n_3 - 3}\right];$$

daher ist

$$\frac{z_0 - z_3}{\sqrt{\frac{1}{4}\left(\frac{1}{n_1 - 3} + \frac{1}{n_2 - 3}\right) + \frac{1}{n_3 - 3}}}$$

verteilt nach $N(0, 1)$.

Im konkreten Falle ist $z_3 = 0{,}89$, somit

$$\frac{z_0 - z_3}{\sqrt{\frac{1}{4}\left(\frac{1}{n_1-3}+\frac{1}{n_2-3}\right)+\frac{1}{n_3-3}}} = \frac{1{,}07-0{,}89}{\sqrt{\frac{1}{4}\cdot\frac{2}{22}+\frac{1}{22}}} = 0{,}69\,.$$

Die verfügbaren Daten sind also durchaus mit der Annahme verträglich, daß die Korrelation zwischen Test A und B genauso groß ist wie die Korrelation der beiden Tests mit sich selbst, m. a. W.: Die Beobachtungsergebnisse sind mit der Annahme verträglich, daß Test A und B die größtmögliche Korrelation aufweisen.

9.8 Die Partielle Korrelation

Besteht zwischen zwei Variablen eine Korrelation (d. h. ist $\varrho \neq 0$), so kann dies darauf zurückzuführen sein, daß zwischen ihnen eine kausale Beziehung besteht, d. h. daß der Wert der einen Variablen den der anderen direkt beeinflußt. Die Korrelation kann jedoch auch indirekter Natur sein: Sie kann darauf zurückzuführen sein, daß jedes der beiden Merkmale von einem dritten Merkmal abhängt, und daß die Korrelation zwischen den beiden Merkmalen durch eine Änderung des dritten Merkmales bedingt ist.

1. Beispiel: Einen sehr krassen Fall von Scheinkorrelation zeigt Bild 40 (S. 260). Es handelt sich dabei um die Abhängigkeit des Hämoglobingehaltes pro 100 cm³ Blut (Hb) von der mittleren Oberfläche Erythrozyten in 10^{-6} mm² (O). Faßt man die Ergebnisse der 80 untersuchten Personen zusammen, so zeigt sich deutlich eine positive Korrelation. Gliedert man jedoch die Ergebnisse nach Männern und Frauen auf, so zeigt sich, daß innerhalb jeder Gruppe nur eine geringfügige — eher negative — Korrelation besteht und die positive Korrelation nur durch den Einfluß des Geschlechtes vorgetäuscht wurde.

2. Beispiel*: Es wurde bei Schulkindern im Alter von 6—10 Jahren eine Untersuchung über den Zusammenhang von Körpergewicht und manueller Geschicklichkeit angestellt. Aus den Daten ergab sich ein Korrelationskoeffizient $r = 0{,}45$. Dies widerspricht scheinbar der alltäglichen Erfahrung. Die Ursache dieses scheinbaren Widerspruchs liegt jedoch auf der Hand: Die

* Nach *E. Mittenecker:* Planung und statistische Auswertung von Experimenten, Verlag Franz Deuticke, 3. Auflage Wien 1960, S. 95, 96.

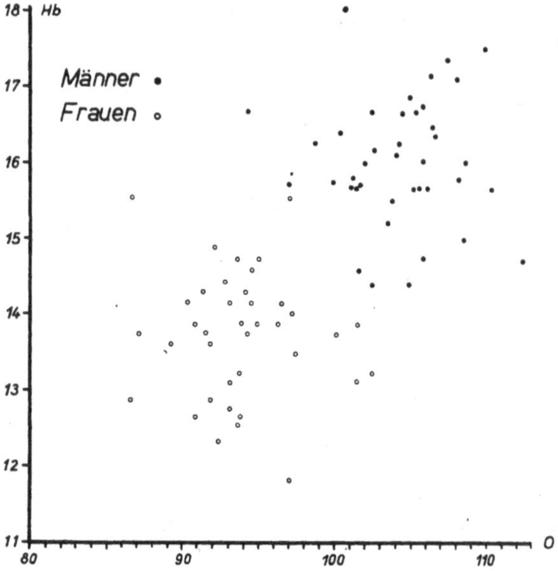

Bild 40. Die Abhängigkeit zwischen Hämoglobingehalt und mittlerer Oberfläche der Erythrozyten.

Quelle: Das Blut des Menschen, mit neueren Methoden untersucht. Pflügers Archiv, Teil II *L. Horneffer,* Bd. 220 (1928), S. 707/8, Teil IV *G. Schmoll,* Bd. 227 (1931), S. 164/5.

positive Korrelation von Körpergewicht und manueller Geschicklichkeit ist auf die Korrelation beider Merkmale mit dem Alter zurückzuführen: Mit steigendem Alter erhöht sich sowohl das Körpergewicht als auch die manuelle Geschicklichkeit. Daher ist die positive Korrelation zwischen Körpergewicht und manueller Geschicklichkeit eine sogenannte *bedingte* Korrelation und nicht auf einen direkten Zusammenhang zwischen beiden Merkmalen zurückzuführen.

Eine Methode, um eine bedingte Korrelation auszuschalten, bestünde darin, das Material in hinreichend homogene Gruppen zu zerlegen (d. h. homogen bezüglich des dritten, die Korrelation bedingenden Merkmals), wie dies in

Beispiel 1 geschehen ist. Ist das dritte Merkmal stetig, so ist die Zerlegung in homogene Gruppen schwieriger. Man kann jedoch versuchen, auch das dritte Merkmal zahlenmäßig zu erfassen und die bedingte Korrelation rechnerisch zu eliminieren.

Wir bezeichnen die beiden Variablen, für deren Korrelation wir uns interessieren, mit x, y und die dritte, für die bedingte Korrelation verantwortliche Variable mit z und nehmen an, daß (x, y, z) eine dreidimensionale Normalverteilung besitzt. Die bedingte Verteilung von (x, y) für gegebenes z ist dann eine zweidimensionale Normalverteilung. Der Korrelationskoeffizient dieser Verteilung — wir wollen ihn mit $\varrho_{xy|z}$ bezeichnen — ist von dem speziellen Wert z unabhängig. $\varrho_{xy|z}$ ist also das adäquate Maß für den direkten Zusammenhang zwischen x und y, d. h. jenen Zusammenhang, der besteht, wenn wir z konstant halten. Entsprechend seiner Definition wird $\varrho_{xy|z}$ *bedingter* (oder *partieller*) Korrelationskoeffizient von x und y genannt.

Zwischen $\varrho_{xy|z}$ und den drei gewöhnlichen Korrelationskoeffizienten ϱ_{xy}, ϱ_{xz} und ϱ_{yz} besteht eine einfache Beziehung:

$$\varrho_{xy|z} = \frac{\varrho_{xy} - \varrho_{xz}\,\varrho_{yz}}{\sqrt{\left(1-\varrho_{xz}^2\right)\left(1-\varrho_{yz}^2\right)}}\,. \tag{1}$$

Wir können daher, von r_{xy}, r_{xz} und r_{yz} ausgehend, eine Schätzung für $\varrho_{xy|z}$ gewinnen, indem wir in Formel (1) das Symbol ϱ überall durch r ersetzen.

Um einen Test oder ein Mutungsintervall für $\varrho_{xy|z}$ zu erhalten, bilden wir wieder den zugehörigen Wert

$$z = \frac{1}{2}\log_e \frac{1 + r_{xy|z}}{1 - r_{xy|z}}\,.$$

Dieser ist annähernd normalverteilt mit Mittelwert

$$\zeta = \frac{1}{2}\log_e \frac{1 + \varrho_{xy|z}}{1 - \varrho_{xy|z}} + \frac{\varrho_{xy|z}}{2\,(n-2)}$$

und Varianz $1/(n-4)$, wenn n die Anzahl der Tripel (x_i, y_i, z_i) ist, aus denen die Korrelationskoeffizienten berechnet wurden.

Beispiel: In obigem Beispiel hatten wir, wie bereits erwähnt, zwischen Körpergewicht und manueller Geschicklichkeit einen Korrelationskoeffizienten $r_{xy} = 0{,}45$. Zwischen Körpergewicht und Alter ergab sich der Korrelationskoeffizient $r_{xz} = 0{,}85$ und zwischen Geschicklichkeit und Alter: $r_{yz} = 0{,}60$. Daraus ergibt sich für den partiellen Korrelationskoeffizienten für Geschicklichkeit und Körpergewicht (unter Ausschaltung des Alterseinflusses):

$$r_{xy|z} \frac{0{,}45 - 0{,}85 \cdot 0{,}60}{\sqrt{(1 - 0{,}85^2)(1 - 0{,}60^2)}} = -0{,}14\,,$$

also, wie zu erwarten, ein negativer Wert.

9.9 Die Reihenkorrelation

Vielfach kommt es vor, daß die Korrelation zwischen zwei Variablen zwar durch die Korrelation mit einem dritten Faktor beeinflußt ist, das Modell der dreidimensionalen Normalverteilung jedoch den Sachverhalt nicht adäquat wiedergibt. Dies trifft vor allem dann zu, wenn sich die Realisationen $(x_1, y_1), (x_2, y_2), \ldots (x_n\, y_n)$ auf aufeinanderfolgende Zeitpunkte beziehen. In einem solchen Falle kann es sehr leicht vorkommen, daß die vorliegenden Werte nicht als Realisationen ein und derselben zufälligen Variablen aufgefaßt werden dürfen, weil beispielsweise die Mittelwerte μ_x und μ_y selbst Funktionen der Zeit sind. Berechnet man in einem solchen Falle einen Korrelationskoeffizienten, so ist dieser praktisch kaum sinnvoll interpretierbar, denn er hängt ja wesentlich davon ab, ob μ_x und μ_y — als Funktionen der Zeit aufgefaßt — parallel verlaufen oder nicht. Ist beispielsweise sowohl μ_x als auch μ_y eine monotone Funktion der Zeit, so kann man Korrelationskoeffizienten von 0,9 oder noch größer erhalten. Dies sagt jedoch gar nichts über einen Zusammenhang zwischen x und y, denn der Korrelationskoeffizient ist nur dann ein sinnvolles

Maß des Zusammenhanges, wenn er aus Realisationen ein und derselben (zweidimensionalen) zufälligen Variablen errechnet wurde. Sehr drastisch wird die Unsinnigkeit von Korrelationskoeffizienten, die aus Zeitreihen berechnet wurden, durch die hohe Korrelation zwischen Zeitreihen, die in keinerlei Zusammenhang stehen (wie z. B. der Zahl der Störche und der Zahl der Geburten), illustriert.

Will man bei zwei Zeitreihen eine Untersuchung über das Vorhandensein einer Abhängigkeit anstellen, muß man Methoden heranziehen, die über den Rahmen dieses Buches hinausgehen. Der am Problem der Reihenkorrelation interessierte Leser wird auf die Arbeiten von *Yule, Orcutt* und *James, Quenouille* etc. hingewiesen.

9.10 Verteilungsunabhängige Verfahren

Die bisher besprochenen Methoden der Korrelationsanalyse beruhten auf der Voraussetzung der Normalverteilung. Bei verteilungsunabhängigen Tests über die Unabhängigkeit der Variablen x und y geht man von der Tatsache aus, daß im Falle der Unabhängigkeit der Variablen x und y alle möglichen Realisationen, die man aus $(x_1, y_1), \ldots (x_n, y_n)$ durch eine beliebige Permutation der $(y_1, \ldots y_n)$ erhält, die gleiche Wahrscheinlichkeit (Dichte) besitzen. Man kann daher — ähnlich wie im Falle des Ein- und Zweistichprobenproblems — einen Randomisierungs-Test konstruieren. Als Testgröße kann man den Korrelationskoeffizienten r wählen. Man berechnet alle Werte, die r unter den verschiedenen Permutationen von $(y_1, \ldots y_n)$ annimmt, und lehnt die Hypothese der Unabhängigkeit ab, wenn der tatsächlich aufgetretene Wert unter den $0{,}01\, n!$ größten Werten ist. (Tatsächlich wird man diese Berechnung natürlich nicht mit r selbst, sondern mit $\sum_1^n x_i y_i$ durchführen, da diese Größe einfacher zu berechnen und bei der hier vorgenommenen Randomisierung eine monotone Funktion von r ist.)

Wird beim Randomisierungs-Test r als Testgröße verwendet, so hat der Test im Falle normalverteilter Variablen eine besonders hohe Trennschärfe; die vorgeschriebene Sicherheitswahrscheinlichkeit wird jedoch auf jeden Fall eingehalten, auch dann, wenn die Voraussetzung der Normalverteilung nicht erfüllt ist. Es sei jedoch ausdrücklich darauf aufmerksam gemacht, daß man dann, wenn *keine* Normalverteilung vorliegt, aus dem Verschwinden des Korrelationskoeffizienten nicht bindend auf die Unabhängigkeit der Variablen schließen kann.

Die praktischen Schwierigkeiten bei der Berechnung eines solchen Randomisierungs-Tests sind bekannt. Man wird sich daher meist mit einem Rang-Test zufrieden geben. Zu diesem Zwecke denken wir uns $x_1, \ldots x_n$ von vornherein der Größe nach geordnet und durchnumeriert. Die zugehörigen y seien $y_1, \ldots y_n$. Mit R_i bezeichnen wir die zu y_i gehörige Rangzahl (die Rangzahl innerhalb der Menge $\{y_1, \ldots y_n\}$). Mit diesen Rangzahlen berechnen wir den *Spearman*schen Rang-Korrelationskoeffizienten.

Man erhält den *Spearman*schen Rang-Korrelationskoeffizienten aus der Formel für den gewöhnlichen Korrelationskoeffizienten (9.6.1), wenn man dort die x_i und y_i einfach durch die jeweiligen Rangzahlen ersetzt. Für die numerische Berechnung zweckmäßiger ist die Formel:

$$R = 1 - \frac{6 \sum_{1}^{n} d_i^2}{n(n^2-1)}, \tag{1}$$

wobei d_i die Differenz zwischen der Rangzahl von x_i und der Rangzahl von y_i ist.

Die Verteilung des Rang-Korrelationskoeffizienten im Falle der Unabhängigkeit erhält man grundsätzlich dadurch, daß man alle Werte berechnet, die R unter allen Permutationen $(R_1, \ldots R_n)$ der Zahlen $(1, \ldots n)$ annimmt. Im Falle der Unabhängigkeit haben alle diese Permutationen die gleiche Wahrscheinlichkeit. Für kleine n sind die so berechneten Sicherheitsgrenzen in der Tabelle auf S. 279 angegeben. Für $n > 30$ approximiert man die Verteilung von R durch eine Normalverteilung. Diese hat im Falle der Unabhängigkeit den Mittelwert 0 und Varianz $1/(n-1)$. Die asymptotische Wirksamkeit des Rang-Korrelationskoeffizienten, verglichen mit der des von den Originalwerten ausgehenden Korrelationskoeffizienten, beträgt im Falle der Normalverteilung ca. 91 % (*Hotelling* und *Pabst*).

Berechnet man R auf Grund einer Stichprobe aus einer zweidimensionalen Normalverteilung, so gilt:

$$E(R) = \frac{6}{\pi} \arc \sin \frac{\varrho}{2} \,. \tag{2}$$

Man geht daher vielfach auch von R zu $\hat{\varrho} = 2 \sin R\, \pi/6$ über. Hinter diesem Vorgehen steckt folgende Erwägung: Wenn es monotone Transformationen $\xi(x)$ und $\eta(y)$ gibt, so daß $[\xi(x), \eta(y)]$ eine zweidimensionale Normalverteilung besitzt, dann kann man den Korrelationskoeffizienten dieser Verteilung mit Hilfe von $\hat{\varrho}$ schätzen. Dabei braucht man die Transformation $\xi(x)$ und $\eta(y)$ gar nicht zu kennen, denn R ist ja gegenüber monotonen Transformationen invariant.

Beispiel: Bei vielen Qualitätsmerkmalen ist eine direkte Prüfung nicht möglich. Man ist vielmehr gezwungen, die direkte Prüfung durch die Prüfung eines anderen Merkmales zu ersetzen. Ein typisches Beispiel hierfür wäre die Haltbarkeit von Textilien. Das praktisch relevante Qualitätsmerkmal ist die Haltbarkeit im Gebrauch. Diese kann jedoch nur durch langwierige Tragversuche ermittelt werden. Es besteht daher ein praktisches Bedürfnis, eine rasch funktionierende technologische Prüfmethode zu entwickeln, deren Ergebnisse mit den Ergebnissen der Tragversuche möglichst gut übereinstimmen. Um eine solche Übereinstimmung zu prüfen, wurden an 7 verschiedenen Textilien neben Tragversuchen auch Scheuerversuche vorgenommen, u. a. Biegescheuerungen, und zwar in Kettrichtung und in Schußrichtung. Bei den Tragversuchen konnte nur eine Rangordnung zwischen den 7 Textilien festgelegt werden. Bei den Biegescheuerungen ergaben sich primär zahlenmäßige Merkmale (Anzahl der Scheuerungen bis zum Bruch), doch wurden diese für die weitere Berechnung ebenfalls in Rangzahlen umgewandelt:

Tabelle 36

Ergebnisse von Trag- und Scheuerversuchen

Bezeichnung des Gewebes	Rangzahl beim Tragversuch	Biegescheuerung Kette			Biegescheuerung Schuß		
		Scheuertouren*)	Rang	d_i^2	Scheuertouren*)	Rang	d_i^2
A	6	72	7	1	115	2	16
B	5	85	4	1	78	6	1
C	7	78	6	1	91	5	4
D	4	82	5	1	102	4	0
E	3	91	3	0	67	7	16
F	2	138	2	0	111	3	1
G	1	154	1	0	136	1	0
				4			38

*) Zahl der Scheuertouren bis zum Bruch des Gewebes.

Quelle: *R. G. Stoll:* An improved multipurpose abrasion tester and its application for the evaluation of the wear resistance of textiles. Text. Res. J. Bd. 19, 1949, S. 394—419.

Es ergaben sich folgende Rang-Korrelationskoeffizienten:
Tragversuch — Biegescheuerung (Kette):

$$R = 1 - \frac{6 \cdot 4}{6 \cdot 7 \cdot 8} = 0{,}93\,,$$

Tragversuch — Biegescheuerung (Schuß):

$$R = 1 - \frac{6 \cdot 38}{6 \cdot 7 \cdot 8} = 0{,}32\,.$$

Die Korrelation zwischen Tragversuch und Biegescheuerung (Kette) ist signifikant von 0 verschieden, die Korrelation zwischen Tragversuch und Biegescheuerung (Schuß) nicht, denn die 99 %-

Sicherheitsgrenze liegt laut Tabelle (S. 279) bei 0,89. Praktisch wird man sich nicht mit einer einzigen technologischen Prüfung zufriedengeben, sondern neben der Biegescheuerung (Kette) noch weitere technologische Prüfungen heranziehen, deren Ergebnisse mit den Tragversuchen stark korreliert sind, z. B. die Festigkeit beim Weiterreißen.

Ganz ähnliche Fragestellungen treten übrigens auch in der Psychologie bei Eignungstests auf. Hier handelt es sich darum, psychologische Tests zu entwickeln, deren Ergebnisse mit der nur im Nachhinein feststellbaren wirklichen Eignung möglichst gut übereinstimmen, so daß man die Eignung eines bestimmten Arbeiters für eine bestimmte Arbeit von vornherein mittels eines Eignungstests möglichst zuverlässig beurteilen kann.

Normalverteilung

$x \to \Phi^*(x)$

x	$\Phi^*(x)$
0,0	0,000
0,1	0,040
0,2	0,079
0,3	0,118
0,4	0,155
0,5	0,191
0,6	0,226
0,7	0,258
0,8	0,288
0,9	0,316
1,0	0,341
1,1	0,364
1,2	0,385
1,3	0,403
1,4	0,419
1,5	0,433
1,6	0,445
1,7	0,455
1,8	0,464
1,9	0,471
2,0	0,477
2,1	0,482
2,2	0,486
2,3	0,489
2,4	0,492
2,5	0,494
2,6	0,495
2,7	0,496
2,8	0,497
2,9	0,498
3,0	0,499

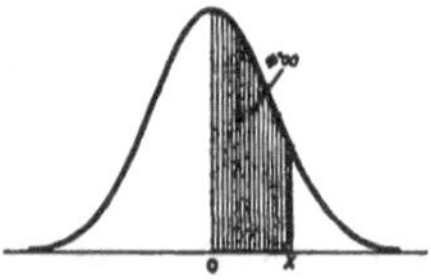

$\Phi^*(x) \to x$

$\Phi^*(x)$	x	$\Phi^*(x)$	x
0,00	0,00	0,25	0,67
0,01	0,03	0,26	0,71
0,02	0,05	0,27	0,74
0,03	0,08	0,28	0,77
0,04	0,10	0,29	0,81
0,05	0,13	0,30	0,84
0,06	0,15	0,31	0,88
0,07	0,18	0,32	0,92
0,08	0,20	0,33	0,95
0,09	0,23	0,34	0,99
0,10	0,25	0,35	1,04
0,11	0,28	0,36	1,08
0,12	0,31	0,37	1,13
0,13	0,33	0,38	1,18
0,14	0,36	0,39	1,23
0,15	0,39	0,40	1,28
0,16	0,41	0,41	1,34
0,17	0,44	0,42	1,41
0,18	0,47	0,43	1,48
0,19	0,50	0,44	1,55
0,20	0,52	0,45	1,64
0,21	0,55	0,46	1,75
0,22	0,58	0,47	1,88
0,23	0,61	0,48	2,05
0,24	0,64	0,49	2,33

Vorzeichen-Rang-Test von Wilcoxon

n	95 %	99 %
6	10,5	—
7	12,0	—
8	14,0	18,0
9	16,5	20,5
10	19,5	24,5
11	22,0	28,0
12	25,0	32,0
13	28,5	35,5
14	31,5	39,5
15	35,0	44,0
16	38,0	48,0
17	41,5	53,5
18	45,5	57,5
19	49,0	63,0
20	53,0	67,0
21	56,5	72,5
22	60,5	77,5
23	65,0	83,0
24	69,0	89,0
25	73,5	94,5

Die angegebenen Sicherheitswahrscheinlichkeiten gelten bei *zweiseitiger* Anwendung. Für $n > 25$ gilt:

$$c_\alpha \doteq N_\alpha \sqrt{\frac{n(n+1)(2n+1)}{24}}\,, \quad \text{mit} \quad N_\alpha = \begin{cases} 1{,}96 \text{ für } \alpha = 95\,\% \\ 2{,}58 \text{ für } \alpha = 99\,\% \end{cases}$$

(Vgl. hierzu die Ausführungen auf S. 134.)

Wilcoxon-Test 95 %

4	5	6	7	8	9	10	11	12	13	14	n_2 / n_1
—	—	—	—	8,0	9,0	10,0	10,0	11,0	12,0	13,0	2
—	7,5	8,0	9,5	10,0	11,5	12,0	13,5	14,0	15,5	16,0	3
8,0	9,0	10,0	11,0	12,0	13,0	15,0	16,0	17,0	18,0	19,0	4
9,0	10,5	12,0	12,5	14,0	15,5	17,0	18,5	19,0	20,5	22,0	5
15	47,5	13,0	15,0	16,0	17,0	19,0	20,0	22,0	23,0	25,0	6
14	46,0	48,0	16,5	18,0	19,5	21,0	22,5	24,0	25,5	27,0	7
13	43,5	45,0	47,5	19,0	21,0	23,0	25,0	26,0	28,0	29,0	8
12	41,0	43,0	45,0	47,0	22,5	25,0	26,5	28,0	30,5	32,0	9
11	38,5	40,0	42,5	44,0	46,5	27,0	29,0	30,0	32,0	34,0	10
10	36,0	38,0	40,0	42,0	43,0	45,0	30,5	33,0	34,5	37,0	11
9	33,5	35,0	37,5	39,0	40,5	42,0	44,5	35,0	37,0	39,0	12
8	31,0	33,0	34,0	36,0	38,0	39,0	41,0	42,0	38,5	41,0	13
7	28,5	30,0	31,5	33,0	34,5	36,0	37,5	39,0	40,5	43,0	14
6	26,0	27,0	29,0	30,0	32,0	33,0	34,0	36,0	37,0	38,0	39,0
5	23,5	24,0	25,5	27,0	28,5	30,0	30,5	32,0	33,5	35,0	35,5
4	20,0	21,0	23,0	24,0	25,0	26,0	27,0	28,0	29,0	30,0	32,0
3	17,5	18,0	19,5	20,0	21,5	22,0	23,5	24,0	25,5	26,0	27,5
2	14,0	15,0	15,0	16,0	17,0	18,0	18,0	19,0	20,0	21,0	22,0
n_1 / n_2	15	16	17	18	19	20	21	22	23	24	25

Wilcoxon-Test 99 %

4	5	6	7	8	9	10	11	12	13	14	n_2 / n_1
—	—	—	—	—	13,5	15,0	16,5	17,0	18,5	20,0	3
—	—	12,0	14,0	15,0	17,0	18,0	20,0	21,0	22,0	24,0	4
—	12,5	14,0	15,5	18,0	19,5	21,0	22,5	24,0	25,5	28,0	5
15	61,5	16,0	18,0	20,0	22,0	24,0	26,0	27,0	29,0	31,0	6
14	59,0	62,0	20,5	22,0	24,5	26,0	28,5	30,0	32,5	34,0	7
13	55,5	58,0	61,5	25,0	27,0	29,0	31,0	33,0	35,0	38,0	8
12	53,0	55,0	58,0	61,0	29,5	32,0	33,5	36,0	38,5	41,0	9
11	49,5	52,0	54,5	57,0	59,5	34,0	36,0	39,0	41,0	44,0	10
10	46,0	49,0	51,0	53,0	56,0	58,0	39,5	42,0	44,5	47,0	11
9	42,5	45,0	47,5	50,0	52,5	54,0	56,5	44,0	47,0	50,0	12
8	40,0	42,0	44,0	46,0	48,0	50,0	52,0	54,0	50,5	53,0	13
7	36,5	38,0	40,5	42,0	44,5	46,0	48,5	50,0	51,5	56,0	14
6	33,0	35,0	36,0	38,0	40,0	42,0	44,0	45,0	47,0	49,0	51,0
5	29,5	31,0	32,5	34,0	35,5	37,0	38,5	41,0	42,5	44,0	45,5
4	25,0	27,0	28,0	30,0	31,0	32,0	34,0	35,0	37,0	38,0	40,0
3	20,5	22,0	23,5	25,0	25,5	27,0	28,5	29,0	30,5	32,0	32,5
2	—	—	—	—	19,0	20,0	21,0	22,0	23,0	24,0	25,0
n_1 / n_2	15	16	17	18	19	20	21	22	23	24	25

Die angegebenen Sicherheitswahrscheinlichkeiten gelten bei *zweiseitiger* Anwendung. Für $n_1 + n_2 > 30$ gilt:

$$c_\alpha \doteq N_\alpha \sqrt{\frac{n_1\, n_2 (n_1 + n_2 + 1)}{12}}, \quad \text{mit} \quad N_\alpha = \begin{cases} 1{,}96 \text{ für } \alpha = 95\,\% \\ 2{,}58 \text{ für } \alpha = 99\,\% \end{cases}$$

(Vgl. hierzu die Ausführungen auf S. 140, 141).

Test von *Friedman*

95 %

r \ k	3	4
2	—	6,0
3	6,0	7,4
4	6,5	7,8
5	6,0	.
6	7,0	.
7	7,0	.
8	6,0	.
9	6,2	.

99 %

r \ k	3	4
3	—	9,0
4	8,0	9,5
5	8,0	.
6	9,0	.
7	8,5	.
8	9,0	.
9	8,5	.

(Vgl. hierzu die Ausführungen auf S. 152.)

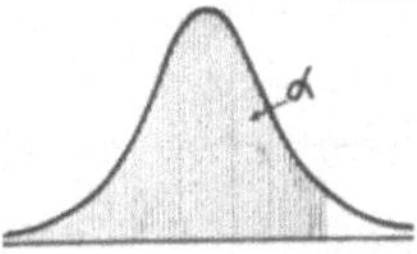

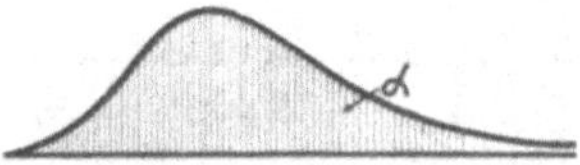

f \ α	t-Verteilung				χ^2-Verteilung			
	95%	97,5%	99%	99,5%	1%	5%	95%	99%
1	6,31	12,71	31,82	63,66	0,0	0,0	3,8	6,6
2	2,92	4,30	6,96	9,92	0,0	0,1	6,0	9,2
3	2,35	3,18	4,54	5,84	0,1	0,4	7,8	11,3
4	2,13	3,78	3,75	4,60	0,3	0,7	9,5	13,3
5	2,01	2,57	3,36	4,03	0,6	1,1	11,1	15,1
6	1,94	2,45	3,14	3,71	0,9	1,6	12,6	16,8
7	1,89	2,36	3,00	3,50	1,2	2,2	14,1	18,5
8	1,86	2,31	2,90	3,36	1,6	2,7	15,5	20,1
9	1,83	2,26	2,82	3,25	2,1	3,3	16,9	21,7
10	1,81	2,23	2,76	3,17	2,6	3,9	18,3	23,2
11	1,80	2,20	2,72	3,11	3,0	4,6	19,7	24,7
12	1,78	2,18	2,68	3,05	3,6	5,2	21,0	26,2
13	1,77	2,16	2,65	3,01	4,1	5,9	22,4	27,7
14	1,76	2,14	2,62	2,98	4,7	6,6	23,7	29,1
15	1,75	2,13	2,60	2,95	5,2	7,3	25,0	30,6
16	1,75	2,12	2,58	2,92	5,8	8,0	26,3	32,0
17	1,74	2,11	2,57	2,90	6,4	8,7	27,6	33,4
18	1,73	2,10	2,55	2,88	7,0	9,4	28,9	34,8
19	1,73	2,09	2,54	2,86	7,6	10,1	30,1	36,2
20	1,72	2,09	2,53	2,85	8,3	10,9	31,4	37,6
21	1,72	2,08	2,52	2,83	8,9	11,6	32,7	38,9
22	1,72	2,07	2,51	2,82	9,5	12,3	33,9	40,3
23	1,71	2,07	2,50	2,81	10,2	13,1	35,2	41,6
24	1,71	2,06	2,49	2,80	10,9	13,8	36,4	43,0
25	1,71	2,06	2,48	2,79	11,5	14,6	37,7	44,3
26	1,71	2,06	2,48	2,78	12,2	15,4	38,9	45,6
27	1,70	2,05	2,47	2,77	12,9	16,2	40,1	47,0
28	1,70	2,05	2,47	2,76	13,6	16,9	41,3	48,3
29	1,70	2,05	2,46	2,76	14,3	17,7	42,6	49,6
30	1,70	2,04	2,46	2,75	15,0	18,5	43,8	50,9
34	1,69	2,03	2,44	2,73	17,8	21,7	48,6	56,1
40	1,68	2,02	2,42	2,70	22,2	26,5	55,8	63,7
50	1,68	2,01	2,40	2,68	29,7	34,8	67,5	76,2
70	1,67	1,99	2,38	2,65	45,4	51,7	90,5	100,4
100	1,66	1,98	2,36	2,63	70,1	77,9	124,3	135,8

F-Verteilung

f_2 \ f_1	1	2	3	4	5	6	7	8	9	10
1	161	200	216	225	230	234	237	239	241	242
2	18,5	19,0	19,2	19,2	19,3	19,3	19,4	19,4	19,4	19,4
3	10,1	9,55	9,28	9,12	9,01	8,94	8,89	8,85	8,81	8,79
4	7,71	6,94	6,59	6,39	6,26	6,16	6,09	6,04	6,00	5,96
5	6,61	5,79	5,41	5,19	5,05	4,95	4,88	4,82	4,77	4,74
6	5,99	5,14	4,76	4,53	4,39	4,28	4,21	4,15	4,10	4,06
7	5,59	4,74	4,35	4,12	3,97	3,87	3,79	3,73	3,68	3,64
8	5,32	4,46	4,07	3,84	3,69	3,58	3,50	3,44	3,39	3,35
9	5,12	4,26	3,86	3,63	3,48	3,37	3,29	3,23	3,18	3,14
10	4,96	4,10	3,71	3,48	3,33	3,22	3,14	3,07	3,02	2,98
11	4,84	3,98	3,59	3,36	3,20	3,09	3,01	2,95	2,90	2,85
12	4,75	3,89	3,49	3,26	3,11	3,00	2,91	2,85	2,80	2,75
13	4,67	3,81	3,41	3,18	3,03	2,92	2,83	2,77	2,71	2,67
14	4,60	3,74	3,34	3,11	2,96	2,85	2,76	2,70	2,65	2,60
15	4,54	3,68	3,29	3,06	2,90	2,79	2,71	2,64	2,59	2,54
16	4,49	3,63	3,24	3,01	2,85	2,74	2,66	2,59	2,54	2,49
17	4,45	3,59	3,20	2,96	2,81	2,70	2,61	2,55	2,49	2,45
18	4,41	3,55	3,16	2,93	2,77	2,66	2,58	2,51	2,46	2,41
19	4,38	3,52	3,13	2,90	2,74	2,63	2,54	2,48	2,42	2,38
20	4,35	3,49	3,10	2,87	2,71	2,60	2,51	2,45	2,39	2,35
21	4,32	3,47	3,07	2,84	2,68	2,57	2,49	2,42	2,37	2,32
22	4,30	3,44	3,05	2,82	2,66	2,55	2,46	2,40	2,34	2,30
23	4,28	3,42	3,03	2,80	2,64	2,53	2,44	2,37	2,32	2,27
24	4,26	3,40	3,01	2,78	2,62	2,51	2,42	2,36	2,30	2,25
25	4,24	3,39	2,99	2,76	2,60	2,49	2,40	2,34	2,28	2,24
26	4,23	3,37	2,98	2,74	2,59	2,47	2,39	2,32	2,27	2,22
27	4,21	3,35	2,96	2,73	2,57	2,46	2,37	2,31	2,25	2,20
28	4,20	3,34	2,95	2,71	2,56	2,45	2,36	2,29	2,24	2,19
29	4,18	3,33	2,93	2,70	2,55	2,43	2,35	2,28	2,22	2,18
30	4,17	3,32	2,92	2,69	2,53	2,42	2,33	2,27	2,21	2,16
34	4,13	3,28	2,88	2,65	2,49	2,38	2,29	2,23	2,17	2,12
40	4,08	3,23	2,84	2,61	2,45	2,34	2,25	2,18	2,12	2,08
50	4,03	3,18	2,79	2,56	2,40	2,29	2,20	2,13	2,07	2,03
70	3,98	3,13	2,74	2,50	2,35	2,23	2,14	2,07	2,02	1,97
100	3,94	3,09	2,70	2,46	2,31	2,19	2,10	2,03	1,97	1,93
200	3,89	3,04	2,65	2,42	2,26	2,14	2,06	1,98	1,93	1,88
500	3,86	3,01	2,62	2,39	2,23	2,12	2,03	1,96	1,90	1,85
∞	3,84	3,00	2,60	2,37	2,21	2,10	2,01	1,94	1,88	1,83

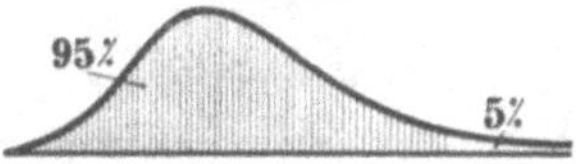

f_2 \ f_1	12	14	16	18	20	24	30	40	60	100	∞
1	244	245	246	247	248	249	250	251	252	253	254
2	19,4	19,4	19,4	19,4	19,4	19,5	19,5	19,5	19,5	19,5	19,5
3	8,74	8,71	8,69	8,67	8,66	8,64	8,62	8,59	8,57	8,55	8,53
4	5,91	5,87	5,84	5,82	5,80	5,77	5,75	5,72	5,69	5,66	5,63
5	4,68	4,64	4,60	4,58	4,56	4,53	4,50	4,46	4,43	4,41	4,37
6	4,00	3,96	3,92	3,90	3,87	3,84	3,81	3,77	3,74	3,71	3,67
7	3,57	3,53	3,49	3,47	3,44	3,41	3,38	3,34	3,30	3,27	3,23
8	3,28	3,24	3,20	3,17	3,15	3,12	3,08	3,04	3,01	2,97	2,93
9	3,07	3,03	2,99	2,96	2,94	2,90	2,86	2,83	2,79	2,76	2,71
10	2,91	2,86	2,83	2,80	2,77	2,74	2,70	2,66	2,62	2,59	2,54
11	2,79	2,74	2,70	2,67	2,65	2,61	2,57	2,53	2,49	2,46	2,40
12	2,69	2,64	2,60	2,57	2,54	2,51	2,47	2,43	2,38	2,35	2,30
13	2,60	2,55	2,51	2,48	2,46	2,42	2,38	2,34	2,30	2,26	2,21
14	2,53	2,48	2,44	2,41	2,39	2,35	2,31	2,27	2,22	2,19	2,13
15	2,48	2,42	2,38	2,35	2,33	2,29	2,25	2,20	2,16	2,12	2,07
16	2,42	2,37	2,33	2,30	2,28	2,24	2,19	2,15	2,11	2,07	2,01
17	2,38	2,33	2,29	2,26	2,23	2,19	2,15	2,10	2,06	2,02	1,96
18	2,34	2,29	2,25	2,22	2,19	2,15	2,11	2,06	2,02	1,98	1,92
19	2,31	2,26	2,21	2,18	2,16	2,11	2,07	2,03	1,98	1,94	1,88
20	2,28	2,22	2,18	2,15	2,12	2,08	2,04	1,99	1,95	1,91	1,84
21	2,25	2,20	2,16	2,12	2,10	2,05	2,01	1,96	1,92	1,88	1,81
22	2,23	2,17	2,13	2,10	2,07	2,03	1,98	1,94	1,89	1,85	1,78
23	2,20	2,15	2,11	2,07	2,05	2,00	1,96	1,91	1,86	1,82	1,76
24	2,18	2,13	2,09	2,05	2,03	1,98	1,94	1,89	1,84	1,80	1,73
25	2,16	2,11	2,07	2,04	2,01	1,96	1,92	1,87	1,82	1,78	1,71
26	2,15	2,09	2,05	2,02	1,99	1,95	1,90	1,85	1,80	1,76	1,69
27	2,13	2,08	2,04	2,00	1,97	1,93	1,88	1,84	1,79	1,74	1,67
28	2,12	2,06	2,02	1,99	1,96	1,91	1,87	1,82	1,77	1,73	1,65
29	2,10	2,05	2,01	1,97	1,94	1,90	1,85	1,81	1,75	1,71	1,64
30	2,09	2,04	1,99	1,96	1,93	1,89	1,84	1,79	1,74	1,70	1,62
34	2,05	1,99	1,95	1,92	1,89	1,84	1,80	1,75	1,69	1,65	1,57
40	2,00	1,95	1,90	1,87	1,84	1,79	1,74	1,69	1,64	1,59	1,51
50	1,95	1,89	1,85	1,81	1,78	1,74	1,69	1,63	1,58	1,52	1,44
70	1,89	1,84	1,79	1,75	1,72	1,67	1,62	1,57	1,50	1,45	1,35
100	1,85	1,79	1,75	1,71	1,68	1,63	1,57	1,52	1,45	1,39	1,28
200	1,80	1,74	1,69	1,66	1,62	1,57	1,52	1,46	1,39	1,32	1,19
500	1,77	1,71	1,66	1,62	1,59	1,54	1,48	1,42	1,34	1,28	1,11
∞	1,75	1,69	1,64	1,60	1,57	1,52	1,46	1,39	1,32	1,24	1,00

F-Verteilung

f_2 \ f_1	1	2	3	4	5	6	7	8	9	10
1	4050	5000	5400	5630	5760	5860	5930	5980	6020	6060
2	98,5	99,0	99,2	99,2	99,3	99,3	99,4	99,4	99,4	99,4
3	34,1	30,8	29,5	28,7	28,2	27,9	27,7	27,5	27,3	27,2
4	21,2	18,0	16,7	16,0	15,5	15,2	15,0	14,8	14,7	14,5
5	16,3	13,3	12,1	11,4	11,0	10,7	10,5	10,3	10,2	10,1
6	13,7	10,9	9,78	9,15	8,75	8,47	8,26	8,10	7,98	7,87
7	12,2	9,55	8,45	7,85	7,46	7,19	6,99	6,84	6,72	6,62
8	11,3	8,65	7,59	7,01	6,63	6,37	6,18	6,03	5,91	5,81
9	10,6	8,02	6,99	6,42	6,06	5,80	5,61	5,47	5,35	5,26
10	10,0	7,56	6,55	5,99	5,64	5,39	5,20	5,06	4,94	4,85
11	9,65	7,21	6,22	5,67	5,32	5,07	4,89	4,74	4,63	4,54
12	9,33	6,93	5,95	5,41	5,06	4,82	4,64	4,50	4,39	4,30
13	9,07	6,70	5,74	5,21	4,86	4,62	4,44	4,30	4,19	4,10
14	8,86	6,51	5,56	5,04	4,69	4,46	4,28	4,14	4,03	3,94
15	8,68	6,36	5,42	4,89	4,56	4,32	4,14	4,00	3,89	3,80
16	8,53	6,23	5,29	4,77	4,44	4,20	4,03	3,89	3,78	3,69
17	8,40	6,11	5,18	4,67	4,34	4,10	3,93	3,79	3,68	3,59
18	8,29	6,01	5,09	4,58	4,25	4,01	3,84	3,71	3,60	3,51
19	8,18	5,93	5,01	4,50	4,17	3,94	3,77	3,63	3,52	3,43
20	8,10	5,85	4,94	4,43	4,10	3,87	3,70	3,56	3,46	3,37
21	8,02	5,78	4,87	4,37	4,04	3,81	3,64	3,51	3,40	3,31
22	7,95	5,72	4,82	4,31	3,99	3,76	3,59	3,45	3,35	3,26
23	7,88	5,66	4,76	4,26	3,94	3,71	3,54	3,41	3,30	3,21
24	7,82	5,61	4,72	4,22	3,90	3,67	3,50	3,36	3,26	3,17
25	7,77	5,57	4,68	4,18	3,86	3,63	3,46	3,32	3,22	3,13
26	7,72	5,53	4,64	4,14	3,82	3,59	3,42	3,29	3,18	3,09
27	7,68	5,49	4,60	4,11	3,78	3,56	3,39	3,26	3,15	3,06
28	7,64	5,45	4,57	4,07	3,75	3,53	3,36	3,23	3,12	3,03
29	7,60	5,42	4,54	4,04	3,73	3,50	3,33	3,20	3,09	3,00
30	7,56	5,39	4,51	4,02	3,70	3,47	3,30	3,17	3,07	2,98
34	7,44	5,29	4,42	3,93	3,61	3,39	3,22	3,09	2,98	2,89
40	7,31	5,18	4,31	3,83	3,51	3,29	3,12	2,99	2,89	2,80
50	7,17	5,06	4,20	3,72	3,41	3,19	3,02	2,89	2,79	2,70
70	7,01	4,92	4,08	3,60	3,29	3,07	2,91	2,78	2,67	2,59
100	6,90	4,82	3,98	3,51	3,21	2,99	2,82	2,69	2,59	2,50
200	6,76	4,71	3,88	3,41	3,11	2,89	2,73	2,60	2,50	2,41
500	6,69	4,65	3,82	3,36	3,05	2,84	2,68	2,55	2,44	2,36
∞	6,63	4,61	3,78	3,32	3,02	2,80	2,64	2,51	2,41	2,32

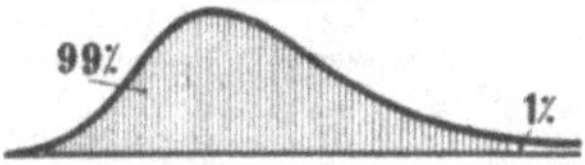

f_2 \ f_1	12	14	16	18	20	24	30	40	60	100	∞
1	6110	6140	6170	6190	6210	6230	6260	6290	6310	6330	6370
2	99,4	99,4	99,4	99,4	99,4	99,5	99,5	99,5	99,5	99,5	99,5
3	27,1	26,9	26,8	26,8	26,7	26,6	26,5	26,4	26,3	26,2	26,1
4	14,4	14,2	14,2	14,1	14,0	13,9	13,8	13,7	13,7	13,6	13,5
5	9,89	9,77	9,68	9,61	9,55	9,47	9,38	9,29	9,20	9,13	9,02
6	7,72	7,60	7,52	7,45	7,40	7,31	7,23	7,14	7,06	6,99	6,88
7	6,47	6,36	6,27	6,21	6,16	6,07	5,99	5,91	5,82	5,75	5,65
8	5,67	5,56	5,48	5,41	5,36	5,28	5,20	5,12	5,03	4,96	4,86
9	5,11	5,00	4,92	4,86	4,81	4,73	4,65	4,57	4,48	4,42	4,31
10	4,71	4,60	4,52	4,46	4,41	4,33	4,25	4,17	4,08	4,01	3,91
11	4,40	4,29	4,21	4,15	4,10	4,02	3,94	3,86	3,78	3,71	3,60
12	4,16	4,05	3,97	3,91	3,86	3,78	3,70	3,62	3,54	3,47	3,36
13	3,96	3,86	3,78	3,72	3,66	3,59	3,51	3,43	3,34	3,27	3,17
14	3,80	3,70	3,62	3,56	3,51	3,43	3,35	3,27	3,18	3,11	3,00
15	3,67	3,56	3,49	3,42	3,37	3,29	3,21	3,13	3,05	2,98	2,87
16	3,55	3,45	3,37	3,31	3,26	3,18	3,10	3,02	2,93	2,86	2,75
17	3,46	3,35	3,27	3,21	3,16	3,08	3,00	2,92	2,83	2,76	2,65
18	3,37	3,27	3,19	3,13	3,08	3,00	2,92	2,84	2,75	2,68	2,57
19	3,30	3,19	3,12	3,05	3,00	2,92	2,84	2,76	2,67	2,60	2,49
20	3,23	3,13	3,05	2,99	2,94	2,86	2,78	2,69	2,61	2,54	2,42
21	3,17	3,07	2,99	2,93	2,88	2,80	2,72	2,64	2,55	2,48	2,36
22	3,12	3,02	2,94	2,88	2,83	2,75	2,67	2,58	2,50	2,42	2,31
23	3,07	2,97	2,89	2,83	2,78	2,70	2,62	2,44	2,45	2,37	2,26
24	3,03	2,93	2,85	2,79	2,74	2,66	2,58	2,49	2,40	2,33	2,21
25	2,99	2,89	2,81	2,75	2,70	2,62	2,54	2,45	2,36	2,29	2,17
26	2,96	2,86	2,78	2,72	2,66	2,58	2,50	2,42	2,33	2,25	2,13
27	2,93	2,82	2,75	2,68	2,63	2,55	2,47	2,38	2,29	2,22	2,10
28	2,90	2,79	2,72	2,65	2,60	2,52	2,44	2,35	2,26	2,19	2,06
29	2,87	2,77	2,69	2,63	2,57	2,49	2,41	2,33	2,23	2,16	2,03
30	2,84	2,74	2,66	2,60	2,55	2,47	2,39	2,30	2,21	2,13	2,01
34	2,76	2,66	2,58	2,51	2,46	2,38	2,30	2,21	2,12	2,04	1,91
40	2,66	2,56	2,48	2,42	2,37	2,29	2,20	2,11	2,02	1,94	1,80
50	2,56	2,46	2,38	2,32	2,27	2,18	2,10	2,01	1,91	1,82	1,68
70	2,45	2,35	2,27	2,20	2,15	2,07	1,98	1,89	1,78	1,70	1,54
100	2,37	2,26	2,19	2,12	2,07	1,98	1,89	1,80	1,69	1,60	1,43
200	2,27	2,17	2,09	2,02	1,97	1,89	1,79	1,69	1,58	1,48	1,28
500	2,22	2,12	2,04	1,97	1,92	1,83	1,74	1,63	1,52	1,41	1,16
∞	2,18	2,08	2,00	1,93	1,88	1,79	1,70	1,59	1,47	1,36	1,00

Tabelle für die Umrechnung $r \to z = \frac{1}{2} \log \frac{1+r}{1-r}$

r	0,00	0,05	0,10	0,15	0,20	0,25	0,30	0,35	0,40	0,45
z	0,000	0,050	0,100	0,151	0,203	0,255	0,310	0,365	0,424	0,485
$r \to$ ↓	0,00	0,01	0,02	0,03	0,04	0,05	0,06	0,07	0,08	0,09
0,5	0,549	0,563	0,576	0,590	0,604	0,618	0,633	0,648	0,662	0,678
0,6	0,693	0,709	0,725	0,741	0,758	0,775	0,793	0,811	0,829	0,848
0,7	0,867	0,887	0,908	0,929	0,950	0,973	0,996	1,020	1,045	1,071
0,8	1,099	1,127	1,157	1,188	1,221	1,256	1,293	1,333	1,376	1,422
0,9	1,472	1,528	1,589	1,658	1,738	1,832	1,946	2,092	2,298	2,647

Tabelle für die Umrechnung $z \to r$

z	0,00	0,05	0,10	0,15	0,20	0,25	0,30	0,35	0,40	0,45
r	0,000	0,050	0,100	0,149	0,197	0,245	0,291	0,336	0,380	0,422
z	0,50	0,55	0,60	0,65	0,70	0,75	0,80	0,85	0,90	0,95
r	0,462	0,500	0,537	0,572	0,604	0,635	0,664	0,691	0,716	0,740
$z \to$ ↓	0,0	0,1	0,2	0,3	0,4	0,5	0,6	0,7	0,8	0,9
1,0	0,762	0,800	0,834	0,862	0,885	0,905	0,922	0,935	0,947	0,956
2,0	0,964	0,970	0,976	0,980	0,984	0,987	0,989	0,991	0,993	0,994

Spearman'scher Rang-Korrelationskoeffizient

n	95 %	99 %
4	1,00	—
5	0,90	1,00
6	0,83	0,94
7	0,71	0,89
8	0,64	0,83
9	0,60	0,78
10	0,56	0,73
12	0,50	0,69
14	0,46	0,65
16	0,42	0,60
18	0,40	0,56
20	0,38	0,53
22	0,36	0,51
24	0,34	0,49
26	0,33	0,47
28	0,32	0,45
30	0,31	0,43

Für $n > 30$ gilt:

$$c_\alpha \doteq N'_\alpha \frac{1}{\sqrt{n-1}}, \quad \text{mit } N'_\alpha = \begin{cases} 1{,}64 \text{ für } \alpha = 95\,\% \\ 2{,}33 \text{ für } \alpha = 99\,\% \end{cases}$$

(Vgl. hierzu die Ausführungen auf S. 264, 265.)

Umrechnung Spannweite — Standardabweichung

$$E(R) = \mathrm{d}\,\sigma$$

Stichproben-umfang n	Umrechnungs-faktor d
2	1,13
3	1,69
4	2,06
5	2,33
6	2,53
7	2,70
8	2,85
9	2,97
10	3,08
11	3,17
12	3,26

(Vgl. hierzu die Ausführungen auf S. 94, 95.)

A. Allgemeine Literaturhinweise

1. Einige Standardwerke über allgemeine Methodenlehre:

a) Allgemein:

* Cramér, H.: Mathematical methods of statistics, Princeton 1957, 575 S.

Fisher, R. A.: Statistical methods for research workers, 13. Aufl. London 1958,, 356 S. (Die deutsche Übersetzung ist nicht zu empfehlen.)

* Fisz, M.: Wahrscheinlichkeitsrechnung und mathematische Statistik, Berlin 1958, 528 S. (Übersetzung a. d. Polnischen).

* Fraser, D. A. S.: Nonparametric methods in statistics, New York 1957, 299 S.

Fraser, D, A. S.: Statistics — An introduction, New York 1958, 398 S.

Hoel, P. G.: Introduction to mathematical statistics, 2. Aufl., New York 1954, 331 S.

* Kendall, M. G.: The advanced theory of statistics, Vol. I, 5. Aufl. London 1952, 457 S., Vol. II, 3. Aufl. London 1955, 521 S. (Man beachte die im Erscheinen begriffene 3 bändige Neuauflage von Kendall und A. Stuart.)

* Lehmann, E. L.: Testing statistical hypotheses, New York 1959, 369 S.

Linder, A.: Statistische Methoden für Naturwissenschafter, Mediziner und Ingenieure, 3. Aufl., Basel 1960, 484 S.

Mood, M. A.: Introduction to the theory of statistics, New York—Toronto—London 1950, 433 S.

Neyman, J.: First course in probability and statistics, New York 1951, 350 S.

Quenouille, M. H.: Introductory statistics, London 1950, 248 S.

Quenouille, M. H.: Rapid statistical calculations, London 1959, 44 S.

* Schmetterer, L.: Einführung in die mathematische Statistik, Wien 1956, 405 S.

Senders, V. L.: Measurement and statistics, New York 1958, 594 S.

Van der Waerden, B. L.: Mathematische Statistik, Berlin—Göttingen—Heidelberg 1957, 360 S.

b) Unter besonderer Berücksichtigung der Anwendungen in Biologie und Medizin:

Finney, D. J.: Statistical method in biological assay, London 1952, 661 S.

Gebelein, H., und H. J. Heite: Statistische Urteilsbildung, Berlin 1951, 192 S.

Heinisch, O.: Biometrie, Bd. 1 89 S., Bd. 2 88 S., Leipzig 1957.

Hosemann, H.: Die Grundlagen der statistischen Methoden für Mediziner und Biologen, Stuttgart 1949, 132 S.

---

*) Die mit * versehenen Bücher sind vor allem für Mathematiker gedacht.

Koller, S.: Allgemeine statistische Methoden, in: Handbuch der Erbbiologie, Bd. II, 1940.

Koller, S.: Statistische Auswertung der Versuchsergebnisse, in: Handbuch der physiologisch- und pathologisch-chemischen Analyse, 10. Aufl., 1960, Bd. 2, S. 931—1036.

Mather, K.: Statistische Analysen in der Biologie, Wien 1955, 466 S. (Übersetzung a. d. Englischen).

* Rao, C. R.: Advanced statistical methods in biometric research, New York 1952, 390 S.

Snedecor, G. W.: Statistical methods applied to experiments in agriculture and biology, 5. Aufl. Ames 1959, 534 S.

Weber, E.: Grundriß der biologischen Statistik für Naturwissenschaftler, Landwirte und Mediziner, 3. Aufl. Jena 1957, 466 S.

c) Unter besonderer Berücksichtigung der Anwendungen in Psychologie und Soziologie:

Blalock, H. M.: Social Statistics, New York 1960, 465 S.

Brunswik, E.: Perception and the representative design of psychological experiments, 2. Aufl. Berkely 1956, 154 S.

Edwards, A. L.: Statistical methods for the behavioral sciences, 5. Aufl. New York 1958, 542 S.

Garrett, H. E.: Statistics in psychology and education. 5. Aufl. New York 1958, 478 S.

Guilford, J. P.: Psychometric methods, 2. Aufl., New York 1954, 597 S.

Hagood, M. J., und D. O. Price: Statistics for sociologists, 2. Aufl., New York 1952, 575 S.

Hofstätter, P. R.: Einführung in die quantitativen Methoden der Psychologie, München 1953, 175 S.

Lewis, D.: Quantitative methods in psychology, New York 1960, 558 S.

Lindquist, E. F., Statistical analysis in educational research, New York 1956, 312 S.

McNemar, Q.: Psychological statistics, New York 1949, 388 S.

Mittenecker, E.: Planung und statistische Auswertung von Experimenten, 3. Aufl. Wien 1960, 168 S.

Siegel, S.: Nonparametric statistics for the behavioral sciences, New York 1956, 312 S.

Zelditch, M., jr.: A basic course in sociological statistics, New York 1959, 370 S.

d) Unter besonderer Berücksichtigung der Anwendungen in der Technik:

Graf, U., und H. J. Henning: Statistische Methoden bei textilen Untersuchungen, 2. Aufl. Berlin 1960, 278 S.

Grant, E. L.: Statistical quality control, 2. Aufl. New York 1946, 563 S.

Hald, A.: Statistical theory with engineering applications, 4. Aufl. New York 1960, 783 S.

Juran, J. M.: Quality control handbook, New York 1951, 800 S.

Lustig, H., und J. Pfanzagl: Industrielle Qualitätskontrolle, 50 Beispiele aus der Praxis, Wien 1957, 120 S.

Lustig, H., J. Pfanzagl und L. Schmetterer: Moderne Kontrolle, 3. Aufl. Wien 1958, 83 S.

Schaafsma, A. H., und F. G. Willemze: Moderne Qualitätskontrolle, 2. Aufl. Eindhoven 1959, 493 S.

Strauch, H.: Statistische Güteüberwachung, München 1956, 176 S.

Tippett, L. H. C.: Technological applications of statistics, New York 1952, 312 S.

2. Tabellenwerke:

David, F. N.: Tables of the correlation coefficient, Cambridge 1938, 99 S.

Fisher, R. A., und F. Yates: Statistical tables for biological, agricultural and medical research, 4. Aufl. London-Edinburgh 1953, 126 S.

Graf, U., und H. J. Henning: Formeln und Tabellen der mathematischen Statistik, Berlin 1958, 104 S.

Hald, A.: Statistical tables and formulas, New York 1952, 98 S.

J. R. Geigy A. G. Documenta Geigy, wissenschaftliche Tabellen, 6. Aufl., Basel 1960, 742 S.

Koller, S.: Graphische Tafeln zur Beurteilung statistischer Zahlen, 3. Auflage, Darmstadt 1953, 73 S.

Linder, A.: Handliche Sammlung mathematisch-statistischer Tafeln, Basel 1961, 40 S.

National Bureau of Standards: Tables of the binomial probability distribution, Washington 1950, 387 S.

Office of the Chief of Ordnance: Tables of the cumulative binomial probabilities, Washington 1952, 577 S.

Pearson, K.: Tables of the incomplete gamma-function. 2. Auflage London 1946, 164 S.

Pearson, K.: Tables of the incomplete beta-function, 2. Auflage, Cambridge 1948, 494 S.

Pearson, E. S., und H. O. Hartley: Biometrika tables for statisticians, Cambridge 1954, 238 S.

Resnikoff, G. J., und G. J. Liebermann: Table of the non-central t-distribution, Stanford 1957, 389 S.

Romig, H. G.: 50—100 binomial tables, New York 1953, 172 S.

3. Bibliographien und Referateblätter:

a) Bibliographien:

Bibliographie der seit 1928 in Buchform erschienenen deutschsprachigen Veröffentlichungen über theoretische Statistik und ihre Anwendungsgebiete, Einzelschriften der Deutschen Statistischen Gesellschaft, Nr. 7, 1955, 78 S.

Bibliographien der laufend erscheinenden Arbeiten finden sich in den meisten methodischen Zeitschriften. Am vollständigsten: Revue de l'Institut International de Statistique.

b) Referateblätter:

International Journal of Abstracts: Statistical Theory and Method, Internationales Statistisches Institut.

International Journal of Abstracts on Statistical Methods in Industry, Internationales Statistisches Institut.

Quality Control and Applied Statistics, Abstract Service, Interscience Publishers, New York.

Ferner finden sich Referate über statistische Arbeiten in Referateblättern anderer Fachgebiete, vor allem Zentralblatt für Mathematik und Mathematical Reviews.

4. Einige methodische Zeitschriften und Kongreßberichte:

a) Zeitschriften:

Metrika — Zeitschrift für theoretische und angewandte Statistik, Physica-Verlag, Würzburg.

Annals of Mathematical Statistics, Institute of Mathematical Statistics.

Journal of the American Statistical Association, American Statistical Association.

Journal of the Royal Statistical Society, Ser. B: Methodological, Royal Statistical Society.

Revue de l'Institut International de Statistique, Verlag W. P van Stockum Fils, Den Haag.

Australian Journal of Statistics, Stat. Soc. New South Wales.

Sankhya — The Indian Journal of Statistics.

Annals of the Institute of Statistical Mathematics.

Revue de Statistique Appliquée, Institut de Statistique de l'Université de Paris.

Applied Statistics, A Journal of the Royal Statistical Society.

Technometrics — A Journal of Statistics for the Physical, Chemical and Engineering Sciences, The American Society for Quality Control and The American Statistical Association.

Biometrische Zeitschrift, Deutsche Region der Internationalen Biometrischen Gesellschaft.

Biometrika, The Biometrika Office, London.

Biometrics, Journal of the Biometric Society.

b) Kongreßberichte:

Bulletin de l'Institut International de Statistique.

Proceedings of the Berkeley Symposium on Mathematical Statistics and Probability.

B. Spezielle Literaturhinweise zu den einzelnen Kapiteln

Verwendete Abkürzungen

AMSt	Annals of Mathematical Statistics
BISt	Bulletin de l'Institut International de Statistique
JASA	Journal of the American Statistical Association
JRSS	Journal of the Royal Statistical Society
MMS	Mitteilungsblatt für Mathematische Statistik
StVj	Statistische Vierteljahresschrift

Kapitel 1

Ackermann, W. G.: Einführung in die Wahrscheinlichkeitsrechnung, Leipzig 1955, 185 S.

Dugué, D.: Arithmétique des lois de probabilités, Paris 1957, 50 S.

Gnedenko, B. W.: Lehrbuch der Wahrscheinlichkeitsrechnung, 2. Aufl. 1958, 387 S. (Übersetzung a. d. Russischen).

Gnedenko, B. W., und A. J. Khintchine: Elementare Einführung in die Wahrscheinlichkeitsrechnung, 2. Aufl., Berlin 1960, 135 S. (Übersetzung a. d. Russischen).

Loève, M.: Probability theory, 2. Aufl. New York 1960, 685 S.

Richter, H.: Wahrscheinlichkeitstheorie, Berlin—Göttingen—Heidelberg 1956, 435 S.

Kapitel 2

Aitchison, J., und J. A. C. Brown: The lognormal distribution with special reference to its uses in economics, Cambridge 1957, 176 S.

Bogdandy, L. v.: Berechnung der wirtschaftlichsten Sicherheitsabschnitte bei Massekopfblöcken für Radreifen, Archiv f. d. Eisenhüttenwesen, Bd. 26, 1955, S. 783—786.

Daeves, K., und A. Beckel: Großzahl-Methodik und Häufigkeits-Analyse, 2. Aufl., Weinheim 1958, 143 S.

Gebelein, H.: Logarithmische Normalverteilungen und ihre Anwendungen, MMS Bd. 2, 1950, S. 155—170.

—, Einige Bemerkungen und Ergänzungen zum graphischen Verfahren von Mosteller und Tukey, MMS Bd. 5, 1953, S. 125—142.

Grimm, H.: Transformation von Zufallsvariablen, Biom. Ztschr. Bd. 2, 1960, S. 164—182.

Heumann, H., und E. Nobis: Bestimmung des durchschnittlichen und des wirtschaftlichen Materialverbrauches von Kunststoff bei Kabel- und Leitungsisolierungen, Metrika Bd. 2, 1959, S. 230—238.

Mosteller, F., and J. W. Tukey: Uses and usefulness of binomial probability paper, JASA Bd. 44, 1949, S. 174—212.

Rohrberg, A.: Die Anwendung der Wahrscheinlichkeits- und Häufigkeitsnetze, Einbeck 1959, 28 S.

Wartmann, R.: Einige Bemerkungen zur logarithmischen Normalverteilung, MMS Bd. 7, 1955, S. 152—165.

—, Anwendung der logarithmischen Normalverteilung. MMS Bd. 8, 1956, S. 83—91.

Weichselberger, K.: Über ein graphisches Verfahren zur Trennung von Mischverteilungen und zur Identifikation kupierter Normalverteilungen bei großem Stichprobenumfang, Metrika, Bd. 4, 1961, Heft 3.

Kapitel 3

Basu, D.: An inconsistency of the method of maximum likelihood, AMSt. Bd. 26, 1955, S. 144—145.

Chernoff, H.: Large-sample theory: Parametric case, AMSt. Bd. 27, 1956, S. 1—22.

Fisher, R. A.: On a distribution yielding the error functions of several well known statistics, Proc. Int. Math. Congress, Toronto 1924, Bd. 2, S. 805—813.

Helmert, F. R.: Über die Wahrscheinlichkeit der Potenzsummen der Beobachtungsfehler und einige damit in Zusammenhang stehende Fragen, Ztschr. f. Math. u. Physik Bd. 21, 1876, S. 192—218.

Gosset, W. S. („Student"): The probable error of a mean, Biometrika Bd. 6, 1908, S. 1—25.

Lévy, P.: Théorie de l'addition des variables aléatoires, Paris 1954, 385 S.

Neymann, J., and E. L. Scott: Consistent estimates based on partially consistent observations, Econometrica Bd. 16, 1948, S. 1—32.

Kapitel 4

Aroian, L. A., und H. Levene: The effectiveness of quality control charts, JASA Bd. 45, 1950, S. 520—529.

AWF, Technische Statistik: Kontrollkarten für statistische Qualitätskontrolle, Frankfurt a. M. 1956, 31 S.

Graf, U., und R. Wartmann: Die Extremwertkarte bei der laufenden Fabrikationskontrolle, MMS Bd. 6, 1954, S. 121—139.

Münzner, H.: Die typischen Schlußweisen der mathematischen Statistik, MMS Bd. 1, 1949, S. 5—20, 69—80, 185—202, Bd. 2, 1950, S. 17—35.
Pfanzagl, J.: Das zeitliche Moment bei der Fertigungsüberwachung, StVj Bd. 7, 1954, S. 145—149.
Rice, W. B.: Control charts in factory management, 3. Aufl. New York 1955, 149 S.
Schindowski, E., und O. Schürz: Statistische Qualitätskontrolle. Kontrollkarten, Berlin 1959, 343 S.

Kapitel 5

Finney, D. J.: The Fisher-Yates test of significance in 2 × 2 contingency tables, Biometrika Bd. 35, 1948, S. 145—156.
Hamaker, H. C.: Le controle qualitif sur échantillon, Revue de Statistique Appliquée Bd. 8, 1960, S. 5—40.
Kettmann, G.: Über Stichprobenverfahren und Stichprobensysteme für Abnahmezwecke bei Gut-Schlecht-Beurteilung, Qualitätskontrolle, Bd. 2, 1957, S. 87—93.
Pfanzagl, J., und F. Puntigam: Aussagen über den Quotienten zweier Poisson-Parameter und deren Anwendung auf ein Problem der Pockenschutzimpfung, Biom. Ztschr. Bd. 3, 1961, Heft 2.
Rossow, E., und P. Leinweber: Beitrag zur Vereinheitlichung von Stichprobenvorschriften, Qualitätskontrolle Bd. 3, 1958, S. 39—52.
Stange, K.: Die zeichnerische Behandlung von Plänen für messende Prüfung, Metrika, Bd. 1, 1958, S. 111— 129.
Tocher, K. D.: Extension of the Neyman-Pearson theory of tests to discontinuous variates, Biometrika Bd. 37, 1950, S. 130—144.

Kapitel 6

Dantzig, D. van, und J. Hemelrijk: Statistical methods based on few assumptions, BISt Bd. 34, Teil 2, 1954, S. 3—31.
Friedman, M.: The use of ranks to avoid the assumption of normality implicit in the analysis of variance, JASA Bd. 32, 1937, S. 675—701.
Hodges, J. L. jr., und E. L. Lehmann: The efficiency of some nonparametric competitors of the t-test, AMSt Bd. 27, 1956, S. 324—335.
Kruskal, W. H.: A nonparametric test for the several sample problem, AMSt Bd. 23, 1952, S. 525—540.
—, Historical notes on the Wilcoxon unpaired two-sample test, JASA Bd. 52, 1957, S. 356—360.
Morice E.: Quelques tests non paramétriques, Journal de la Société de Statistique de Paris Bd. 99, 1958, S. 254—284.
Pfanzagl, J.: Ein kombiniertes Test- und Klassifikations-Problem, Metrika Bd. 2, 1959, S. 11—45.
Raison, J.: Les principaux tests non paramétriques, Revue de Statistique Appliquée Bd. 7, 1959, Heft 1, S. 83—106.
Walter, E.: Über einige nichtparametrische Testverfahren, MMS Bd. 3, 1951, I, S. 31—44, II, S. 73—92.

Kapitel 7

Berkson, J.: A note on the chi-square test, the Poisson and the binomial, JASA Bd. 35, 1940, S. 362—367.
Cochran, W. G.: The χ^2-test of goodness of fit, AMSt Bd. 23, 1952, S. 315—345.
—, Some methods for strengthening the common χ^2-tests, Biometrics Bd. 10, 1954, S. 417—451.

Eeden, C. v., und J. Hemelrijk: A test for the equality of probabilities against a class of specified alternative hypotheses including trend, Indag. Math. Bd. 17, 1955, S. 191—198.

Fix, E., J. L. Hodges jr. und E. L. Lehmann: The restricted chi-square test, in: Probability and statistics. The Harald Cramér Volume, Ed. by U. Grenander, 1959, S. 92—107.

Kruskal, W. H.: Ordinal measures of association, JASA Bd. 53, 1958, S. 814—861.

Pfanzagl, J.: Tests und Konfidenzintervalle für exponentielle Verteilungen und deren Anwendung auf einige diskrete Verteilungen, Metrika Bd. 3, 1960, S. 1—25.

Weichselberger, K.: Über die Parameterschätzungen bei Kontingenztafeln, deren Randsummen vorgegeben sind I, Metrika Bd. 2, 1959, S. 100—130, II, Metrika Bd. 2, 1959, S. 198—229.

Witting, H.: Über einen χ^2-Test, dessen Klassen durch geordnete Stichprobenfunktionen festgelegt werden, Archiv d. Math. Bd. 10, 1959, S. 468—479.

Kapitel 8

Bauer, R. K.: Die Lexis'sche Dispersionstheorie in ihren Beziehungen zur modernen statistischen Methodenlehre, insbesondere zur Streuungsanalyse (analysis of variance), MMS Bd. 7, 1955, S. 25—45.

Box, G. E. P.: Non-normality and tests on variances, Biometrika Bd. 40, 1953, S. 318—335.

Box, G. E. P., und S. L. Andersen: Permutation theory in the derivation of robust criteria and the study of departures from assumption, JRSS (B), Bd. 17, 1955, S. 1—26.

Box, G. E. P., und K. B. Wilson: On the experimental attainment of optimum conditions, JRSS (B), Bd. 13, 1951, S. 1—38.

Cochran, W. G., und G. M. Cox: Experimental designs, 2. Aufl., New York 1960, 611 S.

Davies, O. L.: Design and analysis of industrial experiments, 2. Aufl. Edinburgh 1956, 649 S.

Fisher, R. A.: The design of experiments, 7. Aufl. London 1960, 248 S.

Kempthorne, O.: The design and analysis of experiments, 2 Aufl., New York 1960, 631 S.

—, The randomization theory of experimental inference, JASA Bd. 50, 1955, S. 946—967.

Levene, H.: Robust tests for equality of variances, in: Contributions to probability and statistics, Essay in Honor of H. Hotelling, Ed. by I. Olkin et al., Stanford 1960, S. 278—292.

Linder, A.: Planen und Auswerten von Versuchen, 2. Aufl. Basel 1959, 182 S.

Pfanzagl, J.: Ein kombiniertes Test- und Klassifikations-Problem, Metrika Bd. 2, 1959, S. 11—45.

Scheffé, H.: The analysis of variance, New York 1959, 493 S.

Stange, K.: Stichprobenverfahren bei der Beurteilung von Massengütern, insbesondere von Kohle, MMS Bd. 6, 1954, S. 204—220.

Wartmann, R.: Rechnen mit gerundeten bzw. verschlüsselten Zahlen, insbesondere bei Varianzanalyse, Biometrische Zeitschrift, Bd. 1, 1959, S. 190—202.

Welch, B. L.: The generalisation of "Student's" problem when several different population variances are involved, Biometrika Bd. 34, 1947, S. 28—35.

—, Further note on Mrs. Aspin's table and on certain approximations to the tabled functions, Biometrika, Bd. 36, 1949, S. 293—296.

Kapitel 9

Acton, F. S.: Analysis of straight-line data, New York 1959, 207 S.

Anderson, T. W.: Introduction to multivariate statistical analysis, 2. Aufl. New York 1960, 374 S.

Ezekiel, M., und K. A. Fox: Methods of correlation and regression analysis, New York 1960.

Ferschl, F.: Die Identifikation struktureller Beziehungen, StVj Bd. 9, 1956, S. 141—151.

Hotelling, H., und M. R. Pabst: Rank correlation and tests of significance involving no assumption of normality, AMSt Bd. 7, 1936, S. 29—43.

Jowett, G. H.: Least squares regression analysis for trend-reduced time series, JRSS (B), Bd 17, 1955, S. 91—104.

Orcutt, G. H., und S. F. James: Testing the significance of correlation between time series, Biometrika Bd. 35, 1948, S. 397—413.

Plackett, R. L.: Principles of regression analysis, Oxford 1960, 173 S.

Quenouille, M. H.: The Analysis of multiple time series, Griffins Statistical Monographs Nr. 1, 1957, S. 105.

Wette, R.: Regressions- und Kausalanalyse in der Biologie, Metrika Bd. 2, 1959, S. 131—137.

Williams, E. J.: Regression analysis, New York 1959, 214 S.

Yule, G. U.: Why do we sometimes get nonsense-correlations between time series? JRSS, Bd. 89, 1926, S. 1—64.

Namen- und Sachverzeichnis

GESAMTVERZEICHNIS

der

SAMMLUNG GÖSCHEN

Jeder Band DM 3,60 · Doppelband DM 5,80

Stand Sommer 1961

WALTER DE GRUYTER & CO., BERLIN W 30

Inhaltsübersicht

Geisteswissenschaften

Philosophie

Einführung in die Philosophie von *H. Leisegang †*. 4. Auflage. 145 Seiten. 1960. (281)

Hauptprobleme der Philosophie von *G. Simmel †*. 7., unveränderte Auflage. 177 Seiten. 1950. (500)

Geschichte der Philosophie

I: Die griechische Philosophie von *W. Capelle*. 1. Teil. Von Thales bis Leukippos. 2., erweiterte Auflage. 135 Seiten. 1953. (857)

II: Die griechische Philosophie von *W. Capelle*. 2. Teil. Von der Sophistik bis zum Tode Platons. 2., stark erweiterte Auflage. 144 Seiten. 1953. (858)

III: Die griechische Philosophie von *W. Capelle*. 3. Teil. Vom Tode Platons bis zur Alten Stoa. 2., stark erweiterte Auflage. 132 Seiten. 1954. (859)

IV: Die griechische Philosophie von *W. Capelle*. 4. Teil. Von der Alten Stoa bis zum Eklektizismus im 1. Jh. v. Chr. 2., stark erweiterte Auflage. 132 Seiten. 1954. (863)

V: Die Philosophie des Mittelalters von *J. Koch*. In Vorbereitung. (826)

VI: Von der Renaissance bis Kant von *K. Schilling*. 234 Seiten. 1954. (394/394 a)

VII: Immanuel Kant von *G. Lehmann*. In Vorbereitung. (536)

VIII: Die Philosophie des 19. Jahrhunderts von *G. Lehmann*. 1. Teil. 151 Seiten. 1953. (571)

IX: Die Philosophie des 19. Jahrhunderts von *G. Lehmann*. 2. Teil. 168 Seiten. 1953. (709)

X: Die Philosophie im ersten Drittel des 20. Jahrhunderts 1. Teil von *G. Lehmann*. 128 Seiten. 1957. (845)

XI: Die Philosophie im ersten Drittel des 20. Jahrhunderts 2. Teil von *G. Lehmann*. 114 Seiten. 1960. (850)

Die geistige Situation der Zeit (1931) von *K. Jaspers*. 5., unveränderter Abdruck der im Sommer 1932 bearbeiteten 5. Auflage. 211 Seiten. 1960. (1000)

Erkenntnistheorie von *G. Kropp*.

I. Teil: Allgemeine Grundlegung. 143 Seiten. 1950. (807)

Formale Logik von *P. Lorenzen*. 165 Seiten. 1958. (1176/1176 a)

Philosophisches Wörterbuch von *M. Apel †*. 5., völlig neubearbeitete Auflage von *P. Ludz*. 315 Seiten. 1958. (1031/1031 a)

Philosophische Anthropologie. Menschliche Selbstdeutung in Geschichte und Gegenwart von *M. Landmann*. 266 Seiten. 1955. (156/156 a)

Pädagogik, Psychologie, Soziologie

Geschichte der Pädagogik von *Herm. Weimer*. 14., neubearbeitete und vermehrte Auflage von *Heinz Weimer*. 181 Seiten. 1960. (145)

Therapeutische Psychologie. Ihr Weg durch die Psychoanalyse von *W. M. Kranefeldt*. Mit einer Einführung von *C. G. Jung*. 3. Auflage. 152 Seiten. 1956. (1034)

Allgemeine Psychologie von *Th. Erismann.* 3 Bände. 2., neubearbeitete Auflage.
I: Grundprobleme. 146 Seiten. 1958. (831)
II: Grundarten des physischen Geschehens. 248 Seiten. 1959. (832/832 a)
III: Psychologie der Persönlichkeit. 22 Abbildungen. In Vorbereitung. (833/833a)

Soziologie. Geschichte und Hauptprobleme von *L. von Wiese.* 6. Auflage. 175 Seiten. 1960. (101)

Sozialpsychologie von *P. R. Hofstätter.* 181 Seiten, 15 Abbildungen, 22 Tabellen. 1956. (104/104 a)

Psychologie des Berufs- und Wirtschaftslebens von *W. Moede †.* 190 Seiten, 48 Abbildungen. 1958. (851/851 a)

Industrie- und Betriebssoziologie von *R. Dahrendorf.* 2. Auflage. 120 Seiten. In Vorbereitung. (103)

Religion

Jesus von *M. Dibelius †.* 3. Auflage, mit einem Nachtrag von *W. G. Kümmel.* 140 Seiten. 1960. (1130)

Paulus von *M. Dibelius †.* Nach dem Tode des Verfassers herausgegeben und zu Ende geführt von *W. G. Kümmel.* 2., durchgesehene Auflage. 155 Seiten. 1956. (1160)

Luther von *F. Lau.* 151 Seiten. 1959. (1187)

Melanchthon von *R. Stupperich.* 139 Seiten. 1960. (1190)

Einführung in die Konfessionskunde der orthodoxen Kirchen von *K. Onasch.* 1961. In Vorbereitung. (1197/1197 a)

Geschichte des christlichen Gottesdienstes von *W. Nagel.* 1961. In Vorbereitung. (1202)

Geschichte Israels. Von den Anfängen bis zur Zerstörung des Tempels (70 n. Chr.) von *E. L. Ehrlich.* 158 Seiten, 1 Tafel. 1958. (231/231 a)

Römische Religionsgeschichte von *F. Altheim.* 2 Bände. 2., umgearbeitete Auflage.
I: Grundlagen und Grundbegriffe. 116 Seiten. 1956. (1035)
II: Der geschichtliche Ablauf. 164 Seiten. 1956. (1052)

Musik

Musikästhetik von *H. J. Moser.* 180 Seiten. Mit zahlreichen Notenbeispielen. 1953. (344)

Systematische Modulation von *R. Hernried.* 2. Auflage. 136 Seiten. Mit zahlreichen Notenbeispielen. 1950. (1094)

Der polyphone Satz von *E. Pepping.* 2 Bände.
I: Der cantus-firmus-Satz. 2. Auflage. 223 Seiten. Mit zahlreichen Notenbeispielen. 1950. (1148)
II: Übungen im doppelten Kontrapunkt und im Kanon. 137 Seiten. Mit zahlreichen Notenbeispielen. 1957. (1164/1164 a)

Allgemeine Musiklehre von *H. J. Moser.* 2., durchgesehene Auflage. 155 Seiten. Mit zahlreichen Notenbeispielen. 1955. (220/220 a)

Harmonielehre von *H. J. Moser.* 2 Bände.
I: 109 Seiten. Mit 120 Notenbeispielen. 1954. (809)

Die Musik des 19. Jahrhunderts von *W. Oehlmann.* 180 Seiten. 1953. (170)

Die Musik des 20. Jahrhunderts von *W. Oehlmann.* 312 Seiten. 1961. (171/171 a)

Technik der deutschen Gesangskunst von *H. J. Moser.* 3., durchgesehene und verbesserte Auflage. 144 Seiten, 5 Figuren sowie Tabellen und Notenbeispiele. 1954. (576/576 a)

Die Kunst des Dirigierens von *H. W. von Waltershausen †*. 2., vermehrte Auflage. 138 Seiten. Mit 19 Notenbeispielen. 1954. (1147)

Die Technik des Klavierspiels aus dem Geiste des musikalischen Kunstwerkes von *K. Schubert †*. 3. Auflage. 110 Seiten. Mit Notenbeispielen. 1954. (1045)

Kunst

Stilkunde von *H. Weigert*. 2 Bände. 3., durchgesehene und ergänzte Auflage.
I: Vorzeit, Antike, Mittelalter. 136 Seiten, 94 Abbildungen. 1958. (80)
II: Spätmittelalter und Neuzeit. 150 Seiten, 88 Abbildungen. 1958. (781)

Archäologie von *A. Rumpf*. 2 Bände.
I: Einleitung, historischer Überblick. 143 Seiten, 6 Abbildungen, 12 Tafeln. 1953. (538)
II: Die Archäologensprache. Die antiken Reproduktionen. 136 Seiten, 7 Abbildungen, 12 Tafeln. 1956. (539)

Geschichte

Einführung in die Geschichtswissenschaft von *P. Kirn*. 3., durchgesehene Auflage. 128 Seiten. 1959. (270)

Zeitrechnung der römischen Kaiserzeit, des Mittelalters und der Neuzeit für die Jahre 1—2000 n. Chr. von *H. Lietzmann †*. 3. Auflage, durchgesehen von *K. Aland*. 130 Seiten. 1956. (1085)

Kultur der Urzeit von *F. Behn*. 3 Bände. 4. Auflage der Kultur der Urzeit Bd. 1—3 von *M. Hoernes*.
I: Die vormetallischen Kulturen. (Die Steinzeiten Europas. Gleichartige Kulturen in anderen Erdteilen.) 172 Seiten, 48 Abbildungen. 1950. (564)
II: Die älteren Metallkulturen. (Der Beginn der Metallbenutzung. Kupfer- und Bronzezeit in Europa, im Orient und in Amerika.) 160 Seiten, 67 Abbildungen. 1950. (565)
III: Die jüngeren Metallkulturen. (Das Eisen als Kulturmetall, Hallstatt-Latène-Kultur in Europa. Das erste Auftreten des Eisens in den anderen Weltteilen.) 149 Seiten, 60 Abbildungen. 1950. (566)

Vorgeschichte Europas von *F. Behn*. Völlig neue Bearbeitung der 7. Auflage der „Urgeschichte der Menschheit“ von *M. Hoernes*. 125 Seiten, 47 Abbildungen. 1949. (42)

Der Eintritt der Germanen in die Geschichte von *J. Haller †*. 3. Auflage, durchgesehen von *H. Dannenbauer*. 120 Seiten, 6 Kartenskizzen. 1957. (1117)

Von den Karolingern zu den Staufern. Die altdeutsche Kaiserzeit (900—1250) von *J. Haller †*. 4., durchgesehene Auflage von *H. Dannenbauer*. 142 Seiten, 4 Karten. 1958. (1065)

Von den Staufern zu den Habsburgern. Auflösung des Reichs und Emporkommen der Landesstaaten (1250—1519) von *J. Haller †*. 2., durchgesehene Auflage von *H. Dannenbauer*. 118 Seiten, 6 Kartenskizzen. 1960. (1077)

Deutsche Geschichte im Zeitalter der Reformation, der Gegenreformation und des dreißigjährigen Krieges von *F. Hartung*. 129 Seiten. 1951. (1105)

Deutsche Geschichte von 1648 – 1740. Politischer und geistiger Wiederaufbau von *W. Treue*. 120 Seiten. 1956. (35)

Deutsche Geschichte von 1713 – 1806. Von der Schaffung des europäischen Gleichgewichts bis zu Napoleons Herrschaft von *W. Treue*. 168 Seiten. 1957. (39)

Deutsche Geschichte von 1806 – 1890. Vom Ende des alten bis zur Höhe des neuen Reiches von *W. Treue*. 128 Seiten. 1961. (893)

Deutsche Geschichte von 1890 bis zur Gegenwart von *W. Treue*. In Vorbereitung. (894)

Quellenkunde der Deutschen Geschichte im Mittelalter (bis zur Mitte des 15. Jahrhunderts) von *K. Jacob †*. 3 Bände.
I: Einleitung. Allgemeiner Teil. Die Zeit der Karolinger. 6. Auflage, bearbeitet von *H. Hohenleutner*. 127 Seiten. 1959. (279)
II: Die Kaiserzeit (911—1250). 5., neubearbeitete Auflage von *H. Hohenleutner*. 127 Seiten. 1961. (280)
III: Das Spätmittelalter (vom Interregnum bis 1500). Herausgegeben von *F. Weden*. 152 Seiten. 1952. (284)

Geschichte Englands von *H. Preller*. 2 Bände.
I: bis 1815. 3., stark umgearbeitete Auflage. 135 Seiten, 7 Stammtafeln, 2 Karten. 1952. (375)
II: Von 1815 bis 1910. 2., völlig umgearbeitete Auflage. 118 Seiten, 1 Stammtafel, 7 Karten. 1954. (1088)

Römische Geschichte von *F. Altheim*. 4 Bände. 2., verbesserte Auflage.
I: Bis zur Schlacht bei Pydna (168 v. Chr.). 124 Seiten. 1956. (19)
II: Bis zur Schlacht bei Actium (31 v. Chr.). 129 Seiten. 1956. (677)
III: Bis zur Schlacht an der Milvischen Brücke (312 n. Chr.). 148 Seiten. 1958. (679)
IV: Bis zur Schlacht am Yarmuk (636 n. Chr.). In Vorbereitung. (684)

Geschichte der Vereinigten Staaten von Amerika von *O. Graf zu Stolberg-Wernigerode*. 192 Seiten, 10 Karten. 1956. (1051/1051a)

Deutsche Sprache und Literatur

Geschichte der Deutschen Sprache von *H. Sperber*. 3. Auflage, besorgt von *W. Fleischhauer*. 128 Seiten. 1958. (915)

Deutsches Rechtschreibungswörterbuch von *M. Gottschald †*. 2., verbesserte Auflage. 219 Seiten. 1953. (200/200a)

Deutsche Wortkunde. Kulturgeschichte des deutschen Wortschatzes von *A. Schirmer*. 4. Auflage von *W. Mitzka*. 123 Seiten. 1960. (929)

Deutsche Sprachlehre von *W. Hofstaetter*. 10. Auflage. Völlige Umarbeitung der 8. Auflage. 150 Seiten. 1960. (20)

Stimmkunde für Beruf, Kunst und Heilzwecke von *H. Biehle*. 111 Seiten. 1955. (60)

Redetechnik. Einführung in die Rhetorik von *H. Biehle*. 2., erweiterte Auflage. 151 Seiten. 1961. (61)

Sprechen und Sprachpflege (Die Kunst des Sprechens) von *H. Feist*. 2., verbesserte Auflage. 99 Seiten, 25 Abbildungen. 1952. (1122)

Deutsches Dichten und Denken von der germanischen bis zur staufischen Zeit von *H. Naumann †*. (Deutsche Literaturgeschichte vom 5.—13. Jahrhundert.) 2., verbesserte Auflage. 166 Seiten. 1952. (1121)

Deutsches Dichten und Denken vom Mittelalter zur Neuzeit von *G. Müller* (1270 bis 1700). 2., durchgesehene Auflage. 159 Seiten. 1949. (1086)

Deutsches Dichten und Denken von der Aufklärung bis zum Realismus (Deutsche Literaturgeschichte von 1700—1890) von *K. Viëtor †*. 3., durchgesehene Auflage. 159 Seiten. 1958. (1096)

Der Nibelunge Nôt in Auswahl mit kurzem Wörterbuch von *K. Langosch.* 10., durchgesehene Auflage. 164 Seiten. 1956. (1)

Kudrun und Dietrich-Epen in Auswahl mit Wörterbuch von *O. L. Jiriczek.* 6. Auflage, bearbeitet von *R. Wisniewski.* 173 Seiten. 1957. (10)

Wolfram von Eschenbach. Parzival. Eine Auswahl mit Anmerkungen und Wörterbuch von *H. Jantzen.* 2. Auflage, bearbeitet von *H. Kolb.* 128 Seiten. 1957. (921)

Hartmann von Aue. Der arme Heinrich nebst einer Auswahl aus der „Klage", dem „Gregorius" und den Liedern (mit einem Wörterverzeichnis) herausgegeben von *F. Maurer.* 96 Seiten. 1958. (18)

Gottfried von Strassburg in Auswahl herausgegeben von *F. Maurer.* 142 Seiten. 1959. (22)

Die deutschen Personennamen von *M. Gottschald †.* 2., verbesserte Auflage. 151 Seiten. 1955. (422)

Althochdeutsches Elementarbuch. Grammatik und Texte. 3. Auflage von *W. Betz.* In Vorbereitung. (1111)

Mittelhochdeutsche Grammatik von *H. de Boor* und *R. Wisniewski.* 2., verbesserte und ergänzte Auflage. 142 Seiten. 1960. (1108)

Indogermanisch, Germanisch

Indogermanische Sprachwissenschaft von *H. Krahe.* 2 Bände. 3., neubearbeitete Auflage.
- I: Einleitung und Lautlehre. 106 Seiten. 1958. (59)
- II: Formenlehre. 124 Seiten. 1959. (64)

Gotisches Elementarbuch. Grammatik, Texte mit Übersetzung und Erläuterungen. Mit einer Einleitung von *H. Hempel.* 3. Auflage. 1961. In Vorbereitung. (79/79a)

Germanische Sprachwissenschaft von *H. Krahe.* 2 Bände. 4., überarbeitete Auflage.
- I: Einleitung und Lautlehre. 147 Seiten. 1960. (238)
- II: Formenlehre. 149 Seiten. 1961. (780)

Altnordisches Elementarbuch. Schrift, Sprache, Texte mit Übersetzung und Wörterbuch von *F. Ranke.* 2., durchgesehene Auflage. 146 Seiten. 1949. (1115)

Englisch, Romanisch

Altenglisches Elementarbuch von *M. Lehnert.* Einführung, Grammatik, Texte mit Übersetzung und Wörterbuch. 4., verbesserte Auflage. 178 Seiten. 1959. (1125)

Historische neuenglische Laut- und Formenlehre von *E. Ekwall.* 3., durchgesehene Auflage. 150 Seiten. 1956. (735)

Englische Phonetik von *H. Mutschmann †.* 117 Seiten. 1956. (601)

Englische Literaturgeschichte von *F. Schubel.* 4 Bände.
- I: Die alt- und mittelenglische Periode. 163 Seiten. 1954. (1114)
- II: Von der Renaissance bis zur Aufklärung. 160 Seiten. 1956. (1116)
- III: Romantik und Viktorianismus. 160 Seiten. 1960. (1124)

Beowulf von *M. Lehnert.* Eine Auswahl mit Einführung, teilweiser Übersetzung, Anmerkungen und etymologischem Wörterbuch. 3., verbesserte Auflage. 135 Seiten. 1959. (1135)

Shakespeare von *P. Meißner †*. 2. Auflage, neubearbeitet von *M. Lehnert*. 136 Seiten. 1954. (1142)
Italienische Literaturgeschichte von *K. Voßler †*. 5. Auflage, neubearbeitet von *A. Noyer-Weidner*. In Vorbereitung. (125)
Romanische Sprachwissenschaft von *H. Lausberg*. 4 Bände.
I: Einleitung und Vokalismus. 160 Seiten. 1956. (128/128a)
II: Konsonantismus. 95 Seiten. 1956. (250)
III: Formenlehre. In Vorbereitung. (1199)
IV: Wortlehre. In Vorbereitung. (1200)

Griechisch, Lateinisch

Griechische Sprachwissenschaft von *W. Brandenstein*. 2 Bände.
I: Einleitung, Lautsystem, Etymologie. 160 Seiten. 1954. (117)
II: Wortbildung und Formenlehre. 192 Seiten. 1959. (118/118a)
Geschichte der griechischen Sprache. 2 Bände.
I: Bis zum Ausgang der klassischen Zeit von *O. Hoffmann †*. 3. Auflage, bearbeitet von *A. Debrunner †*. 156 Seiten. 1953. (111)
II: Grundfragen und Grundzüge des nachklassischen Griechisch von *A. Debrunner †*. 144 Seiten. 1954. (114)
Geschichte der griechischen Literatur von *W. Nestle*. 2 Bände.
I: 3. Auflage, bearbeitet von *W. Liebich*. 144 Seiten. 1961. (70)
Grammatik der neugriechischen Volkssprache von *J. Kalitsunakis*. 3., völlig neubearbeitete und erweiterte Auflage. 1961. In Vorbereitung. (756/756a)
Neugriechisch-deutsches Gesprächsbuch von *J. Kalitsunakis*. 2. Auflage, bearbeitet von *A. Steinmetz*. 99 Seiten. 1960. (587)
Geschichte der lateinischen Sprache von *F. Stolz*. 4. Auflage von *A. Debrunner*. In Vorbereitung. (492)
Geschichte der römischen Literatur von *L. Bieler*. 2 Bände.
I: Die Literatur der Republik. 160 Seiten. 1961. (52)
II: Die Literatur der Kaiserzeit. 133 Seiten. 1961. (866)

Hebräisch, Sanskrit, Russisch

Hebräische Grammatik von *G. Beer †*. 2 Bände. 2., völlig neubearbeitete Auflage von *R. Meyer*.
I: Schrift-, Laut- und Formenlehre I. 3. Auflage. 157 Seiten. In Vorbereitung (763/763a)
II: Formenlehre II. Syntax und Flexionstabellen. 195 Seiten. 1955. (764/764a)
Hebräisches Textbuch zu *G. Beer-R. Meyer*, Hebräische Grammatik von *R. Meyer*. 170 Seiten. 1960. (769/769a)
Sanskrit-Grammatik von *M. Mayrhofer*. 89 Seiten. 1953. (1158)
Russische Grammatik von *E. Berneker †*. 6., verbesserte Auflage von *M. Vasmer*. 155 Seiten. 1961. (66)
Slavische Sprachwissenschaft von *H. Bräuer*. 2 Bände.
I: Einleitung, Lautlehre. 221 Seiten. 1961. (1191/1191a)

Erd- und Länderkunde

Afrika von *F. Jaeger*. Ein geographischer Überblick. 2 Bände. 2., umgearbeitete Auflage.
I: Der Lebensraum. 179 Seiten, 18 Abbildungen. 1954. (910)
II: Mensch und Kultur. 155 Seiten, 6 Abbildungen. 1954. (911)
Australien und Ozeanien von *H. J. Krug*. 176 Seiten, 46 Skizzen. 1953. (319)

Volkswirtschaft, Statistik, Publizistik

Allgemeine Betriebswirtschaftslehre von *K. Mellerowicz*. 4 Bände. 10., erweiterte und veränderte Auflage. (Bd. I, 11. Auflage)
I: 224 Seiten. 1961. (1008/1008 a) II: 188 Seiten. 1959. (1153/1153 a)
III: 260 Seiten. 1959. (1154/1154 a) IV: 209 Seiten. 1959. (1186/1186 a)
Diese 4 Bände sind auch in Ganzleinen gebunden zum Preise von je DM 6,30 lieferbar.

Geschichte der Volkswirtschaftslehre von *S. Wendt*. 182 Seiten. 1961. (1194)

Allgemeine Volkswirtschaftslehre von *A. Paulsen*. 4 Bände.
I: Grundlegung, Wirtschaftskreislauf. 3., durchgesehene und ergänzte Auflage. 148 Seiten. 1959. (1169)
II: Haushalte, Unternehmungen, Marktformen. 3., neubearbeitete Auflage. 166 Seiten, 32 Abbildungen. 1960. (1170)
III: Produktionsfaktoren. 2., neubearbeitete und ergänzte Auflage. 200 Seiten. 1961. (1171)
IV: Gesamtbeschäftigung, Konjunkturen, Wachstum. 2. Auflage. 172 Seiten. 1961. (1172)

Allgemeine Volkswirtschaftspolitik von *H. Ohm*. 2 Bände.
I: Systematisch-theoretische Grundlegung. In Vorbereitung. (1195)

Finanzwissenschaft von *H. Kolms*. 4 Bände.
I: Grundlegung, Öffentliche Ausgaben. 160 Seiten. 1959. (148)
II: Erwerbseinkünfte, Gebühren und Beiträge; Allgemeine Steuerlehre. 148 Seiten. 1960. (391)
III: Besondere Steuerlehre. In Vorbereitung. (776)
IV: Öffentlicher Kredit. Haushaltswesen. Finanzausgleich. In Vorbereitung. (782)

Finanzmathematik von *M. Nicolas*. 192 Seiten, 11 Tafeln, 8 Tabellen und 72 Beispiele. 1959. (1183/1183 a)

Industrie- und Betriebssoziologie von *R. Dahrendorf*. 2. Auflage. 120 Seiten. In Vorbereitung. (103)

Wirtschaftssoziologie von *F. Fürstenberg*. 122 Seiten. 1961. (1193)

Psychologie des Berufs- und Wirtschaftslebens von *W. Moede †*. 190 Seiten, 48 Abbildungen. 1958. (851/851 a)

Allgemeine Methodenlehre der Statistik von *J. Pfanzagl*. 2 Bände.
I: Elementare Methoden unter besonderer Berücksichtigung der Anwendungen in den Wirtschafts- und Sozialwissenschaften. 205 Seiten, 35 Abbildungen. 1960. (746/746 a)
II: Höhere Methoden unter besonderer Berücksichtigung der Anwendungen in Naturwissenschaft, Medizin und Technik. 295 Seiten. 1961. (747/747 a)

Zeitungslehre von *E. Dovifat*. 2 Bände. 3., neubearbeitete Auflage.
I: Theoretische und rechtliche Grundlagen — Nachricht und Meinung — Sprache und Form. 148 Seiten. 1955. (1039)
II: Redaktion — Die Sparten: Verlag und Vertrieb, Wirtschaft und Technik, Sicherung der öffentlichen Aufgabe. 158 Seiten. 1955. (1040)

Naturwissenschaften

Mathematik

Geschichte der Mathematik von *J. E. Hofmann*. 3 Bände.
I: Von den Anfängen bis zum Auftreten von Fermat und Descartes. 200 Seiten. 1953. (226)
II: Von Fermat und Descartes bis zur Erfindung des Calculus und bis zum Ausbau der neuen Methoden. 109 Seiten. 1957. (875)
III: Von den Auseinandersetzungen um den Calculus bis zur französischen Revolution. 107 Seiten. 1957. (882)

Mathematische Formelsammlung von *F. O. Ringleb*. 7., erweiterte Auflage. 320 Seiten, 40 Figuren. 1960. (51/51a)

Vierstellige Tafeln und Gegentafeln für logarithmisches und trigonometrisches Rechnen in zwei Farben zusammengestellt von *H. Schubert* und *R. Haussner*. 3., neubearbeitete Auflage von *J. Erlebach*. 158 Seiten. 1960. (81)

Fünfstellige Logarithmen von *A. Adler*. Mit mehreren graphischen Rechentafeln und häufig vorkommenden Zahlenwerten. 3. Auflage. 127 Seiten, 1 Tafel. 1959. (423)

Arithmetik von *P. B. Fischer †*. 3. Auflage von *H. Rohrbach*. 152 Seiten, 19 Abbildungen. 1958. (47)

Höhere Algebra von *H. Hasse*. 2 Bände. 4., durchgesehene Auflage.
I: Lineare Gleichungen. 152 Seiten. 1957. (931)
II: Gleichungen höheren Grades. 158 Seiten, 5 Figuren. 1958. (932)

Aufgabensammlung zur höheren Algebra von *H. Hasse* und *W. Klobe*. 3., verbesserte und vermehrte Auflage. 181 Seiten. 1961. (1082)

Elementare und klassische Algebra vom modernen Standpunkt von *W. Krull*. 2 Bände.
I: 2., erweiterte Auflage. 136 Seiten. 1952. (930)
II: 132 Seiten. 1959. (933)

Algebraische Kurven und Flächen von *W. Burau*. 28 Figuren. 1961. **In Vorbereitung.** (435)

Einführung in die Zahlentheorie von *A. Scholz †*. Überarbeitet und herausgegeben von *B. Schoeneberg*. 3. Auflage. 128 Seiten. 1961. (1131)

Formale Logik von *P. Lorenzen*. 165 Seiten. 1958. (1176/1176a)

Topologie von *W. Franz*. 2 Bände.
I: Allgemeine Topologie. 144 Seiten, 9 Figuren. 1960. (1181)

Elemente der Funktionentheorie von *K. Knopp †*. 5. Auflage. 144 Seiten, 23 Fig. 1959. (1109)

Funktionentheorie von *K. Knopp †*. 2 Bände.
I: Grundlagen der allgemeinen Theorie der analytischen Funktionen. 10., neubearbeitete Auflage. 144 Seiten, 8 Figuren. 1961. (668/668a)
II: Anwendungen und Weiterführung der allgemeinen Theorie. 8./9. Auflage. 130 Seiten, 7 Figuren. 1955. (703)

Aufgabensammlung zur Funktionentheorie von *K. Knopp †*. 2 Bände.
I: Aufgaben zur elementaren Funktionentheorie. 6. Auflage. 135 Seiten. In Vorbereitung. (877)
II: Aufgaben zur höheren Funktionentheorie. 5. Auflage. 151 Seiten. 1959. (878)

Differential- und Integralrechnung von *M. Barner*. (Früher *Witting*). 4 Bände.
I: Grenzwertbegriff, Differentialrechnung. 176 Seiten. 1961. (86/86a)

Gewöhnliche Differentialgleichungen von *G. Hoheisel*. 6., neubearbeitete und erweiterte Auflage. 128 Seiten. 1960. (920)

Partielle Differentialgleichungen von *G. Hoheisel*. 4., durchgesehene Auflage. 128 Seiten. 1960. (1003)

Aufgabensammlung zu den gewöhnlichen und partiellen Differentialgleichungen von *G. Hoheisel*. 4., durchgesehene und verbesserte Auflage. 124 Seiten. 1958. (1059)

Integralgleichungen von *G. Hoheisel*. 2., durchgesehene Auflage. 1961. In Vorbereitung. (1099)

Mengenlehre von *E. Kamke*. 3., neubearbeitete Auflage. 194 Seiten, 6 Figuren. In Vorbereitung. (999/999a)

Gruppentheorie von *L. Baumgartner*. 3., neubearbeitete Auflage. 110 Seiten, 3 Tafeln. 1958. (837)

Ebene und sphärische Trigonometrie von *G. Hessenberg* †. 5. Auflage, durchgesehen von *H. Kneser*. 172 Seiten, 60 Figuren. 1957. (99)

Darstellende Geometrie von *W. Haack*. 3 Bände.
I: Die wichtigsten Darstellungsmethoden. Grund- und Aufriß ebenflächiger Körper. 3., durchgesehene und ergänzte Auflage. 113 Seiten, 120 Abbildungen. 1960. (142)
II: Körper mit krummen Begrenzungsflächen. Kotierte Projektionen. 2., durchgesehene und ergänzte Auflage. 129 Seiten, 86 Abbildungen. 1959. (143)
III: Axonometrie und Perspektive. 2. Auflage. 127 Seiten, 100 Abbildungen. In Vorbereitung. (144)

Analytische Geometrie von *K. P. Grotemeyer*. 2. Auflage. 202 Seiten, 73 Abbildungen. 1961. (65/65a)

Nichteuklidische Geometrie. Hyperbolische Geometrie der Ebene von *R. Baldus* †. Durchgesehen und herausgegeben von *F. Löbell*. 3., verbesserte Auflage. 140 Seiten, 70 Figuren. 1953. (970)

Differentialgeometrie von *K. Strubecker* (früher *Rothe*). 3 Bände.
I: Kurventheorie der Ebene und des Raumes. 150 Seiten, 18 Figuren. 1955. (1113/1113a)
II: Theorie der Flächenmetrik. 195 Seiten, 14 Figuren. 1958. (1179/1179a)
III: Theorie der Flächenkrümmung. 254 Seiten, 38 Figuren. 1959. (1180/1180a)

Variationsrechnung von *L. Koschmieder*. 2 Bände. 2., neubearbeitete Auflage.
I: Das freie und gebundene Extrem einfacher Grundintegrale. 128 Seiten. 23 Figuren. 1961. (1074)

Einführung in die konforme Abbildung von *L. Bieberbach*. 5., erweiterte Auflage. 180 Seiten, 42 Figuren. 1956. (768/768a)

Vektoren und Matrizen von *S. Valentiner*. 2. Auflage. (9., erweiterte Auflage der „Vektoranalysis"). Mit Anhang: Aufgaben zur Vektorrechnung von *H. König*. 202 Seiten, 35 Figuren. 1960. (354/354a)

Versicherungsmathematik von *F. Böhm*. 2 Bände.
I: Elemente der Versicherungsrechnung. 3., vermehrte und verbesserte Auflage. Durchgesehener Neudruck. 151 Seiten. 1953. (180)
II: Lebensversicherungsmathematik. Einführung in die technischen Grundlagen der Sozialversicherung. 2., verbesserte und vermehrte Auflage. 205 Seiten. 1953. (917/917a)

Finanzmathematik von *M. Nicolas*. 192 Seiten, 11 Tafeln, 8 Tabellen und 72 Beispiele. 1959. (1183/1183 a)

Physik

Einführung in die theoretische Physik von *W. Döring*. 5 Bände.
I: Mechanik. 2., verbesserte Auflage. 123 Seiten, 25 Abbildungen. 1960. (76)
II: Das elektromagnetische Feld. 2., verbesserte Auflage. 1961. In Vorbereitung. (77)
III: Optik. 117 Seiten, 32 Abbildungen. 1956. (78)
IV: Thermodynamik. 107 Seiten, 9 Abbildungen. 1956. (374)
V: Statistische Mechanik. 114 Seiten, 12 Abbildungen. 1957. (1017)

Mechanik deformierbarer Körper von *M. Päsler*. 199 Seiten, 48 Abbildungen. 1960. (1189/1189 a)

Atomphysik von *K. Bechert* und *Ch. Gerthsen* †. 7 Bände.
I: Allgemeine Grundlagen. 1. Teil. 4., durchgesehene Auflage von *A. Flammersfeld*. 124 Seiten, 35 Abbildungen. 1959. (1009)
II: Allgemeine Grundlagen. 2. Teil. 4. Auflage. 1961. In Vorber. (1033)
III: Theorie des Atombaus. 1. Teil. 4., umgearbeitete Auflage. 148 Seiten, 16 Abbildungen. 1961. In Vorbereitung (1123/1123 a)
IV: Theorie des Atombaus. 2. Teil. 3., umgearbeitete Auflage. 170 Seiten, 14 Abbildungen. 1954. (1165/1165 a)

Differentialgleichungen der Physik von *F. Sauter*. 3., durchgesehene und ergänzte Auflage. 148 Seiten, 16 Figuren. 1958. (1070)

Physikalische Formelsammlung von *G. Mahler* †. Neubearbeitet von *K. Mahler*. 10., durchgesehene Auflage. 153 Seiten, 69 Figuren. 1959. (136)

Physikalische Aufgabensammlung von *G. Mahler* †. Neu bearbeitet von *K. Mahler*. Mit den Ergebnissen. 11. Auflage. 127 Seiten. 1961. (243)

Chemie

Geschichte der Chemie in kurzgefaßter Darstellung von *G. Lockemann*. 2 Bände.
I: Vom Altertum bis zur Entdeckung des Sauerstoffs. 142 Seiten, 8 Bildnisse. 1950. (264)
II: Von der Entdeckung des Sauerstoffs bis zur Gegenwart. 151 Seiten, 16 Bildnisse. 1955. (265/265 a)

Anorganische Chemie von *W. Klemm*. 11. Auflage. 185 Seiten, 18 Abbildungen. 1960. (37)

Organische Chemie von *W. Schlenk*. 8., erweiterte Auflage. 272 Seiten, 16 Abbildungen. 1960. (38/38 a)

Physikalische Methoden der Organischen Chemie von *G. Kresze*. 1961. In Vorbereitung. (44/44a)

Allgemeine und physikalische Chemie von *W. Schulze*. 2 Bände.
I: 5., durchgesehene Auflage. 139 Seiten, 10 Figuren. 1960. (71)
II: 5., verbesserte Auflage. 178 Seiten, 37 Figuren. 1961. (698/698 a)

Versuche zur allgemeinen und physikalischen Chemie von *E. Dehn*. 1961. In Vorbereitung. (1201)

Molekülbau. Theoretische Grundlagen und Methoden der Strukturermittlung von *W. Schulze*. 123 Seiten, 43 Figuren. 1958. (786)

Physikalisch-chemische Rechenaufgaben von *E. Asmus*. 3., verbesserte Auflage. 96 Seiten. 1958. (445)

Maßanalyse. Theorie und Praxis der klassischen und der elektrochemischen Titrierverfahren von *G. Jander* und *K. F. Jahr*. 9., durchgesehene Auflage. 313 Seiten, 49 Figuren. 1961. (221/221 a)

Qualitative Analyse von *H. Hofmann* u. *G. Jander*. 308 Seiten, 5 Abbildungen. 1960. (247/247 a)

Thermochemie von *W. A. Roth †*. 2., verbesserte Auflage. 109 Seiten, 16 Figuren. 1952. (1057)

Stöchiometrische Aufgabensammlung von *W. Bahrdt †* und *R. Scheer*. Mit den Ergebnissen. 7., durchgesehene Auflage. 119 Seiten. 1960. (452)

Elektrochemie und ihre physikalisch-chemischen Grundlagen von *A. Dassler*. 2 Bände.
II: 178 Seiten, 17 Abbildungen. 1950. (253)

Technologie

Die Chemie der Kunststoffe von *K. Hamann*, unter Mitarbeit von *W. Funke* und *H. D. Hermann*. 143 Seiten. 1960. (1173)

Warenkunde von *K. Hassak* und *E. Beutel †*. 2 Bände.
I: Anorganische Waren sowie Kohle und Erdöl. 8. Auflage. Neubearbeitet von *A. Kutzelnigg*. 119 Seiten, 18 Figuren. 1958. (222)
II: Organische Waren. 8. Auflage. Vollständig neubearbeitet von *A. Kutzelnigg*. 157 Seiten, 32 Figuren. 1959. (223)

Die Fette und Öle von *Th. Klug*. 6. Auflage. 143 Seiten. 1961. (335)

Die Seifenfabrikation von *K. Braun †*. 3., neubearbeitete und verbesserte Auflage von *Th. Klug*. 116 Seiten, 18 Abbildungen. 1953. (336)

Textilindustrie von *A. Blümcke*.
I: Spinnerei und Zwirnerei. 111 Seiten, 43 Abbildungen. 1954. (184)

Biologie

Einführung in die allgemeine Biologie und ihre philosophischen Grund- und Grenzfragen von *M. Hartmann*. 132 Seiten, 2 Abbildungen. 1956. (96)

Hormone von *G. Koller*. 2., neubearbeitete und erweiterte Auflage. 187 Seiten, 60 Abbildungen, 19 Tabellen. 1949. (1141)

Fortpflanzung im Tier- und Pflanzenreich von *J. Hämmerling*. 2., ergänzte Auflage. 135 Seiten, 101 Abbildungen. 1951. (1138)

Geschlecht und Geschlechtsbestimmung im Tier- und Pflanzenreich von *M. Hartmann*. 2., verbesserte Auflage. 116 Seiten, 61 Abbildungen, 7 Tabellen. 1951. (1127)

Symbiose der Tiere mit pflanzlichen Mikroorganismen von *P. Buchner*. 2., verbesserte und vermehrte Auflage. 130 Seiten, 121 Abbildungen. 1949. (1128)

Grundriß der Allgemeinen Mikrobiologie von *W.* u. *A. Schwartz*. 2 Bände. 2., verbesserte und ergänzte Auflage.
I: 147 Seiten, 25 Abbildungen. 1960. (1155)
II: 142 Seiten, 29 Abbildungen. 1961. (1157)

Botanik

Entwicklungsgeschichte des Pflanzenreiches von *H. Heil*. 2. Auflage. 138 Seiten, 94 Abbildungen, 1 Tabelle. 1950. (1137)

Morphologie der Pflanzen von *L. Geitler*. 3., umgearbeitete Auflage. 126 Seiten, 114 Abbildungen. 1953. (141)

Pflanzengeographie von *L. Diels †*. 5., völlig neubearbeitete Auflage von *F. Mattick*. 195 Seiten, 2 Karten. 1958. (389/389a)

Die Laubhölzer. Kurzgefaßte Beschreibung der in Mitteleuropa gedeihenden Laubbäume und Sträucher von *F. W. Neger †* und *E. Münch †*. 3., durchgesehene Auflage, herausgegeben von *B. Huber*. 143 Seiten, 63 Figuren, 7 Tabellen. 1950. (718)

Die Nadelhölzer (Koniferen) und übrigen Gymnospermen von *F. W. Neger †* und *E. Münch †*. 4. Auflage, durchgesehen und ergänzt von *B. Huber*. 140 Seiten. 75 Figuren, 4 Tabellen, 3 Karten. 1952. (355)

Pflanzenzüchtung von *H. Kuckuck*. 2 Bände.
I: Grundzüge der Pflanzenzüchtung. 3., völlig umgearbeitete und erweiterte Auflage. 132 Seiten, 22 Abbildungen. 1952. (1134)
II: Spezielle gartenbauliche Pflanzenzüchtung (Züchtung von Gemüse, Obst und Blumen). 178 Seiten, 27 Abbildungen. 1957. (1178/1178a)

Zoologie

Entwicklungsphysiologie der Tiere von *F. Seidel*. 2 Bände.
I: Ei und Furchung. 126 Seiten, 29 Abbildungen. 1953. (1162)
II: Körpergrundgestalt und Organbildung. 159 Seiten, 42 Abbildungen. 1953. (1163)

Das Tierreich
I: Einzeller, Protozoen von *E. Reichenow*. 115 Seiten, 59 Abbildungen. 1956. (444)
II: Schwämme und Hohltiere von *H. J. Hannemann*. 95 Seiten, 80 Abbildungen. 1956. (442)
III: Würmer. Platt-, Hohl-, Schnurwürmer, Kamptozoen, Ringelwürmer, Protracheaten, Bärtierchen, Zungenwürmer von *S. Jaeckel*. 114 Seiten, 36 Abbildungen. 1955. (439)
IV, 1: Krebse von *H. E. Gruner* und *K. Deckert*. 114 Seiten, 43 Abbildungen. 1956. (443)
IV, 2: Spinnentiere (Trilobitomorphen, Fühlerlose) und Tausendfüßler von *A. Kaestner*. 96 Seiten, 55 Abbildungen. 1955. (1161)
IV, 3: Insekten von *H. von Lengerken*. 128 Seiten, 58 Abbildungen. 1953. (594)
V: Weichtiere. Urmollusken, Schnecken, Muscheln und Kopffüßer von *S. Jaeckel*. 92 Seiten, 34 Abbildungen. 1954. (440)
VI: Stachelhäuter. Tentakulaten, Binnenatmer und Pfeilwürmer von *S. Jaeckel*. 100 Seiten, 46 Abbildungen. 1955. (441)
VII, 1: Manteltiere, Schädellose, Rundmäuler von *Th. Haltenorth*. In Vorbereitung. (448)
VII, 2: Fische von *D. Lüdemann*. 130 Seiten, 65 Abbildungen. 1955. (356)
VII, 3: Lurche (Chordatiere) von *K. Herter*. 143 Seiten, 129 Abbildungen. 1955. (847)
VII, 4: Kriechtiere (Chordatiere) von *K. Herter*. 200 Seiten, 142 Abbildungen. 1960. (447/447a)
VII, 5: Vögel (Chordatiere) von *H.-A. Freye*. 156 Seiten, 69 Figuren. 1960. (869)
VII, 6: Säugetiere (Chordatiere) von *Th. Haltenorth*. In Vorbereitung. (282)

Land- und Forstwirtschaft

Landwirtschaftliche Tierzucht. Die Züchtung und Haltung der landwirtschaftlichen Nutztiere von *H. Vogel*. 139 Seiten, 11 Abbildungen. 1952. (228)

Kulturtechnische Bodenverbesserungen von *O. Fauser*. 2 Bände. 5., verbesserte und vermehrte Auflage.
I: Allgemeines, Entwässerung. 127 Seiten, 49 Abbildungen. 1959. (691)
II: Bewässerung, Ödlandkultur, Flurbereinigung. 159 Seiten, 71 Abbildungen. 1961. (692)

Agrikulturchemie von *K. Scharrer*. 2 Bände.
I: Pflanzenernährung. 143 Seiten. 1953. (329)
II: Futtermittelkunde. 192 Seiten. 1956. (330/330a)

Geologie, Mineralogie, Kristallographie

Geologie von *F. Lotze*. 2., verbesserte Auflage. 178 Seiten, 80 Abbildungen. 1951. (13)

Mineral- und Erzlagerstättenkunde von *H. Huttenlocher* †. 2 Bände.
I: 2. Auflage. 128 Seiten, 34 Abbildungen. In Vorbereitung. (1014)
II: 156 Seiten, 48 Abbildungen. 1954. (1015/1015a)

Allgemeine Mineralogie. 10., erweiterte Auflage der „Mineralogie" von *R. Brauns* †, bearbeitet von *K. F. Chudoba*. 120 Seiten, 120 Figuren, 1 Tafel, 3 Tabellen. 1958. (29)

Spezielle Mineralogie. 10., erweiterte Auflage der „Mineralogie" von *R. Brauns* †, bearbeitet von *K. F. Chudoba*. 170 Seiten, 125 Figuren, 4 Tabellen. 1959. (31/31a)

Petrographie (Gesteinskunde) von *W. Bruhns* †. Neubearbeitet von *P. Ramdohr*. 5., erweiterte Auflage. 141 Seiten, 10 Figuren. 1960. (173)

Kristallographie von *W. Bruhns* †. 5. Auflage, neubearbeitet von *P. Ramdohr*. 109 Seiten, 164 Abbildungen. 1958. (210)

Einführung in die Kristalloptik von *E. Buchwald*. 4., verbesserte Auflage. 138 Seiten, 121 Figuren. 1952. (619)

Lötrohrprobierkunde. Mineraldiagnose mit Lötrohr- und Tüpfelreaktion. Von *M. Henglein*. 4., verbesserte Auflage. 91 Seiten, 11 Figuren. 1961. (483)

Technik

Graphische Darstellung in Wissenschaft und Technik von *M. Pirani*. 3., erweiterte Auflage bearbeitet von *J. Fischer* unter Benutzung der von *I. Runge* besorgten 2. Auflage. 216 Seiten, 104 Abbildungen. 1957. (728/728a)

Technische Tabellen und Formeln von *W. Müller*. 5., verbesserte und erweiterte Auflage von *E. Schulze*. 1961. In Vorbereitung. (579)

Grundlagen der Straßenverkehrstechnik von *E. Engel*. 1961. In Vorbereitung. (1198)

Elektrotechnik

Grundlagen der allgemeinen Elektrotechnik von *O. Mohr*. 2., durchgesehene Auflage. 260 Seiten, 136 Bilder, 14 Tafeln. 1961. (196/196a)

Die Gleichstrommaschine von *K. Humburg*. 2 Bände. 2., durchgesehene Auflage.
I: 102 Seiten, 59 Abbildungen. 1956. (257)
II: 101 Seiten, 38 Abbildungen. 1956. (881)

Die Synchronmaschine von *W. Putz*. 109 Seiten, 78 Abbildungen. 1961. (1146)

Induktionsmaschinen von *F. Unger*. 2., erweiterte Auflage. 142 Seiten, 49 Abbildungen. 1954. (1140)

Die komplexe Berechnung von Wechselstromschaltungen von *H. H. Meinke*. 2. Auflage. 180 Seiten, 120 Abbildungen. 1957. (1156/1156a)

Theoretische Grundlagen zur Berechnung der Schaltgeräte von *F. Kesselring*. 3. Auflage. 144 Seiten, 92 Abbildungen. 1950. (711)

Einführung in die Technik selbsttätiger Regelungen von *W. zur Megede*. 2., durchgesehene Auflage. 180 Seiten, 86 Abbildungen. 1961. (714/714a)

Elektromotorische Antriebe (Grundlagen für die Berechnung) von *A. Schwaiger*. 3., neubearbeitete Auflage. 96 Seiten, 34 Abbildungen. 1952. (827)

Überspannungen und Überspannungsschutz von *G. Frühauf*. Durchgesehener Neudruck. 122 Seiten, 98 Abbildungen. 1950. (1132)

Maschinenbau

Metallkunde von *H. Borchers*. 2 Bände.
I: Aufbau der Metalle und Legierungen. 5. Auflage. 120 Seiten, 90 Abbildungen, 2 Tabellen. In Vorbereitung. (432)
II: Eigenschaften, Grundzüge der Form- und Zustandsgebung. 3. und 4. Auflage. 179 Seiten, 107 Abbildungen, 10 Tabellen. 1959. (433/433a)

Die Werkstoffe des Maschinenbaues von *A. Thum †* und *C. M. v. Meysenbug*. 2 Bände.
I: Einführung in die Werkstoffprüfung. 2., neubearbeitete Auflage. 100 Seiten, 7 Tabellen, 56 Abbildungen. 1956. (476)
II: Die Konstruktionswerkstoffe. 132 Seiten, 40 Abbildungen. 1959. (936)

Dynamik von *W. Müller*. 2 Bände. 2., verbesserte Auflage.
I: Dynamik des Einzelkörpers. 128 Seiten, 48 Figuren. 1952. (902)
II: Systeme von starren Körpern. 102 Seiten, 41 Figuren. 1952. (903)

Technische Schwingungslehre von *L. Zipperer*. 2 Bände. 2., neubearbeitete Auflage.
I: Allgemeine Schwingungsgleichungen, einfache Schwinger. 120 Seiten, 101 Abbildungen. 1953. (953)
II: Torsionsschwingungen in Maschinenanlagen. 102 Seiten, 59 Abbildungen. 1955. (961/961a)

Werkzeugmaschinen für Metallbearbeitung von *K. P. Matthes*. 2 Bände.
I: 100 Seiten, 27 Abbildungen, 11 Zahlentafeln, 1 Tafelanhang. 1954. (561)
II: Fertigungstechnische Grundlagen der neuzeitlichen Metallbearbeitung. 101 Seiten, 30 Abbildungen, 5 Tafeln. 1955. (562)

Transformatoren von *W. Schäfer*. 3., überarbeitete und ergänzte Auflage. 130 Seiten, 73 Abbildungen. 1957. (952)

Das Maschinenzeichnen mit Einführung in das Konstruieren von *W. Tochtermann*. 2 Bände. 4. Auflage.
I: Das Maschinenzeichnen. 156 Seiten, 75 Tafeln. 1950. (589)
II: Ausgeführte Konstruktionsbeispiele. 130 Seiten, 58 Tafeln. 1950. (590)

Die Maschinenelemente von *E. A. vom Ende*. 4., verbesserte Auflage. 166 Seiten. 175 Figuren, 9 Tafeln. In Vorbereitung. (3/3a)

Die Maschinen der Eisenhüttenwerke von *L. Engel*. 156 Seiten, 95 Abbildungen. 1957. (583/583a)

Walzwerke von *H. Sedlaczek †* unter Mitarbeit von *F. Fischer* und *M. Buch*. 232 Seiten, 157 Abbildungen. 1958. (580/580a)

Getriebelehre von *P. Grodzinski †*. 2 Bände.
I: Geometrische Grundlagen. 3., neubearbeitete Auflage von *G. Lechner*. 164 Seiten, 131 Figuren. 1960. (1061)

Gießereitechnik von *H. Jungbluth*. 2 Bände.
I: Eisengießerei. 126 Seiten, 44 Abbildungen. 1951. (1159)

Die Dampfturbinen. Ihre Wirkungsweise, Berechnung und Konstruktion von *C. Zietemann*. 3 Bände. 3., verbesserte Auflage.
I: Theorie der Dampfturbinen. 139 Seiten, 48 Abbildungen. 1955. (274)
II: Die Berechnung der Dampfturbinen und die Konstruktion der Einzelteile. 132 Seiten, 111 Abbildungen. 1956. (715)
III: Die Regelung der Dampfturbinen, die Bauarten, Turbinen für Sonderzwecke, Kondensationsanlagen. 126 Seiten, 90 Abbildungen. 1956. (716)

Verbrennungsmotoren von *W. Endres*. 3 Bände.
I: Überblick. Motor-Brennstoffe. Verbrennung im Motor allgemein, im Otto- und Diesel-Motor. 153 Seiten, 57 Abbildungen. 1958. (1076/1076a)
II: Die heutigen Typen der Verbrennungskraftmaschine. In Vorbereitung. (1184)
III: Die Einzelteile des Verbrennungsmotors. In Vorbereitung. (1185)

Autogenes Schweißen und Schneiden von *H. Niese*. 5. Auflage, neubearbeitet von *A. Küchler*. 136 Seiten, 71 Figuren. 1953. (499)

Die elektrischen Schweißverfahren von *H. Niese*. 2. Auflage, neubearbeitet von *H. Dienst*. 136 Seiten, 58 Abbildungen. 1955. (1020)

Die Hebezeuge. Entwurf von Winden und Kranen von *G. Tafel*. 2., verbesserte Auflage. 176 Seiten, 230 Figuren. 1954. (414/414a)

Wasserbau

Wasserkraftanlagen von *A. Ludin* unter Mitarbeit von *W. Borkenstein*. 2 Bände.
I: Planung, Grundlagen und Grundzüge. 124 Seiten, 60 Abbildungen. 1955. (665)
II: Anordnung und Ausbildung der Hauptbauwerke. 184 Seiten, 91 Abbildungen. 1958. (666/666a)

Verkehrswasserbau von *H. Dehnert*. 3 Bände.
I: Entwurfsgrundlagen, Flußregelungen. 103 Seiten, 52 Abbildungen. 1950. (585)
II: Flußkanalisierung und Schiffahrtskanäle. 94 Seiten, 60 Abbildungen. 1950. (597)
III: Schleusen und Hebewerke. 98 Seiten, 70 Abbildungen. 1950. (1152)

Wehr- und Stauanlagen von *H. Dehnert*. 134 Seiten, 90 Abbildungen. 1952. (965)

Talsperren von *F. Tölke*. 122 Seiten, 70 Abbildungen. 1953. (1044)

Hoch- und Tiefbau

Die wichtigsten Baustoffe des Hoch- und Tiefbaus von *O. Graf †*. 4., verbesserte Auflage. 131 Seiten, 63 Abbildungen. 1953. (984)

Baustoffverarbeitung und Baustellenprüfung des Betons von *A. Kleinlogel*. 2., neubearbeitete und erweiterte Auflage. 126 Seiten, 35 Abbildungen. 1951. (978)

Festigkeitslehre. 2 Bände.
I: Elastizität, Plastizität und Festigkeit der Baustoffe und Bauteile von *W. Gehler †* und *W. Herberg*. Durchgesehener und erweiterter Neudruck. 159 Seiten, 118 Abbildungen. 1952. (1144)
II: Formänderung, Platten, Stabilität und Bruchhypothesen von *W. Herberg* und *N. Dimitrov*. 187 Seiten, 94 Abbildungen. 1955. (1145/1145a)

Grundlagen des Stahlbetonbaus von *A. Troche*. 2., neubearbeitete und erweiterte Auflage. 208 Seiten, 75 Abbildungen, 17 Bemessungstafeln, 20 Rechenbeispiele. 1953. (1078)

Statik der Baukonstruktionen von *A. Teichmann*. 3 Bände.
I: Grundlagen. 101 Seiten, 51 Abbildungen, 8 Formeltafeln. 1956. (119)
II: Statisch bestimmte Stabwerke. 107 Seiten, 52 Abbildungen, 7 Tafeln. 1957. (120)
III: Statisch unbestimmte Systeme. 112 Seiten, 34 Abbildungen, 7 Formeltafeln. 1958. (122)

Fenster, Türen, Tore aus Holz und Metall. Eine Anleitung zu ihrer guten Gestaltung, wirtschaftlichen Bemessung und handwerksgerechten Konstruktion von *W. Wickop †*. 4., überarbeitete und ergänzte Auflage. 155 Seiten, 95 Abbildungen. 1955. (1092)

Heizung und Lüftung von *W. Körting*. 2 Bände. 9., neubearbeitete Auflage.
I: Das Wesen und die Berechnung der Heizungs- und Lüftungsanlagen. 1961. In Vorbereitung. (342)
II: Die Ausführung der Heizungs- und Lüftungsanlagen. 1961. In Vorbereitung. (343)

Industrielle Kraft- und Wärmewirtschaft von *F. A. F. Schmidt* und *A. Beckers*. 167 Seiten, 73 Abbildungen. 1957. (318/318a)

Vermessungswesen

Vermessungskunde von *P. Werkmeister*. 3 Bände.
I: Stückvermessung und Nivellieren. 11., völlig neubearbeitete Auflage von *W. Grossmann*. 143 Seiten, 117 Figuren. In Vorbereitung. (468)
II: Horizontalaufnahmen und ebene Rechnungen. 8., völlig neubearbeitete Auflage von *W. Grossmann*. 133 Seiten, 97 Figuren. 1959. (469)
III: Trigonometrische und barometrische Höhenmessung. Tachymetrie und Absteckungen. 7., völlig neubearbeitete Auflage von *W. Grossmann*. 136 Seiten, 97 Figuren. 1960. (862)

Photogrammetrie von *G. Lehmann*. 189 Seiten, 132 Abbildungen. 1959. (1188/1188a)

Sammlung Göschen / Bandnummernfolge

1 Langosch, Der Nibelunge Nôt
3/3a v. Ende, Maschinenelemente
10 Jiriczek-Wisniewski, Kudrun-und Dietrich-Epen
13 Lotze, Geologie
18 Maurer, Hartmann von Aue. Der arme Heinrich
19 Altheim, Römische Geschichte I
20 Hofstaetter, Dt. Sprachlehre
22 Maurer, Gottfried von Strassburg
29 Brauns-Chudoba, Allg. Mineralog.
31/31a Brauns-Chudoba, Spez. Mineralogie
35 Treue, Dt. Geschichte von 1648 bis 1740
37 Klemm, Anorganische Chemie
38/38a Schlenk, Organische Chemie
39 Treue, Dt. Geschichte von 1713 bis 1806
42 Behn-Hoernes, Vorgesch. Europas
44/44a Kresze, Physikalische Methoden der organischen Chemie
47 Fischer-Rohrbach, Arithmetik
51/51a Ringleb, Mathem. Formelslg.
52 Bieler, Röm. Literaturgesch. I
59 Krahe, Indog. Sprachwiss. I
60 Biehle, Stimmkunde
61 Biehle, Redetechnik
64 Krahe, Indog. Sprachwiss. II
65/65a Grotemeyer, Analyt. Geomet.
66 Berneker-Vasmer, Russische Grammatik
70 Nestle-Liebich, Gesch. d. griech. Literatur I
71 Schulze, Allgemeine und physikalische Chemie I
76 Döring, Einf. i. d. th. Physik I
77 Döring, Einf. i. d. th. Physik II
78 Döring, Einf. i. d. th. Physik III
79/79a Hempel, Got. Elementarbuch
80 Weigert, Stilkunde I
81 Schubert-Haussner-Erlebach, Vierstell. Logarithmentafeln
86/86a Barner, Differential- u. Integralrechn. I
96 Hartmann, Einf. in die allgem. Biologie
99 Hessenberg-Kneser, Ebene und sphär. Trigonometrie
101 v. Wiese, Soziologie
103 Dahrendorf, Industrie- und Betriebssoziologie
104/104a Hofstätter, Sozialpsycholog.
111 Hoffmann-Debrunner, Gesch. der griechischen Sprache I
114 Debrunner, Gesch. der griechisch. Sprache II
117 Brandenstein, Griechische Sprachwissenschaft I
118/118a Brandenstein, Griechische Sprachwissenschaft II
119 Teichmann, Statik der Baukonstruktionen I
120 Teichmann, Statik der Baukonstruktionen II
122 Teichmann, Statik der Baukonstruktionen III
125 Vossler-Noyer-Weidner, Ital. Literaturgeschichte
128/128a Lausberg, Romanische Sprachwissenschaft I
136 Mahler, Physikal. Formelslg.
141 Geitler, Morphologie der Pflanzen
142 Haack, Darstellende Geometrie I
143 Haack, Darstellende Geometrie II
144 Haack, Darstellende Geometrie III
145 Weimer, Gesch. der Pädagogik
148 Kolms, Finanzwissenschaft I
156/156a Landmann, Philosophische Anthropologie
170 Oehlmann, Musik des 19. Jhs.
171/171a Oehlmann, Musik des 20. Jhs.
173 Bruhns-Ramdohr, Petrographie
180 Böhm, Versicherungsmathem. I
184 Blümcke, Textilindustrie I
196/196a Mohr, Grundlagen der Elektrotechnik
200/200a Gottschald, Dt. Rechtschreibungswörterbuch
210 Bruhns-Ramdohr, Kristallogr.
220/220a Moser, Allg. Musiklehre
221/221a Jander-Jahr, Maßanalyse
222 Hassak-Beutel-Kutzelnigg, Warenkunde I
223 Hassak-Beutel-Kutzelnigg, Warenkunde II
226 Hofmann, Gesch. d. Mathem. I
228 Vogel, Landw. Tierzucht
231/231a Ehrlich, Geschichte Israels
238 Krahe, German. Sprachwiss. I
243 Mahler, Physikal. Aufgabenslg.
247/247a Hofmann-Jander, Qualitative Analyse

1147 v. Waltershausen, Kunst des Dirigierens
1148 Pepping, Der polyphone Satz I
1152 Dehnert, Verkehrswasserbau III
1153/1153a Mellerowicz, Allgemeine Betriebswirtschaftslehre II
1154/1154a Mellerowicz, Allgemeine Betriebswirtschaftslehre III
1155 Schwartz, Mikrobiologie I
1156/1156a Meinke, Komplexe Berechn. v. Wechselstromschalt.
1157 Schwartz, Mikrobiologie II
1158 Mayrhofer, Sanskrit-Grammatik
1159 Jungbluth, Gießereitechnik I
1160 Dibelius-Kümmel, Paulus
1161 Kaestner, Spinnentiere
1162 Seidel, Entwicklungsphysiologie der Tiere I
1163 Seidel, Entwicklungsphysiologie der Tiere II
1164/1164a Pepping, Der polyphone Satz II
1165/1165a Bechert-Gerthsen, Atomphysik IV
1169 Paulsen, Allgemeine Volkswirtschaftslehre I
1170 Paulsen, Allgemeine Volkswirtschaftslehre II
1171 Paulsen, Allgemeine Volkswirtschaftslehre III
1172 Paulsen, Allgemeine Volkswirtschaftslehre IV
1173 Hamann-Funke-Hermann, Chemie der Kunststoffe
1176/1176a Lorenzen, Formale Logik
1178/1178a Kuckuck, P.lanzenzüchtung II
1179/1179a Strubecker, Differentialgeometrie II
1180/1180a Strubecker, Differentialgeometrie III
1181 Franz, Topologie I
1183/1183a Nicolas, Finanzmathematik
1184 Endres, Verbrennungsmot. II
1185 Endres, Verbrennungsmot. III
1186/1186a Mellerowicz, Allgemeine Betriebswirtschaftslehre IV
1187 Lau, Luther
1188/1188a Lehmann, Photogrammetrie
1189/1189a Päsler, Mechanik deformierbarer Körper
1190 Stupperich, Melanchthon
1191/1191a Bräuer, Slav. Sprachwissenschaft I
1193 Fürstenberg, Wirtschaftssoziologie
1194 Wendt, Gesch. d. Volkswirtschaftslehre
1195 Ohm, Allgem. Volkswirtschaftspolitik I
1197/1197a Onasch, Einf. in die Konfessionskunde der orthod. Kirchen
1198 Engel, Grundlagen der Straßenverkehrstechnik
1199 Lausberg, Romanische Sprachwissenschaft III
1200 Lausberg, Romanische Sprachwissenschaft IV
1201 Dehn, Versuche zur allgem. u. phys. Chemie
1202 Nagel, Gesch. des christl. Gottesdienstes

Autorenregister

AUTORENREGISTER

FSC
www.fsc.org
MIX
Papier | Fördert gute Waldnutzung
FSC® C083411

Kolibri 360 GmbH
Ferdinand-Jühlke-Straße 7
99095 Erfurt, Deutschland
produktsicherheit@kolibri360.de